Jany KELLER - Juliette JUILLARD

Le Grand Livre de la Couture

FRANCE LOISIRS
123, boulevard de Grenelle, Paris

Coudre, créer, s'habiller facilement

Ce livre, sans prétention pédagogique, s'adresse aux femmes du monde entier qui veulent échapper à leurs traditions ou, au contraire, les interpréter.

Editions du Club France Loisirs, Paris, avec l'autorisation des éditions Solar.

ISBN 2-7242-1918-X

Pourquoi s'habille-t-on ? par pudeur ? pour compenser certains complexes d'infériorité ? pour exprimer une ambition sociale, une volonté de puissance ? Il est difficile de répondre d'une façon satisfaisante à ces interrogations. Cependant, il est de toute évidence que le vêtement exerce une influence sur le comportement, procure en général du plaisir, une certaine aisance et le sentiment de plaire à son entourage. C'est la raison pour laquelle chacune d'entre nous porte un certain soin dans le choix, le style, la texture, la couleur des éléments de sa garde-robe, garde-robe que, par esprit de créativité, par plaisir ou par souci d'économie, vous allez réaliser vous-même. Si vous n'avez aucune notion de couture, cette encyclopédie vous prendra par la main pour aller à la recherche de chacune des étapes de réalisation d'un vêtement. Mais connaissez-vous vraiment votre silhouette ? Elle révèle des points chauds que vous devrez, en fonction des canons de la mode, mettre en valeur ou, au contraire, effacer. Lorsque vous les aurez déterminés, allez à la découverte de notre initiation à la couture.

Chapitre 1

LE CHARME SECRET DE LA FAMILLE DES TEXTILES

Matière noble par excellence, partie intégrante des vêtements,
les tissus ont leurs exigences, leurs caprices ;
apprenez avec nous à les connaître
afin de les maîtriser.

Le charme secret de la famille des textiles

Dans la couture moderne et personnelle, le choix d'un tissu a une grande importance. C'est à travers lui que nous imposerons notre personnalité et non pas seulement dans le style du vêtement adopté.

Les tissus, chaleureux, agréables au toucher, souples, soyeux, provoquent de véritables coups de foudre et correspondent toujours aux envies de chacune d'entre nous. De plus, leur texture, leurs impressions, leurs couleurs nous permettent de traduire, d'exprimer notre personnalité. Cependant, les tissus ont leur secret : ils sont aussi capricieux, malins, toujours prêts à nous jouer de vilains tours. Pour éviter leurs pièges, découvrons ensemble ces responsables de nos « coups de cœur ».

Avant l'apparition des fibres chimiques, leur genèse remonte à l'an 1889, l'on identifiait très facilement la composition de l'étoffe, si elle était d'origine animale ou végétale, ce qui permettait très vite de savoir la façon dont il fallait la travailler et l'entretenir. Aujourd'hui il est difficile, si la composition n'est pas précisée sur l'étiquette de la pièce de tissu — ce qui est cependant obligatoire — d'en reconnaître la composition, compte tenu du mélange et de la diversité des fibres textiles.

Aussi allons-nous vous proposer une carte d'identification des différents tissus, une sorte de carte de visite des textiles par ordre alphabétique comportant le plus de précisions possible : composition de chacun des tissus présentés — naturel ou mélangé, pur ou mixte — la largeur — comment le travailler en couture à la main ou en couture à la machine — quel fil utiliser — quels numéros d'aiguille — quelle grandeur de point. Pour leur entretien, se reporter au code d'entretien des articles textiles par symbolisation (page 248). Pour retirer soi-même certaines taches après les avoir bien identifiées, ce qui conditionne la réussite de votre intervention, consultez le guide de détachage des textiles de A à Z (pages 220 à 223).

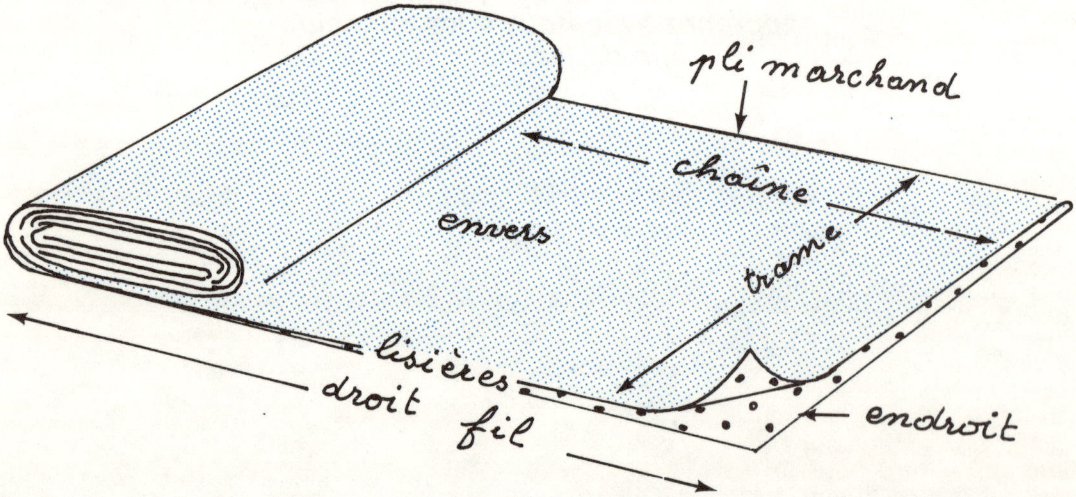

LES TISSUS ET LES FIBRES

Un tissu ou une étoffe, c'est avant tout un assemblage de fils d'une longueur continue (soie, fibres synthétiques) ou discontinue (laine, coton et quelques fibres synthétiques), fils formés par l'agglomération de fibres textiles réunies par torsion. Cet assemblage de fils, purs ou mélangés entre eux, s'appelle le tissage. On distingue dans le tissage les fils de *chaîne* et les fils de *trame*. Les fils de chaîne sont placés sur le métier dans le sens de la longueur de la pièce du tissu, les fils de trame, au contraire, sont disposés dans le sens de la largeur (croquis). Le retour de chacun des fils de trame constitue à droite et à gauche une bordure appelée lisière. La partie du tissu comprise entre les deux lisières dénommée *laize* ou *duite* représente la largeur du tissu. Les fibres textiles à l'origine de ces fils de tissage sont classées par catégories, les fibres naturelles et les fibres chimiques se subdivisant entre elles.

L'ENVERS NE VAUT PAS L'ENDROIT

Pour reconnaître l'endroit d'un tissu en grande largeur, il faut se fier au pli marchand. En principe, l'endroit est toujours à l'intérieur. Si vous avez un doute quelconque, comparez à la lumière du jour les deux faces : l'envers est souvent terne, les couleurs moins lumineuses. Cependant certaines cotonnades imprimées en 90 cm sont présentées par le détaillant sur l'endroit pour mettre coloris et impressions en valeur.

LES PIEGES

Les tissus imprimés, à motifs placés ou non, écossais et rayures, demandent *quelque attention*. Soyez donc vigilante pour les raccords. Éventuellement décalez les motifs jusqu'à ce qu'ils s'appliquent exactement l'un sur l'autre et que le dessin au moment de l'assemblage se forme bien dans le milieu de la couture. Ces tissus-là exigent au moment de l'achat un métrage supérieur de la hauteur du raccord pour la réalisation du vêtement et ce autant de fois qu'il y a d'assemblage de coutures.

Pour reconnaître le sens du velours qui se travaille poil descendant ou poil remontant (ce dernier est le plus beau), passez délicatement les doigts dans un mouvement de va-et-vient. Le sens sera celui dans lequel le reflet sera le plus beau. Mais le moyen le plus sûr est de placer une légère pièce de monnaie sur le tissu tendu. Lorsqu'on tapote sur le tissu, la pièce bouge dans le sens du poil. Piquez alors deux épingles dans le tissu à 3 cm d'intervalle. Retournez le tissu sur l'envers et, d'un trait de craie tailleur, tracez une flèche entre les deux épingles. Ainsi vous ne perdrez plus le sens de votre tissu.

Les draps amazone, les satins exigent de vous la même vigilance.

Lorsque vous préparez votre tissu pour tailler votre modèle, l'endroit sera toujours à l'intérieur. C'est sur l'envers que vous placerez votre patron ou que vous dessinerez à la craie tailleur les pièces du patron sur le tissu si vous utilisez les patrons dessinés en schémas cotés proposés dans les magazines.

Les fibres naturelles sont, soit d'origine animale, soit d'origine végétale. Quant aux fibres chimiques elles peuvent être soit artificielles, soit synthétiques.

Les fibres de A à Z

CLASSIFICATION DES DIFFÉRENTES FIBRES

FIBRES NATURELLES		FIBRES VÉGÉTALES	FIBRES CHIMIQUES	
Laine	mouton, cachemire, lapin, angora, alpaga, mouflon, vigogne	Coton Lin Ramie	Artificielles	viscose, acétate, fibres voisines de la soie (Modal)
Soie	vers à soie (bombyx) d'araignée (les plus rares) coquillages		Synthétiques	acrylique aramide polyamide chlorofibre

ALPAGA

Largeur : 140 cm.

Utilisations : vêtements masculins et féminins. Vestes et pantalons.

Tissu léger, brillant, nerveux, provient des poils du lama, vivant en Amérique du Sud. Mélangé souvent à d'autres fibres ; coton, soie, acétate, l'alpaga épouse les qualités de chacune d'elles.

Pour le travailler, il convient d'utiliser : aiguilles pour la couture main n°s 7-9 ; aiguilles pour la couture machine n°s 70-90. Longueur de point main et machine : moyen. Fils de soie ou synthétiques.

ANGORA

Largeur : 120-130 cm.

Utilisations : robes et manteaux.

A partir de poils de lapin du même nom, doux au toucher, léger et chaud, souvent mélangé à d'autres fibres.

Pour le travailler, il convient d'utiliser : aiguilles pour la couture main n°s 7-9 ; aiguilles pour la couture machine n°s 70-90. Longueur de point main et machine moyen. Fils de soie ou synthétiques.

BATIK

Largeur : 140 cm.

Utilisations : robes.

A partir de fils de soie ou de coton, impression en sérigraphie.

Pour le travailler, il convient d'utiliser :

— s'il est de soie :

aiguilles pour la couture main n° 8 ; aiguilles pour la couture machine n°s 70-90. Longueur de point main et machine petit. Fils synthétiques ou mercerisés ;

— s'il est de coton :

aiguilles pour la couture main n°s 6-9 ; aiguilles pour la couture machine n°s 70-90. Longueur de point main et machine moyen. Fils synthétiques ou mercerisés.

BATISTE

Largeur : 90-110 cm.

Utilisations : robes d'été, robes d'enfants, chemisiers.

Lin, coton, soie ou polyester, tissu léger, fin.

Pour le travailler, il convient d'utiliser : aiguilles pour la couture main n° 7 ; aiguilles pour la couture machine n°s 70-90. Longueur de point main et machine petit. Fils mercerisés ou synthétiques.

BROCHÉ

Largeur : 90-110 cm.

Utilisations : robes habillées (soir, mariées).

Soie ou acétate, à motifs reliefés, ou contrastants à partir de fils mélangés de soie ou fils métallisés. Tissu assez lourd, ne se prête pas aux formes trop ajustées.

Pour le travailler, il convient d'utiliser : aiguilles pour la couture main n°s 8-10 ; aiguilles pour la couture machine n°s 70-90. Longueur de point main et machine moyen. Fils synthétiques.

BRODERIE ANGLAISE

Largeur : 90-130 cm.

Utilisations : robes et chemisiers.

Toile de coton ajourée de motifs brodés mécaniquement.

Pour la travailler, il convient d'utiliser : aiguilles pour la couture main n° 7 ; aiguilles pour la couture machine n°s 70-90. Longueur de point main et machine petit. Fils mercerisés.

Les fibres de A à Z

CACHEMIRE ou CASHEMIRE

Largeur : 140 cm.

Utilisations : robes, manteaux, ensembles.

A partir du poil des chèvres du même nom, broutant sur les plateaux tibétains. Toucher doux, tissé ou tricoté — ce tissu peut être mélangé à de la laine (le pur cachemire est très cher).

Pour le travailler, il convient d'utiliser : aiguilles pour la couture main nos 6-9 ; aiguilles pour la couture machine nos 70-90 (ou spécial jersey si tricoté).

Longueur de point main et machine moyen ou large (en fonction du tissage). Fils mercerisés ou de soie.

CRÊPE

Largeur : 90-140 cm.

Utilisations : en général : robes, chemisiers.

Le mot « crêpe » pourrait être considéré comme un mot générique car les crêpes sont des tissus dont les fils de tissage, souvent apprêtés — soie, coton ou fibres chimiques — ont subi une forte compression (torsion). Leur utilisation est fonction de la composition de leurs fibres. Beau tombé.

Pour les travailler, il convient d'utiliser : aiguilles pour la couture main nos 6-7 ; aiguilles pour la couture machine nos 70-90. Longueur de point main et machine moyen. Fils mercerisés ou synthétiques.

CRÊPE DE CHINE

Largeur : 90-100 cm.

Utilisations : chemisiers, robes.

Soie naturelle ou artificielle.

Pour le travailler, il convient d'utiliser : aiguilles pour la couture main nos 8-10 ; aiguilles pour la couture machine no 70. Longueur de point main et machine petit. Fils de soie ou synthétiques.

CRÊPE GEORGETTE

Largeur : 110-115 cm.

Utilisations : chemisiers, robes habillées.

Tissu très fin, à l'aspect crêpé en soie naturelle ou synthétique.

Pour le travailler, il convient d'utiliser : aiguilles pour la couture main nos 8-10 ; aiguilles pour la couture machine no 70. Longueur de point main et machine petit. Fils de soie ou synthétiques.

CRÊPE DE LAINE

Largeur : 140 cm.

Utilisations : jupes, chemisiers, ensembles, pantalons.

A partir de laine crêpée.

Pour le travailler, il convient d'utiliser : aiguilles pour la couture main nos 7-9 ; aiguilles pour la couture machine nos 70-90. Longueur de point main et machine moyen. Fils synthétiques ou de soie.

CRÊPE MAROCAIN

Largeur : 90 cm.

Utilisations : chemisiers habillés, robes de ville ou habillées, pantalons.

Tissage épais — gros fil de trame — beau tombé.

Pour le travailler, il convient d'utiliser : aiguilles pour la couture main nos 8-10 ; aiguilles pour la couture machine nos 70-90. Longueur de point main et machine moyen. Fils synthétiques ou de soie.

CRÊPE SATIN

Largeur : 90 cm.

Utilisations : Robes habillées, chemisiers.

Ou crêpe double face, car ayant une armure satin, donc une face mate côté crêpe et brillante côté satin.

Pour le travailler, il convient d'utiliser : aiguilles pour la couture main nos 7-9 ; aiguilles pour la couture machine nos 70-90. Longueur de point main et machine moyen. Fils synthétiques ou de soie.

CRÊPON

Largeur : 90-110 cm.

Utilisations : robes d'été, chemisiers.

En coton, tissé, gaufré en fines vagues irrégulières.

Pour le travailler, il convient d'utiliser : aiguilles pour la couture main n°s 6-9 ; aiguilles pour la couture machine n°s 70-90. Longueur de point main et machine moyen. Fils synthétiques ou mercerisés.

CRETONNE

Largeur : 90-115 cm.

Utilisations : robes, jupes, ensemble d'été.

Toile de coton subissant très souvent un traitement pour la rendre infroissable.

Pour la travailler, il convient d'utiliser : aiguilles pour la couture main n°s 6-9 ; aiguilles pour la couture machine n°s 70-90. Longueur de point main et machine moyen. Fils synthétiques ou mercerisés.

DAMASSÉ

Largeur : 90 cm.

Utilisations : robes, chemisiers.

Tissu à motifs tissés fils mats et brillants dont l'envers est la réplique inverse de ceux de l'endroit, oppositions d'effets chaîne et trame — Soie, acétate, viscose.

Pour le travailler, il convient d'utiliser : aiguilles pour la couture main n°s 6-7 ; aiguilles pour la couture machine n° 90. Longueur de point main et machine moyen. Fils mercerisés ou synthétiques.

DENTELLE ou/et GUIPURE

Largeur : 90-150-180 cm (double laize).

Utilisations : robes de mariée.

Selon qu'il s'agit de dentelle (coton, soie ou nylon) sur métier, ou guipure (trois systèmes de fil) qui est une dentelle très épaisse.

Pour les travailler, il convient d'utiliser : aiguilles pour la couture main n°s 6-10 ; aiguilles pour la couture machine n° 90. Longueur de point main et machine moyen. Fils mercerisés ou synthétiques.

DOUPION

Largeur : 90 cm.

Utilisations : robes, chemisiers, manteaux d'été.

Étoffe à tissage irrégulier de soie naturelle ou synthétique.

Pour le travailler, il convient d'utiliser : aiguilles pour la couture main n°s 8-9 ; aiguilles pour la couture machine n° 70. Longueur de point moyen. Fils synthétiques ou de soie.

DRAP AMAZONE ou SATIN

Largeur : 140 cm.

Utilisations : manteaux, jupes, vestes, blazers.

Présentant une face brillante, l'autre mate d'armure unie ou croisée (les pièces du patron doivent être taillées dans le même sens).

Pour le travailler, il convient d'utiliser : aiguilles pour la couture main n°s 6-8 ; aiguilles pour la couture machine n° 90. Longueur de point main et machine moyen ou large, en fonction de l'utilisation. Fils mercerisés.

DUVETINE

Largeur : 140 cm.

Utilisations : blazers, vestes légères, manteaux, robes.

Semblable à la suédine — endroit duveteux, doux, en coton ou fibres synthétiques (attention, ici aussi, toutes les pièces du vêtement sont à tailler dans le même sens).

Pour la travailler, il convient d'utiliser : aiguilles pour la couture main n°s 6-8 ; aiguilles pour la couture machine n° 90. Longueur de point main et machine moyen ou large. Fils synthétiques ou mercerisés.

ÉPONGE, ÉPONGE-VELOURS

Largeur : 90 cm.

Utilisations : shorts, vestes de plage, femmes, enfants.

Tissage bouclettes coton ou polyester sur les deux faces pour l'éponge et traité velours sur l'endroit pour l'éponge-velours.

Pour les travailler, il convient d'utiliser : aiguilles pour la couture main n° 6 ; aiguilles pour la couture machine n° 90 (à talon de couleur, spéciale jersey). Longueur de point moyen ou large. Fils synthétiques ou mercerisés.

ÉTAMINE

Largeur : 140 cm.

Utilisations : blouses, robes, chemisiers, vêtements d'enfants.

De laine ou de coton, à tissage un peu lâche, tombant mou.

Pour la travailler, il convient d'utiliser : aiguilles pour la couture main n°s 7-8 ; aiguilles pour la couture machine n° 70. Longueur de point main et machine moyen. Fils mercerisés ou synthétiques.

FAILLE

Largeur : 90-130 cm.

Utilisations : robes, jupes, manteaux habillés et du soir.

A tissage serré, à côtes transversales, en soie, ou acétate, ou polyester.

Pour la travailler, il convient d'utiliser : aiguilles pour la couture main n° 7 ; aiguilles pour la couture machine n° 70. Longueur de point main et machine moyen. Fils synthétiques.

FEUTRINE

Largeur : 150 cm.

Utilisations : boléros, vestes, manteaux d'enfants et déguisements.

Tissu de fibres mélangées, coton, laine, agglutinées, enchevêtrées à la chaleur humide, se découpe au ciseau cranteur.

Pour la travailler, il convient d'utiliser : aiguilles pour la couture main n° 6 ; aiguilles pour la couture machine n° 90. Longueur de point main et machine large et souvent décoratif, zigzag, coloris opposé au vêtement. Fils synthétiques.

FINETTE

Largeur : 90 cm.

Utilisations : chemisiers, robes, jupes, vêtements d'enfants.

Tissu de coton pelucheux — armure croisée — gratté sur l'endroit, duveteux sur l'envers — souvent fibre coton mélangée synthétique.

Pour la travailler, il convient d'utiliser : aiguilles pour la couture main n°s 6-7 ; aiguilles pour la couture machine n° 70. Longueur de point main et machine moyen. Fils mercerisés ou synthétiques.

FLANELLE

Largeur : 140 cm.

Utilisations : blazers, jupes, robes.

Tissu légèrement duveteux sur l'endroit, généralement pure laine. La flanelle tennis présente des rayures verticales contrastantes (marine et blanc - blanc et noir - blanc et gris).

artificielles
synthétiques

Pour la travailler, il convient d'utiliser : aiguilles pour la couture main n°s 6-7 ; aiguilles pour la couture machine n° 90. Longueur de point main et machine moyen. Fils de soie, mercerisés ou synthétiques.

FOULARD

Largeur : 90 cm.

Utilisations : chemisiers, robes d'après-midi, petit dîner, soir.

Sergé brillant et doux tout à la fois, en soie ou synthétique — étoffe froissable.

Pour le travailler, il convient d'utiliser : aiguilles pour la couture main n°s 8-10 ; aiguilles pour la couture machine n° 70. Longueur de point main et machine petit. Fils de soie ou synthétiques.

TISSUS FOURRURE

Largeur : 150 cm.

Imitant la fourrure, poils fixés sur un jersey acrylique. A couper dans le sens du poil. Ne jamais couper les pièces du patron tête-bêche.

Piqûre machine pied double entraînement.

Prévoir les finitions avec une ganse à cheval en décoration.

Pour les travailler, il convient d'utiliser : aiguilles pour la couture main n° 8 ; aiguilles pour la couture machine n° 90. Fils synthétiques.

Assemblage surjet serré.

GABARDINE

Largeur : 140 cm.

Utilisations : tailleurs, pantalons, jupes, manteaux de pluie.

Tissu serge, façonné, à côtes obliques donnant la torsion en diagonale qui le rend imperméable à l'eau d'où son utilisation.

Pour la travailler, il convient d'utiliser : aiguilles pour la couture main n°s 6-7 ; aiguilles pour la couture machine n°s 100-110. Longueur de point large — souvent surpiqûres en garniture. Fils synthétiques.

GRAIN DE POUDRE

Largeur : 140 cm.

Utilisations : manteaux, redingotes, tailleurs, jupes.

Lainage fin, granité, tissage serré d'une bonne tenue.

Pour le travailler, il convient d'utiliser : aiguilles pour la couture main n° 6 ; aiguilles pour la couture machine n° 90. Longueur de point moyen ou large. Fils synthétiques ou mercerisés.

JEAN

Largeur : 150 cm.

Utilisations : pantalons, blousons, ensembles loisirs.

Autrefois tissé à Nîmes, puis exporté en Amérique, revenu en France sous le nom de Jean Denim (venu du nom de Nîmes). Coton sergé, tissage très serré, robuste.

Pour le travailler, il convient d'utiliser : aiguilles pour la couture main n° 7 ; aiguilles pour la couture machine n°s 90-100. Longueur de point large. Fils synthétiques ou mercerisés.

JERSEY

Largeur : 140 cm.

Utilisations : tous vêtements en fonction de l'épaisseur.

Venant de l'île de Jersey... où il fut inventé. Tissu maille, obtenu par tricotage industriel (contrairement au tissu chaîne et trame) souple, extensible, uni, imprimé ou jacquard. A partir de fibres soit de laine, synthétique ou de soie, coton, ou mélangées entre elles.

Pour le travailler, il convient d'utiliser : aiguilles pour la couture main n°s 7-8 ; aiguilles pour la couture machine n° 70 à bouts ronds (spécial jersey à talons de couleurs). Point droit court, ou point zigzag extensible (il est conseillé de surfiler toutes les pièces du patron avant le montage). L'assemblage peut aussi se faire au surjet machine à 1 cm du bord vif. Fils synthétiques et retors n° 50 pour le surfilage.

LAMÉ

Largeur : 90-115 cm.

Utilisations : robes, boléros, manteaux du soir.

Tissu soie, laine ou n'importe quelles fibres dans lesquelles entre un fil d'or ou d'argent.

Pour le travailler, il convient d'utiliser : aiguilles pour la couture main n° 7 ; aiguilles pour la couture machine n° 70. Longueur de point moyen (surfilage pour les finitions). Fils synthétiques ou simili retors n° 30 pour le surfilage machine, ourlets à points coulés à la main.

LIBERTY

Largeur : 90 cm.

Utilisations : robes, ensembles, jupes campagnardes, chemisiers.

D'origine anglaise à motifs imprimés de fleurettes, tissu laine ou coton.

Pour le travailler, il convient d'utiliser : aiguilles pour la couture main n°s 6-7 ; aiguilles pour la couture machine n° 70. Longueur de point moyen. Fils synthétiques ou mercerisés.

LIN

Largeur : 140 cm.

Utilisations : vêtements coloniaux, ensembles, shorts, robes.

Toile tissée à partir de fils de lin. Actuellement mélangé aux fils synthétiques.

Pour le travailler, il convient d'utiliser : aiguilles pour la couture main n° 6 ; aiguilles pour la couture machine n° 90. Longueur de point moyen. Fils mercerisés ou synthétiques.

LINON

Largeur : 90 cm.

Utilisations : jupons, blouses, robes d'été.

Armure toile très fine, transparente, coton, lin ou polyester.

Pour le travailler, il convient d'utiliser : aiguilles pour la couture main n°s 7-10 ; aiguilles pour la couture machine n° 70. Longueur de point petit — ourlets souvent terminés en « ourlets cocottes » servant de garniture. Fils mercerisés ou synthétiques.

LODEN

Largeur : 140 cm.

Utilisations : manteaux, capes.

Lainage épais, légèrement feutré, généralement vert, imperméable.

Pour le travailler, il convient d'utiliser : aiguilles pour la couture main n° 6 ; aiguilles pour la couture machine n° 90. Longueur de point moyen. Larges surpiqûres en garniture. Fils mercerisés.

LUREX

Largeur : 90 cm.

Utilisations : vêtements très habillés, vestes, boléros, robes.

Fil métallique mélangé aux tissus tissés ou mailles polyester, laine ou acrylique.

Pour le travailler, il convient d'utiliser : aiguilles pour la couture main n°s 7-8 ; aiguilles pour la couture machine n° 70. Coudre dans du Lurex émousse les aiguilles, prenez soin d'en changer pour coudre un autre tissu ! Longueur de point moyen. Fils synthétiques.

MADRAS

Largeur : 90-115 cm.

Utilisations : robes d'été, jupes, chemisiers ou « liquettes » dérivées de la chemise de grand-père.

Souvent tissé à la main en Extrême-Orient à partir de fils de coton ou soie teints à l'aide de colorants naturels. Tissage formant rayures ou carreaux. Lorsque le madras est tissé à la main, l'étiquette de la pièce le spécifie.

Pour le travailler, il convient d'utiliser : aiguilles pour la couture main n°s 6-7 ; aiguilles pour la couture machine n° 70. Longueur de point moyen. Fils mercerisés ou synthétiques.

1 rayures
2 chevrons
3 écossais
4 diagonales
5 pied de poule
6 toile
7 jersey
8 carreaux

MATELASSÉ

Largeur : 90-140 cm.

Utilisations : anoraks, vestes, ensembles d'hiver.

Tissu coton, nylon ou acétate, surpiqué. C'est le dessin de la surpiqûre qui donne l'effet de matelassage.

Pour le travailler, il convient d'utiliser : aiguilles pour la couture main nos 6-7 ; aiguilles pour la couture machine n° 90. Longueur de point large. Fils mercerisés ou synthétiques.

MOHAIR

Largeur : 140 cm.

Utilisations : robes, ensembles, manteaux.

Tissé à partir de poils de chèvres du même nom. Léger et chaud.

Pour le travailler, il convient d'utiliser : aiguilles pour la couture main nos 6-9 ; aiguilles pour la couture machine nos 70-90. Longueur de point moyen. Fils de soie ou mercerisés (pour le mohair maille, fils synthétiques).

MOIRE

Largeur : 90-110 cm.

Utilisations : jupes, robes, manteaux du soir.

Tissu soie, acétate, coton ou en mélange uni ou croisé. Un traitement spécial par pression et chaleur écrase les côtes formant un dessin qui lui donne un aspect changeant, brillant, chatoyant.

Pour la travailler, il convient d'utiliser : aiguilles pour la couture main nos 7-8 ; aiguilles pour la couture machine n° 70. Longueur de point moyen. Fils de soie ou synthétiques.

MOUSSELINE

Largeur : 110 cm.

Utilisations : robes, écharpes, chemisiers.

De coton ou de soie, ou de laine ou en mélange avec des synthétiques. Tissage lâche, transparent.

Pour la travailler, il convient d'utiliser : aiguilles pour la couture main n° 7 ; aiguilles pour la couture machine n° 70. Longueur de point petit. Fils synthétiques ou simili ou mercerisés retors n° 30 (tissu glissant ; épingler soigneusement, faire des coutures étroites, ourlets rouleautés main ou terminés au point zigzag.)

NID D'ABEILLES

Largeur : 90 cm.

Utilisations : robes, pantalons, ensembles d'été.

Tissage alvéolé, le plus souvent en coton. Autrefois uniquement destiné au linge de maison.

Pour le travailler, il convient d'utiliser : aiguilles pour la couture main n° 6 ; aiguilles pour la couture machine n° 70. Longueur de point moyen. Fils mercerisés.

ORGANDI

Largeur : 90-140-180 cm.

Utilisations : blouses habillées, robes de mariée ou de cérémonie.

Est tissé comme la mousseline de soie ou de coton mais enduit après tissage d'un apprêt. Cet apprêt confère à l'organdi une légère raideur un peu cassante (rendant le travail difficile) d'où une certaine froissabilité.

Pour le travailler, il convient d'utiliser : aiguilles pour la couture main n° 7 ; aiguilles pour la couture machine n° 70. Longueur de point petit. Fils de soie.

ORGANZA

Largeur : 115 cm.

Utilisations : robes du soir.

Mousseline de coton ou soie apprêtée et brillante. Fragile à travailler.

Il convient d'utiliser : aiguilles pour la couture main nos 9-10 ; aiguilles pour la couture machine n° 70. Longueur de point petit. Fils de soie.

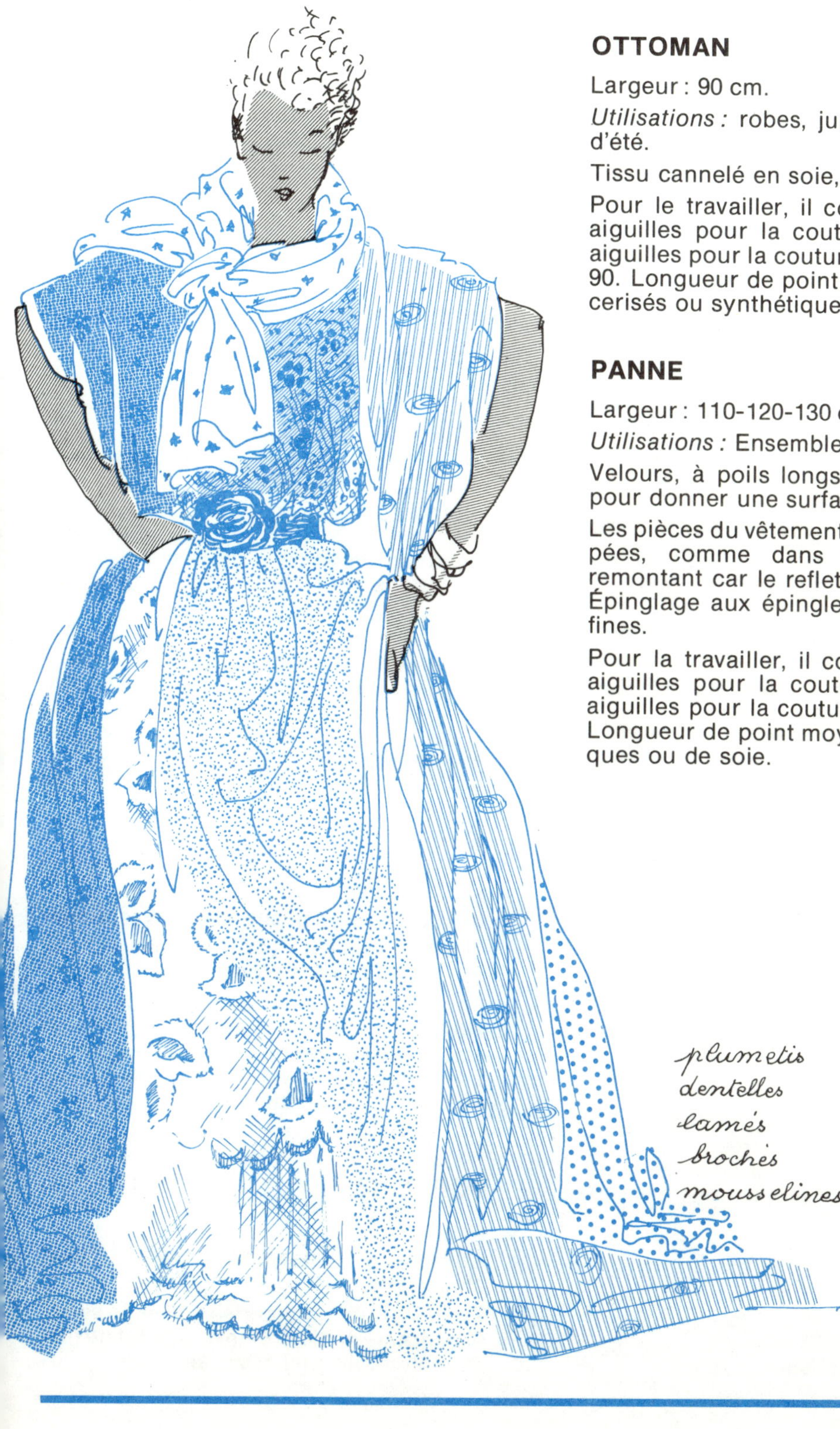

OTTOMAN

Largeur : 90 cm.

Utilisations : robes, jupes ou manteaux d'été.

Tissu cannelé en soie, laine ou coton.

Pour le travailler, il convient d'utiliser : aiguilles pour la couture main nos 7-8 ; aiguilles pour la couture machine nos 80-90. Longueur de point moyen. Fils mercerisés ou synthétiques.

PANNE

Largeur : 110-120-130 cm.

Utilisations : Ensembles, robes.

Velours, à poils longs, couchés aplatis pour donner une surface lustrée.

Les pièces du vêtement doivent être coupées, comme dans le velours, poil remontant car le reflet est plus beau — Épinglage aux épingles longues et très fines.

Pour la travailler, il convient d'utiliser : aiguilles pour la couture main nos 7-9 ; aiguilles pour la couture machine no 70. Longueur de point moyen. Fils synthétiques ou de soie.

PERCALE

Largeur : 90 cm.

Utilisations : chemisiers, robes d'été.

Toile à tissage serré en coton ou coton et fibres synthétiques mélangées (lorsque l'une des faces est brillante, légèrement glacée, elle prend alors le nom de percale glacée).

Pour la travailler, il convient d'utiliser : aiguilles pour la couture main n°s 7-8 ; aiguilles pour la couture machine n° 70. Longueur de point moyen. Fils mercerisés ou synthétiques.

PILOU

Largeur : 100-110 cm.

Utilisations : robes, chemisiers, liquettes, chemises de nuit.

Tissu de coton pelucheux, léger et chaud, autrefois destiné à la lingerie de nuit mais s'utilise aussi dans la confection de certains vêtements.

Pour le travailler, il convient d'utiliser : aiguilles pour la couture main n°s 7-8 ; aiguilles pour la couture machine n° 70. Longueur de point moyen. Fils mercerisés.

PIQUÉ

Largeur : 90 cm.

Utilisations : robes d'été, vêtements d'enfants, ensembles, pantalons.

Tissu reliefé de coton ou coton et synthétiques mélangés. Le relief est donné soit par des rayures, soit par un cloqué dont le dessin peut être des pois ou des fleurs ton sur ton.

Pour le travailler, il convient d'utiliser : aiguilles pour la couture main n° 7 ; aiguilles pour la couture machine n° 80. Longueur de point moyen. Fils mercerisés ou synthétiques.

PLUMETIS

Largeur : 90-140 cm.

Utilisations : chemisiers, robes.

Mousseline de coton à semis de broderies mécaniques (petits points ton sur ton, dans un coloris constrastant, ou dans une déclinaison de la couleur du fond).

Pour le travailler, il convient d'utiliser : aiguilles pour la couture main n° 7 ; aiguilles pour la couture machine n° 70. Longueur de point petit. Fils mercerisés ou synthétiques.

POIL DE CHAMEAU

Largeur : 140 cm.

Utilisations : manteaux, capes.

La véritable étoffe dite « poil de chameau » contient dans son tissage, comme son nom l'indique, du vrai poil de chameau. Très souvent, le poil de chameau est mélangé à de la laine ce qui diminue le coût. C'est un tissu chaud et léger.

Pour le travailler, il convient d'utiliser : aiguilles pour la couture main n°s 6-9 ; aiguilles pour la couture machine n° 100. Longueur de point large. Souvent surpiqûres en garniture. Fils de soie ou mercerisés.

PONGÉ

Largeur : 90 cm.

Utilisations : chemisiers, robes légères.

Tissu de soie naturelle, fin, léger, tissage simple ou tissage croisé.

Pour le travailler, il convient d'utiliser : aiguilles pour la couture main n° 8 ; aiguilles pour la couture machine n° 70. Longueur de point petit ou moyen. Fils de soie ou synthétiques.

POPELINE

Largeur : 90 cm.

Utilisations : ensembles d'été, robes, chemisiers.

Tissu de coton mercerisé à tissage serré, fil de trame épais donnant un effet de fine cannelure, un peu soyeuse.

semis
pois
liberty
figuratifs
géométriques
cachemire

La popeline apprêtée « imperméable » s'utilise en vêtement de pluie. Attention aux coutures, qui bien souvent « grignent », aussi soyez vigilantes.

Pour la travailler, il convient d'utiliser : aiguilles pour la couture main n°s 7-9 ; aiguilles pour la couture machine n° 70 pour lingerie, et pour anoraks n° 80. Longueur de point moyen. Fils synthétiques.

PYRÉNÉES (tissu des)

Largeur : 140 cm.

Utilisations : manteaux, capes, robes de chambre.

Tissu à poils longs, léger et chaud, peut présenter un envers jersey.

Pour le travailler, il convient d'utiliser : aiguilles pour la couture main n°s 7-8 ; aiguilles pour la couture machine n°s 70-90 (à pointe ronde si envers jersey). Longueur de point large — éventuellement zigzag. Fils synthétiques.

RATINE

Largeur : 140 cm.

Utilisations : boléros, manteaux, vestes femmes, enfants.

La ratine est un sergé de laine dont le poil tiré en surface « bouloche » ou frise légèrement. Chaude et légère, la ratine a tendance, de par son tissage, à se feutrer.

Pour la travailler, il convient d'utiliser : aiguilles pour la couture main n°s 6-8 ; aiguilles pour la couture machine n°s 90-100. Longueur de point moyen à large. Fils mercerisés ou synthétiques.

SATIN

Largeur : 90 cm.

Utilisations : robes, chemisiers, jupes.

L'une des faces de ce tissu est brillante. Il peut être de soie, de coton, uni ou imprimé. S'il est de coton imprimé, il porte le nom de « satin fermière » dont les impressions sont composées de petites fleurs.

Pour le travailler, il convient d'utiliser : aiguilles pour la couture main n°s 7-9 ; aiguilles pour la couture machine n°s 70-90. Longueur de point moyen ou petit. Fils synthétiques ou mercerisés.

SEERSUCKER

Largeur : 110-140 cm.

Utilisations : robes d'été, shorts, salopettes, chemisiers.

Tissu de coton dont le reliefé cloqué est donné par des fils de trame tirés au tissage. Il est souvent à rayures.

Pour le travailler, il convient d'utiliser : aiguilles pour la couture main n°s 6-7 ; aiguilles pour la couture machine n° 70. Longueur de point moyen. Fils mercerisés ou synthétiques.

SHANTUNG

Largeur : 90-130 cm.

Utilisations : ensembles, robes, chemisiers.

Toile de soie sauvage dont les fils irréguliers donnent un grain tout particulier à ce tissu. Actuellement le shantung peut être aussi constitué d'un mélange de fibres mais la caractéristique du tissage au granité irrégulier est toujours présente.

Pour le travailler, il convient d'utiliser : aiguilles pour la couture main n°s 6-7 ; aiguilles pour la couture machine n°s 70-90. Longueur de point moyen. Fils de soie ou synthétiques.

SHETLAND

Largeur : 140 cm.

Utilisations : tailleurs, manteaux, vestes.

Beau lainage anglais dont la laine provient des moutons des îles Shetland.

Pour le travailler, il convient d'utiliser : aiguilles pour la couture main n°s 6-9 ; aiguilles pour la couture machine n° 90. Longueur de point large. Fils mercerisés ou synthétiques.

SOIE

Voir Crêpe de Chine (page 14) et travail de la soie (page 30).

SUÉDINE

Largeur : 140 cm

Utilisations : ensembles de sport, vestes, jupes, manteaux.

Ressemblant au daim. C'est une fibre de coton, soit tissée ou tricotée présentant toujours un aspect velouté en surface, quelle que soit la technique employée. La suédine a un sens, il convient d'en tenir compte au moment de couper les pièces du vêtement. Elle se travaille comme le jersey.

Pour la travailler, il convient d'utiliser : aiguilles pour la couture main n° 6 ; aiguilles pour la couture machine nos 90-100. Longueur de point moyen à large et zigzag. Fils synthétiques.

SURAH

Largeur : 90 cm.

Utilisations : blouses habillées, robes.

Étoffe légère à tissage fin, croisé, de soie et polyester mélangé ou soie naturelle.

Pour le travailler, il convient d'utiliser : aiguilles pour la couture main nos 8-9 ; aiguilles pour la couture machine n° 70. Longueur de point moyen. Fils de soie ou synthétiques assez difficile à travailler.

TAFFETAS

Largeur : 110-140 cm.

Utilisations : jupes, robes habillées, manteaux du soir.

Crissant au toucher, ce tissu fin, serré, à armure unie, est brillant, légèrement raide et froissable. En soie naturelle ou synthétique, il a toujours un aspect agréable à l'œil.

Pour le travailler, il convient d'utiliser : aiguilles pour la couture main n° 9 ; aiguilles pour la couture machine n° 70. Longueur de point moyen. Fils de soie ou mercerisés.

TOILE A BEURRE

Largeur : 110 cm.

Utilisations : blouses, chemisiers, jupes, robes d'été.

Ce tissu lâche, à surface inégale, en pur coton, était autrefois utilisé dans les fermes pour envelopper le beurre. Aujourd'hui, il est recherché par les stylistes à cause de son apparence et de sa légèreté.

Pour la travailler, il convient d'utiliser : aiguilles pour la couture main nos 7-8 ; aiguilles pour la couture machine n° 70. Longueur de point moyen. Fils mercerisés ou synthétiques.

TRICOTINE

Largeur : 140 cm.

Utilisations : ensembles, vestes, pantalons, jupes sport.

La tricotine a l'aspect d'un jersey, c'est une gabardine à côte de laine ou toutes fibres mélangées, au tombant net.

Pour la travailler, il convient d'utiliser : aiguilles pour la couture main nos 6-7 ; aiguilles pour la couture machine nos 90-100. Longueur de point large ou zigzag. Fils synthétiques

TUSSOR

Largeur : 90 cm.

Utilisations : Ensembles et robes d'été.

Le Tussor, léger et résistant, est, soit en soie sauvage, soit en mélange de fibres. Le tissage en est irrégulier.

Pour le travailler, il convient d'utiliser : aiguilles pour la couture main nos 8-9 ; aiguilles pour la couture machine n° 70. Longueur de point moyen. Fils de soie ou synthétiques.

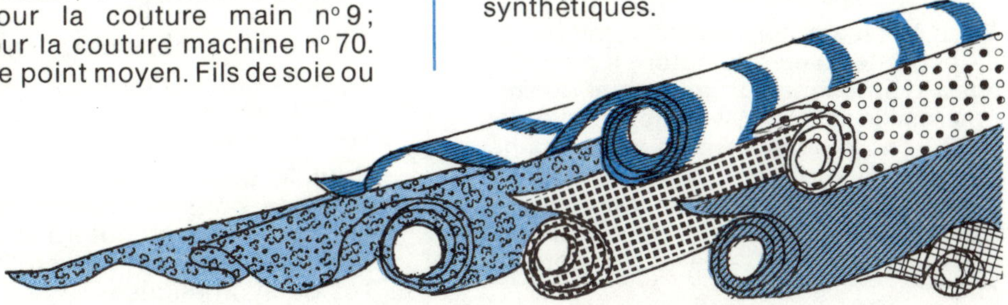

TWEED

Largeur : 140 cm.

Utilisations : manteaux, vestes, tailleurs.

Tissu lourd, en fil de laine cardée de plusieurs couleurs dont des poils blancs apparaissent en surface.

Pour le travailler, il convient d'utiliser : aiguilles pour la couture main nos 5-6 ; aiguilles pour la couture machine n° 100. Longueur de point large. Fils mercerisés, similis ou synthétiques.

VELOURS

Largeur : 90-140 cm.

Tissé à partir de fils de soie, de coton ou de fibres mélangées, le velours présente sur l'endroit une face douce au toucher, résultat d'un tissage spécial où les fils de chaînes supplémentaires forment une nappe de poil régulière, rasée en fin d'opération, d'où le reflet velours. Attention dans le velours et justement à cause du « reflet », toutes les pièces d'un patron doivent être coupées dans le même sens. Les épingler ensuite avec des épingles très longues et très fines. Un truc pour éviter que les coutures grignent : intercaler entre chaque épaisseur un papier de soie et ce au moment de piquer. Bâtir à grands points.

Pour le travailler, il convient d'utiliser : aiguilles pour la couture main nos 8-9 ; aiguilles pour la couture machine nos 70-90. Longueur de point moyen. Fils synthétiques pour les coutures, mercerisés pour le surfilage des coutures.

VELOURS COTELÉ

Largeur : 140 cm.

Utilisations : tailleurs, jupes, costumes, pantalons, manteaux.

Tissu à côtes soit à base de coton pur ou de polyester mélangé coton. Il peut être aussi synthétique sur un dossier ou support maille. Dans le velours côtelé, les poils sont alignés dans le sens chaîne, bouclés en surface et coupés après tissage pour obtenir l'effet de cannelures. Il existe plusieurs largeurs de cannelures de velours, mille raies ou à côte de cheval.

Le velours côtelé a aussi un sens, conformez-vous aux instructions données pour le velours.

Pour le travailler, il convient d'utiliser : aiguilles pour la couture main n° 6 ; aiguilles pour la couture machine n° 90. Longueur de point moyen. Fils mercerisés ou synthétiques.

VELOURS FRAPPÉ

Largeur : 90-110 cm.

Utilisations : ensembles habillés.

Velours dont le reliefé est obtenu par un pressage à chaud. Les intervalles entre les motifs peuvent aussi être coupés à ras. Mêmes précautions que pour le velours.

Mêmes aiguilles, même point, mêmes fils.

VELOUTINE

Largeur : 130 cm.

Utilisations : ensembles, tailleurs, pantalons, robes.

Pour obtenir ce tissu on ajoute des fils supplémentaires aux fils de trame. Ces fils forment des boucles qui sont rasées après tissage. Les fils sont de coton et la veloutine est douce au toucher mais a un inconvénient, elle a tendance à s'effilocher. Il convient de surfiler les pièces du vêtement avant d'en effectuer le montage.

Pour la travailler, il convient d'utiliser : aiguilles pour la couture main nos 7-8 ; aiguilles pour la couture machine n° 90. Longueur de point moyen : surpiquer en garniture. Fils mercerisés ou synthétiques.

VICHY

Largeur : 90-140 cm.

Utilisations : robes d'été, jupes.

Toile légère, en coton, à tissage composé d'effets de carreaux, blancs et rouges, ou verts ou bleus ou jaunes ou marron.

Pour le travailler, il convient d'utiliser : aiguilles pour la couture main nos 6-7 ; aiguilles pour la couture machine n° 70. Longueur de point moyen. Fils mercerisés ou synthétiques.

A ces tissus déjà nombreux doivent s'ajouter les noms génériques tels pied de poule ou pied de coq (type de dessin obtenu par le tissage), peignés (sec : à partir de fils « peignés »), lainage natté (dont le tissage spécial forme de petits carreaux), sergé (armure présentant des côtes en diagonale), draps (tissus à sens dont une face est mate, l'autre brillante), chevrons (lainage tissé en dents de scie).

La doublure est un élément indispensable pour le tissu de dessus ; elle apporte au vêtement classe, confort « beau tombé », le mettant incontestablement en valeur. Il existe plusieurs sortes de doublures en soie (pongé), synthétique et artificielle (comme le bimberg très apprécié en couture car lavable).

NOTRE CONSEIL

Ne pas acheter le tissu avant d'avoir choisi le modèle de vêtement que vous souhaitez réaliser. Impérativement, le tissu doit s'adapter à la forme. Il est de toute évidence que pour une jupe froncée, ou plissée soleil, des tissus lourds ne conviennent absolument pas. Lors du choix, si vous avez un doute, consultez la vendeuse qui vous conseillera utilement.

Pour les tissus ayant un sens, ou des motifs, des rayures ou encore des carreaux, prévoir alors environ 15 % de plus dans l'estimation de votre métrage.

Les unions

Au sein des familles de tissus, il existe des unions intéressantes, palliant les inconvénients des unes, polissant les avantages des autres. Ci-après quelques mariages heureux qui ont donné naissance à des qualités nouvelles.

Union de deux fibres naturelles

Coton et lin : se froisse moins,
Coton et laine : feutre moins,
Laine et soie : aspect plus chaleureux.

Union d'une fibre naturelle et d'une fibre artificielle

Coton et fibranne viscose : aspect plus flatteur ; coton et rayonne : aspect plus soyeux.
Lin et fibranne : se défroisse plus facilement.
Soie et rayonne : l'entretien est plus facile.

Union d'une fibre naturelle et d'une fibre synthétique

Laine et acrylique : ne feutre pas.
Soie et acrylique : se froisse moins.

Avant de couper un vêtement, il convient non seulement de connaître l'origine du textile auquel il est destiné, mais aussi de s'assurer de son sens (poil, s'il s'agit du velours), de son envers, de son endroit, de sa solidité au lavage.

... ET LES SECRETS !

Secrets que nous vous livrons et astuces de couture qui vous permettront de déjouer toutes les chausse-trapes tendues par certains tissus.

LE JERSEY

Il ne faut pas tirer le tissu en piquant ; cela déforme le vêtement. L'aiguille de la machine doit être fine ou spéciale, le fil fin, la tension souple.

Une astuce :

Pour le jersey fin
Pour éviter que les coutures ne craquent, prenez une aiguille neuve et employez un fil en soie naturelle. De plus, le fil de soie conserve son élasticité au jersey. Si, malheureusement, vous ne trouvez pas de fil en soie naturelle, vous tendrez votre tissu en piquant à la machine.

Pour le jersey épais (jersey d'hiver)
Il faudra régler la tension de votre machine au petit point zigzag avant de piquer.

Pour un pantalon
Un conseil, placez sur votre bâti de couture d'enfourchure une bande jersey très fin de 1 cm de largeur avant de piquer. Vous êtes ainsi certaine que vos coutures ne lâcheront pas.

LA SOIE

Elle doit être cousue avec du fil de soie. Le fil de la canette de votre machine à coudre doit être lâche pour éviter que le tissu ne s'accroche dans la griffe. Cependant, vous pouvez placer le cache-griffe sur la griffe elle-même. Si cet accessoire n'est pas en votre possession, vous ne commencerez à piquer qu'à deux centimètres du bord et c'est en marche arrière que vous reprendrez votre piqûre depuis le bord du tissu ; vous repartez ensuite en marche avant.

De cette façon l'extrémité du tissu à piquer ne se prendra pas dans la grille de la machine.

Si vous trouvez cette façon de procéder trop compliquée, placez un papier de soie entre la machine et le tissu à piquer.

En outre, la soie réagit très bien au plissé permanent.

TISSUS SYNTHÉTIQUES

Mêmes précautions que pour la soie pour les piqûres machine.

Le **velours** de soie, de rayonne ou de nylon.

Avant de couper le velours, chercher le sens du velours en caressant le tissu avec le dos de la main.

Il faut couper les pièces les unes après les autres et rarement l'une sur l'autre.

Placer le patron sur l'endroit.

Pour piquer du velours, utiliser une aiguille neuve.

UN CONSEIL

Surfiler toutes les coutures après avoir coupé et avant d'assembler les pièces.

Le **skai** ou les imitations daim ou même le daim.

Il faut une aiguille fine spéciale synthétique et piquer avec du fil spécial machine pour les cuirs. C'est un fil glacé mais il se peut qu'il n'existe pas dans tous les coloris. On peut alors placer en haut de la machine avant le bloc tension un petit morceau de bougie pour paraffiner le fil que vous possédez et dont la couleur correspond à votre tissu. Au contact de la bougie et en défilant sur elle, ce dernier se glace à son tour. Il est souhaitable d'avoir un pied presseur double entraînement. Le pied presseur sert également pour assembler tous les tissus rayés, à ramages, écossais, pour que les raccords soient parfaits.

LES POSSIBILITÉS

A partir de tout cela, vous allez concevoir votre garde-robe en fonction de vos goûts, de votre mode de vie.

A vous de jouer avec les coloris, avec les imprimés; ils vous permettront d'exprimer votre personnalité et sont très souvent l'élément déterminant d'un choix au même titre que la matière elle-même.

Et maintenant, libre à vous de créer une mode personnelle, libérée de tous les tabous.

Chapitre

2

LES TISSUS
SONT ASSEMBLÉS PAR DES COUTURES

Pour une bonne couture, il faut de bons outils.
Un matériel de base s'impose.
Avant de vous installer dans la pièce où vous allez coudre,
n'oubliez rien,
car il est toujours désagréable d'avoir à se déplacer
pour récupérer ou, pis encore
aller acheter ce qui manque en cours de travail.

MATÉRIEL INDISPENSABLE POUR...

LA COUPE

Règles plates

Mètre ruban

Réglet

Craie

Roulette à patrons

Épingles

Ciseaux :

- 1 paire de ciseaux à papier
- 1 paire de ciseaux couture
- 1 paire de ciseaux cranteurs

Galets de plomb ou presse-papier

LE REPASSAGE

Table à repasser

Jeannette

Une feuille d'amiante doublée

Molleton

Fer à repasser à vapeur

Fer simple avec pattemouille

LES COUTURES

Machine à coudre

Aiguilles main

Aiguilles machine à coudre

Dé

Découseur

Pince à épiler pour retirer fils de bâti

Fils

Enfile aiguille

Aimant pour les aiguilles

LES GAINS DE TEMPS

Colle à bâtir

Colle à coudre

Colle anti-effilochage

Voile invisible pour ourlet

Rubans agrippants

Toiles thermocollantes

Intissés thermocollants

Arrondisseur pour ourlet

AIGUILLES

Pour la couture main, des aiguilles de différentes longueurs et grosseurs numérotées de 1 à 12. Plus le chiffre est élevé, plus l'aiguille est fine. Il existe des aiguilles pour vues fatiguées.

Chacune d'entre nous choisit la longueur d'aiguille qui convient à « sa main ». Cependant les aiguilles fines, courtes, permettent de faire des points réguliers et petits. Les aiguilles longues sont parfaites pour le travail de bâti, des fronces, et pour coudre des tissus épais.

Pour la couture machine, tout un assortiment de différentes grosseurs, plus des aiguilles jersey.

CISEAUX

Deux paires sont nécessaires, l'une pour couper le papier-patron, l'autre pour le tissu. Ce dernier aura des lames longues de préférence (minimum 10 cm). Les ciseaux doivent être maniables et légers. Veillez bien sur eux car de la qualité de la lame dépend la coupe du tissu. Il existe aussi des ciseaux pour gauchers, et des ciseaux cranteurs utilisés pour les tissus feutrine, coupe décorative, apparente, et pour cranter en dents de scie les bords de tissus pour remplacer dans certains cas le surfilage des bords de couture.

COLLE A BATIR

Peut rendre des services dans certains cas.

CRAIE TAILLEUR

De couleur pour les tissus clairs, blanche pour les tissus foncés. Il existe aussi des crayons-craie faciles à utiliser; ils sont vendus avec un pinceau pour retirer les traces de la craie sur le tissu.

DÉ

Se porte au majeur de la main droite ou gauche qui tient l'aiguille, selon que vous êtes droitière ou gauchère. C'est lui qui protège votre doigt lorsque vous poussez l'aiguille dans le tissu.

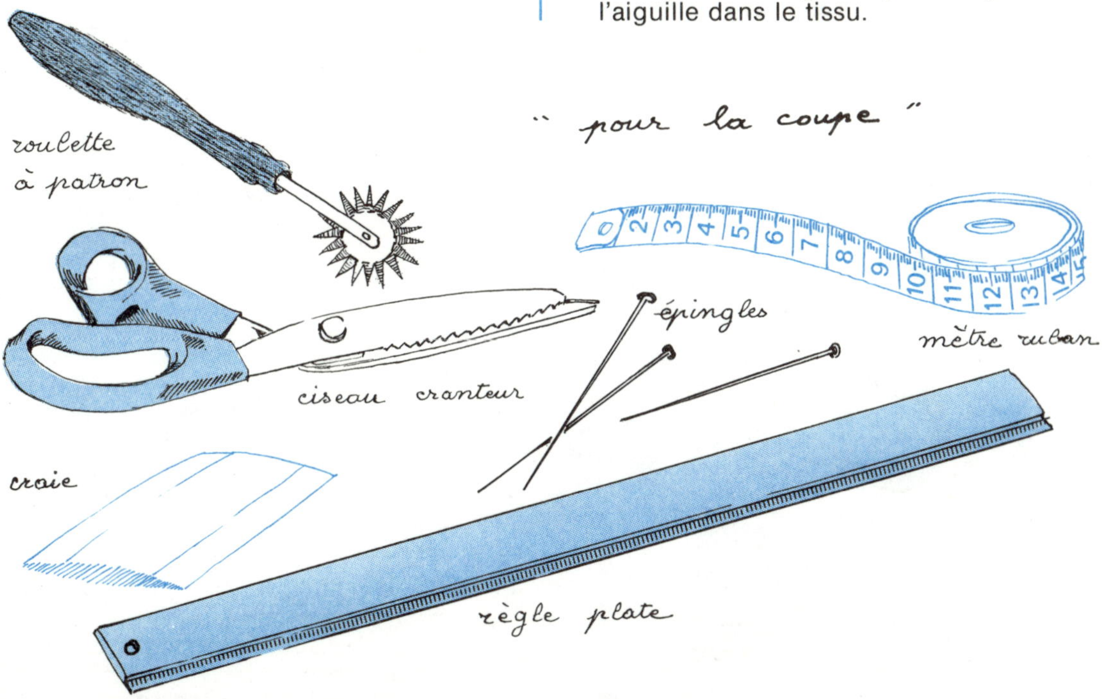

Matériel indispensable

DÉCOUSEUR

Comme son nom l'indique, il découd les coutures.

ÉPINGLES

Choisissez des épingles longues et fines, de bonne qualité. Les épingles doivent s'enfoncer facilement et ne pas marquer le tissu.

ENFILE-AIGUILLE

Est indispensable pour les yeux fatigués.

FIL

Le fil à coudre varie selon la texture du tissu à travailler. Sa grosseur est indiquée en numéros ; plus il est fin, plus le numéro est élevé (voir chapitre « tissus » pages 12 à 29). Un assortiment est indispensable :

- fil à bâtir en grosse bobine de deux couleurs, blanc pour les tissus foncés, noir pour les tissus clairs ;
- fil à coudre de toutes les couleurs, mercerisé (fil machine) pour les fibres naturelles (coton, laine, soie) (grosseurs les plus courantes 30 et 50) ;
- fil à coudre synthétique ; convient à tous les tissus. Également de plusieurs couleurs ;
- fil élastique pour fronces et smocks (main-machine) ;
- fil simili pour la couture main et machine, le plus utilisé n° 40 ;
- fil synthétique invisible pratique lorsque vous n'avez pas sous la main la couleur qui va avec celle du tissu ;
- fil de lin pour coudre les boutons ;
- fil cordonnet pour boutonnières et surpiqûres décoratives.

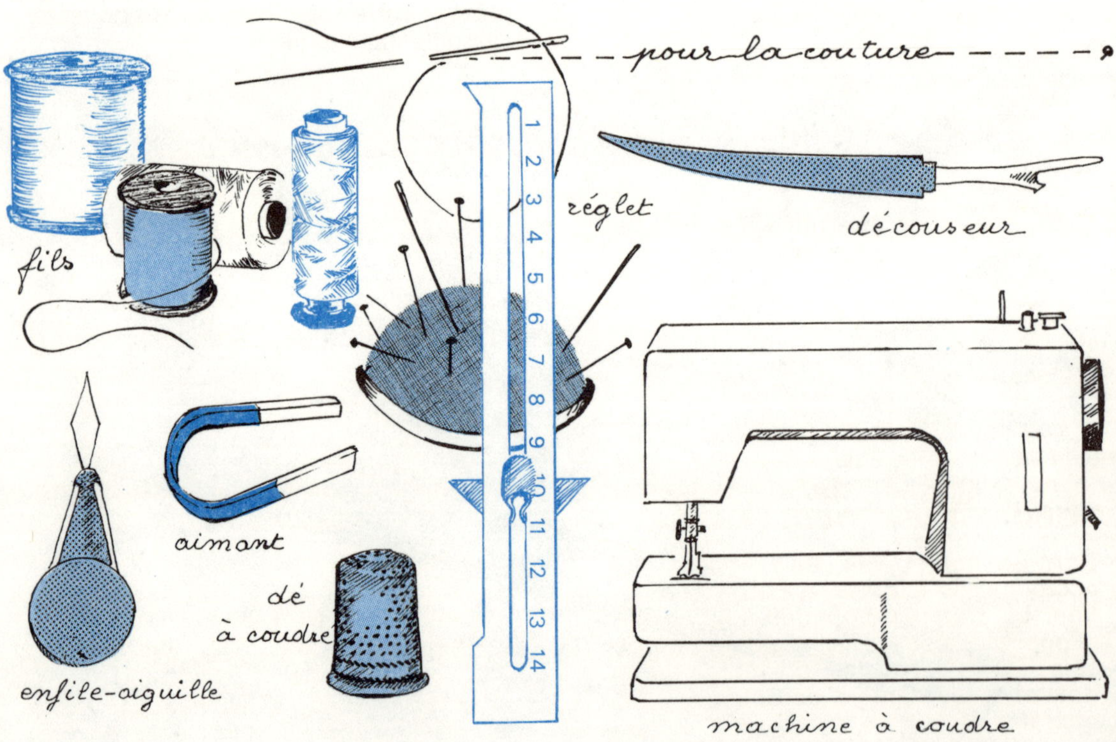

POUR UNE COUTURE ULTRA-RAPIDE

COLLE ANTI-EFFILOCHAGE

Cette colle supprime le surfilage des tissus. Il suffit d'appliquer la colle tout le long de la ligne de coupe.

COLLE A BATIR

Cette colle peut remplacer le fil de bâti, il suffit d'étaler la colle sur un côté du tissu seulement, de poser l'autre tissu à assembler par-dessus...

COLLE A COUDRE

Cette colle peut être utilisée pour fixer des ourlets, pour réparer un accroc.

POUDRE THERMOCOLLANTE

Permet également de réparer les accrocs. Elle s'utilise aussi en décoration. La poudre s'applique sur le tissu support à l'aide du fer réglé « coton ou soie ». Bien suivre les indications de la notice concernant le déroulement des opérations.

POUR UNE COUTURE PRATIQUE

RÉGLET

Petite règle graduée en centimètres permettant de marquer régulièrement les largeurs de plis, la hauteur des ourlets, les écartements de boutonnières.
Certains réglets sont munis d'un curseur, d'autres d'encoches.

ROULETTE A PATRON

Roulette dentée à pointe très fine servant à délimiter les contours du patron papier sur le tissu. Il existe des roulettes à marquage double, à réservoir de poudre de craie. Elles tracent en même temps la valeur de la couture et la ligne de découpe, la première à la craie, la seconde en pointillant le tissu.

ARRONDISSEUR POUR OURLETS

Très pratique, cet appareil sur pied gradué en centimètres est muni d'un réservoir contenant de la poudre de craie. Cette poudre est projetée sur le tissu à l'aide d'une poire en caoutchouc. Il suffit de régler la hauteur du sol à l'ourlet, de placer le curseur réservoir de poudre puis de tourner lentement sur soi-même tout en actionnant la poire, un trait de craie se dépose indiquant l'endroit du pliage de l'ourlet.

Les motifs thermocollants

LES THERMOCOLLANTS DANS LA COUTURE

Il existe des entoilages à coudre et à thermocoller, voiles invisibles pour ourlets. Le plus connu est la Vlieseline, non tissé, qui a vu le jour en 1948, tellement connu que le nom est appliqué à tous les thermocollants, comme Frigidaire l'est pour réfrigérateur, et ce à un point tel que pour bien le différencier des autres le nom Vlieseline a dû être imprimé sur la lisière, avec les symboles d'utilisations et indications d'applications en langage international. L'avantage de ce non-tissé réside dans le fait qu'il est 50 % plus léger pour une même surface d'utilisation, qu'il ne rétrécit pas, ne s'effiloche pas, résiste au nettoyage, au lavage. N'ayant aucun sens, il est utilisé plus rationnellement. Certains thermocollants s'appliquent simplement au fer chaud, sans pattemouille et ce pour de petites surfaces, cols, poignets. Pour de grandes surfaces, devants de manteaux, tailleurs par exemple, il faut utiliser fer et pattemouille. Un avantage à souligner, celui qu'offre la Vlieseline, dans l'entoilage d'un tissu jersey par exemple, à qui ce matériau conserve l'élasticité, sans avoir recours à la coupe en biais de l'entoilage.

IL EXISTE PLUSIEURS SORTES D'ENTOILAGES

le non-tissé thermocollant

De plus en plus utilisé dans l'entoilage des cols, poignets, parmentures.

Voile thermocollant pour ourlets

Il suffit de placer le voile sur l'envers du tissu entre les deux parties à assembler puis de repasser à la pattemouille 15" maximum. La température du fer sera réglée selon le tissu.

La percale thermocollante

La percale thermocollante est une toile, ne pas confondre avec le non-tissé. S'applique toujours au *fer sec* sans pattemouille.

NOTRE CONSEIL

Pour un entoilage parfait, il faut évidemment comme pour toute opération observer quelques précautions. Bien respecter les indications de réglage de température du fer, ne pas faire glisser ce dernier sur la pattemouille, mais au contraire le poser bien à plat, l'y laisser douze secondes. Recommencer l'opération à côté et ainsi de suite sur toute la surface de la pattemouille. Lorsque le thermocollage est terminé, laisser refroidir la partie de vêtement ainsi préparée, quinze minutes à plat, avant de continuer le travail.

★

AUTRE CONSEIL

Ne pas utiliser de fers à projection de vapeur, la pattemouille donne de meilleurs résultats. Elle permet un repérage d'application parfait grâce au marquage de la semelle du fer.

Par ailleurs se déplacer sur une surface dure si possible, la superposition de molletons ou de toiles à repasser risquant de glisser et de faire « gondoler » la surface à thermocoller.

Attention ! *Seuls les velours de coton peuvent être thermocollés, le velours synthétique ne supportant pas la chaleur.*

LES MOTIFS THERMOCOLLANTS

Les motifs thermocollants connaissent un succès sans précédent, adorés par les enfants puisqu'ils reproduisent les héros de bandes dessinées Lucky Luke, les Schtroumpfs, de Walt Disney (Mickey et bien d'autres encore) et adoptés avec enthousiasme par les mamans qui peuvent ainsi ou dissimuler une tache indélébile ou personnaliser un tee-shirt.

Quelques conseils pour bien thermocoller un motif

— Étendre le vêtement sur une surface dure et poser le motif à l'endroit désiré.

— Recouvrir d'une feuille de papier ou d'un morceau de tissu fin. Appuyer très fortement le fer chaud sur le motif. Surtout ne pas faire un mouvement de va-et-vient.

Attention :

— thermocoller signifie coller à chaud. Le support doit avoir le temps de se dissoudre et de pénétrer dans les fibres. Le fer doit rester en place de 10 à 20 secondes selon les supports ;

— pour les vêtements « bouillis » au lavage, régler le fer sur « fil » et le laisser 25" sur le tissu ;

— pour les vêtements lavés à moins de 60°, régler le fer sur « laine » et exercer une pression durant 45" ou 50".

— Laissez ensuite refroidir et retirer le tissu ou le papier posé sur le motif.

En respectant les indications du fabricant, un motif thermocollant ne se décolle jamais.

Certains rubans et pièces thermocollants sont utilisés pour dissimuler les accrocs et renforcer coudes et genoux.

COUTURE MAIN

Pour coudre à la main il faut évidemment enfiler une aiguille, ce qui consiste à passer le fil à travers le chas de l'aiguille. Pour faciliter l'opération, coupez votre fil en biseau. Si vos yeux sont fatigués, utilisez l'enfile-aiguille.

Pour avancer dans votre travail, nous vous conseillons d'enfiler 2 ou 3 aiguilles d'avance. Le fil étant passé dans le chas, il faut faire un nœud, chose moins simple qu'il n'y paraît. Voici la manière la plus aisée de s'y prendre :

— saisissez l'extrémité la plus longue de l'aiguille entre le pouce et l'index ;
— à l'aide du pouce faites rouler le fil sur lui de manière à former une boucle (1) ;
— tirez sur le fil en bloquant la boucle, vous obtenez un nœud (2).

Grâce à ce nœud vous allez consolider votre couture au départ.

En matière de couture « point » de secret, il existe deux points de base — le **point droit** et le **point oblique** — qui, selon leur utilisation finale, seront employés, l'un pour *l'assemblage,* l'autre pour *les finitions.*

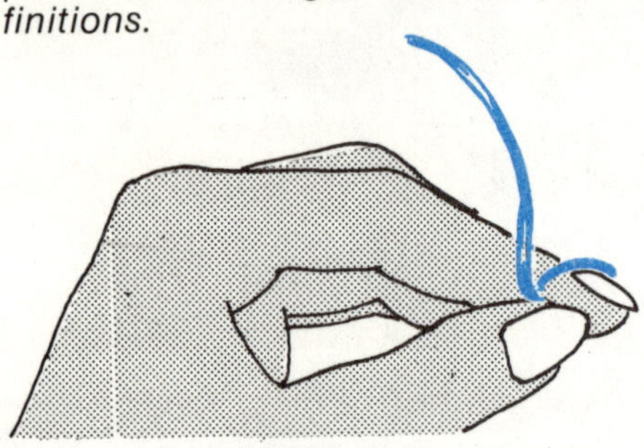

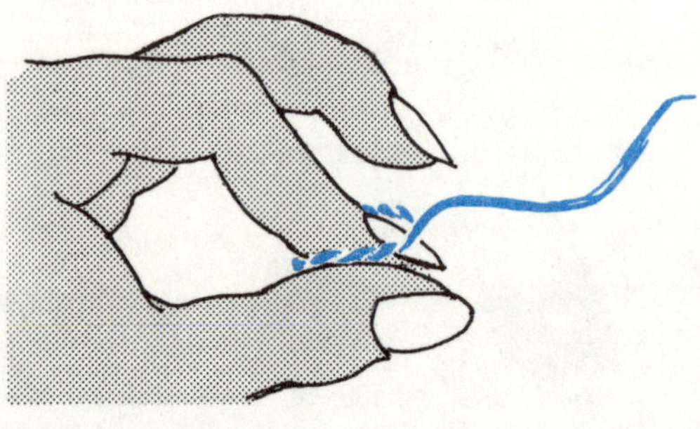

L'ASSEMBLAGE

La préparation à l'assemblage se fait par un point de bâti ou de faufil à l'aide du fil à bâtir.

Le point de bâti

Il sert à assembler — provisoirement — deux morceaux de tissu, en principe endroit contre endroit. Posez le tissu à bâtir sur la table de travail.

Piquez l'aiguille dans le tissu. Faites des points réguliers de 2 cm environ de droite à gauche en faisant avancer l'aiguille.

NOTRE CONSEIL

Pour des tissus fins ou soyeux ayant tendance à glisser, alternez un grand point de deux centimètres et un point plus petit d'un demi-centimètre ou un point arrière de place en place. On peut aussi, en couture rapide, utiliser des épingles pour maintenir les deux tissus.
Le point de bâti peut aussi servir de marquage pour certaines étapes de travail.
Terminez toujours votre bâti par un point ***arrière.***

Le point arrière

C'est le point qui est utilisé dans de nombreuses coutures à la main, pour bien maintenir deux tissus ensemble.

On commence toujours de droite à gauche, nœud par-dessus l'aiguille en A, à quelques millimètres à l'arrière de l'endroit d'où elle vient de sortir (B).

Recommencez, veillez à ce que les intervalles soient très réguliers. Sur l'envers, le point arrière présente un aspect désordonné et il est moins solide que le point de **piqûre.**

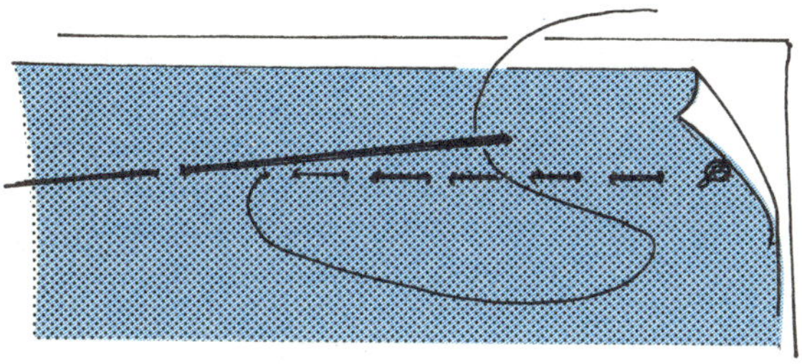

← le point de bâti

le point arrière →

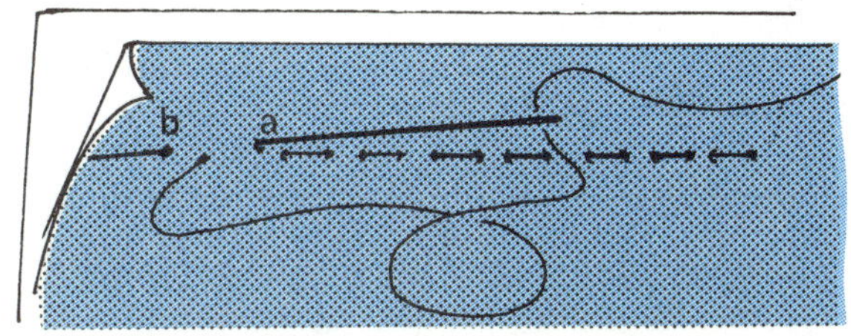

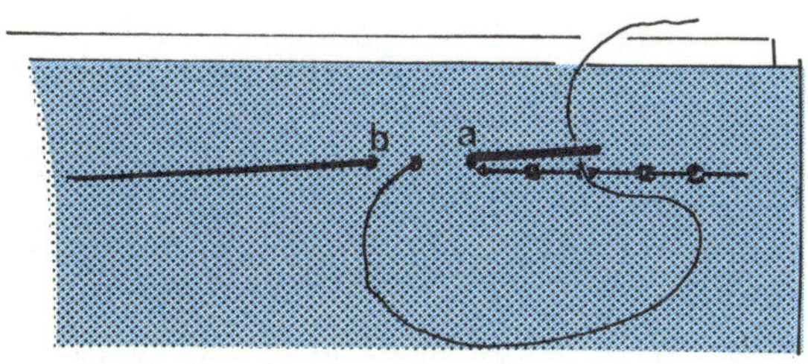

← le point de piqûre

le point avant →

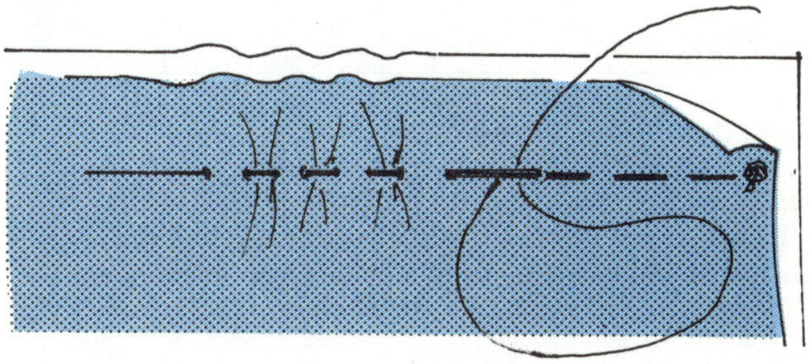

Le point de piqûre

Lui aussi assemble deux pièces de tissu mais plus solidement que ne le fait le point arrière. Il ressemble au point de piqûre fait à la machine à coudre.

— Commencez par la droite, piquez l'aiguille dans le tissu, nœud en dessous. Faites un point avant. Tirez l'aiguille.

— Repiquez l'aiguille dans le trou A qui est celui de la sortie du fil.

— Ressortez-la en B, au devant du point précédent et ainsi de suite.

Vous obtenez un **point arrière** dont tous les points se touchent parfaitement.

Le point avant

Ce point est aussi utilisé pour froncer un tissu. C'est le point « pousse-pousse ». L'aiguille allant de droite à gauche en laissant un espace petit et régulier entre chaque point (sans sortir du tissu).

Le point tailleur ou point bouclette

Utilisé pour marquer un tracé en double sur deux étoffes superposées endroit contre endroit. C'est un point devant ou arrière qui se fait au fil à bâtir, d'un ton contrastant à celui du tissu, avec des aiguilles longues n° 7 ou 8.

Il convient pour commencer de faire un point avant suivi d'un point arrière. Il n'est pas nécessaire de faire un nœud.

— Piquez l'aiguille à intervalles réguliers, et faites un point avant ou arrière pas trop grand en laissant une bouclette de fil de deux à trois centimètres tous les deux points.

— Lorsque vous avez cerné votre ouvrage (en principe, ce point sert à tracer les contours d'un patron), écartez les deux bords de tissu. Il se forme alors une sorte de petite échelle. Coupez aux ciseaux au milieu. Les brins de fils se trouvent sur l'endroit.

NOTRE CONSEIL

Afin que les fils restent bien en place, utilisez une aiguille de fil double.

Les gains de temps : Il existe dans le commerce un petit appareil dont une extrémité supporte la bobine de fil à bâtir et l'autre extrémité une sorte de grosse aiguille enfilée qui, par perforation, fait très rapidement ce genre de marquage.

La couture dite anglaise

Elle est utilisée pour assembler deux pièces de tissu dans les blouses, chemisiers et en lingerie aussi. Le travail d'assemblage est aussi net à l'endroit qu'à l'envers.

— Epinglez les deux morceaux de tissu envers contre envers à quelques millimètres des bords ;

— maintenez par un point arrière ou un point à la machine ;

— égalisez au ciseau la couture en retirant l'excédent de tissu au-dessus du point de couture, environ à trois millimètres de cette dernière. Ouvrez la couture au fer ;

— retournez l'ouvrage endroit contre endroit pour enfermer la couture. Bâtissez ou épinglez à un demi-centimètre du bord. Maintenez soit par un point de piqûre main ou machine (voir pages 41 et 65).

La couture dite rabattue

Largement utilisée pour assembler les tissus double face — ou sur les vêtements reversibles.

— Assemblez endroit contre endroit les deux morceaux de tissu. Celui de dessous dépassera celui de dessus de 1 cm environ. Bâtissez à un demi-centimètre au-dessous de la ligne de tissu et en retrait. Maintenez par un point de piqûre main ou machine.

— Ouvrez la couture, repassez en dirigeant la couture d'un seul côté, de façon à laisser la partie la plus large au-dessus de l'autre.

— Sur la partie la plus large, faites un petit rempli. Repliez le tissu pardessus la couture. Maintenez par un point de piqûre main ou machine à quelques millimètres du bord. Vous pouvez aussi coudre ce rempli à la main au point de côté.

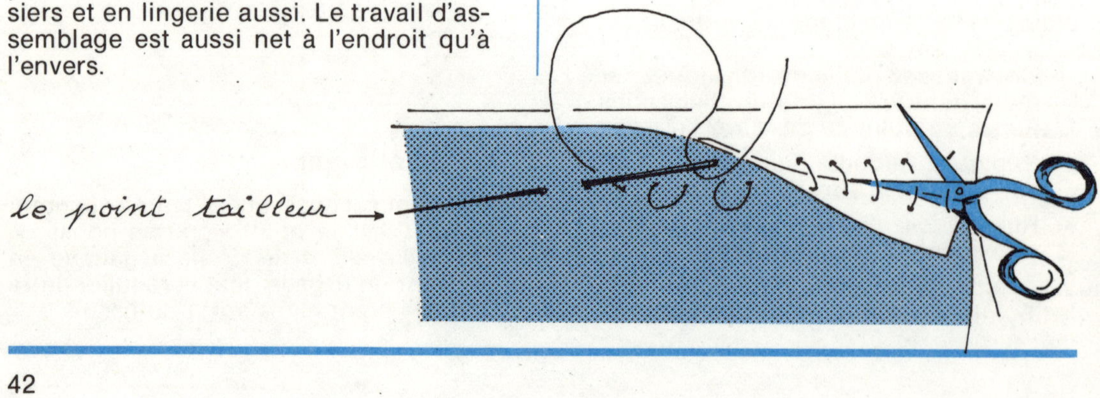

la couture anglaise

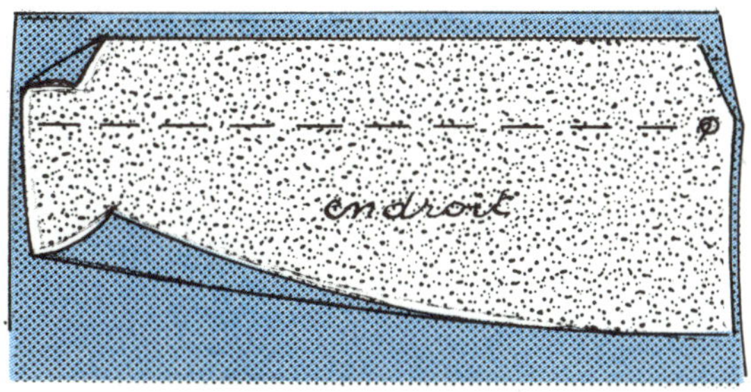

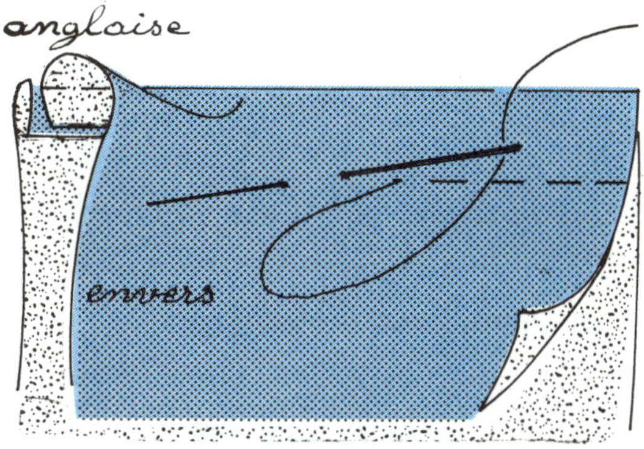

la couture rabattue

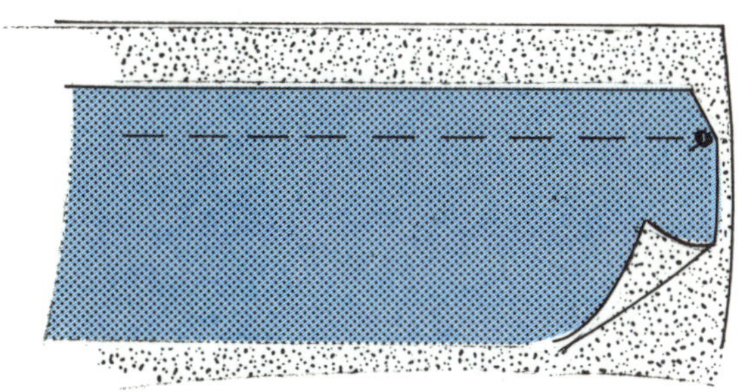

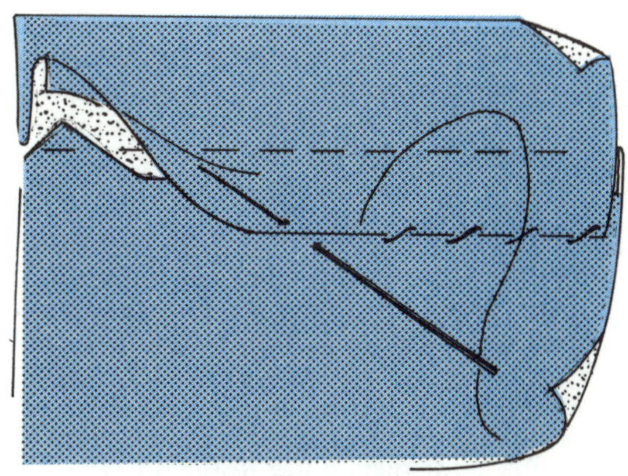

couture ouverte crantée

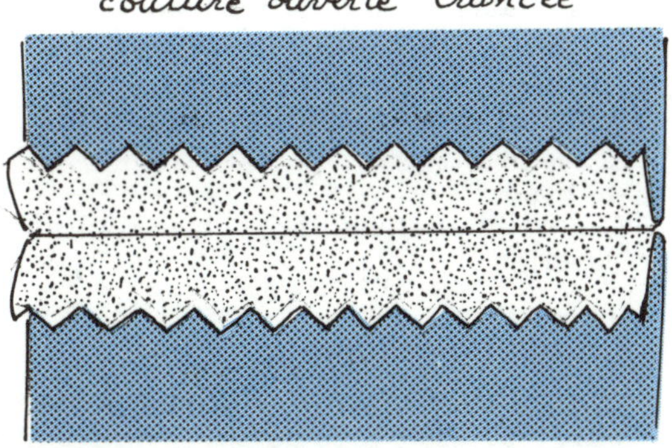

couture rabattue crantée

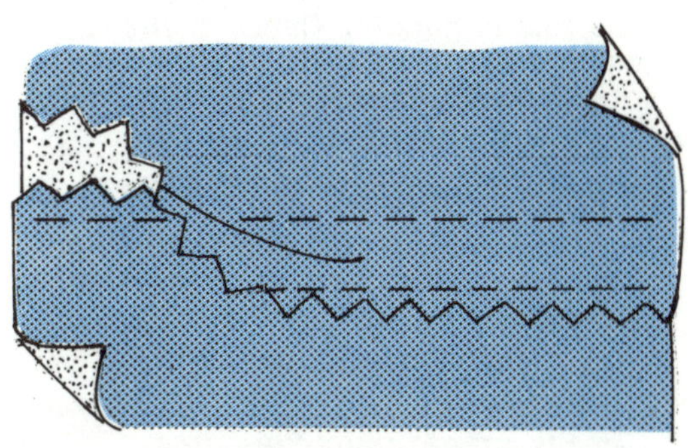

La couture ouverte crantée

Coupez les bords en zigzag au ciseau cranteur, méthode plus rapide que le surfilage.

La couture rabattue crantée

Les bords vifs seront coupés en zigzag à l'aide de ciseaux cranteurs pour les tissus qui ne s'effilochent pas.
Pour la couture rabattue, la piqûre de la partie rabattue se fera légèrement au-dessus de la ligne de crantage.

Tout sur les points obliques

Ce sont des points qui servent également à maintenir deux pièces d'étoffe mais dont les inclinaisons ne sont pas toujours du même côté. Chacun des points obliques correspond à des utilisations bien précises.

Le point d'ourlet traditionnel

Est un point en biais de droite à gauche du bas vers le haut. Il s'exécute sur l'envers et l'on fait un point à la fois.

— Piquez l'aiguille dans le rempli de l'ourlet pour y dissimuler le nœud de l'aiguillée de fil.

— Sortez l'aiguille en prenant quelques millimètres (un ou deux fils) de tissu.

— Repiquez-la du bas vers l'ourlet en haut et de droite à gauche. Recommencez.

Le point de côté

Est un point légèrement en biais mais dont l'inclinaison est vers la gauche. Ne pas le confondre avec le point d'ourlet. L'inclinaison du point n'est pas du tout la même. Le point de côté se travaille de droite à gauche. Glissez l'aiguille dans le rempli pour dissimuler le nœud.
Piquez l'aiguille obliquement vers la gauche de haut en bas .
Prenez quelques fils, sortez l'aiguille en biais vers la gauche. Recommencez.
Le point de côté sert également à fixer les doublures des vêtements.

Le point d'ourlet de couturière

— Piquez l'aiguille dans le tissu en prenant deux fils. Tirez sur l'aiguillée.

— Repiquez l'aiguille plus loin en la glissant dans le rempli de l'ourlet. Tirez.

— Piquez l'aiguille dans le tissu du vêtement, prenez deux fils. Tirez.

— Repiquez l'aiguille plus loin sous le rempli, etc.

Le point coulé ou point caché

Ce point doit être pratiquement invisible sur l'endroit; il sert à maintenir soit un ourlet dans un tissu fin, soit à coudre une poche en application sur une étoffe souple ou fixer une parmenture de robe. Dans ce dernier cas, coudre l'élément à rapporter sur le vêtement et à l'aide du pouce marquer un léger rentré sur le tissu à appliquer. A quelques millimètres du bord, piquez l'aiguille dans le repli du bord en prenant deux fils, faites un point arrière, tirez sur l'aiguille, repiquez l'aiguille à quelques millimètres du bord mais sur le vêtement et sous le rempli en soulevant légèrement ce dernier en vous aidant du pouce gauche. Tirez sur l'aiguille et repiquez-la dans le repli de la pièce à rapporter. Dans certains tissus il est préférable, pour éviter les épaisseurs, de surfiler le bord vif de la pièce à rapporter ou celui de l'ourlet. Ce surfilage peut se faire à la main (voir croquis page 45) et aussi à la machine.
En principe, le point coulé est surtout utilisé dans les applications sur l'endroit d'un vêtement.

Le point de surfil

Ce point empêche l'effilochage des bords de couture. Se fait en principe dans le sens des effilochures du tissu.

Il se travaille en biais de gauche à droite.

— Piquez l'aiguille en retrait du bord, nœud sur l'envers. Ressortez-la vers la gauche. Tirez sur l'aiguillée.

— Repiquez en retrait de gauche vers la droite. Tirez. Recommencez.

Aidez-vous du pouce gauche pour guider le fil lorsque l'aiguille sort à nouveau du tissu.
Ce point s'utilise pour les coutures ouvertes.

Le point de surjet

Utilisé pour réunir bord à bord deux morceaux de tissu. Il se compose de points verticaux très rapprochés.

— Commencez par la droite. Piquez l'aiguille, prenez quelques fils dans l'épaisseur des deux tissus. Tirez l'aiguillée.

— Repiquez vers la gauche l'aiguille perpendiculairement à la couture. Recommencez.

le point d'ourlet

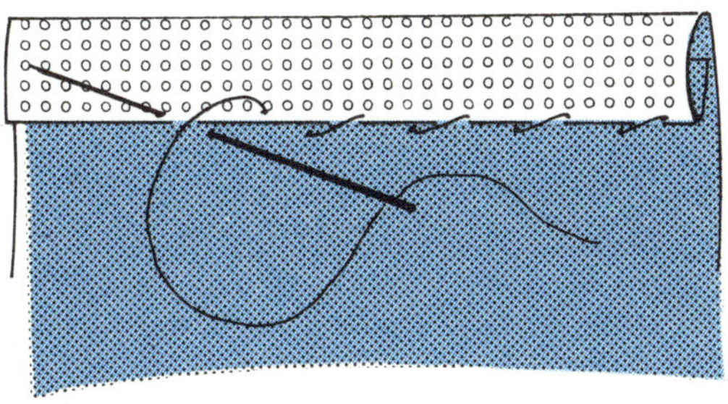

le point de surfil

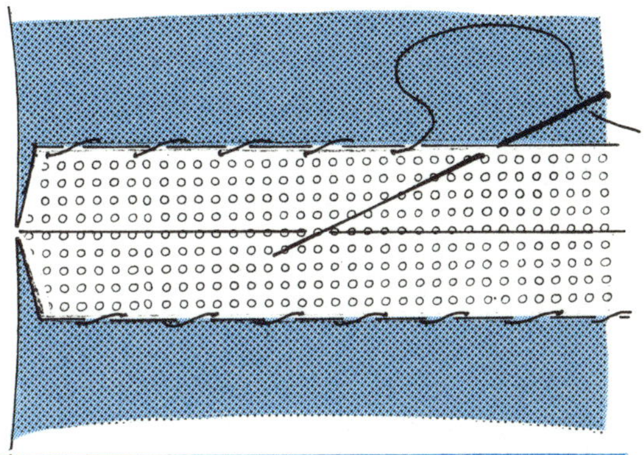

le point de côté

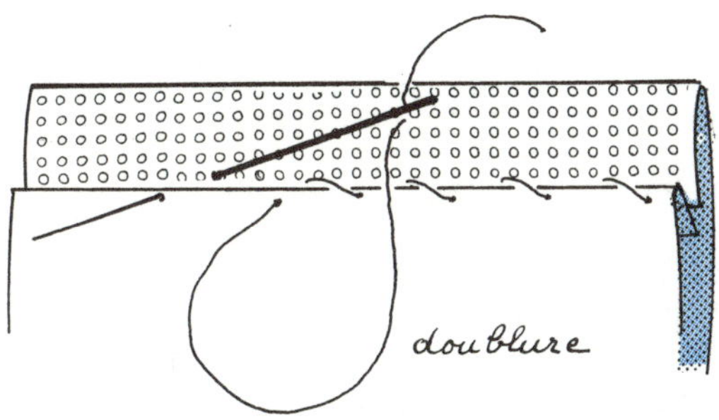

le point de surjet

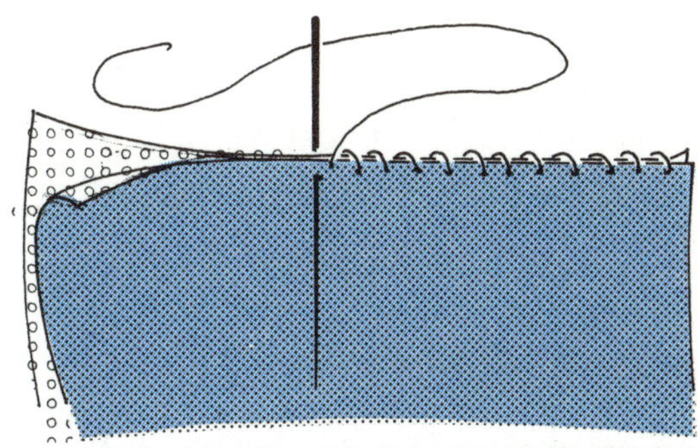

le point coulé

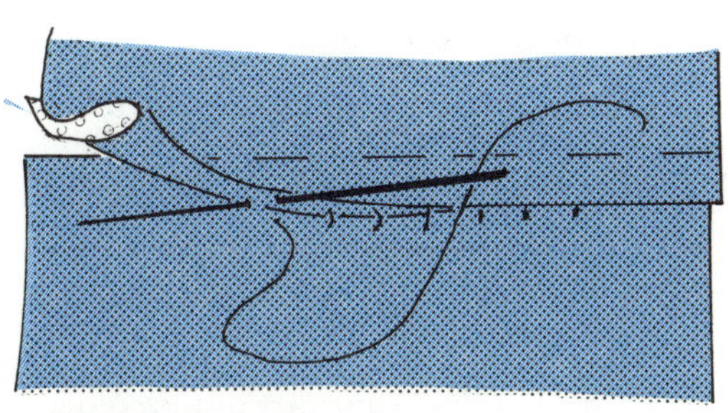

le point de chausson

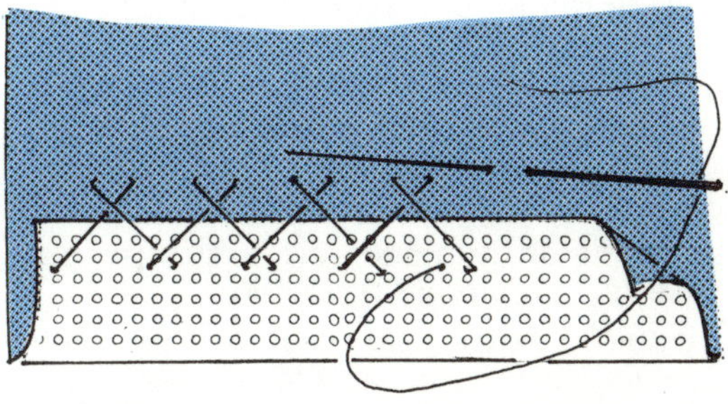

Le point de chausson

Il s'emploie dans tous les cas où une pièce doit être fixée sans rentré et ce sur une autre pièce. C'est le cas d'un entoilage de vêtement, parmentures de vestes ou de manteaux et pour certains ourlets. C'est un point croisé deux fois oblique qui assure une certaine élasticité au tissu. Il est parfait pour coudre les ourlets dans des tissus extensibles, jersey par exemple. Il supprime les épaisseurs et se travaille de gauche à droite.

— Bâtissez ou épinglez l'ourlet ou la parmenture.

— Piquez l'aiguille sur la gauche du tissu, faites un petit point devant.

— Tirez sur l'aiguillée et repiquez l'aiguille quelques millimètres plus haut vers la droite en prenant deux ou trois fils. Tirez l'aiguille.

— Repiquez-la quelques millimètres plus bas sur la droite et en prenant deux ou trois fils de tissu. Recommencez.

Les ourlets décoratifs

L'ourlet cocotte

Il termine des robes réalisées dans des tissus légers, soie, jersey de soie, et aussi des dessous de robe.

— Bâtissez un petit ourlet de 5 millimètres environ.

— Glissez l'aiguille au bas et dans l'ourlet pour dissimuler le nœud. Ramenez le fil vers vous.

— Piquez l'aiguille de part en part au ras de l'ourlet. Ramenez le fil vers vous et piquez une seconde fois à la même place, de manière à encercler l'ourlet avec le fil. Serrez en tirant sur l'aiguillée, pour froncer le tissu.

— Glissez l'aiguille dans le creux de l'ourlet et ressortez-la six millimètres plus loin et ce toujours au ras du rempli intérieur de l'ourlet.

— Piquez à nouveau de part en part et... recommencez.

Le point de feston ou point de gribiche

Il porte l'un ou l'autre de ces deux noms. S'il est constitué de points très rapprochés, c'est le point de feston. Si, au contraire, les points sont plus espacés, c'est le point de gribiche.

Le point de feston est utilisé pour terminer des manches de blouses, chemisiers très lingerie, pour exécuter des œillets, des brides, pour des coulants de ceinture.

Le point de gribiche sert à surfiler un tissu qui s'effiloche facilement.

Ce point s'exécute au cordonnet ou au fil de soie, de gauche à droite, sans faire de nœud au bout de l'aiguillée car le fil sera pris dans le premier point de feston. Tenez l'ouvrage sous l'index gauche.

— Piquez l'aiguille perpendiculairement au bord du tissu. Tirez sur l'aiguillée.

— Placez votre pouce gauche sur le fil qui maintient ce dernier sous l'aiguille de manière à former une boucle au moment du passage de l'aiguille.

— Repiquez l'aiguille verticalement au-dessus du bord et ressortez-la au-dessus du fil formant la boucle suivante. Tirez. Recommencez. Espacez plus ou moins chaque point selon l'effet recherché.

Le rouleauté

Comme son nom l'indique, il convient de rouler le tissu placé sur l'index de la main gauche, contre le pouce gauche et ce, au fur et à mesure du travail.

Travaillez de droite à gauche. Piquez l'aiguille sur le bord du tissu, faites un point arrière Roulez doucement le tissu sur l'endroit, passez l'aiguille par-dessus le rouleauté. Piquez dans le tissu. Roulez à nouveau le tissu. Passez le fil par-dessus etc.

Les fils sont plus ou moins rapprochés selon les tissus, assez espacés pour les tissus lourds, rapprochés pour les tissus légers. Utilisez une aiguille fine.

Couture avec biais apparent gansé ou non

Il existe en mercerie des biais gansés, de couleurs différentes. Posez le bord du biais gansé ou non selon l'effet recherché entre les deux bords du tissu, placés endroit contre endroit. Piquez au ras de la ganse.

Couture d'entre-deux

— Tissu placé dessus, elle est décorative si vous utilisez un galon de dentelle. Elle permet également de rallonger un vêtement.
Marquez un petit rempli sur l'envers de chacun des bords à assembler. Épinglez alors le morceau d'entre-deux (tissu, galon ou dentelle) entre et sur les deux bords. Par une piqûre, maintenez les bords en haut et en bas de la partie rapportée.

— Tissu placé dessous, en « gouttière » plus ou moins large. Marquez un petit rempli sur l'envers de chacun des bords à assembler. Placez entre les deux, bien à plat, une bande droit fil de la même longueur. Piquez. Il convient que les lignes de piqûre soient à quelques millimètres des lèvres de la ligne centrale, donnant ainsi l'illusion d'un petit pli creux.

la couture passe-poilée

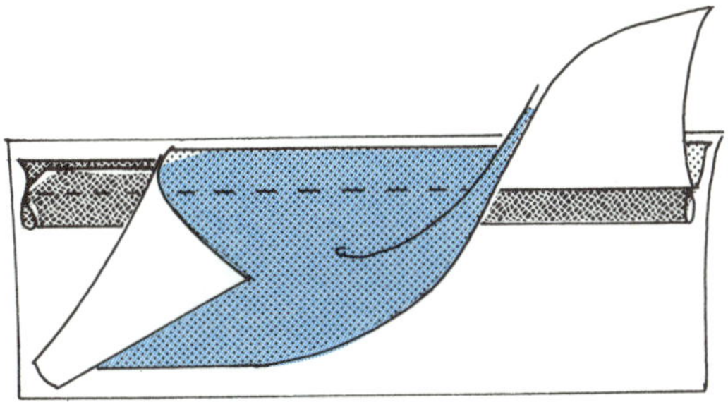

le point cocotte

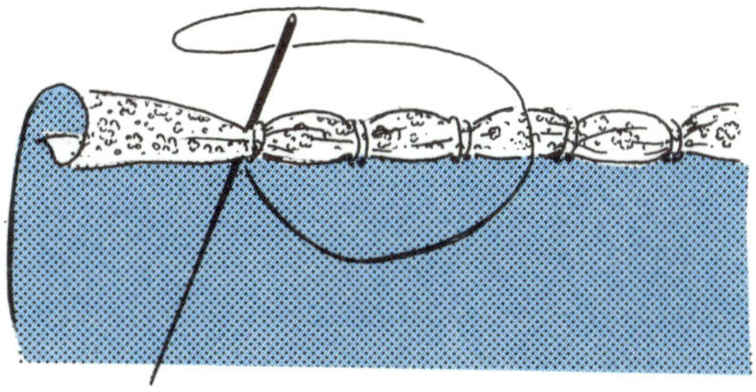

la couture avec biais gansé

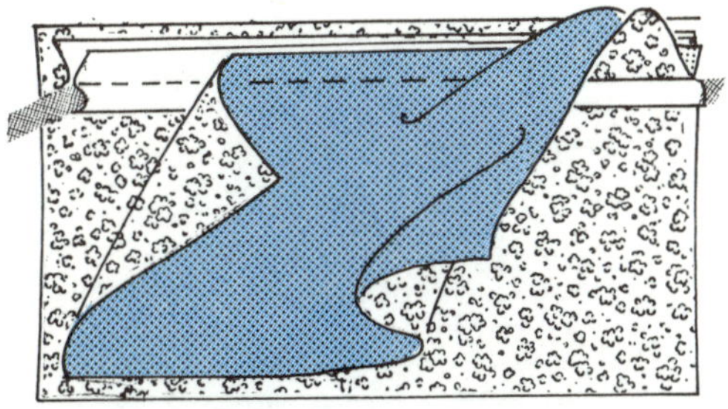

le point de feston

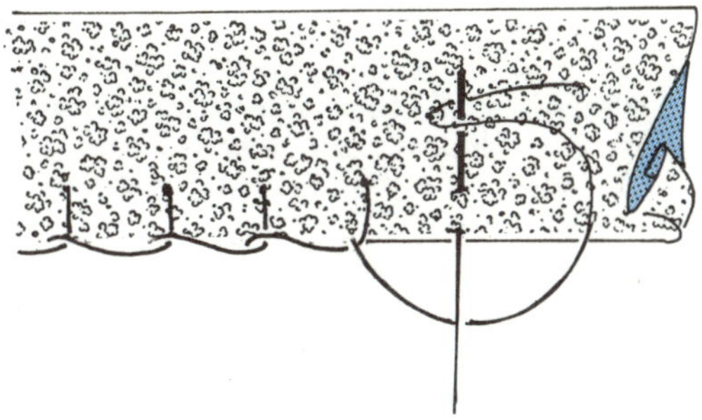

la couture d'entre-deux

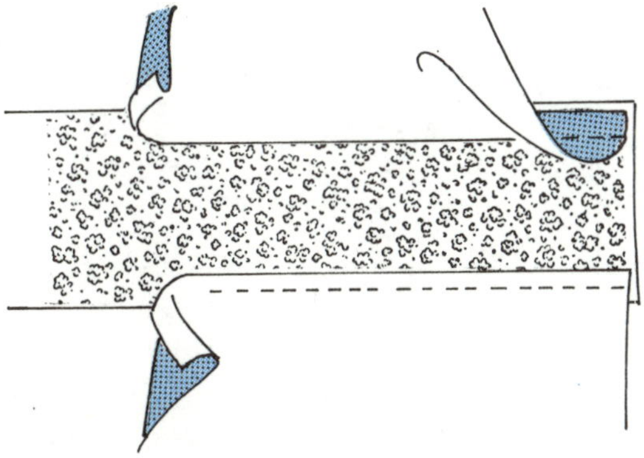

le roulotté

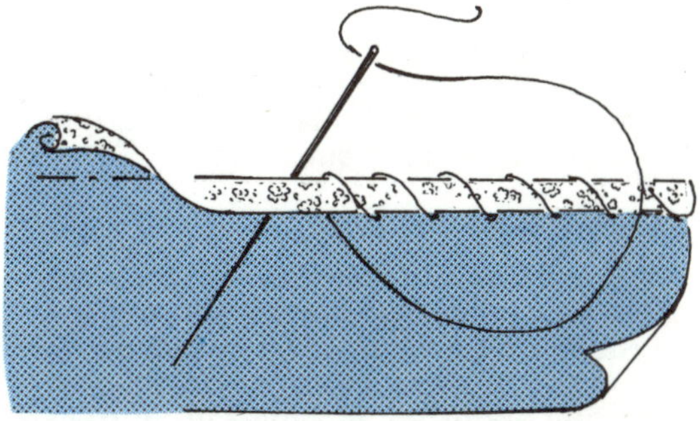

Couture passepoilée

Glissez le passepoil entre les deux morceaux de tissu à assembler endroit contre endroit. Le passepoil est apparent sur l'endroit. Il peut être de même couleur que le vêtement réalisé alors dans une bande de biais pliée en deux (voir biais page 179) ou de couleur contrastante, vendu au mètre dans les magasins spécialisés.

Les faux ourlets

Le faux ourlet droit fil

Convient pour pallier le manque de tissu et gagner de 3 à 5 cm sur la longueur d'un vêtement.

— Bâtissez ou épinglez endroit contre endroit au ras du bas du vêtement une bande de 5 cm. Piquez. Ouvrez la couture au fer. Marquez à l'ongle ou au fer un tout petit rentré sur l'envers de cette bande.

— Maintenez cette dernière sur l'envers du vêtement à point d'ourlet.

L'ourlet dans un vêtement taillé en forme

— Dans le bas, après avoir préparé la hauteur de l'ourlet, passez un fil de fronces.

— Tirez sur le fil pour ramener et réduire l'ampleur. Au fur et à mesure, maintenez la valeur d'ourlet par des épingles sur le vêtement. Fixez solidement le fil de fronces.

— Maintenez au point d'ourlet.

Pour un faux ourlet, dans ce genre de vêtement, la valeur d'ourlet rapportée sera taillée en forme. Crantez dans les arrondis de la couture d'assemblage. Repassez.

Ourlet fixé par un extra-fort

Ce genre d'ourlet assure une finition nette et plate. Piquez sur l'endroit et dans le bas du vêtement la bande d'extra-fort. Formez votre ourlet. Maintenez l'extra-fort à points de côté sur le tissu.

L'ourlet sans couture

Cet ourlet gain de temps est possible grâce aux voiles thermocollants, vendus en ruban de 50 millimètres de largeur et de 4 m de longueur. Ils se placent à l'intérieur de l'ourlet après avoir fait un petit rempli dans le tissu ou un surfilé sur le bord. En repassant au fer chaud, les deux bords de l'ourlet adhèrent au ruban. Cette façon de procéder est utilisée très souvent pour les jupes taillées en forme ou dans le biais ; dans ce cas précis les bandes de voile utilisées seront très étroites.

le faux ourlet "droit fil"

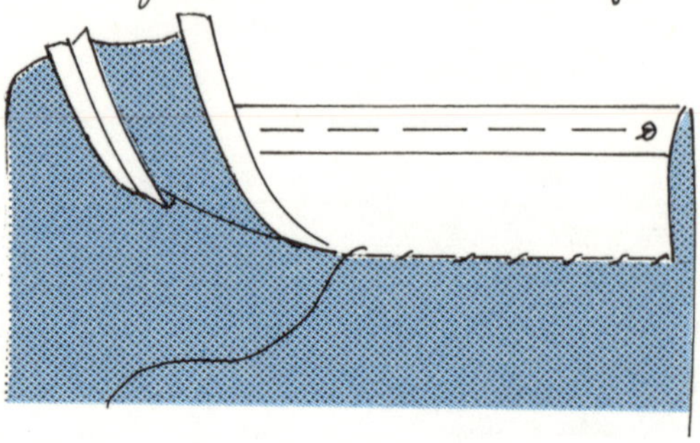

ourlet dans un vêtement taillé en forme

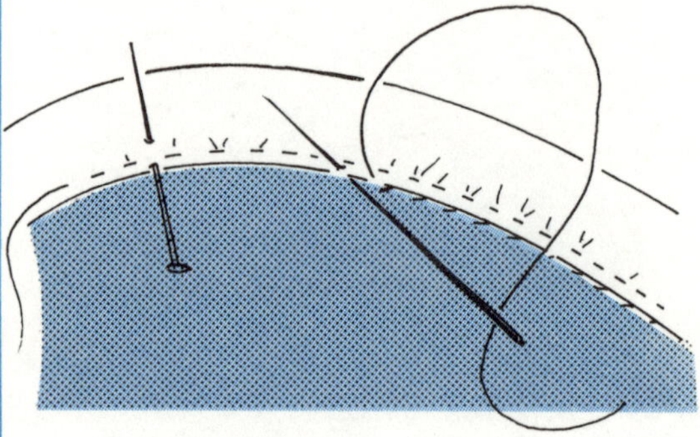

NOTRE CONSEIL POUR DES OURLETS PARFAITS

Marquez à la craie ou par des épingles la hauteur de l'ourlet. Sur chacune des coutures de côté amincissez la valeur de couture jusqu'à quelques millimètres de la piqûre d'assemblage. Cousez votre ourlet qui sera parfaitement plat tout autour. Sur la ligne de pliure de l'ourlet (détail 1) crantez les coutures. Maintenez l'ourlet à points invisibles. Il sera alors parfaitement plat.

ourlet avec extra-fort

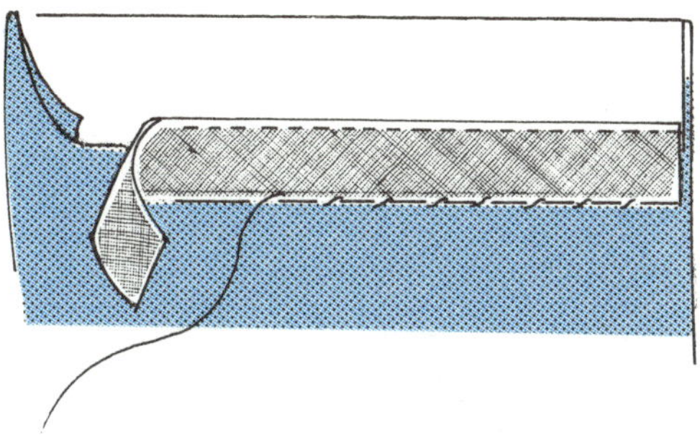

ourlet sans couture

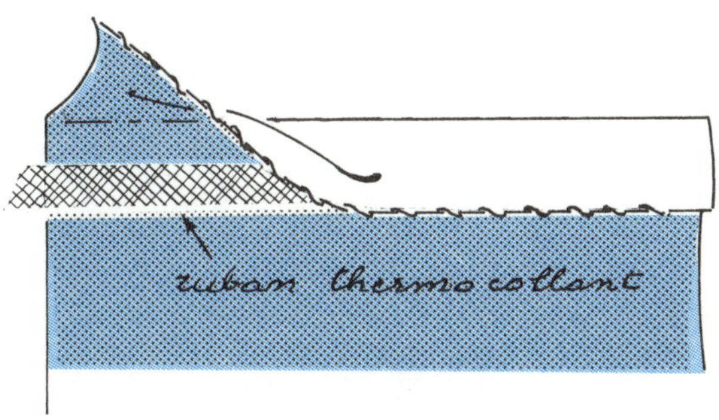

pour des ourlets parfaits

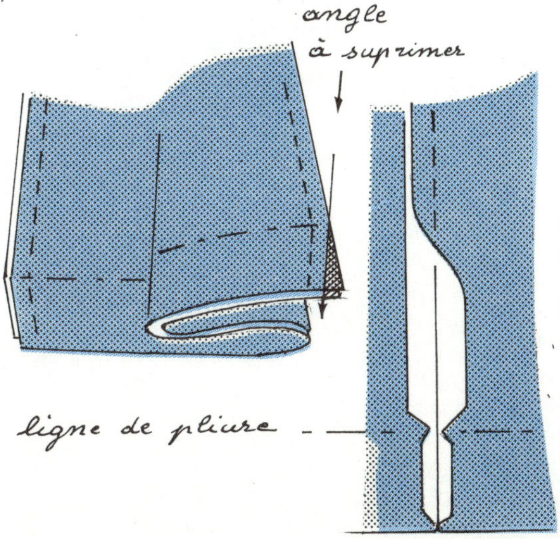

le faux ourlet "en forme"

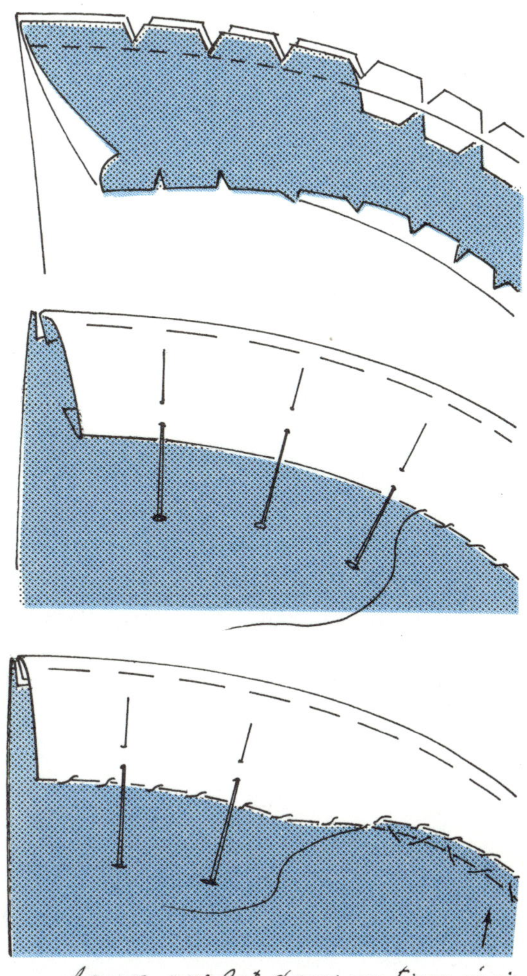

faux ourlet dans un tissu épais

L'ourlet d'une jupe ou d'une robe dont l'en-forme est formée par des lés

Avant de faire les piqûres d'assemblage de côté, il convient de marquer l'ourlet et de retirer dans le bas le surplus, ou partie biaisée de la couture, afin qu'il n'y ait aucune enflure de tissu toujours disgracieuse dans l'ourlet (détail 2).

Chapitre 3

TOUT SUR LES MACHINES A COUDRE

Il est bon de remonter le temps
pour rendre hommage
à ceux qui ont œuvré pour la postérité.
Savez-vous qui inventa la machine à coudre ?

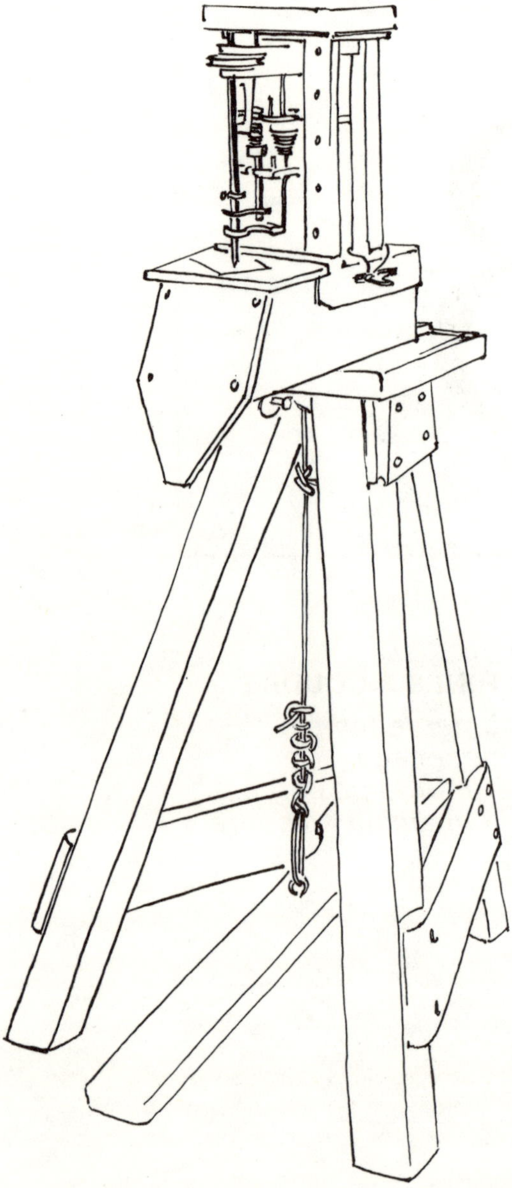

1829 le "couso-brodeur" de Thimonnier

LA PETITE HISTOIRE DE LA MACHINE A COUDRE

C'est un humble tailleur du temps de Charles X, vivant dans une petite bourgade du Rhône, Amplepuis, qui, le premier, en eut l'idée. Au prix de mille sacrifices et de recherches obstinées, Barthélemy THIMONNIER donna enfin corps à son rêve en 1829. Sa machine cousait déjà à la vitesse de 200 points minute mais en points de chaînette uniquement. Las ! ce fut un tollé général chez les ouvriers du textile. La machine était l'automation avant la lettre et, avec elle, la lancinante hantise du chômage. Barthélemy THIMONNIER eut beau trouver des capitaux pour faire fabriquer des répliques de sa machine, la route fut barrée et il mourut dans la misère ne laissant qu'un honnête prototype à ses héritiers. Mais, comme il est vrai que nul n'est prophète en son pays, aux Etats-Unis son idée allait faire fortune. En 1852 un autre tailleur, celui-là de Boston, Elias HOWE, perfectionna l'invention de Barthélemy THIMONNIER. Il créa la canette et eut ainsi recours à deux fils s'entrecroisant pour rendre les coutures mécaniques plus solides. Deux ans plus tard, avec une nouvelle machine faisant mille points à la minute, Isaac SINGER s'imposait sur le marché américain.

La machine à coudre dès lors révolutionna toutes les conceptions de la couture. Les maîtres tailleurs ont vu d'un très mauvais œil l'apparition de cette machine, inquiets qu'ils étaient de leurs prérogatives et fiers de leur travail fait entièrement à la main. Mais comme l'on n'arrête pas le progrès, la machine à coudre au début du siècle intéressa prodigieusement les femmes et certaines décidèrent de s'installer à leur compte. Elles devinrent des couturières en boutique. Après la Première Guerre mondiale, la machine à coudre fait partie de l'équipement ménager. Le Gouvernement en 1920, par un arrêté, attribue gratuitement une machine aux veuves de guerre et aux pensionnées ayant des enfants. Désormais, la machine à coudre fera très rapidement partie des biens d'équipement avec des hauts et des bas, bien sûr liés aux bouleversements, à l'évolution de notre société.

ÉVOLUTION DE LA MACHINE A COUDRE

1829
le « couso-brodeur » de THIMONNIER

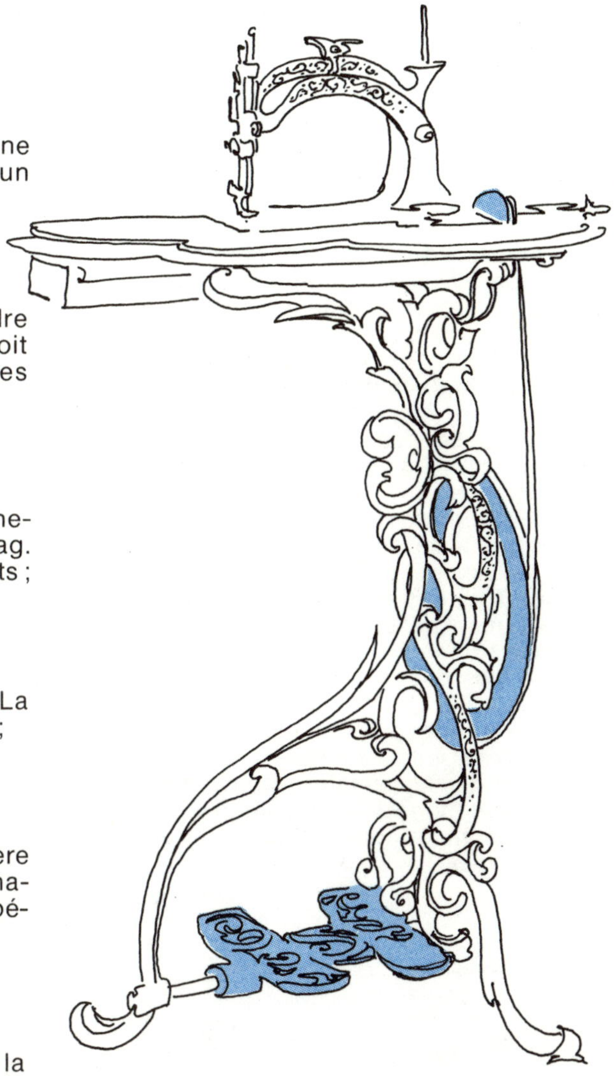

1851
Isaac SINGER fait breveter une machine à coudre à aiguille verticale réalisant un point noué ;

1913
de mécanique, la machine à coudre devient électrique. Le mot point droit pénètre dans le vocabulaire des couturiers ;

1954
de perfectionnement en perfectionnement, la machine se dote du point zigzag. Elle devient capable de faire les ourlets ;

1960
elle s'automatise de plus en plus. La canette se remplit sans manipulation ;

1973
SINGER lance sur le marché la première machine qui réalise de manière automatique les boutonnières en une seule opération à la taille du bouton ;

1976
l'électronique fait son apparition dans la fabrication des machines à coudre modernes ;

1980
suite logique de l'électronique : les machines à cassettes.

Le choix

Au XXe siècle, les progrès dans tous les domaines n'ont d'égale que la concurrence génératrice d'efficacité. Les rouages des machines à coudre comme ceux des automobiles sont complexes, et une marque ne peut être jugée bonne ou mauvaise sur l'apparence. Nous avons dans ce chapitre sélectionné huit marques internationales de machines à coudre estimant qu'elles réunissaient le maximum de qualités. Notre choix n'est pas exhaustif et ne signifie pas pour autant que les autres marques ne sont pas opérationnelles loin de là, mais, ne pouvant les citer toutes, nous avons dû nous résoudre à limiter nos propositions. Nous pensons que vous allez reconnaître la vôtre parmi les machines à coudre que nous vous présentons dans ce chapitre. Nous les avons classées par ordre alphabétique. Pour chacune d'elles nous avons essayé de mettre en évidence une ou plusieurs caractéristiques techniques, ou de service que les autres n'ont pas, ou encore ne proposent pas de la même manière.
Chacune apportant et personnalisant le service à l'utilisatrice, soit par des livrets d'utilisation et d'initiation (Cosson-Brother-Thimonnier), complétés par des éditions mensuelles de mini-magazines de mode (Elna - Husqvarna et Bernina), soit par des passeports couture et des fiches de travail (Pfaff) ou encore par des cours de couture personnalisés (Singer).
Nous avons volontairement écarté les machines zigzag simples (point droit - zigzag - bourdon) pour ne vous proposer que les machines automatiques et super-automatiques.

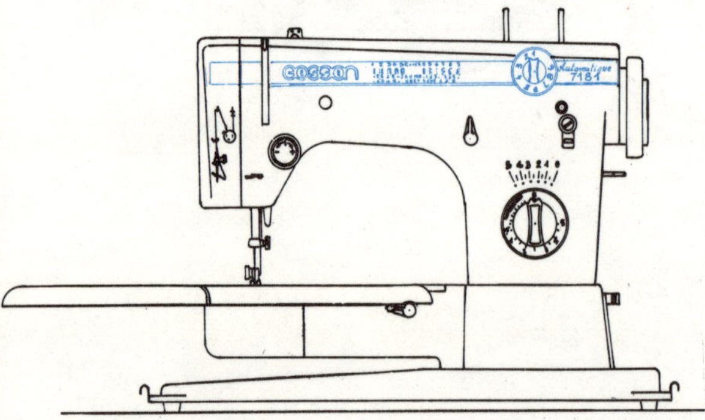

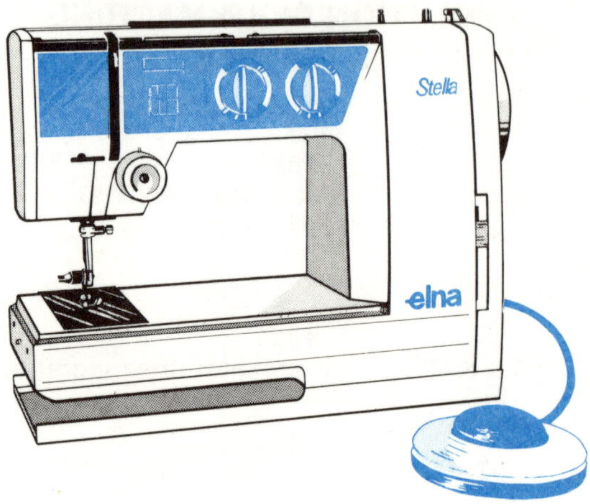

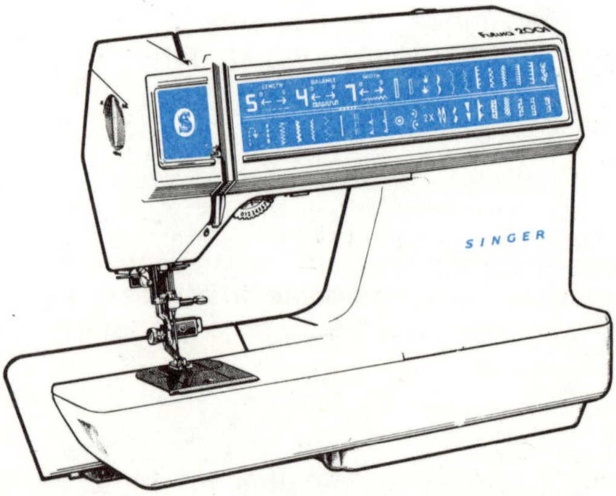

Les automatiques proposent 7 points utilitaires (droit - zigzag - zigzag invisible - overlock classique, chausson, boutonnière - le triple point droit) plus certains points de broderie.
Les superautomatiques offrent au minimum 12 points utilitaires et 12 points broderie.
Si vous n'avez pas encore acheté votre machine à coudre, un conseil précieux : ne soyez pas impressionnée par les manipulations de la démonstratrice, faites-vous bien expliquer et lentement chacune des opérations et demandez à les faire vous-même. L'achat d'une machine à coudre constitue un investissement important, elle doit vous rendre les services que vous en attendez et surtout ne pas dormir dans un placard.

CE QU'IL NE FAUT PAS FAIRE AVEC UNE MACHINE A COUDRE

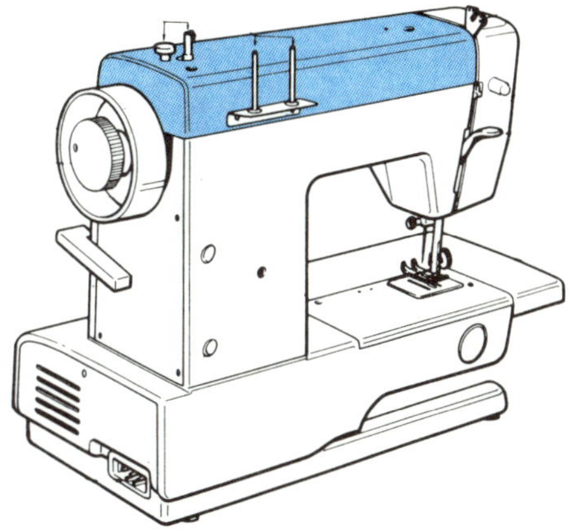

1. Enfiler la machine lorsque le pied presseur est baissé. Vous ne pourrez pas introduire correctement le fil entre les disques de tension, le nouage au point serait mauvais (bouclettes sous le travail).
2. Regarder l'aiguille pendant la piqûre, vous iriez de travers. Il faut regarder les lignes guides de la plaque à aiguille par rapport au bord du tissu.
3. Ne pas tourner le volant vers l'arrière, mais toujours vers vous. Sinon le point ne se forme pas.
4. Pour dégager l'ouvrage, tirez celui-ci toujours sur le côté ou vers l'arrière, jamais vers l'avant.
5. Ne pas s'arrêter de piquer, le releveur de fil en position basse. En redémarrant, votre aiguille se désenfilerait.
6. Ne pas superposer des fils de couleur ou de qualités différentes sur la même canette.

Pour les machines automatiques :

7. Il ne faut pas sélectionner un point sans débrayer, c'est-à-dire toujours passer par le point droit avant de sélectionner un nouveau point.
8. Ne pas sélectionner une jetée d'aiguille, lorsque l'aiguille est plantée dans le tissu : vous la tordriez.
9. Il ne faut pas utiliser la semelle du pied presseur universel pour faire du point bourdon ou des boutonnières : utiliser le pied presseur spécial étudié pour laisser passer les épaisseurs.
10. Ne pas sélectionner le point zigzag lorsqu'on se sert du pied presseur ganseur.
11. Attention à la largeur du point zigzag lorsque vous êtes en position double aiguille !
12. Ne jamais enrouler les fils électriques autour du rhéostat lorsque vous rangez votre matériel.

Veillez à respecter ces interdictions pour une utilisation optimale de votre machine à coudre.

B comme Bernina

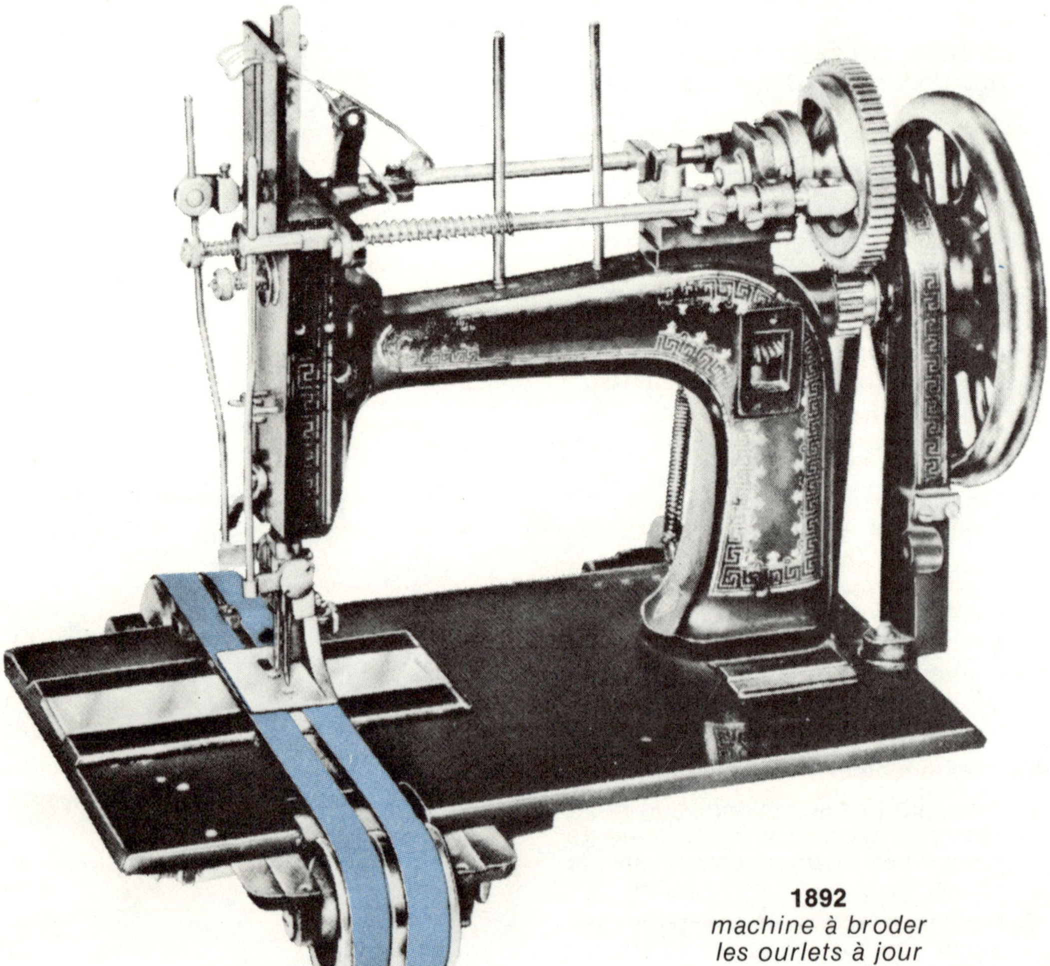

1892
machine à broder les ourlets à jour

Bernina, avec son B, prend la tête de ce chapitre. Cette marque a vu indirectement le jour en Suisse en 1860, dans un cloître abandonné, où un jeune inventeur Karl Friedrich Gegauf, avait installé un atelier de broderie, pour y exploiter les appareils à broder automatiquement des monogrammes, personnalisant les trousseaux et certains éléments d'une garde-robe aussi bien que s'ils l'étaient à la main. La production de cet atelier était très rentable, et les bénéfices d'alors permirent à K.F. Gegauf de s'orienter vers une autre recherche qui le passionnait depuis longtemps, celle d'une machine à broder les ourlets à jour, dont se paraient les dessous de toutes les dames de la société, machine qui vit le jour en 1892. L'importance de cette découverte allait par la suite révolutionner les possibilités offertes par les machines à coudre, au fur et à mesure de leurs perfectionnements. Prenant la relève en 1928 les fils de Karl, dont le génie était aussi inventif que celui de leur père, mettaient au point un modèle de machine à coudre dit de « ménage » dont les qualités de robustesse, de solidité, de simplicité devaient très vite concurrencer les autres marques de machines à coudre déjà en place sur le marché. Cette machine baptisée Bernina n'a cessé depuis d'apporter aux utilisatrices, en plus de la qualité suisse, les techniques les plus modernes, mais aussi les plus accessibles à chacune d'elles pour une couture moderne, facile. Les deux modèles que nous avons sélectionnés vont vous le prouver.

LA GAMME BERNINA

Elle est vaste, et comprend plus de 10 modèles offrant ainsi un choix rationnel pour toutes les utilisatrices en fonction de leurs compétences en matière de couture. Nous avons sélectionné pour vous : la 930 Electronic ; véritable Rolls de la machine à coudre de chez Bernina, elle offre un maximum de sécurité pour les débutantes et une haute technicité qui vous étonneront et dont voici l'énumération.

« ET SA PETITE SOEUR »

La Super Utilitaire : 931 Electronic

Carrosserie : aluminium injecté.

Mécanisme : acier.

Moteur : à courant continu, silencieux, commande électronique de puissance, sélecteur de 2 vitesses moteur : Mini-Maxi.

Tableau de bord : 4 boutons :
— largeur des points
— boutonnière
— longueur des points
— griffe d'entraînement et sélecteur transport Av/Ar.

Sélection des points instantanée :
8 points utilitaires avant ;
8 points utilitaires arrière.

Exclusivités :
l'élévateur du pied de biche ;
les 5 positions d'aiguille ;
le bobinage canette avec débrayage automatique du volant.

Spécialités :
régulateur de fil ;
boutonnière automatique ;
point sellier et faufil-matic ;
règle graduée sur socle (28 cm).
Accessoires et table allonge extra-large avec regard accès à la canette dans la mallette.

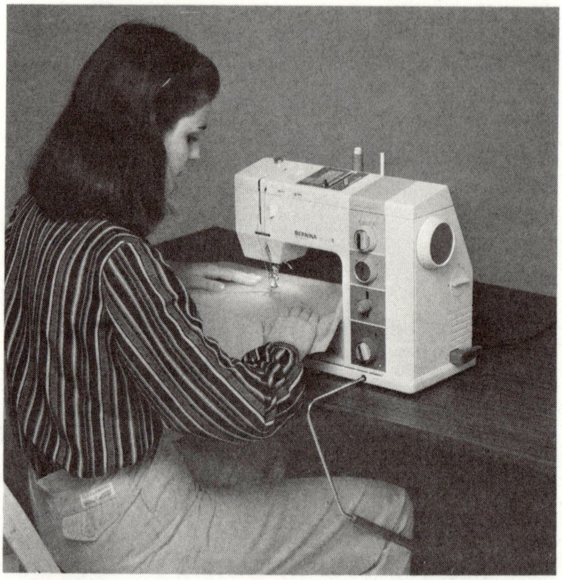

SES PERFORMANCES.
SES EXCLUSIVITÉS.

1. A l'arrêt de la machine, l'aiguille reste en position haute. Plus d'aiguille cassée après un changement de point, plus de manipulation de volant pour enlever l'ouvrage.

2. Elle avale toutes les épaisseurs de tissu avec la même facilité et la même régularité, que ce soit du tulle, coton, synthétique, cuir ou plusieurs épaisseurs de laine, sans réglage de tension, avec toujours la même force de pénétration de l'aiguille.

3. Triple couture automatique pour renforcer une couture, « Jean » par exemple.

4. Points selliers et faufilage automatiques, en tournant le bouton à droite ou à gauche.

5. Bobinage automatique de la canette sans ôter le travail en cours ; la machine se débraye toute seule. Un rêve !

6. En exclusivité : le lifter du pied de biche.
L'élévateur permet de lever ou de baisser le pied de biche avec le genou sans effort en laissant les mains libres. De plus, le pied de biche se fixe instantanément sans molette ni tournevis.

7. Boutonnière automatique, boutonnière renforcée. A l'aide du bouton gradué de 0 à 5, votre boutonnière est faite sans avoir besoin de tourner votre ouvrage. Elle peut même être gansée.

8. Elle est garantie cinq ans.

9. Bernina est présentée dans 180 points de vente en France et 110 à l'étranger. Un service « initiation formation » fort compétent est à la disposition des utilisatrices.

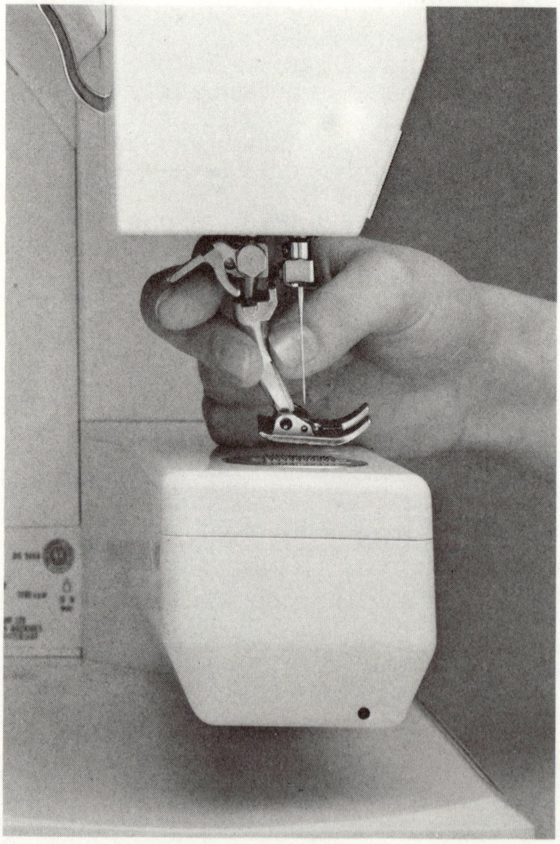

1. Pied à repriser la laine
Une encoche à l'avant du pied maintient et guide la laine.

2. Pied à nervures
Les rainures de la semelle aident à guider les nervures bien parallèles. De plus on peut passer un cordonnet dans le trou de la plaque à aiguille pour donner plus de relief à la nervure.
Il existe plusieurs largeurs de nervures.

3. Appareil à broderie anglaise
Après avoir changé la plaque à aiguille, il suffit de faire un mouvement tournant régulier. Le centre étant maintenu sur un ergot (tissu tendu dans un cerceau).

4. Appareil à broder en rond
L'appareil est fixé autour des griffes d'entraînement. Le tissu tendu dans un cerceau sera tenu au centre par une pointe. Le travail tournera régulièrement.

5. Pied à broder
Le dégagement sous la semelle permet à l'épaisseur de la broderie de bien glisser pour rester régulière.
Dans le petit trou au centre du pied on peut passer un cordonnet, soit pour agrémenter un point de broderie, soit pour donner du volume à un bourdon.

6. Pied pour point tailleur ou pied à marquer
La hauteur centrale laisse des boucles au passage de l'aiguille. Il suffira de séparer les tissus et de couper le fil entre deux.

7. Pied à roulettes
— Utile pour le plastic, le vistram, le cuir.
— La semelle est pourvue de roulettes qui laissent avancer le tissu sans résistance.
— Il n'est plus nécessaire de tirer ou pousser le tissu.

8. Pied fronceur
Travaille uniquement au point droit (voir petit trou rond sur le dessin).
Ce pied est pourvu d'un interstice où l'on place le tissu qui reste à plat tandis que le tissu qui se trouve sur la griffe d'entraînement se fronce suivant la longueur de point utilisée.

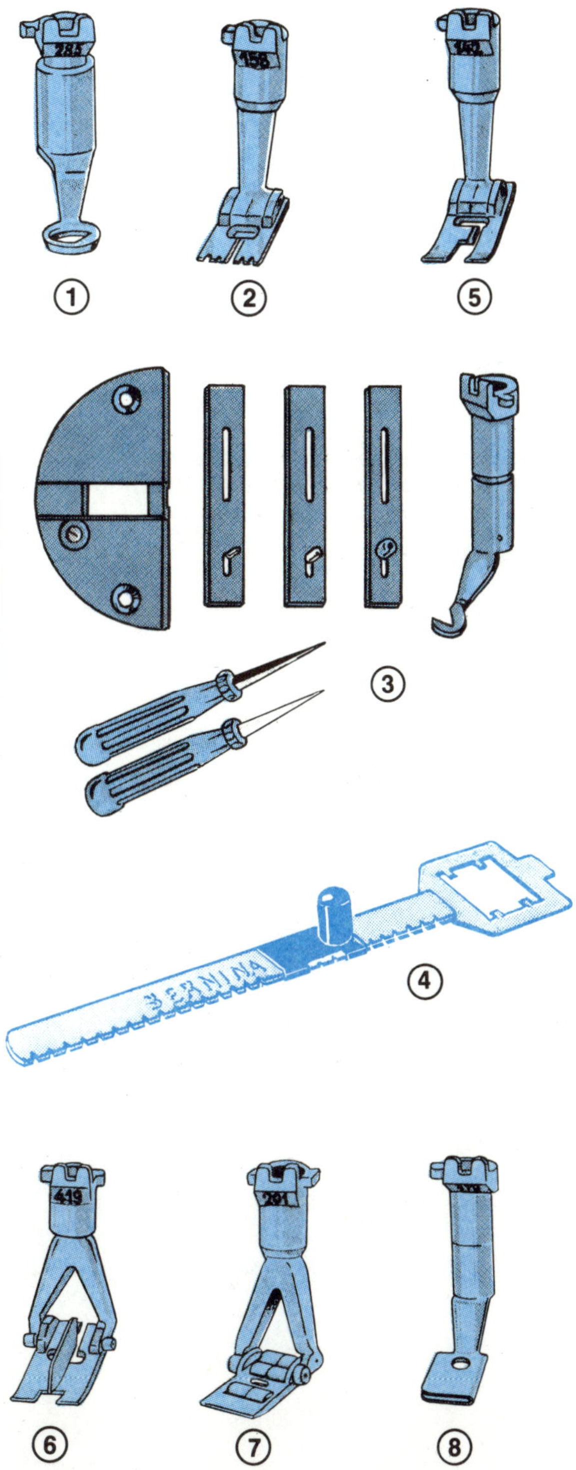

B comme Brother

En matière de machines à coudre, BROTHER est le trait d'union entre l'Europe et l'Asie. C'est une marque jeune. Elle nous vient du Pays du soleil levant avec deux excellentes machines dans sa gamme.

La 540 automatique, celle que nous vous proposons ici et la CUPUNCTER. Cette dernière-née, blanche à tableau de bord bleu, présente tous les perfectionnements de l'électronique venus du Japon. Mais, attention, pas le gadget, vraiment l'électronique avec tout ce que ce mot comprend de robotisation dans les opérations à réaliser.

Il nous a paru intéressant pour vous qui débutez dans la couture de vous présenter la 540 avec ses 11 points utilitaires et fantaisie, plus la réalisation des boutonnières et la pose des boutons.

PRÉSENTATION DE VOTRE MACHINE A COUDRE

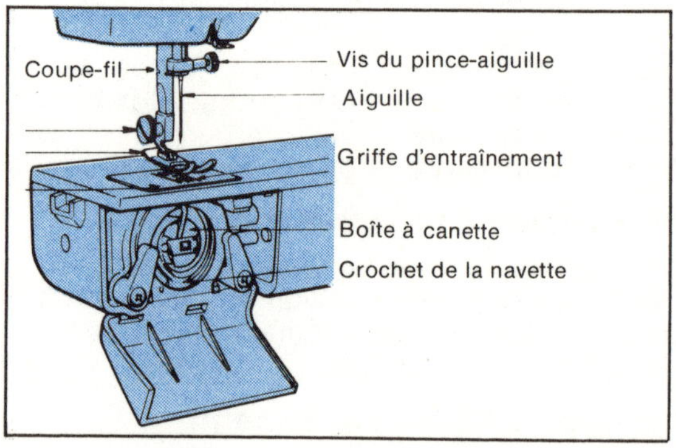

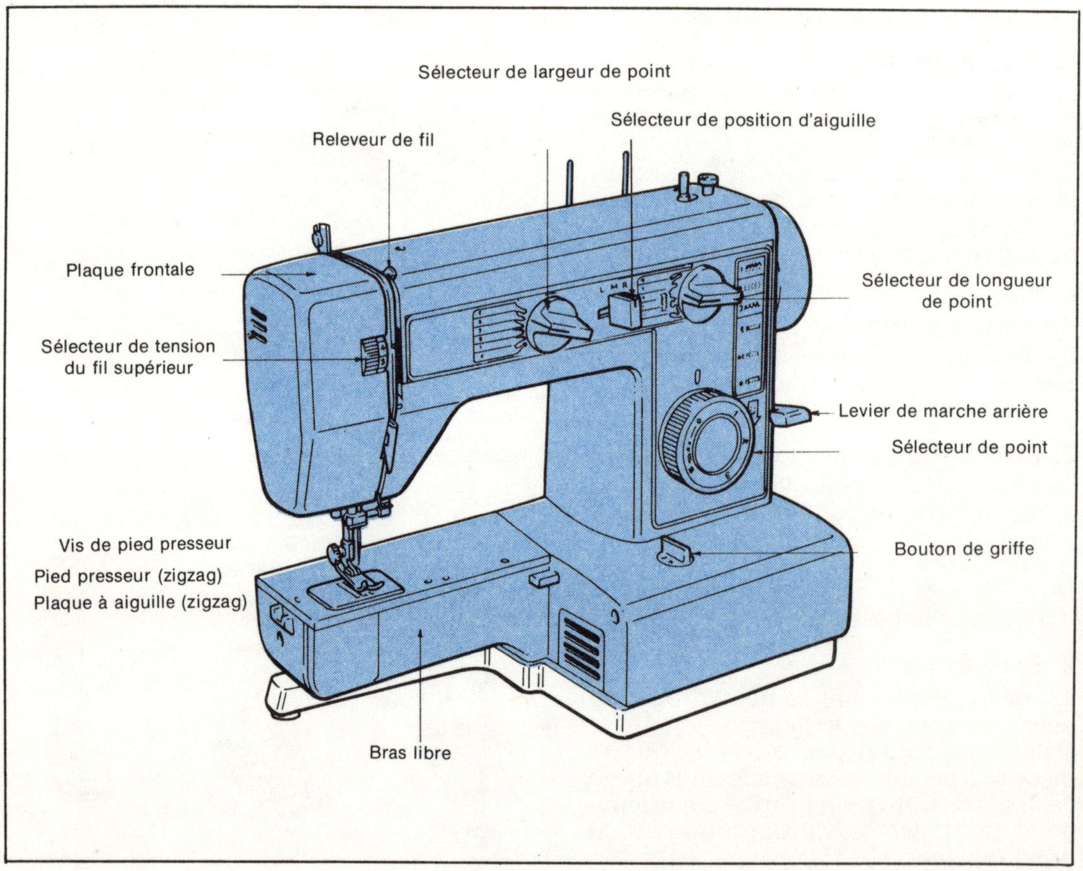

COMMENT REMPLIR VOTRE CANETTE

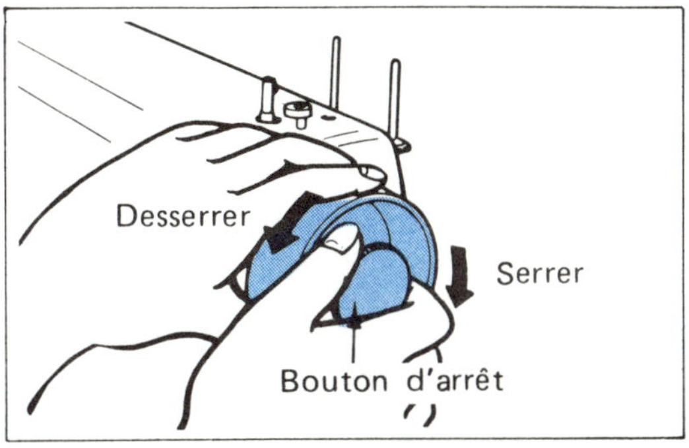

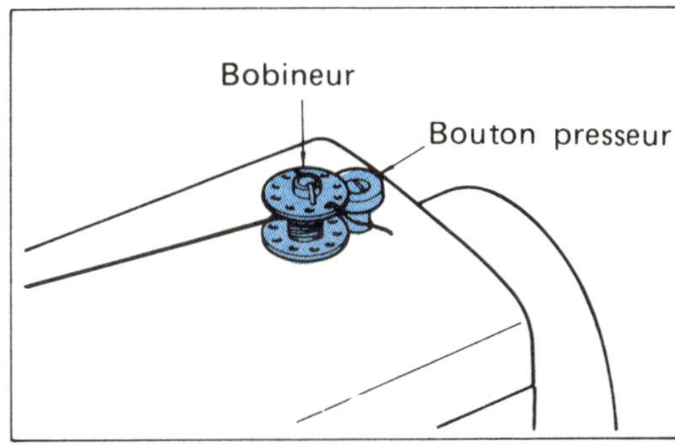

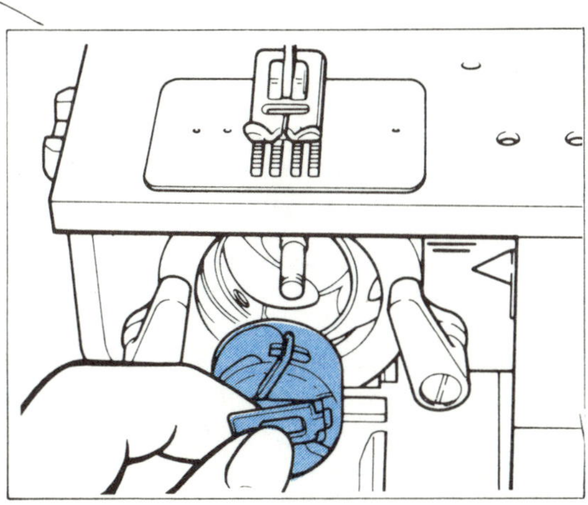

COMMENT METTRE ET ENLEVER LA BOITE A CANETTE

Tirer et ouvrir le loquet de la boîte à canette en le tenant entre le pouce et l'index.
Retirer la boîte à canette du crochet.
Pour remettre la boîte à canette :
Mettre l'aiguille en position haute.
Tenir la boîte à canette par le loquet, la languette métallique orientée vers le haut, puis la glisser à l'intérieur de la coursière.
Remettre la boîte en place en vous assurant qu'elle est bien placée et lâcher le loquet.

COMMENT PLACER LA CANETTE DANS SA BOITE

Laisser dépasser environ 10 cm de fil de la canette. Placer la canette pleine dans la boîte à canette.

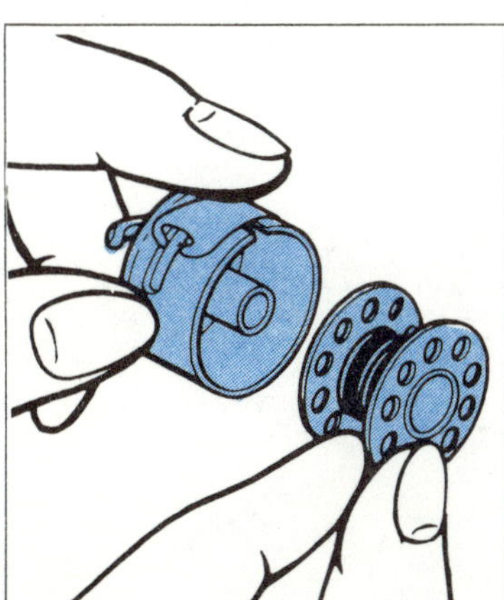

Mettre le fil dans la fente de la boîte.

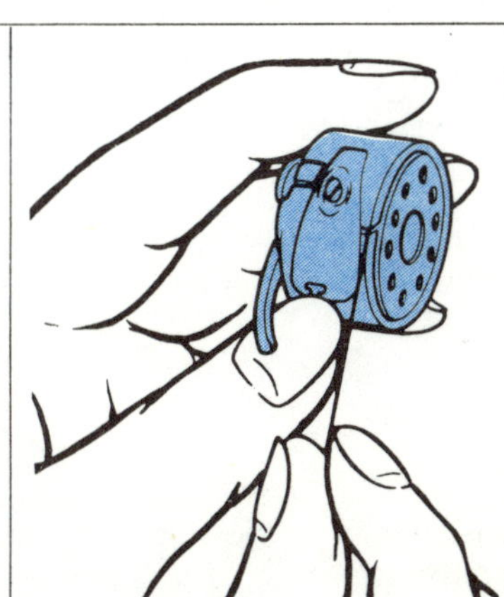

Tirer le fil vers la gauche sous le ressort de tension jusqu'à ce qu'il entre dans l'orifice de sortie.

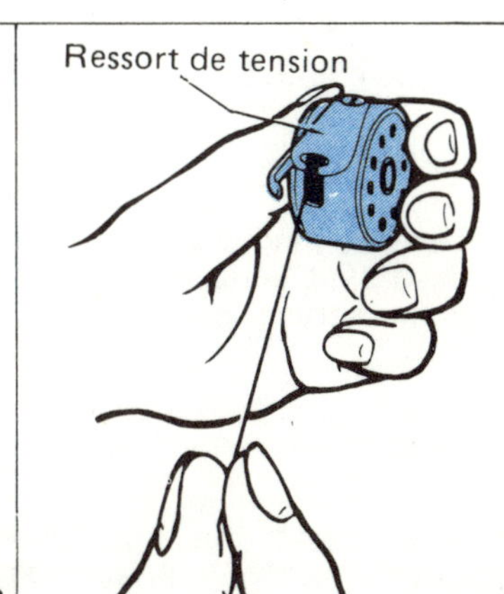

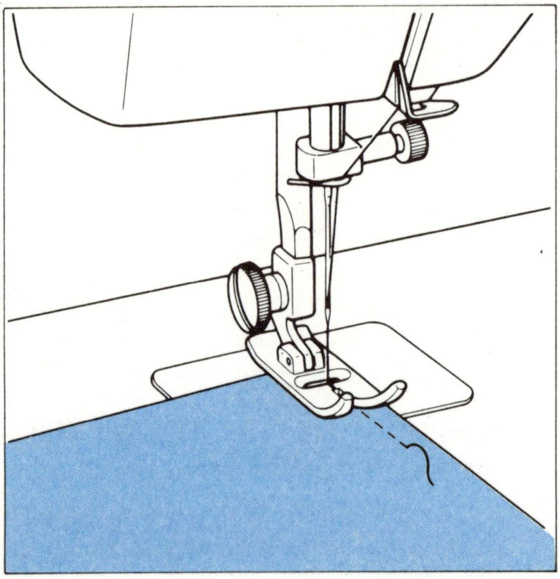

COMMENT COMMENCER A COUDRE

1. Mettre l'aiguille et le pied presseur en position haute.

2. Placer le tissu sous le pied presseur et l'aiguille à 10 mm du bord du tissu.

3. Abaisser le pied presseur.

4. Relever le fil inférieur en tournant le volant vers vous et placer le fil supérieur et le fil inférieur vers la gauche.

5. Pour coudre en marche arrière, abaisser à fond le levier de marche arrière. La couture en marche arrière est utilisée pour les coutures d'arrêt.

6. Relâcher le levier de marche arrière et coudre en marche avant.

Quand vous cousez des tissus légers ou élastiques au point droit, utilisez le pied presseur et la plaque à aiguille pour point droit.

COMMENT CHANGER DE DIRECTION DE COUTURE

1. Arrêter la machine au changement de direction, en gardant l'aiguille piquée dans le tissu.

2. Lever le pied presseur et tourner le tissu dans la nouvelle direction, l'aiguille servant d'axe.

3. Abaisser le pied presseur et coudre dans la nouvelle direction.

Si vous utilisez des aiguilles jumelées soulevez les aiguilles au changement de direction.

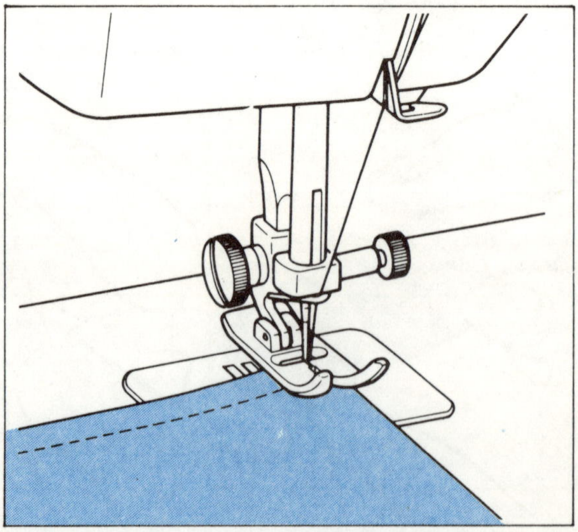

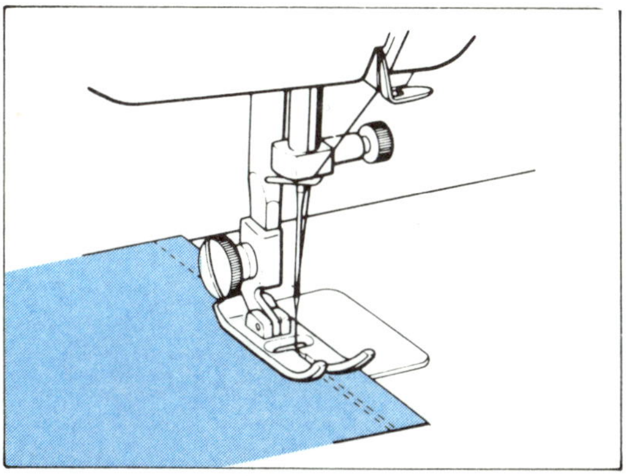

COMMENT ARRÊTER VOTRE OUVRAGE

(Point arrière)
Le point arrière est utilisé pour renforcer les points près du bord du tissu ou toutes les fois qu'un point d'arrêt est nécessaire.

1. Ceci s'effectue en cousant jusqu'au bord du tissu.
2. Abaisser le levier de marche arrière et coudre en marche arrière sur 10 mm en partant du bord du tissu.

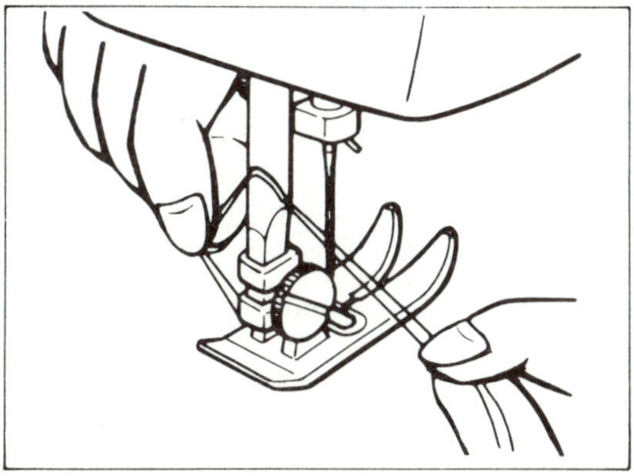

COMMENT SORTIR L'OUVRAGE DE LA MACHINE

1. Arrêter la machine.
2. Mettre l'aiguille en position haute et s'assurer que le releveur de fil est aussi en position haute.
3. Lever le pied presseur et sortir doucement l'ouvrage en diagonale vers la gauche.
4. Couper les deux fils sur le coupe-fil.
5. Placer le releveur de fil en position haute et laisser dépasser vers l'arrière environ 10 cm de fil entre les 2 éléments du pied presseur ; vous pouvez alors coudre de nouveau sans que le fil ne s'échappe de l'aiguille.

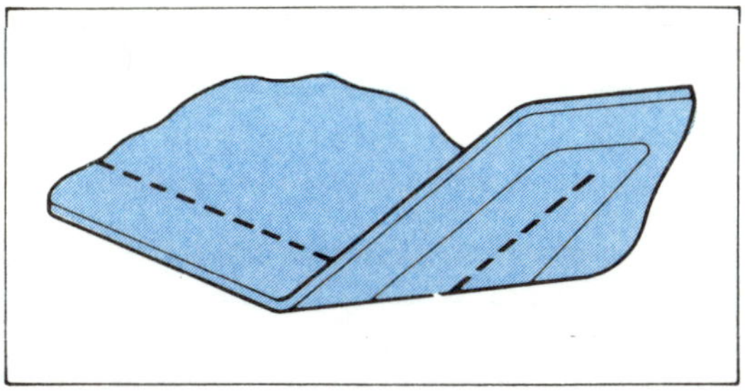

COMMENT COUDRE UN TISSU TRÈS FIN

Un papier fin placé sous le tissu vous permettra d'éviter de sauter des points et d'éliminer les défauts de fronçage sur les tissus très fins.

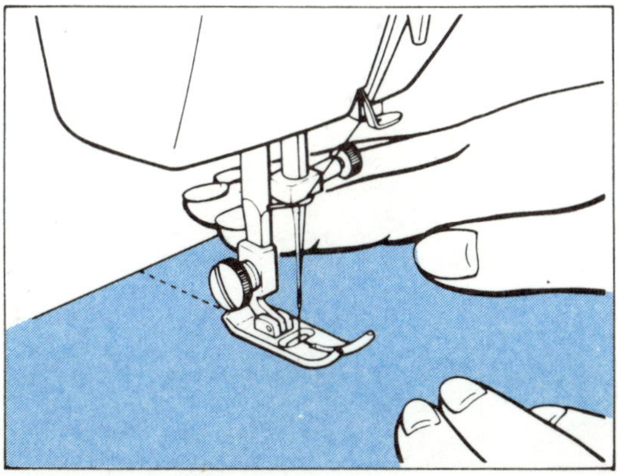

COMMENT TENIR VOTRE TISSU

Ne pas tirer sur le tissu, mais laisser faire la machine. Il suffit de guider le tissu en plaçant vos doigts devant le pied presseur (voir croquis).

Si vous tirez le tissu, votre aiguille risque de se tordre ou de se casser.

Cependant, dans le cas de tissus spéciaux (tricot, crêpe, jersey...), nous vous recommandons de tenir le tissu à l'avant et à l'arrière du pied presseur en exerçant une légère tension.

BOUTONNIÈRES

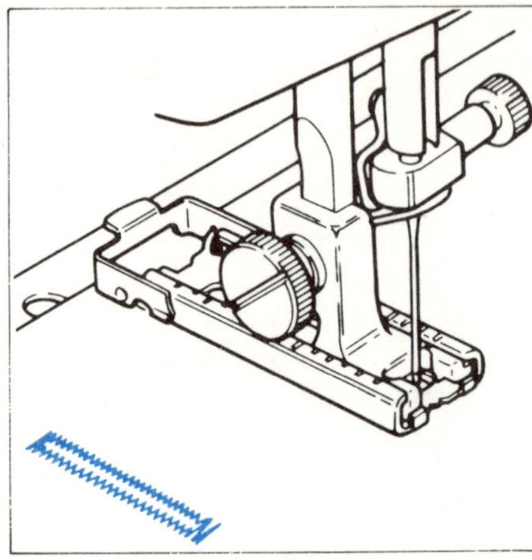

Marche à suivre pour faire des boutonnières.

1. Utiliser le pied à boutonnières avec partie mobile.
2. Choisir la largeur de point comprise (largeur de la bride d'arrêt) entre 3 et 5 qui convient le mieux.
3. A l'aide d'une craie de tailleur, marquer la longueur désirée de la boutonnière sur le tissu.
4. Fixer le pied à boutonnières et pousser la partie mobile vers l'arrière, jusqu'au bout.
5. Placer le tissu sous le pied presseur, de façon que la partie avant de la bride d'arrêt soit cousue la première.

MARCHE A SUIVRE POUR RÉALISER UNE BOUTONNIÈRE

Côtés	Partie à coudre	Position du sélecteur de point	Comment coudre
A) extrémité avant de la bride d'arrêt	A	B AC D	1. Mettre le sélecteur sur A. 2. Abaisser le pied presseur et faire de 5 à 6 points. 3. Arrêter la machine et relever l'aiguille.
B) lèvre gauche	B	B AC	1. Tourner le sélecteur vers la droite et le mettre sur B. 2. Coudre sur la longueur choisie. 3. Arrêter la machine et relever l'aiguille.
C) extrémité arrière de la bride d'arrêt	C	B AC D	1. Tourner le sélecteur vers la gauche et le mettre sur C (même position que A). 2. Faire de 5 à 6 points. 3. Arrêter la machine et relever l'aiguille.
D) lèvre droite	D	AC D	1. Mettre le sélecteur sur D. 2. Coudre la lèvre droite jusqu'à ce que l'aiguille atteigne le point D.

COMMENT FAIRE LES POINTS ET COUPER LE TISSU POUR UNE BOUTONNIÈRE

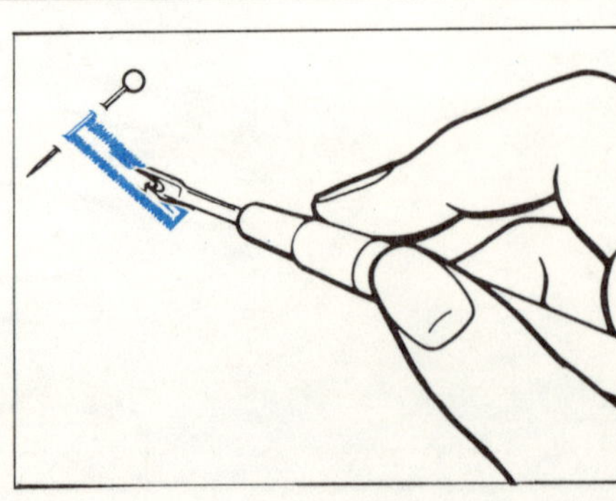

1. Pour faire les points, tourner le tissu de 90° dans le sens contraire des aiguilles d'une montre et faire de 5 à 6 points droits.
2. Enlever l'étoffe de la machine. Ouvrir une boutonnière avec le coupe-fil, en faisant bien attention de ne pas en tailler les points.
3. Il est recommandé de mettre des épingles aux deux extrémités de la boutonnière, pour éviter de couper les brides d'arrêt.

COMMENT FAIRE PLUSIEURS BOUTONNIÈRES DE LA MÊME TAILLE

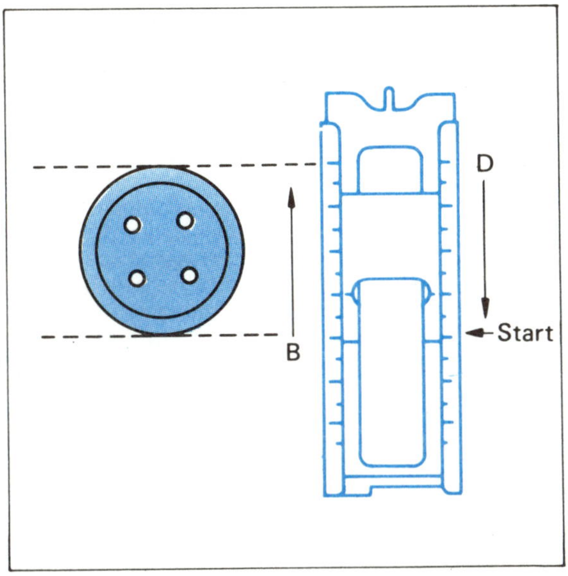

1. Régler la partie mobile du pied à boutonnières en fonction de la taille du bouton et coudre le côté A.
2. Coudre le côté B, jusqu'à ce que la partie mobile s'arrête.
3. Coudre le côté C.
4. Coudre le côté D jusqu'à ce que la partie mobile revienne en A.
5. Procéder de la même manière pour chaque boutonnière de la même taille, en utilisant le même point de départ.

POSE DE BOUTONS

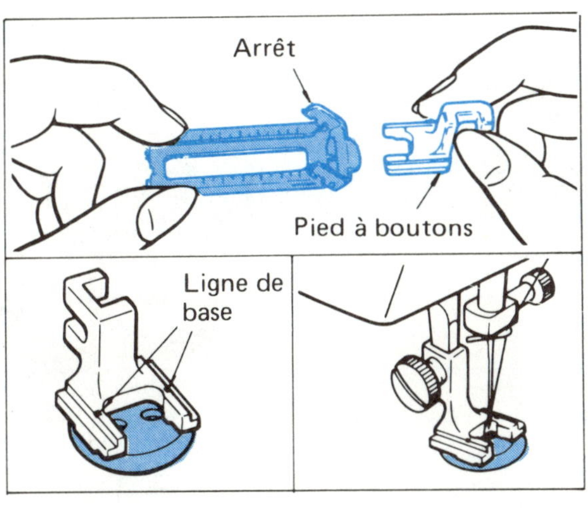

1. En retirant la partie mobile du pied pour boutonnières vous obtenez un pied à boutons. Pour retirer la partie mobile, pousser l'arrêt vers le bas, et faire glisser le pied à boutons vers l'arrière.
2. Mettre le bouton entre le pied presseur et le tissu, en vous assurant que les trous du bouton sont sur la même ligne de base que le pied à boutons.
3. Utiliser le sélecteur de largeur de point afin de régler la distance des points entre les trous du bouton. Abaisser le pied presseur et vérifier que l'aiguille pénètre correctement dans les trous du bouton. Faire environ 10 points, en faisant avancer la machine à petite vitesse.

Pose de boutons avec queue

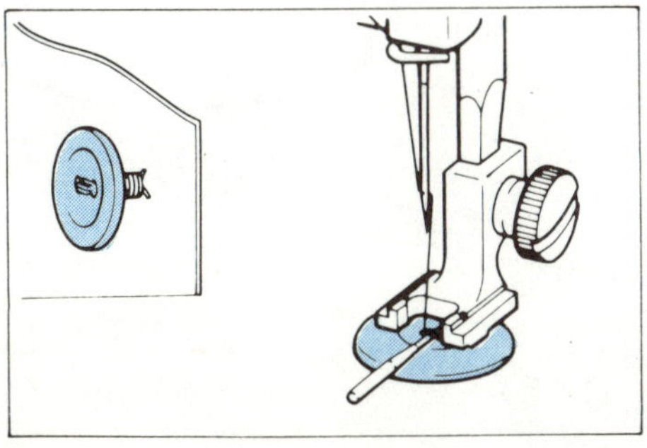

Dans le cas de tissus plus épais, utiliser la méthode suivante pour coudre les boutons :

1. Placer une aiguille sur le bouton, comme le montre le croquis ci-contre, puis coudre comme vous le feriez habituellement (voir ci-dessus).
2. En retirant le tissu de la machine, laisser dépasser un long bout de fil supérieur qui servira à former une queue de bouton.
3. Faire passer le fil supérieur à travers le trou du bouton, entre le bouton et le tissu afin de former une queue. Enrouler ce fil autour de la piqûre, pour renforcer la fixation du bouton.
4. A l'aide d'une aiguille normale, coudre les extrémités du fil.

C comme Cosson

Après la petite histoire de la machine à coudre en général, il est indispensable de signaler que COSSON est la seule marque de machine à coudre cent pour cent française depuis sa conception en 1927 par Raymond COSSON, passionné de mécanique, dans son petit atelier de Colombes, en banlieue parisienne.

Il est important de souligner que l'affaire transmise de père en fils a continué depuis cette date à produire français en Touraine, au cœur même de la France. L'autonomie COSSON est complète, car toutes les pièces, des plus petites aux plus importantes, mallettes et meubles pour machines à coudre y compris, quoique fabriqués en série, le sont dans la pure tradition de l'art artisanal français. Il est également important de préciser que Raymond COSSON a été le premier et le seul à indiquer comment enfiler l'aiguille de la machine sans avoir recours au livret d'explication. En effet un dessin clair du cheminement du fil de la bobine à l'aiguille figure en bonne place sur la carrosserie de la machine, face à l'utilisatrice.

HIER

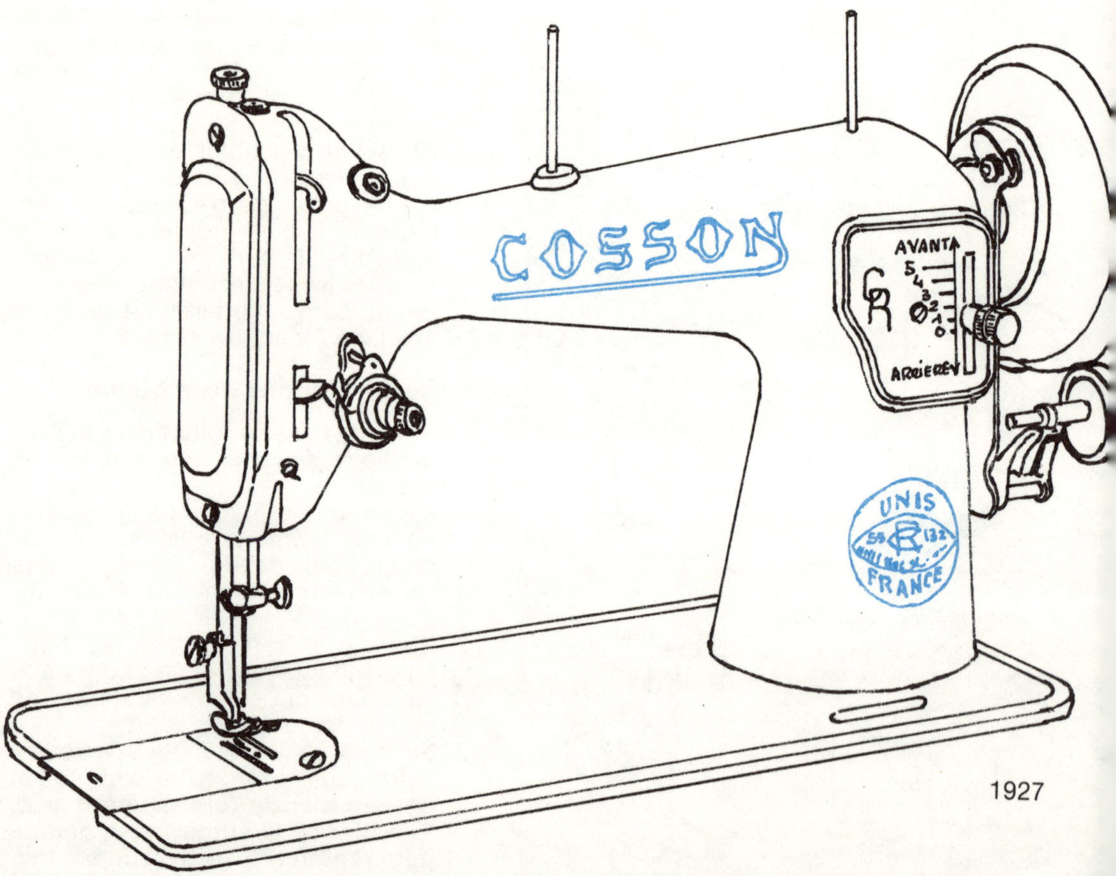

1927

AUJOURD'HUI

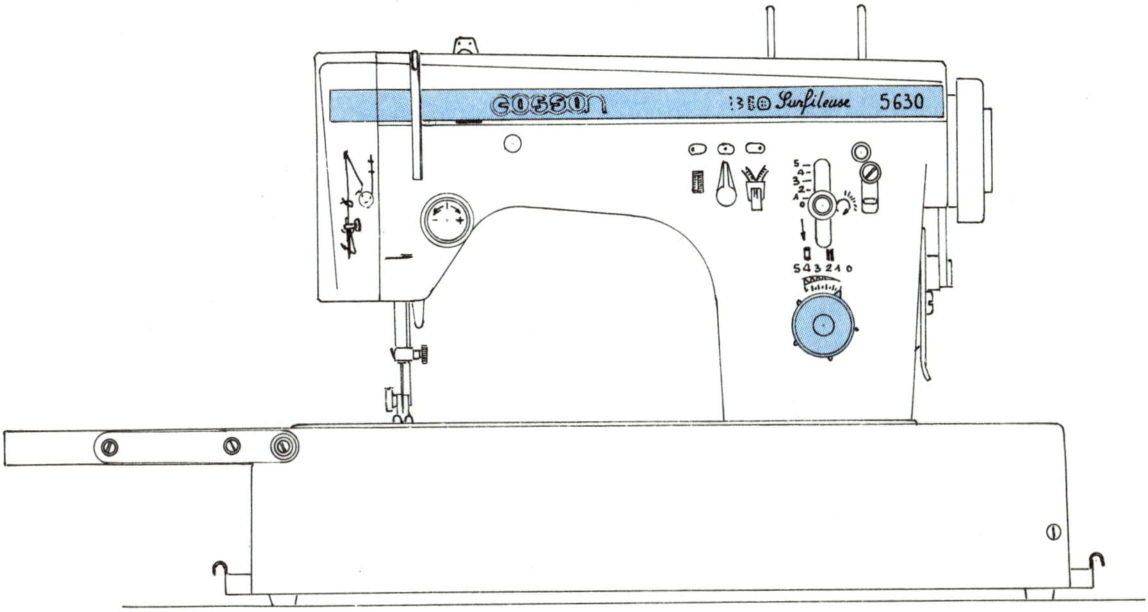
COSSON
Surfileuse 5630
5 4 3 2 1 0

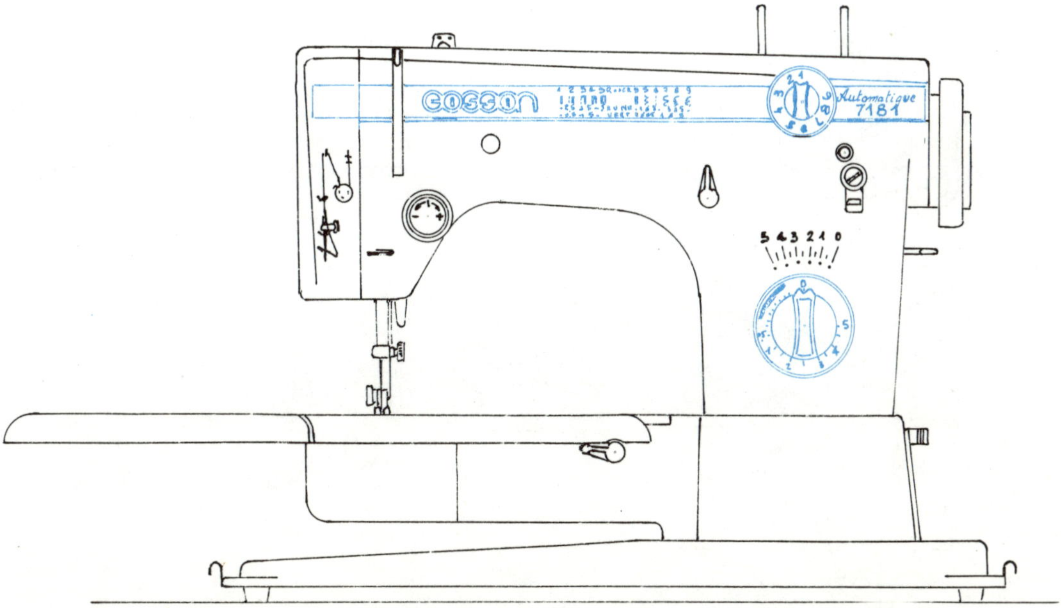
COSSON
Automatique
7181
5 4 3 2 1 0

UN PROBLÈME ? DES DIFFICULTÉS ?

Voici comment y remédier en suivant les conseils préconisés par les spécialistes de chez COSSON.

Votre machine est dure

— Surveillez le fil dans la navette.
— **Lubrifiez** les différents rouages de votre machine. Ne se servir uniquement que de l'huile spéciale machine à coudre.

Votre machine se bloque

Le fil est dans la navette. Pour éviter cet incident très rare avec le système employé dans les machines Cosson, il faut :

— ne jamais faire tourner la machine à contresens ;
— ne jamais faire marcher la machine enfilée sans placer un tissu sous le pied presseur ;
— ne jamais laisser le tissu patiner ;
— ne jamais laisser les fils pendants ;

Si par hasard la machine se bloquait, il faut :

— **démonter le crochet,** le nettoyer en éliminant les morceaux de fil et le remonter.

La navette est bruyante

Mettre une goutte d'huile avant de commencer à travailler car elle manque de lubrifiant.

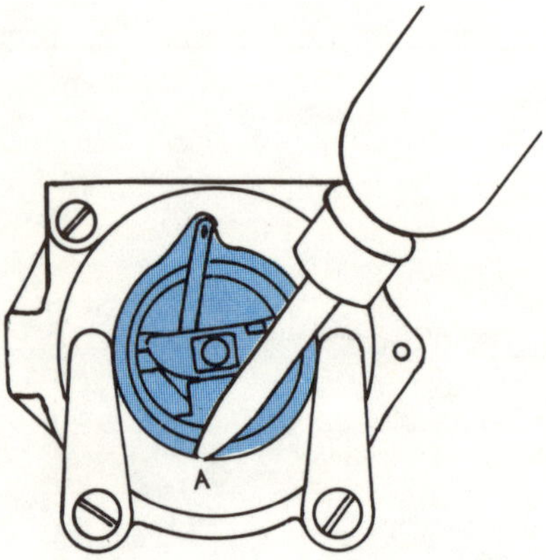

GRAISSAGE

Un graissage régulier mais pas trop abondant (quelques gouttes suffisent) maintiendra la machine en parfait état de marche.
Il est recommandé de n'employer qu'**une huile spéciale pour machines à coudre.**

— Chaque jour d'utilisation une goutte d'huile au point A.
— Pour un graissage plus complet, à intervalles réguliers, on retirera le couvercle supérieur pour mettre quelques gouttes d'huile sur les pièces en mouvement.

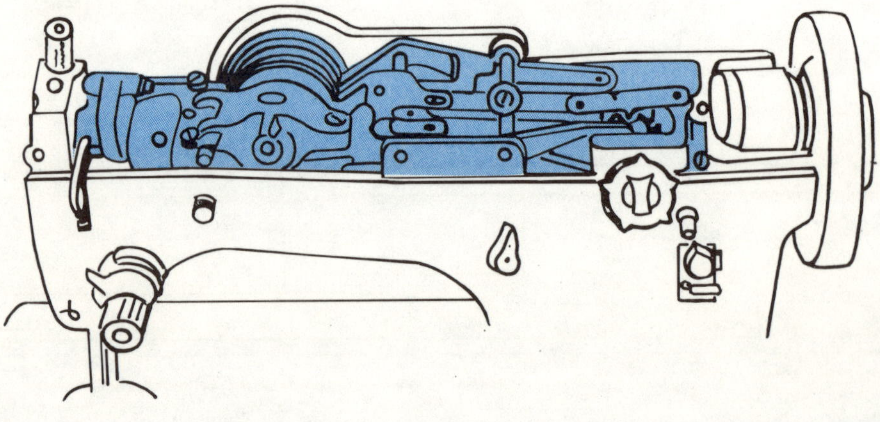

Des points manqués

— L'aiguille est mal placée ou mal enfoncée, huileuse, tordue, émoussée ou ne convenant pas avec le fil ou le tissu (se rapporter au tableau des tissus, fils et aiguilles).
— Pression du pied presseur insuffisante.

Le fil supérieur casse

— La tension supérieure est trop serrée ;
— La machine est **mal enfilée ;**
— Le fil trop gros pour l'aiguille ou de mauvaise qualité (voir tableau des tissus, fils et aiguilles) ;
— L'aiguille est tordue, émoussée ou mal placée ;
— Le trou plaque à aiguille est rugueux par suite de la percussion d'une aiguille.

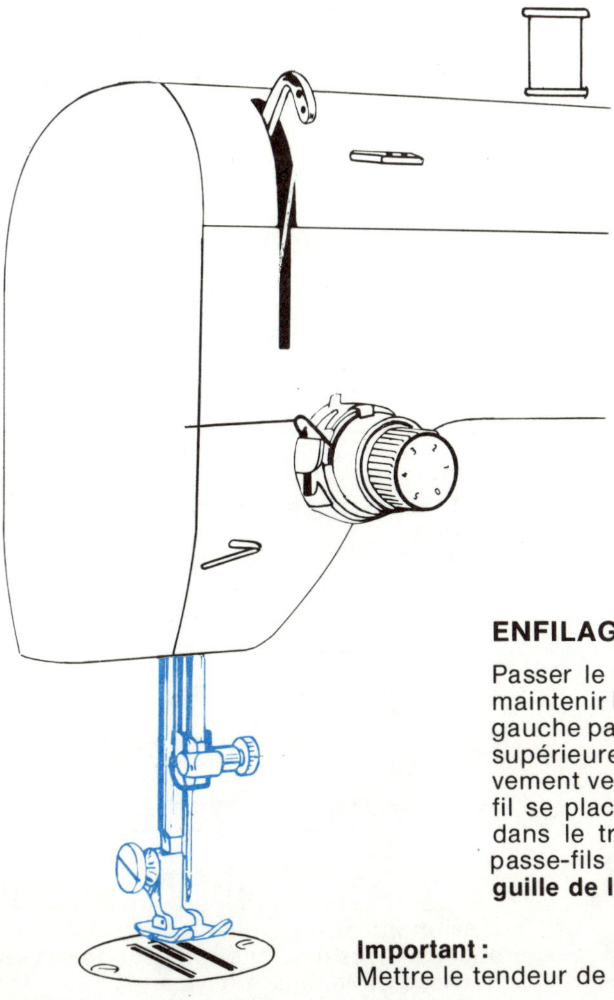

MISE EN PLACE DE L'AIGUILLE

La barre à aiguille étant à sa position la plus élevée, saisir l'aiguille de la main gauche, entre le pouce et l'index, de manière à ce que la **partie plate du talon** soit **dirigée vers l'arrière.** Ensuite, glisser l'aiguille de bas en haut, dans l'étrier, jusqu'à ce qu'elle bute. **La grande rainure de l'aiguille se trouve alors sur l'avant.** Serrer la vis de fixation avec un tournevis de préférence.

ENFILAGE DE LA MACHINE

Passer le fil dans le passe-fil, de la main droite maintenir la bobine afin de tendre le fil, de la main gauche passer le fil entre les disques de la tension supérieure et devant le ressort imprimer un mouvement vers la droite en entraînant le ressort et le fil se place de lui-même sur le crochet, ensuite dans le trou avant du tendeur de fil, dans les passe-fils avant de l'enfiler **dans le chas de l'aiguille de l'avant vers l'arrière.**

Important :
Mettre le tendeur de fil en haut pour commencer à coudre.

Le fil inférieur casse

— La tension inférieure est trop serrée ;
— La **canette est mal placée,** déformée ou mal bobinée ;
— Le fil est de mauvaise qualité ou mal enfilé.

Des points bouclés

— La machine est mal enfilée ;
— Les **tensions mal réglées ;**
— Le ressort distributeur fonctionne mal ;
— L'aiguille est trop fine.

L'aiguille casse

— L'aiguille est trop fine pour l'épaisseur du tissu, mal placée, mal serrée, courbée ;
— Le pied presseur est mal serré ;
— Les tissus sont trop épais ;
— L'ouvrage est tiré vers l'avant ;
— La piqûre zigzag est faite avec un pied pour piqûre droite.

Le tissu n'avance pas

— Le galet d'escamotage de griffe n'est pas poussé à fond ;
— Le levier de point est resté à zéro ;
— Après un long usage, de la bourre peut se trouver entre la griffe et la plaque d'aiguille ;
— La pression du pied presseur est insuffisante.

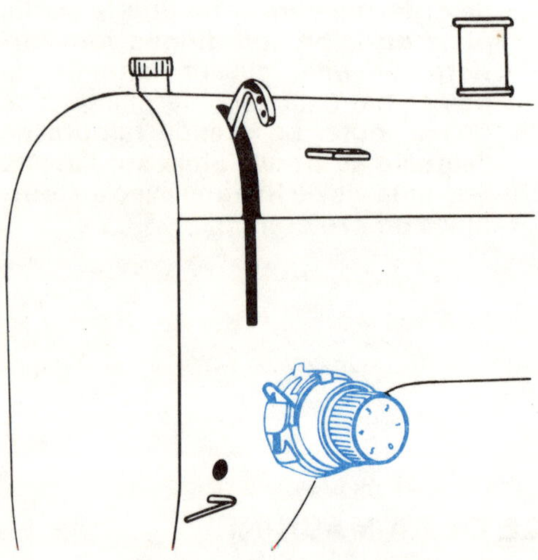

RÉGLAGE DES TENSIONS

Couture parfaite.

Les fils du dessus et du dessous sont noués au milieu des tissus.

Couture imparfaite.

1° Tension supérieure trop forte : tourner sens
ou tension inférieure trop faible : tourner sens (avec petit tournevis).

2° Tension supérieure trop faible : tourner sens
ou tension inférieure trop forte : tourner sens.

En principe équilibrer le point uniquement avec la tension supérieure. Régler la tension inférieure seulement en cas d'insuccès. Si les tensions sont trop fortes le fil casse ou la piqûre fronce.

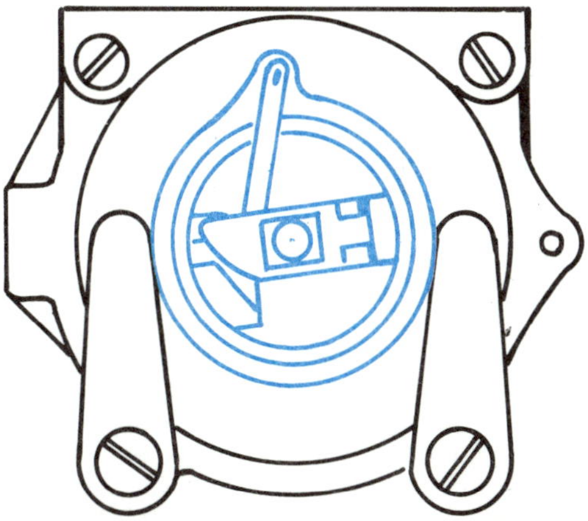

METTRE LA CANETTE EN PLACE

Extraire la boîte à canette après avoir soulevé son loqueteau puis le relâcher. Introduire la canette dans la boîte à canette. Passer le fil dans la fente, la canette devant tourner dans le sens de la flèche, en tirant sur le fil. Puis passer le fil sous le ressort en tenant la canette serrée. Veiller à ce que la canette se déroule sans point dur. Remettre la boîte à canette en place (après avoir soulevé le loqueteau) en faisant bien attention de placer son doigt d'orientation dans le logement prévu à cet effet sur le couvercle du crochet. Lâcher le loqueteau et vérifier si la boîte à canette est verrouillée.

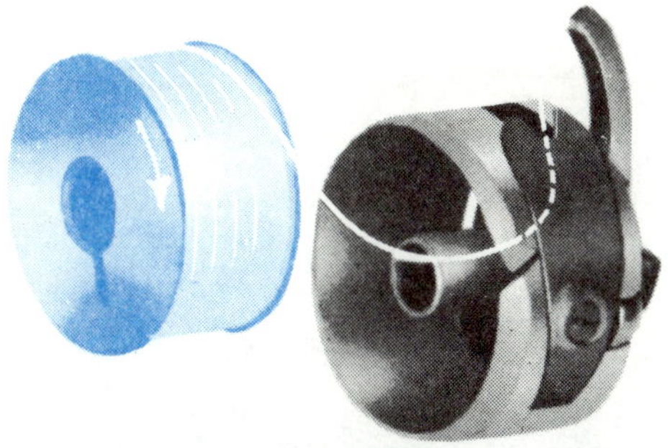

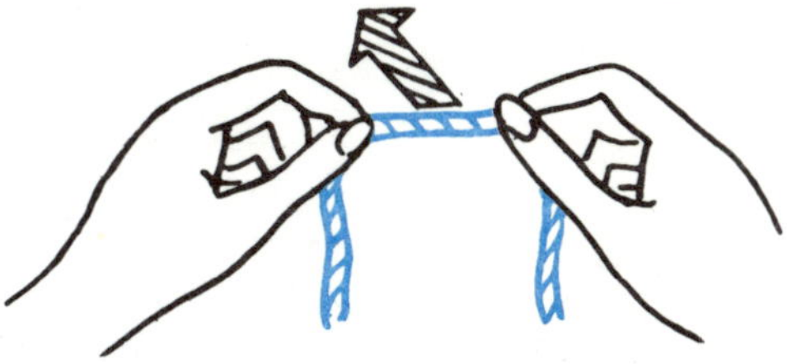

Genre de l'étoffe à coudre	N° d'aiguille	Grosseur des fils
Mousseline, fine, batiste	70	Soie . : 00 Coton : 100-150
Soierie fine, lingerie, calicot très fin	80	Soie . : 0 Coton : 80-100
Travaux ordinaires, shirting, étoffes de soie, popeline	90	Soie . : A-B Coton : 60-80
Lainages légers, calicot épais, soieries épaisses	100	Soie . : C Coton : 40-60
Étoffes de laine, manteaux, pantalons	110	Soie . : D Coton : 30-40
Travaux épais, sacs, lainages épais, draps épais	120 ou 130	Soie . : E Coton : 24-30 Lin . . : 60-80

— Employer uniquement des aiguilles du **Système 705/130.**
— Ne jamais huiler les disques de tension.
— Pour obtenir une belle piqûre, il est préférable d'utiliser du fil à torsion à gauche.

E comme Elna

ELNA est l'aboutissement de l'ingéniosité d'un jeune ingénieur espagnol (réfugié en Suisse en 1933 au moment de la guerre civile espagnole) et de la rigueur suisse. L'ingénieur s'appelait Ramon CASAS ROBERT, la société qui s'intéressait à ses idées ELECTRINA d'où le nom d'ELNA. C'est à Ramon CASAS ROBERT que nous devons la première ELNA 1, qui fut aussi la première machine à coudre familiale portative à bras libre avec moteur et lumière encastrés. Conçue dans un métal léger, logée dans une mallette métallique transformable en table de couture, l'ELNA connut un succès retentissant. Grâce aux recherches très poussées de la Société TAVARO de Genève en 1952 elle devient superautomatique (SUPERAUTOMATIC) avec ses cames interchangeables appelées « Elna-discs ».

En 1968, elle devient ELNA LOTUS, élégante et sobre avec ses trois volets de protection transformables à vue en table de couture. En 1978, la gamme compacte des ELNA « AIR/ELECTRONIC » est l'une des plus intéressantes du marché des machines à coudre, car elles sont convertibles, possèdent une pédale pneumatique, commandant le moteur électromagnétique, ont un réducteur de vitesse incorporé et une sélection des points par synchrocolor sur cadran à l'intérieur du boîtier contenant tous les accessoires.

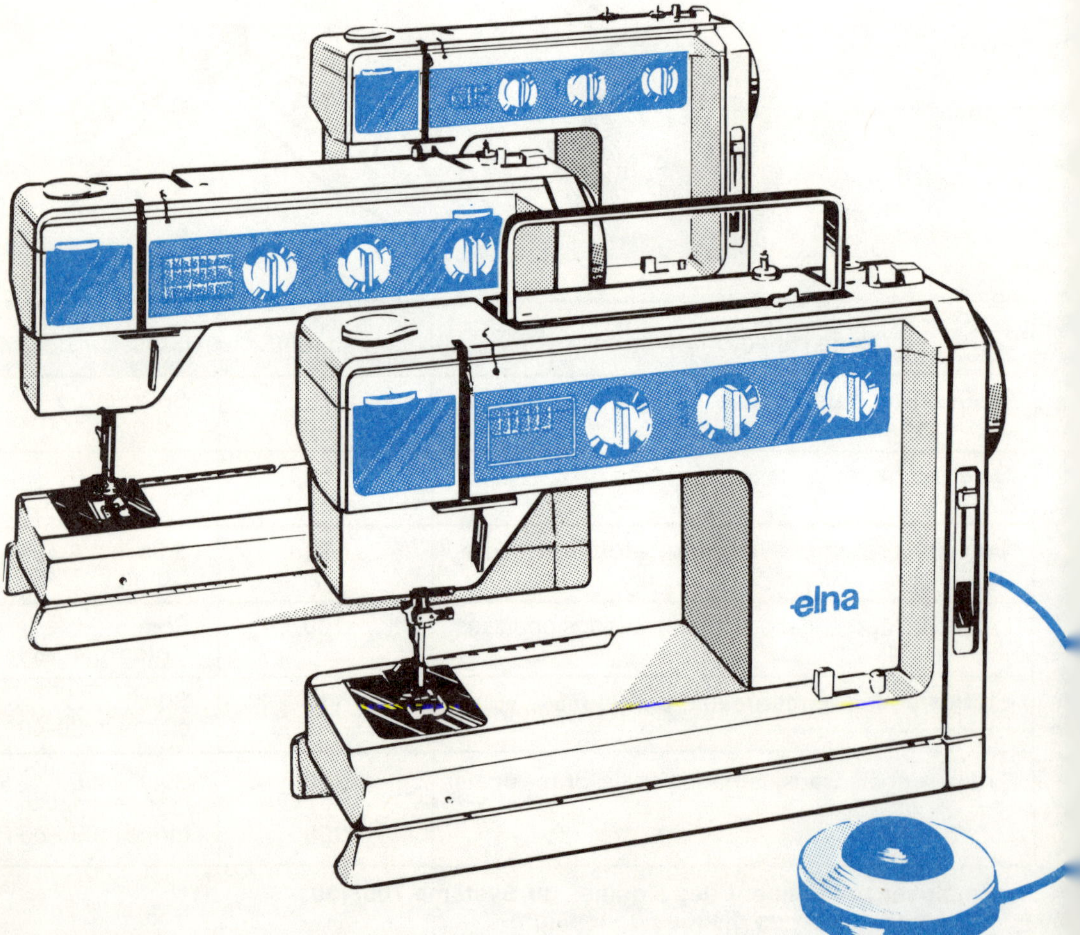

Les machines à coudre **Elna « air electronic »** de gamme supérieure comprennent trois modèles. Nous en avons sélectionné deux :

ELNA SU « AIR ELECTRONIC » CLASSE 68

Avec programme de couture multiple formé de la couture droite, six points automatiques utilitaires **incorporés** plus 18 points de couture automatiques et superautomatiques, **interchangeables** par Elna-discs, une boutonnière automatique, soit 26 possibilités fondamentales de couture comprises dans l'équipement standard. C'est la plus complète des machines à coudre Elna.

ELNA TSP « AIR ELECTRONIC » CLASSE 52

Avec programme de couture double incorporé formé de la couture droite, 6 points automatiques utilitaires, 7 points superautomatiques, une boutonnière automatique, soit 15 possibilités fondamentales de couture.

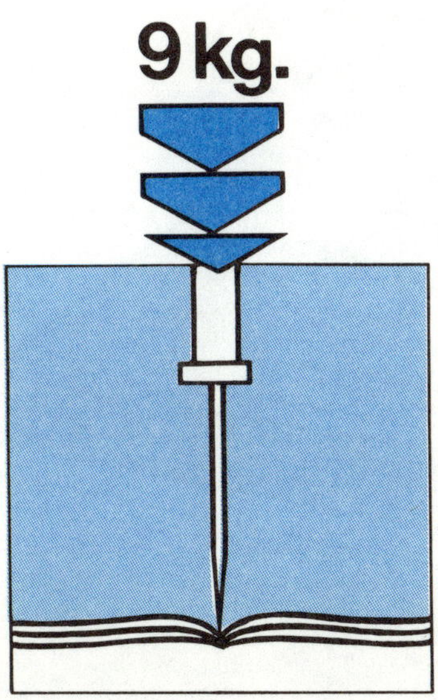

Les Elna « air electronic » sont d'une simplicité résultant de trois options fondamentales :

Convertible socle/bras libre
pour une préparation rapide et un usage facilité.

« **Air electronic** »
pour une maîtrise parfaite de la couture.

Synchrocolor
pour une sélection et un réglage quasi spontanés des points par repères de couleurs.

Un volet de protection

En polycarbonate LEXAN (R) remplace la mallette traditionnelle. Il protège les boutons de réglage contre les coups et les organes de la machine contre la poussière. Il s'enlève en un tour de main, afin que la machine soit prête sur-le-champ.

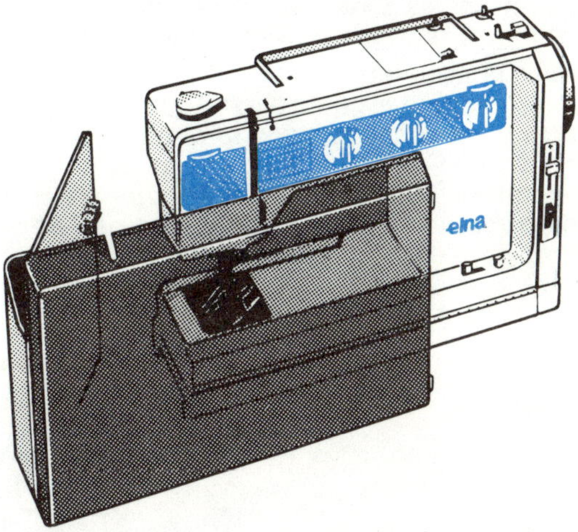

Une puissance de piqûre qui dépasse 9 kg à la pointe de l'aiguille.

Cette puissance est atteinte par l'efficacité du système électronique en synchronisation avec le moteur à aimants permanents.

Épaisseurs

Le réducteur de vitesse électronique qui agit sur le centre électronique donne l'assurance de pouvoir coudre plus facilement des tissus épais et serrés et cela même aux vitesses les plus modérées et avec la même puissance de piqûre.

Pédale Elna à pression d'air

Pour la première fois l'électronique est commandée en douceur par pression d'air qui agit avec précision sur le centre électronique.

Sélecteur de points interchangeables par Elna-discs

Chaque Elna-disc permet de piquer un point différent, 18 Elna-discs font partie de l'équipement standard de l'Elna SU, en plus des points utilitaires incorporés.

Les modèles Elna « air electronic » peuvent être obtenus en **version « duplex »**.

Pour la première fois :
une machine à coudre est équipée d'un bras libre encastré dans le plateau de la machine — qui peut être placée dans n'importe quel meuble à découpe standard (selon normes internationales). Le bras libre est dégagé du plateau en pressant sur un bouton et en levant la machine d'un simple mouvement.

TABLEAU D'UTILISATION DES POINTS PRATIQUES

Situé sous le couvercle du coffret d'accessoires indique **ce que l'on peut coudre** avec les divers points incorporés dans l'Elna Stella-tsp « air electronic ».

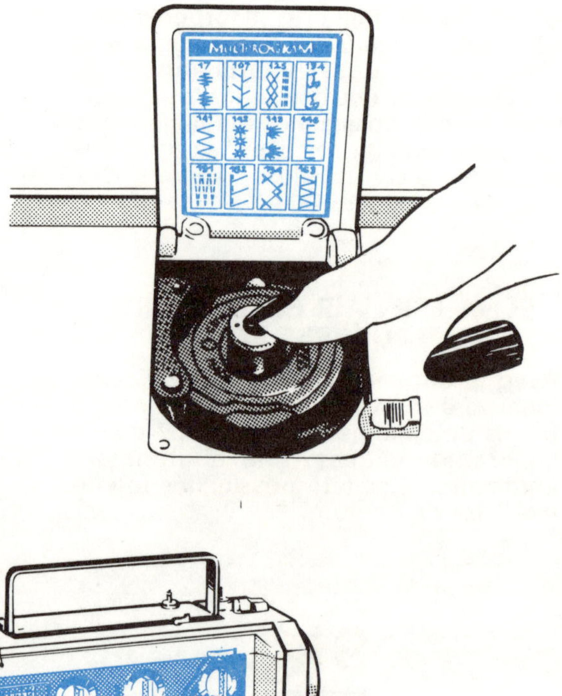

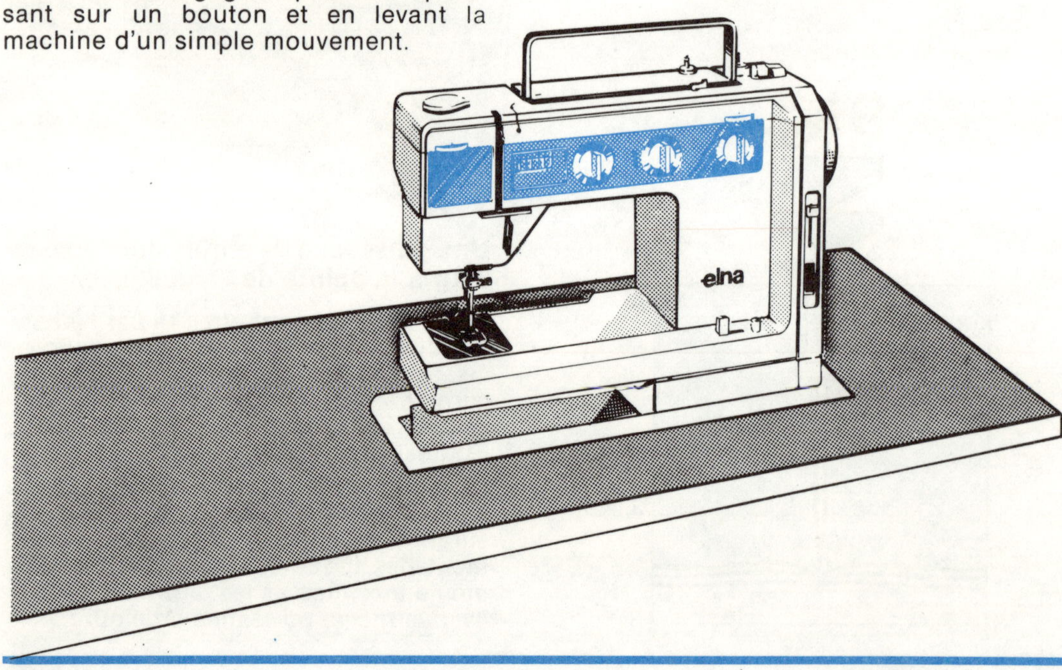

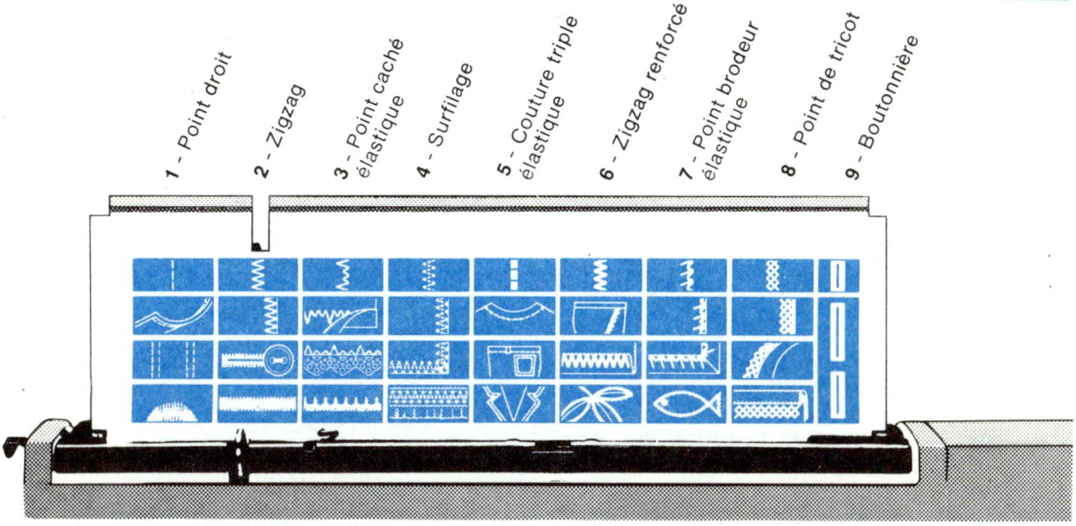

QUE PEUT-ON FAIRE AVEC UNE ELNA ?

Désirez-vous :	**alors utilisez :**
— coudre et assembler deux tissus	le point droit (1)
— un ourlet invisible — poser une dentelle ou un galon — faire une bordure	le point caché élastique ou point brodeur (3 ou 7)
— surfiler les tissus ingrats — poser une pièce — coudre un élastique	le point de surfilage ou zigzag spécial (2 - 3 ou 6)
— coudre une emmanchure dans un jersey ou un pull — renforcer une poche, faire une piqûre très solide et extensible, « Jeans » et vêtements de sport — coudre un col	la couture triple élastique (5)
— une couture zigzag solide et élastique avec effet décoratif — remplacer un bourdon par un genre de croquet sur drap, nappe, etc. — broder des motifs attrayants	le point zigzag triple ou point de croquet (6)
— joindre l'utile à l'agréable : finir un bord — fixer un biais ou un ruban sur le bord d'une couverture — faire une application sur un coussin	le point brodeur décoratif (7)
— assembler les tissus élastiques, les tricots, les « stretch » — poser une encolure ou un tour de jambe — fixer un ourlet dans un pull	le point de tricot (8)
— coudre des boutonnières de toutes longueurs avec n'importe quelle grosseur de fil et dans tous les genres de tissus.	la boutonnière (9)
Il va de soi que chaque point offre encore de nombreuses autres utilisations.	

H comme Husqvarna

Venue des pays nordiques de l'Europe, cette marque suédoise apporte sur le marché des machines à coudre une ligne nouvelle et aussi pour l'une des machines de la gamme une technique étonnante, celle de la cassette de points incorporés. De plus, HUSQVARNA a obtenu l'Oscar de la plus belle ligne et celui des meilleurs dossiers d'instructions.

Leur gamme est vaste, nous avons choisi de vous présenter par numéros de machines tous les points que chacune d'elles réalise. Il vous suffit de choisir, en fonction de vos besoins.

Deux machines retiennent notre attention :

— la 5710 avec ses 8 points de base qui figure sur le tableau

— et la HUSQVARNA LINNEA 6680 à cassette, la plus perfectionnée, dernière-née de la gamme qui, elle, ne figure pas sur ce tableau.

Caractéristiques propres à l'ensemble de la gamme

— Bras libre sur toutes les machines.

— Crochet 100 % imblocable (brevet HUSQVARNA).

— Lubrification à vie.

— Pied de biche se fixant par simple pression.

— Les machines sont livrées avec table-rallonge et boîte à accessoires (sauf 3310 et 5310 en option).

— Enfilage simplifié : passage par guides ouverts jusqu'à l'aiguille où une couleur contrastante facilite l'enfilage du fil par le chas de l'aiguille.

Sécurité enfants : il suffit de mettre une canette sur le dévidoir pour bloquer la machine et éviter ainsi qu'un enfant puisse la mettre en route.

LINNEA - Modèle 6680

La différence entre une machine à coudre ordinaire et la nouvelle HUSQVARNA LINNEA est le micro-ordinateur. Il simplifie la couture à jamais : tous les travaux ennuyeux sont maintenant automatisés. Une pression sur une touche... et vous cousez.

Tous les points que vous pouvez désirer se trouvent sur la nouvelle HUSQVARNA : pour le stretch, la soie, le tricot et le jean, pour raccommoder ou pour décorer.

Vous disposez de deux cassettes :

— l'une pour les neuf coutures utilitaires.

— l'autre pour les neuf coutures décoratives.

Le point droit, le zigzag simple et celui à trois points sont en outre incorporés, et peuvent être réalisés avec l'une ou l'autre des cassettes.

En appuyant sur différentes touches, vous programmez la LINNEA pour coudre les motifs de votre choix. Vous pouvez combiner jusqu'à sept motifs différents et les reproduire autant de fois que vous le désirez.

Chaque point peut être inversé, comme vu dans un miroir, « programmé », dans un motif ou pas, ce qui double le nombre de points décoratifs.

LIVRETS CONSEILS - COUTURE - HUSQVARNA

HUSQVARNA propose six recueils-idées différents :

1. *Coudre dans des tissus légers* (avec des schémas de patrons pour articles d'été).
2. *Jouets HUSQVARNA :* animaux et poupées : avec patrons à reproduire.
3. *Tricot : conseils couture de HUSQVARNA :* avec schémas de patrons.
4. *Raccommoder et récupérer avec HUSQVARNA :* avec patrons à reproduire.
5. *HUSQVARNA :* raffinement du cuir : avec patrons à reproduire.
6. *Broderies à la suédoise :* avec quelques schémas de patrons.

Modèle 5710 :

Point droit pour la couture normale, le faufilage, les nervures, etc.

Zigzag pour la pose des boutons et de la dentelle, pour des applications et des monogrammes.

Zigzag à trois points, très élastique, pour le tissu-éponge, pour surfiler, repriser et raccommoder.

Boutonnières automatiques de n'importe quelle grandeur, simples, renforcées, avec ou sans cordonnet.

Overlock pour coudre et surfiler simultanément, idéal pour le jersey, le stretch, etc.

Point droit élastique, résiste là où une couture droite ordinaire est insuffisante.

Ourlet invisible élastique pour ourlage dans du tricot ou du stretch.

Ourlet invisible pour ourlet rapide et facile dans des tissus ordinaires.

LE MAILLOT DE BAIN EN LYCRA

Parfaite utilisation du point « overlock » ou point stretch, ce maillot de bain d'une pièce est réalisé en jersey brillant ou lycra. Sa confection exige impérativement l'utilisation du point semi-overlock de la machine HUSQVARNA : amincissant et pratique, ce maillot est maintenu par deux bretelles croisées et nouées dans le dos après être passées dans deux brides. Le décolleté devant est plat et les côtés, dos et tours de jambes entièrement élastiques, adhèrent parfaitement au corps.

Métrage pour une taille 38-40

1 m 30 en 140 de jersey brillant ou lycra ;
3 m d'élastique plat de 1/2 cm de largeur.

Réalisation

Posez votre tissu comme indiqué sur le schéma sur lequel sont indiquées toutes les mesures qui vous permettront de tracer le contour du maillot de bain.

Reportez très soigneusement, à la craie tailleur mesures, lettres et repères sur le tissu. Dessinez le patron du maillot de bain. Coupez au ras du tracé du patron. Coupez brides et bretelles.

— Epinglez le dos du maillot au devant. De E à C et de D à F.
— Piquez au point semi-overlock qui coud et surfile simultanément.
— Piquez au semi-overlock un ourlet de 1 cm en partant du décolleté devant A en passant par le décolleté dos jusqu'en B devant.
— Piquez au zigzag extensible ou semi-overlock un ourlet de 1 cm autour des ouvertures des jambes en laissant une ouverture pour le passage de l'élastique. Glissez un morceau d'élastique par cette ouverture en vous aidant d'une épingle de sûreté. Réglez pour chaque jambe les longueurs de chacun des élastiques. Maintenez solidement.

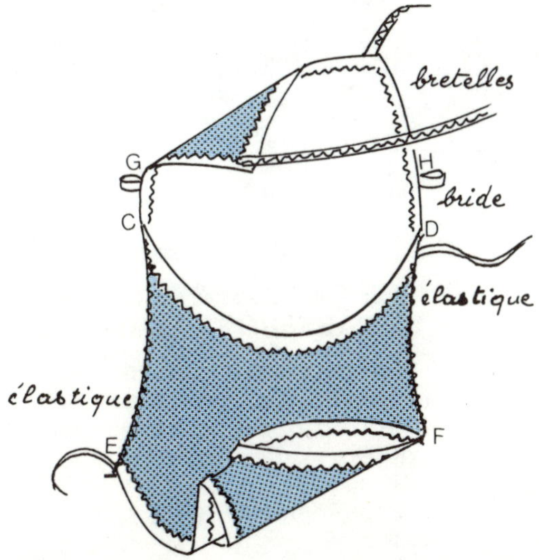

— Passez une longueur d'élastique dans l'ourlet du point A devant jusqu'en B et A en passant par le décolleté dos.
— Préparez deux brides de 9 cm de longueur (voir brides, page 133).
— Fixez-les en G et H dans le dos.
— Préparez les « brides ou liens bretelles » : cousez l'une d'elles en A, l'autre en B.

Croisez-les dans la nuque. Glissez la bretelle B côté droit dans la bride G, puis la bretelle A côté gauche dans la bride H. Nouez-les ensuite dans le dos. Vous obtenez une bonne mise en place du maillot qui devient une deuxième peau.

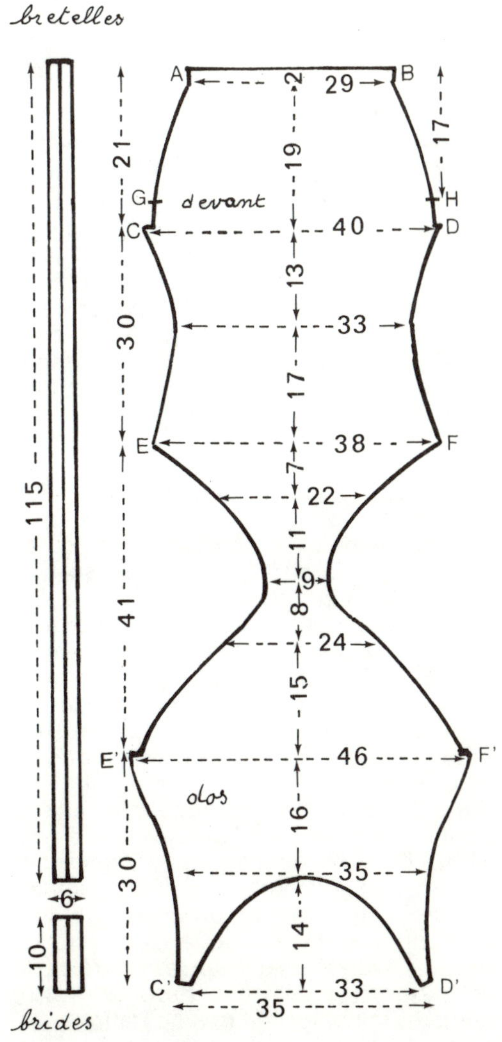

P comme Pfaff

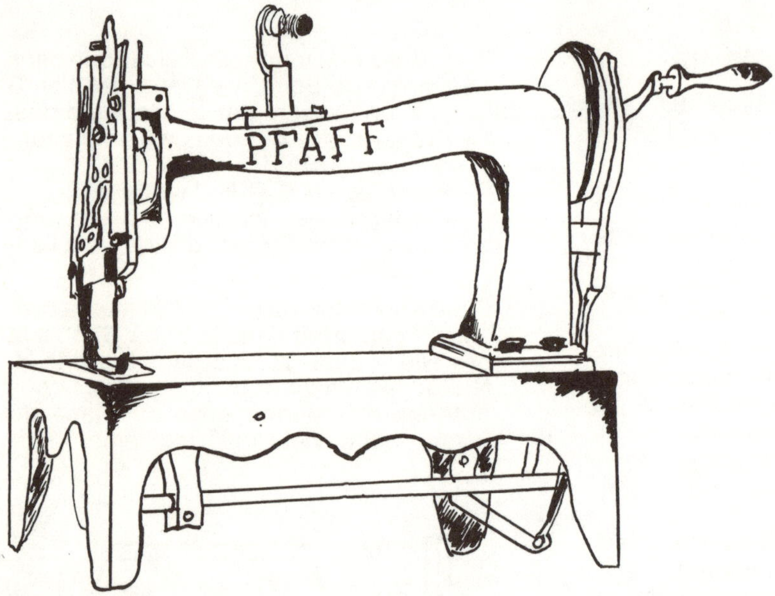

PFAFF ce nom nous vient d'Allemagne. C'est en effet en 1862 que Michaël PFAFF, maître artisan, construisit sa première machine à coudre. Elle était à navette droite et destinée aussi bien à usage artisanal que domestique. En 1922 les machines PFAFF se dotèrent d'un crochet rotatif qui les rendit plus opérationnelles. Les machines à coudre étaient alors noires surchargées de ravissants ornements dorés ou argentés marquant ainsi « le modern style » de l'époque. Depuis, la gamme des machines à coudre PFAFF s'est très étendue, 13 modèles exactement sont diffusés sur le marché français. En sortant d'usine les machines de la marque ont des paliers « frittés » ce qui rend tout graissage superflu par la suite. La PFAFF 1222 E réalise en plus de 12 points utilitaires de nombreux points dits de broderie. Elle possède l'enfile-aiguille automatique incorporé et les symboles des points à sélectionner par touches. Par ailleurs, le remplissage de la canette se fait sans désenfiler l'aiguille. La PFAFF TIPLATIC 1029 possède le contrôle électronique de la canette ; en effet un voyant lumineux indique le prochain épuisement du fil de la canette, et ce en plus de tous les avantages des autres modèles de la gamme auxquels l'électronique confère une efficacité très opérationnelle.

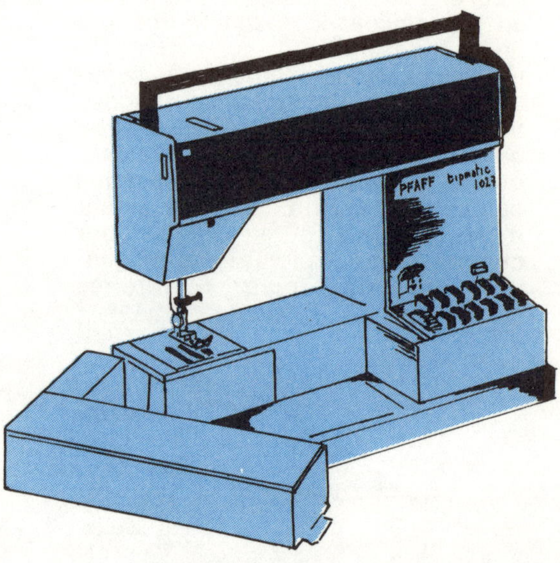

UNE EXCLUSIVITÉ PFAFF : LE PASSEPORT COUTURE

Pour permettre une utilisation optimale de ses machines, PFAFF propose le « passeport-couture » qui est un contrat « triple service » facultatif, complémentaire à la garantie usine.

Ce triple service comporte :

— Une « formation pratique » concrétisée par deux séances complètes de perfectionnement sur le modèle acheté, en plus de la formation habituelle.

— Un « service total entretien » : en plus de la garantie usine habituelle, le revendeur s'engage à assurer dans son magasin, pendant un an, un service total entretien multirisques pour toute mauvaise manipulation.

— Les « Recettes du Savoir-Coudre » Hobby PFAFF, rassemblées en une série de 24 fascicules de conseils couture, illustrés par des dessins et schémas explicatifs, recettes dont nous allons vous donner ci-après un aperçu. Nous vous présentons certains de leurs conseils de montage de manches tailleurs très importants et des réalisations de points à la machine tels qu'ils nous ont été donnés par PFAFF.

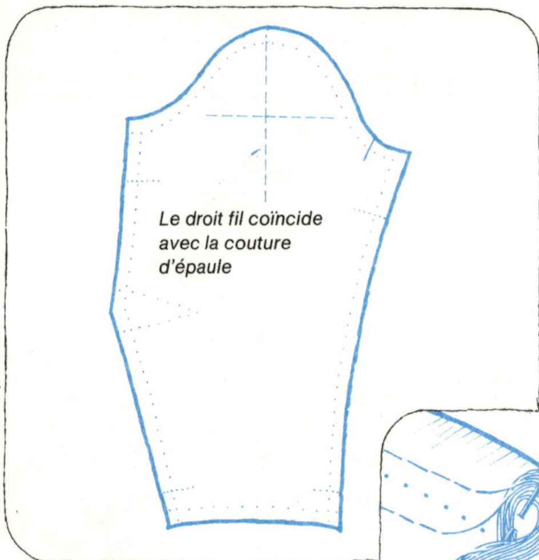

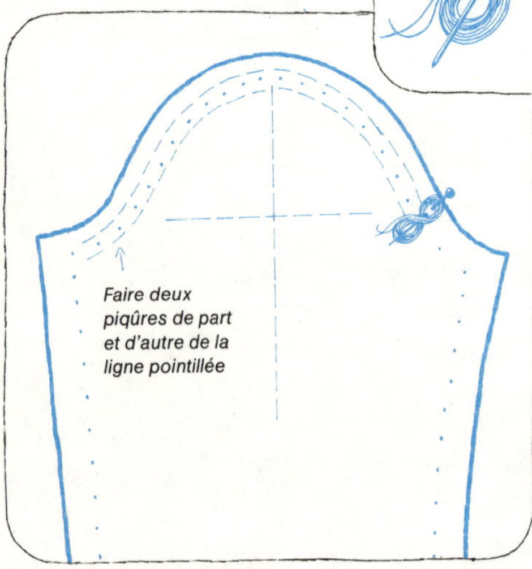

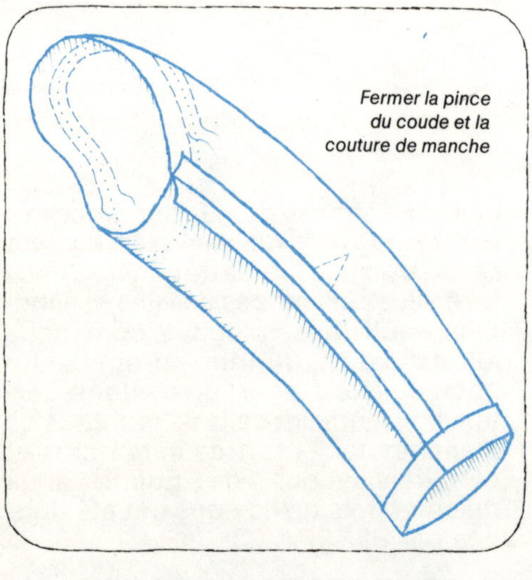

COMMENT MONTER LES MANCHES ?

La confection des manches est plus simple en réalité qu'elle ne le paraît, car les patrons ont été bien essayés et sont parfaitement adaptés au modèle.

Pour faciliter le travail il y a un certain nombre d'astuces. Le droit fil marqué sur le patron coïncide au montage avec la couture d'épaule, mais peut également être placé avant ou après cette couture, selon la conformation du corps. Le devant de la tête de manche, plus creusé, correspond à l'emmanchure devant du vêtement.

L'embu qui est prévu dans la tête de manche doit être rentré. Faire deux piqûres parallèles à la machine le long de la tête de manche, à grands points. Ces piqûres sont placées de part et d'autre de la ligne pointillée marquée sur le patron. En tirant sur les deux fils de dessous de la piqûre, on obtient l'embu nécessaire à la tête de manche. Pour le maintenir, on enroule les deux fils autour d'une épingle et on fixe l'embu au fer à repasser à l'aide d'une pattemouille.

On ferme la pince du coude. Il faut ensuite maintenir légèrement le bord du dessus de manche sur deux tiers de sa longueur, c'est-à-dire humidifier légèrement le tissu et à l'aide du fer à repasser tendre légèrement la manche de façon à l'arrondir un peu.

Pour le premier essayage on épingle la manche sur l'emmanchure à l'extérieur, en rentrant la valeur d'une couture. Afin de donner suffisamment d'aisance dans le dos, on avance légèrement le bras et on épingle ensuite la manche sur le dos, le bras restant dans cette position. Le droit fil dans les deux sens doit coïncider avec le tombant de la manche. La tête de manche ne doit pas être trop large. La pince du coude est-elle au bon emplacement ? La manche est-elle assez large et assez longue ?

Lors de l'essayage on marque des crans de montage sur la manche et sur l'emmanchure ainsi que toutes les modifications nécessaires. On place ensuite les manches l'une sur l'autre pour reporter les modifications et les crans de montage. De même pour le corps du vêtement, il faut reporter les crans de montage et les modifications éventuelles.

La manche ainsi préparée est ensuite introduite dans l'emmanchure par l'extérieur, en superposant les crans de montage et en épinglant sur la manche. Avant de bâtir la manche dans l'emmanchure, on vérifie à nouveau la bonne répartition de l'embu.

On commence à bâtir à mi-hauteur de l'emmanchure et en répartissant régulièrement l'embu avec un peu de doigté. Le bâti se place entre les deux rangées de points de fronçage. On essaye ensuite le vêtement pour vérifier le tombant de la manche.

Si la manche « visse » légèrement sur le devant ou le dos de la tête de manche, il faut la déplacer légèrement dans le sens opposé.

Si les deux manches tombent bien droites sans faire de pli, on peut piquer la couture de montage à la machine. On commence la piqûre à mi-hauteur de l'emmanchure en piquant sur la manche et en suivant le contour des bords. La partie inférieure est piquée une deuxième fois. Cette double piqûre permet de renforcer la couture qui est particulièrement sollicitée à cet endroit.

Dans un vêtement non doublé on surfile les deux bords de la couture de montage de manche au point zigzag en évitant surtout de les détendre.

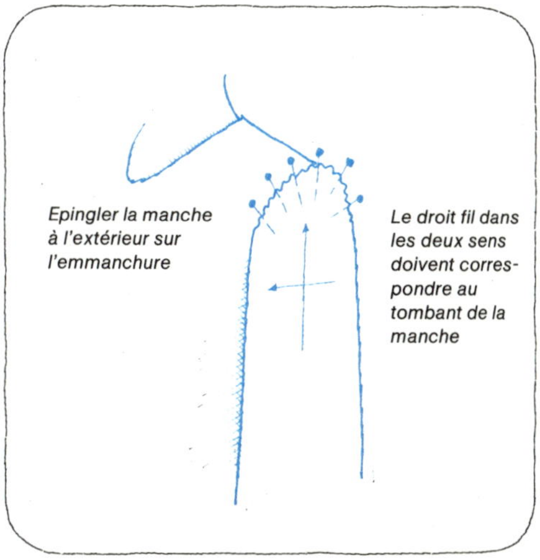

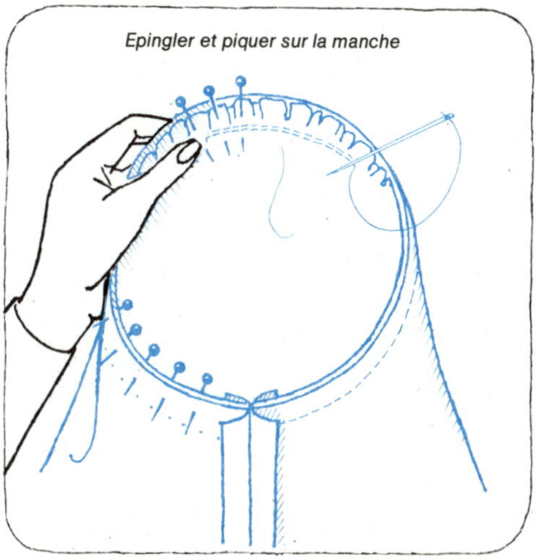

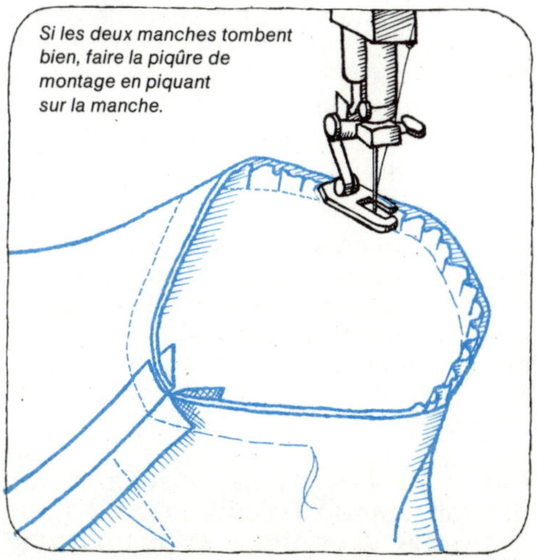

COMMENT TRAVAILLER LE CUIR, LE PLASTIQUE, ETC. ?

Les vêtements en cuir, plastique ou tissu enduit ne doivent être exécutés qu'avec un patron soigneusement essayé.

On coupe donc le modèle d'abord dans un reste de tissu ou une toile à patron, on l'essaie et après rectification le patron définitif est reporté sur le cuir.

Il faut soigneusement choisir l'emplacement des différentes pièces notamment sur la peau, car souvent celle-ci est plus fine sur les bords ou peut même avoir de petits trous par endroits.

Le patron est reporté à la craie tailleur ou au crayon sur l'envers de la peau. Chaque pièce du patron est tracée individuellement et découpée ensuite. Des coutures de 1 cm sont suffisantes, pour l'ourlet on ajoute 3 à 4 cm.

Le bâti ou l'épinglage sont très difficiles dans la peau, c'est pour cela que l'on maintient les coutures à l'aide de trombones que l'on retire au fur et à mesure que l'on pique. Pour piquer à la machine on se sert d'une aiguille spéciale pour cuir (que l'on peut trouver chez Pfaff).

Pour obtenir des coutures bien plates, on les ouvre après avoir piqué et on les colle. On peut également les coucher fermées sur le côté et surpiquer sur l'endroit.

Les boutonnières sont très faciles à faire dans le cuir. Une fois que le bord du vêtement est muni de la garniture, on pique tout autour de la boutonnière marquée, à 3 ou 4 mm en faisant un point d'arrêt. On fend ensuite la boutonnière à la dimension voulue.

Les plastiques et les tissus enduits sont plus faciles à couper que le cuir. Ces matières se composent généralement d'un support textile surmonté d'un enduit. Donc, tout comme pour le cuir, il faut d'abord essayer le patron avant de le couper aux mesures définitives.

Piquer sur l'envers ne présente aucune difficulté, mais sur l'endroit le pied presseur colle au plastique et l'entraînement

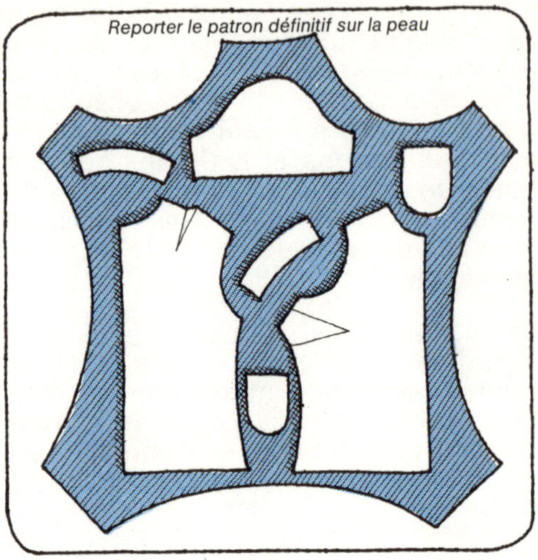

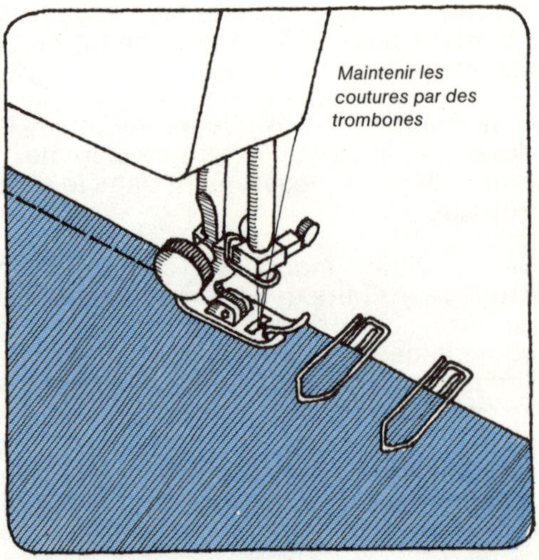

ne fonctionne plus. Pour y remédier, il suffit de passer sur la couture un chiffon imbibé d'huile et le pied presseur avance à nouveau normalement. Pour obtenir une piqûre parfaite, l'aiguille doit être placée à gauche. Pfaff propose un pied spécial avec une semelle en Teflon, qui donne un excellent résultat.

Une machine Pfaff à double entraînement facilite encore plus l'opération.

LES POINTS UTILITAIRES ET LES POINTS DÉCORATIFS

Chaque machine à coudre moderne possède aujourd'hui des dispositifs permettant d'effectuer des travaux qui demandaient beaucoup de temps à la main. On peut ainsi réaliser à la machine de nombreuses garnitures et motifs décoratifs.

Avez-vous déjà essayé de faire avec le reste de tissu d'une jolie blouse un foulard assorti ? Il suffit de replier légèrement le bord et de le piquer avec un point zigzag serré de largeur moyenne sur le bord du pli. Bien arrêter les extrémités et recouper le bord du tissu qui dépasse le long du point.

Avez-vous déjà essayé de coudre les boutons à la machine sur un simple chemisier ? Si vous avez jusqu'à 12 boutons à poser sur le devant et les poignets, il est rentable de monter le pied spécial pour cette opération. Placez le bouton à l'endroit prévu sous le pied presseur, placez l'aiguille à gauche et, après avoir escamoté l'entraînement (les griffes), recherchez la largeur de point zigzag nécessaire. Faites quelques points, remettez en point droit et faites quelques points dans le même trou pour arrêter. Retirez le travail, faites passer les fils sur l'envers et nouez.

Sur une chemise de nuit avec un volant à l'encolure et aux manches, essayez de finir ce volant par le point coquille de la série des points utilitaires invisibles.

Faites un rentré de 1/2 cm à l'encolure et au bord des manches et exécutez le point coquille de telle sorte que l'aiguille ne s'engage pas dans le tissu sur le bord extérieur. Ceci permet de former le point coquille par resserrement des intervalles.

Le même point permet de faire un ourlet à point invisible sur l'envers du tissu, selon les tissus. Sur une jupe plissée par exemple avec beaucoup d'ampleur ou une étoffe à maille d'épaisseur moyenne, ce point est tout à fait approprié. Il peut également être utilisé pour un rideau en tissu lourd, si vous ne voulez pas faire un ourlet piqué. Pour l'exécution de l'ourlet préalablement repassé, engagez le bord du tissu en laissant 1/2 cm à droite.

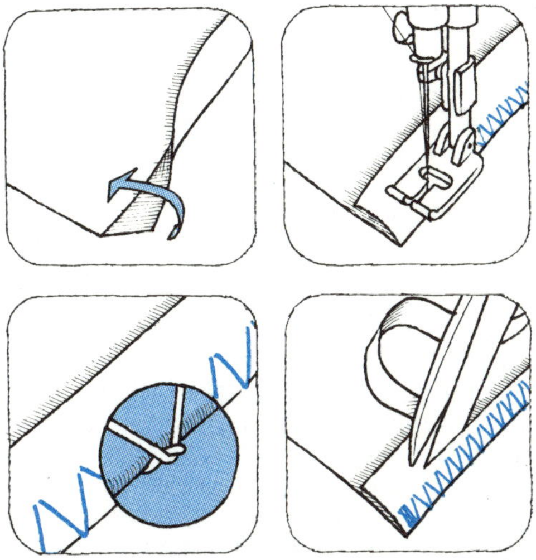

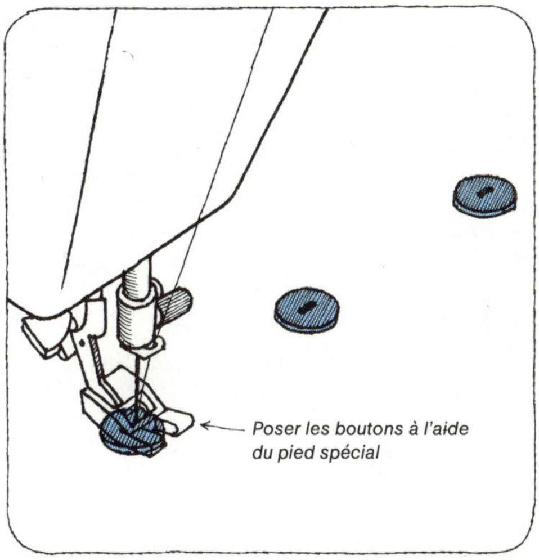

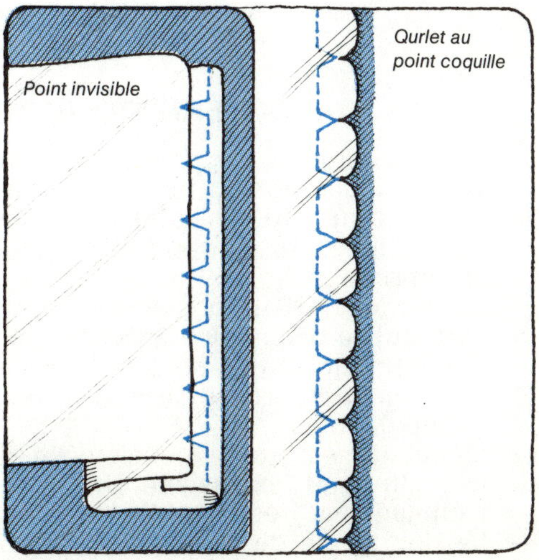

S comme Singer

En 1848, le jeune et très ingénieux Isaac MERITT SINGER, de Boston, appelé pour la première fois à réparer une machine à coudre, eut l'idée de lui apporter des perfectionnements. Très vite cette idée fit son chemin au point qu'il construisit lui-même un modèle de machine quelque temps plus tard, et ne cessant par la suite d'en améliorer les performances.

En 1851, Isaac SINGER fit breveter une machine à coudre à aiguille verticale faisant le point noué. Très rapidement, cette machine fut capable de réaliser mille points à la minute, imposant le nom et la marque SINGER en Amérique. La Société SINGER SEWING MACHINE Co. venait de naître pour aller à la conquête du marché international.

SINGER, à la pointe de la recherche et de la technologie, a été le premier à mettre les performances de l'électronique au service de la machine à coudre révolutionnant ainsi le marché avec l'apparition de la « FUTURA à cerveau électronique », cerveau pouvant se dissimuler sous un dé à coudre.

Nous vous présentons toutes les possibilités de deux modèles SINGER : la STARLET 496 B automatique et la FUTURA 2001, la superautomatique.

Les AUTOMATIQUES SINGER, ce sont les « STARLET

Elles peuvent automatiquement réaliser :

— le point droit
— le point zigzag
— le zigzag multiple
— le point caché (ourlets)
— le point extensible
— les boutonnières (4 temps modèle 496)

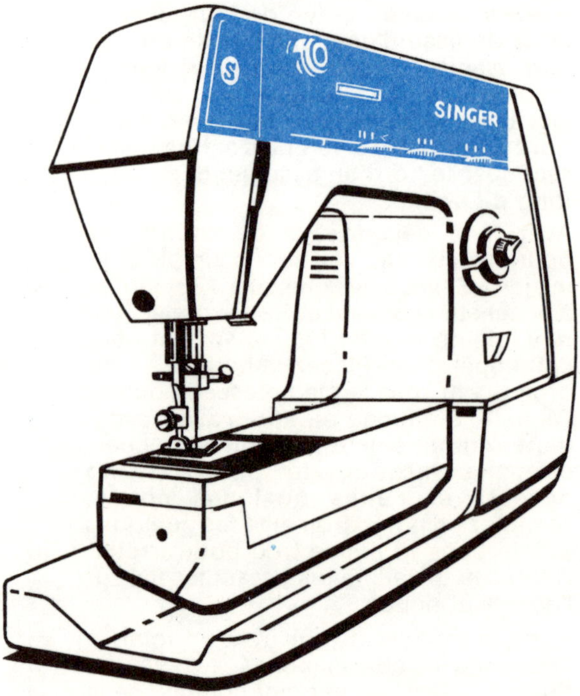

CARACTÉRISTIQUE TECHNIQUE DE LA STARLET 496

— Elle est astucieuse grâce à son couvercle coulissant qui sert de rangement pour le rhéostat et les accessoires, grâce aussi à sa poignée incorporée.
— Le modèle 496 B possède un bras libre qui se dégage instantanément.
— Elle a un tableau de bord très simple qui réduit au minimum les manipulations.
— La canette est frontale et s'enlève du bout du doigt (exclusivité SINGER).
— L'enfilage est très simplifié.
— Le débrayage de la machine se fait d'une simple pression du doigt sur le volant.
— Le pied presseur est à enclenchement direct.
— La pression du pied presseur est universelle, aucun réglage en fonction du tissu.
— La marche arrière est à retour automatique.

— La 496 B possède un rhéostat électronique donc même force de pénétration dans les tissus quelle que soient les épaisseurs.

LES SUPERAUTOMATIQUES ÉLECTRONIQUES :

LA FUTURA 2001

- La machine FUTURA est équipée d'un cerveau électronique.
- Le tableau de programmation des points est lumineux ; pour sélectionner un point, il suffit d'effleurer du bout des doigts le motif désiré.
- Un voyant lumineux ainsi qu'un « Bip » sonore permettent de contrôler votre sélection.
- Les points que cette machine peut réaliser sont programmés à une certaine longueur et largeur. Vous pouvez modifier ce réglage manuellement suivant l'effet désiré.
- La touche magique dont est équipée cette machine permet de remplir la canette sans la sortir de son logement.
- Un voyant lumineux vous indiquera le moment où elle sera presque vide.
- Un enfile-aiguille est incorporé.
- La plaque à aiguilles est magnétique, il suffit de la poser.
- Le pied presseur est à enclenchement direct.
- Elle possède une sécurité plaque à aiguille point droit (si vous faites une erreur de programmation, vous ne casserez pas votre aiguille, la machine refusera de piquer !).
- Le porte-bobine est horizontal (le fil se déroule plus facilement, sans « à-coups »).
- Son plateau, d'un seul geste, est convertible en bras libre, donc beaucoup de facilité pour piquer des poignets ou des emmanchures étroites.
- Le rhéostat électronique permet une pénétration de l'aiguille dans le tissu, toujours aussi facile et régulière, quelle que soit l'épaisseur du tissu.
- Elle possède également un interrupteur deux vitesses, donc sécurité du contrôle rhéostat pour piquer des choses délicates.
- La barre à aiguille est inclinée pour faciliter la pénétration de l'aiguille dans le tissu.
- Un réglage spécial « Motif unique » permet de réaliser un seul élément du motif choisi. La machine s'arrête d'elle-même à la fin de ce motif.
- La touche 2 X vous permet de multiplier par deux la longueur d'un point programmé.
- La touche miroir permet de réaliser un motif du côté inverse où il est programmé.
- Elle peut réaliser automatiquement à la longueur du bouton choisi deux sortes de boutonnières : lingerie et normales.

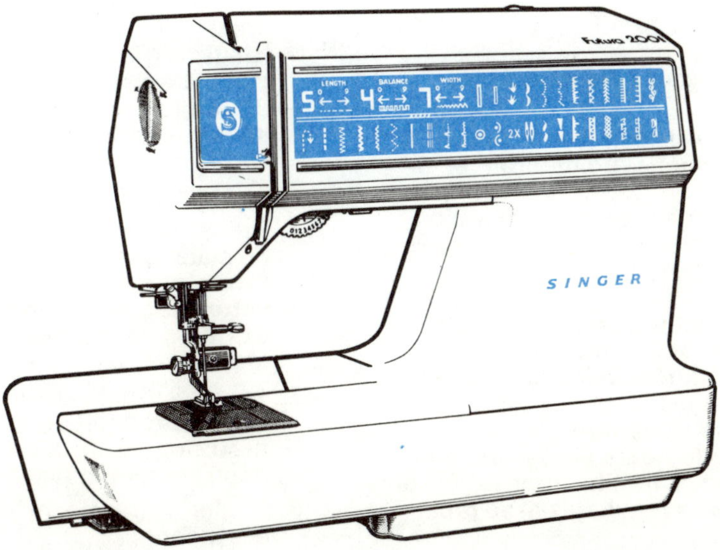

UTILISATIONS COUTURE DE VOTRE MACHINE

Comment faire des smocks avec votre machine ?

— Acheter du fil élastique en bobine.
— Enfiler la machine avec un fil de couleur assorti avec le tissu à travailler ou contrastant selon l'effet désiré.
— Régler votre matériel en point zigzag moyen, longueur du point 1 1/2.
— Travailler sur l'envers du tissu.
— Tracer des lignes parallèles tous les 2 cm environ.
— Couper une longueur de fil élastique au double de la longueur à travailler.
— Placer ce fil élastique double, à plat, sans l'étirer, à l'endroit précis où vous devez faire la première piqûre de smocks.
— Fixer cet élastique au départ avec un point d'arrêt machine.
— Faire un point zigzag ensuite tout le long.
— Placer ainsi autant de rangées d'élastique que vous le désirez.
— Les tirer à l'autre extrémité trois par trois s'il y en a plusieurs.
— Froncer sur la largeur exacte que vous désirez.
— Arrêter les fils.
— Répartir les fronces.

Comment passer des fils de fronces à la machine ?

— Sur un tissu d'épaisseur normale, il suffit d'utiliser le point droit et de l'allonger.
— Si le tissu est un peu épais, vous allongez le point droit au maximum et vous desserrez légèrement la tension du fil supérieur.
— Sur une longueur de tissu importante, il est préférable de diviser cette longueur par moitié ou par quart. Sur une trop grande distance vos fils casseraient en les resserrant.
— Vous devez toujours passer un minimum de deux fils de fronces, elles sont ainsi plus régulières et se répartissent mieux.

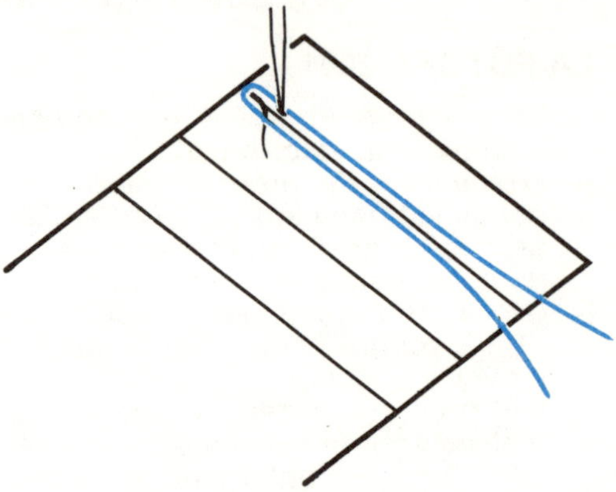

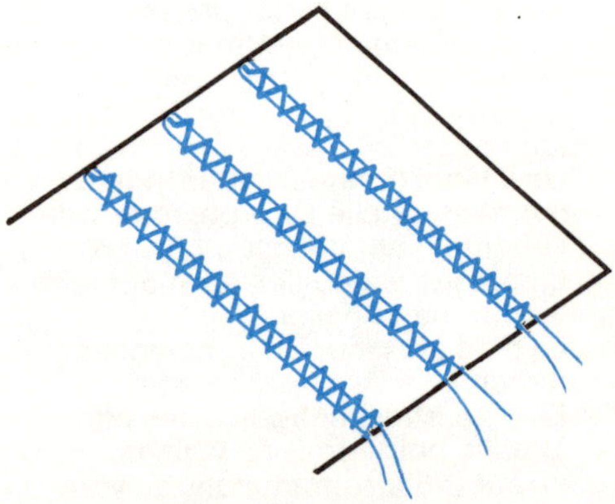

Comment faire du matelassage

Ce qu'il vous faut :

— Un métrage de tissu qui sera à matelasser.
— Un tissu qui sera la doublure de l'objet matelassé.
— Du molleton qui pourra être soit synthétique, soit de laine, soit de coton.

Technique du matelassage :

1. Tracer d'abord sur l'endroit le dessin du matelassage. Ce dessin peut avoir la forme que vous voulez, laissez jouer votre imagination, mais faites vos tracés à l'aide d'un trait de crayon très léger.
2. Épingler le tissu sur le molleton. Celui-ci doit être toujours plus grand que le tissu, inutile de bâtir, le tissu va se déplacer en piquant.
3. Régler votre machine au point droit assez long.

4. Exécuter les piqûres en commençant toujours par le centre du tissu. Continuer ensuite de part et d'autre de cette piqûre pour que votre tissu « chasse » vers les extérieurs.

Autre remarque très importante : les piqûres doivent être exécutées toujours dans le même sens, cela pour éviter des « grignures » disgracieuses à l'œil.

5. Couper ensuite l'objet ou le vêtement à confectionner.
6. Couper la doublure à l'aide du morceau matelassé, comme patron.
7. Doubler.

Un conseil très important : n'essayez pas de matelasser en trois épaisseurs ! le dessous ne sera jamais net.

UTILISATION DES « POINTS DE BRODERIE »

Certains de ces points peuvent s'utiliser seuls pour souligner ou finir un bord de vêtement, d'empiècement, de poignet, de col, etc.

D'autres ne seront intéressants que si vous les utilisez mariés ou combinés avec d'autres, sous forme de galons.

A vous de faire jouer votre esprit créatif en combinant : les points, les couleurs et les volumes. Il en est un qui nous intéresse tout particulièrement car il est la base de travaux très raffinés : il s'agit du point lancé.

BRODERIE AU POINT LANCÉ

De véritables œuvres d'art sont réalisées grâce à ce point de broderie. C'est ainsi que les réalisations de « tableaux de peinture dite à l'aiguille » exposées à l'occasion d'expositions de travaux manuels se sont vu octroyer la Médaille d'or des meilleurs ouvriers de France.

Ce qu'il vous faut pour vous lancer dans cette technique :

— 1 machine à coudre point zigzag ;
— 1 cercle à broder ;
— 1 aiguille fine ;
— du fil à broder machine qui est du retors d'Alsace.

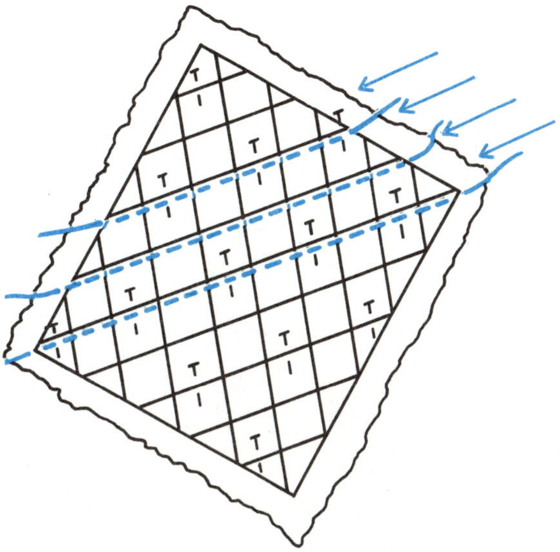

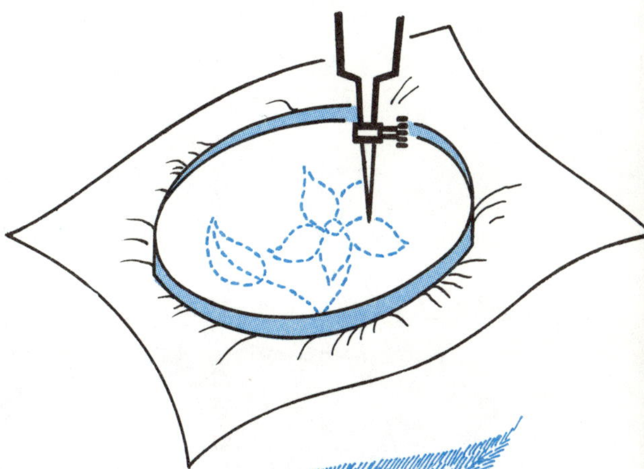

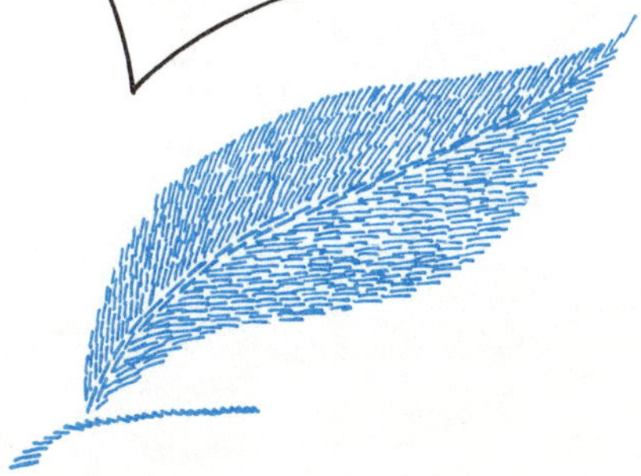

Préparation de la machine

— Placer la plaque couvre-griffes ou une plaque élévatrice pour que le tissu ne soit plus entraîné mécaniquement.
— Enlever le pied presseur de façon qu'il ne reste que l'aiguille.

T comme Thimonnier

1829 le "couso-brodeur" de Thimonnier

Nous vous l'avons déjà signalé, Barthélemy THIMONNIER est l'inventeur français de la première machine à coudre (voir page 52). Comme tous les chercheurs, il a commencé avec de petits moyens, seul dans une petite pièce pompeusement baptisée « atelier », sans certainement imaginer que sa découverte allait bouleverser la vie économique du XXe siècle ; en effet là où une couturière mettait plusieurs semaines à réaliser un tailleur, aujourd'hui grâce à la machine à coudre et au travail à la chaîne le même tailleur est réalisé en quelques heures. Par ailleurs, les machines à coudre non industrielles, c'est-à-dire celles que vous utilisez pour coudre, ont atteint un point de sophistication à peine croyable tant l'électronique a apporté de perfectionnement dans leur utilisation.

DIVA 1000 E est une machine électronique aux 17 points utilitaires permettant toutes les combinaisons possibles, sa technologie est très avancée, car le contrôle électronique de l'aiguille permet au choix un arrêt de l'aiguille position basse pour des travaux compliqués, ou au centre pour une couture normale; en position haute la machine ne fait alors qu'un seul point, pour arrêt d'ouvrages délicats ou pour le point de bâti.

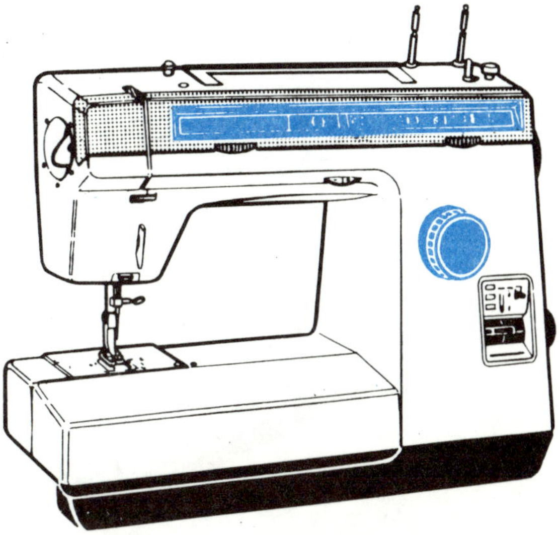

DIVA 1000 E

BENJAMINE

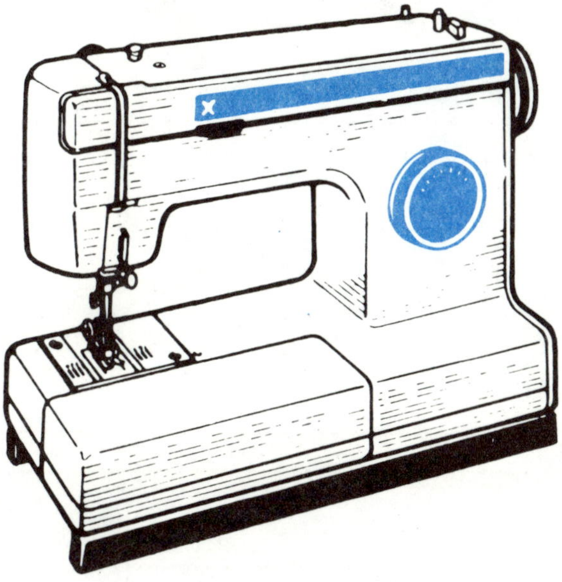

Nous avons sélectionné la BENJAMINE pour les juniors. Un seul bouton de commande, mais de multiples possibilités.

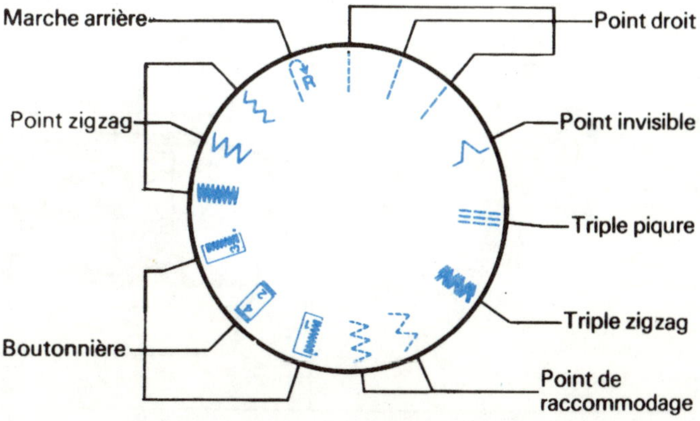

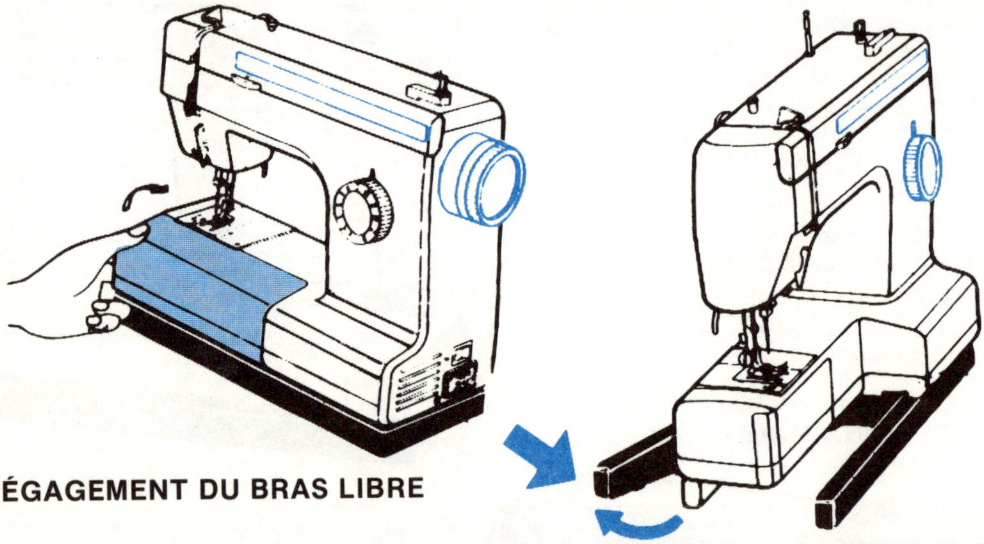

DÉGAGEMENT DU BRAS LIBRE

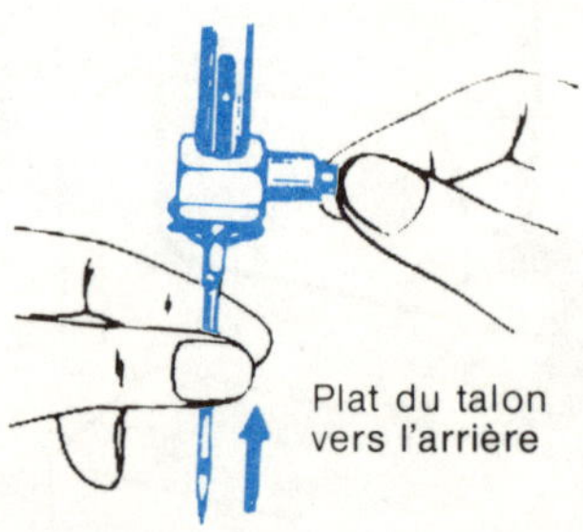

IMPORTANT :

Votre machine à coudre fonctionne à l'électricité !
Veillez par conséquent à retirer la fiche de la prise de courant avant de procéder :

- au remplacement de l'ampoule de 15 W,
- au graissage et à l'entretien,
- au changement de l'aiguille ou du pied de biche.

CHANGEMENT DE PIED DE BICHE

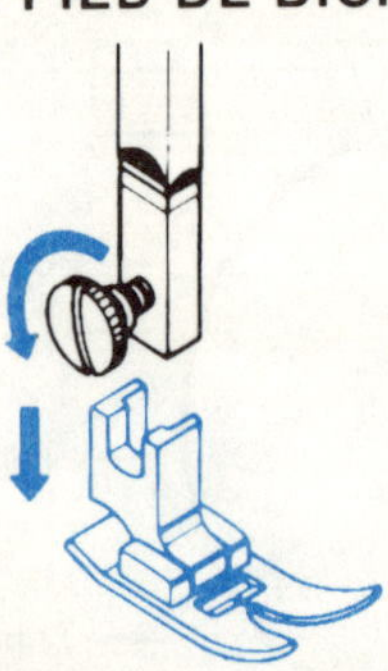

HUILAGE ET NETTOYAGE DE LA MACHINE

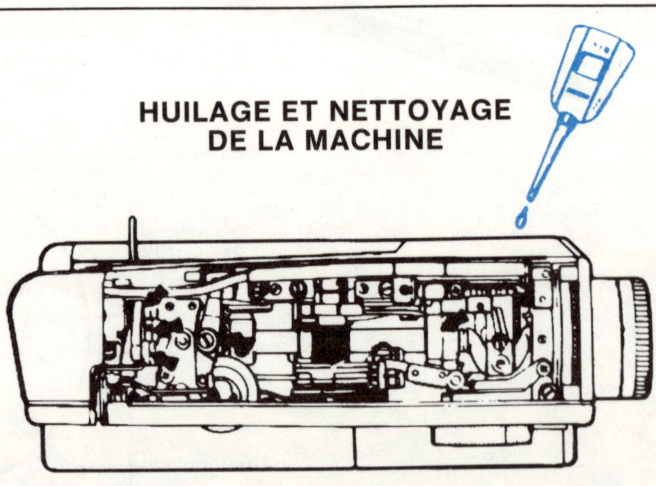

CONFECTION DES BOUTONNIÈRES

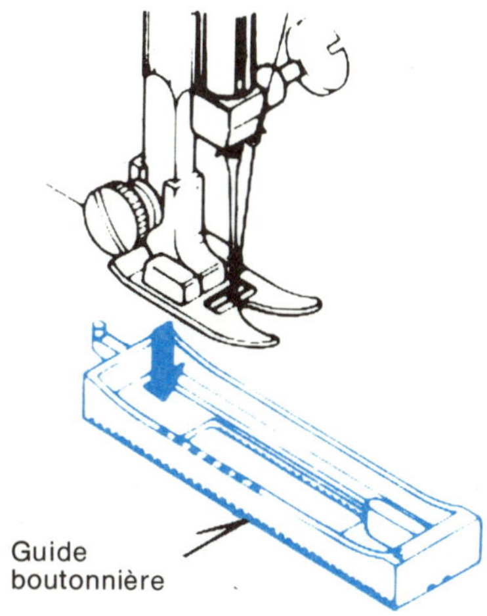

BOUTONNIÈRES "CORDÉES"

Passez la corde en dessous de la semelle au crochet et tirez les deux extrémités tout autour du pourtour du guide.

POSE DES FERMETURES A GLISSIÈRE

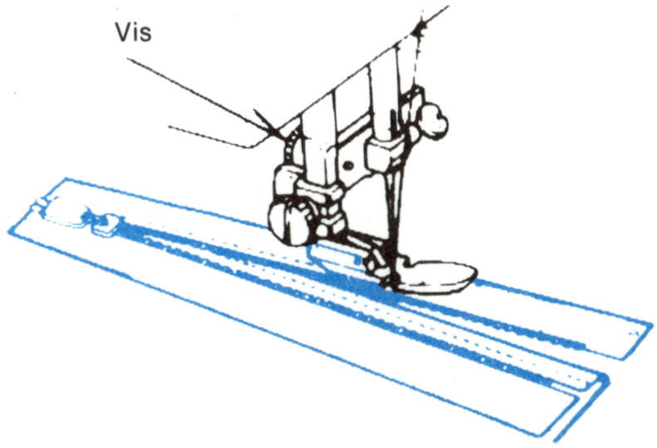

Ce pied est reversible de telle sorte que vous pouvez piquer à droite ou à gauche d'une fermeture à glissière ou d'un biais gansé.

POINT INVISIBLE

Placez le tissu et tournez la vis de réglage du guide suivant l'illustration, de telle sorte que le point zigzag pique le deuxième pli.

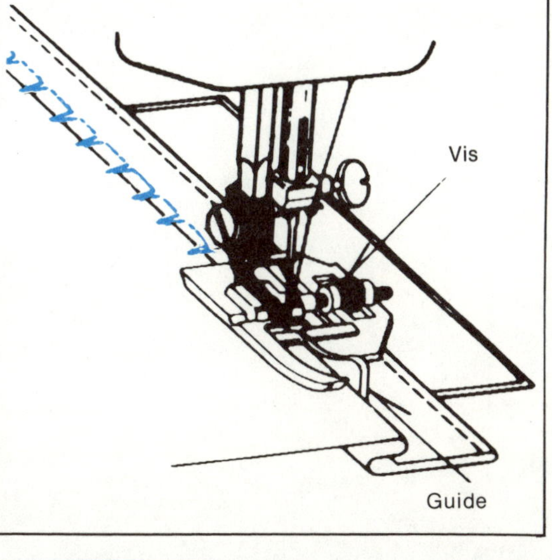

Chapitre 4

A LA DÉCOUVERTE DES DÉCOLLETÉS !

Ils ont des noms charmants, surannés, souvent évocateurs.
Sourire, bateau, trapèze,
ras du cou, plongeant, gracieuse, bénitier,
en goutte d'eau, carré.

Les encolures et...

L'encolure dans un vêtement détermine l'allure générale d'une silhouette et de son port de tête. En effet, elle sera choisie en fonction de la morphologie, du décolleté, de la longueur du cou. Il existe de nombreux décolletés aux noms plus charmants les uns que les autres qui d'entrée de jeu signent la personnalité de celle qui choisira celui-ci plutôt que celui-là.

Les décolletés, quelle que soit leur forme, sont le point de mire du regard et reposent en noir ou en couleur sur votre peau blanche ou bronzée qui en accuse les contours. Il faut donc que ceux-ci soient nets et sans défaut. Chacun a ses pièges, nous vous aidons à les dominer, les déjouer. Trapèzes, carrés, en pointe, ce sont les angles qui retiennent et demandent l'attention.

Recommandations particulières aux différents types de décolletés, trapèzes et carrés, surtout quand ils sont très échancrés ; ils ont tendance à bouger, donc à bâiller.

Un petit truc qui les maintiendra
Cousez à chaque angle une longueur d'élastique que vous fermerez dans le dos avec une agrafe. Vous serez parfaitement à l'aise et sûre de vous.

Les décolletés bateau *(voir couverture)*
Bien que bateau, donc sans profondeur, eux aussi ne restent pas nettement en place. A chaque extrémité et sur l'épaule, cousez un petit passant avec pression que vous glisserez sous les bretelles de votre soutien-gorge.

Les décolletés en pointe
Pour obtenir un angle de pointe très net, et surtout s'il s'agit d'un tissu un peu épais, effectuez un ou deux points de piqûre à l'horizontale.

RONDS, OVALES

Ce sont les courbes qu'il faut soigner.
Voici les commandements généraux d'un décolleté réussi :

NOS CONSEILS

1. *Il est toujours possible, lors d'un essayage, d'échancrer plus ou moins un décolleté, mais beaucoup plus difficile, voire impossible, de rattraper un coup de ciseau trop généreux.*
2. *Si vous rectifiez les contours par rapport au patron, n'oubliez pas de rectifier en conséquence les propretés ou doublures de l'encolure.*
3. *Coupez les propretés dans le même sens que le vêtement.*
4. *Epinglez ou faufilez soigneusement à petits points.*
5. *Piquez point par point. Tout dérapage altérerait la forme.*
6. *Crantez toujours soit dans les angles jusqu'au point de piqûre, soit encore dans les arrondis de couture en fonction de l'encolure.*
7. *Repassez en pressant sans déformer.*

FINITION DES DECOLLETES

Boutonnés devant ou zippés, dos ou sur l'épaule. Dans ce cas, le biais ou propreté sera posé impérativement en commençant par l'ouverture, soit côté dos, soit devant, soit sur l'épaule, mais **toujours sur la partie supportant les boutons ou la fermeture à glissière.**

1. **A l'aide d'un biais,** soit réalisé dans le même tissu (voir les biais page 179) soit à l'aide d'un biais plat acheté dans le commerce.

— Bâtissez la bande de biais endroit contre endroit tout autour du décolleté. Piquez, crantez dans l'arrondi.

— Rabattez sur l'envers. Passez un fil de bâti tout autour de l'encolure pour bien maintenir la couture en place.

— Maintenez sur l'envers à points glissés invisibles, en détendant légèrement au fur et à mesure et en faisant parfaitement coïncider les deux extrémités, elles aussi cousues en biseau.

2. **A l'aide d'une propreté ou parmenture**
D'une manière générale les encolures ras du cou quelle que soit leur forme, ronde, carrée ou trapèze, sont doublées d'un en-forme de la forme du décolleté. Cette doublure porte le nom de propreté. La propreté est taillée dans le même tissu (s'il est léger) que celui du vêtement. Sinon dans une doublure légère, du pongé par exemple. La doublure d'encolure sera taillée sur le patron de l'encolure et aura 4 cm environ de largeur. Après avoir assemblé les différents morceaux de la propreté, cette dernière est piquée endroit contre endroit autour du décolleté puis rabattue et maintenue sur l'envers. Crantez si le tissu est épais. Il est conseillé de bâtir la crête d'encolure en faisant rouler vers l'intérieur la couture sur le doigt, avant de maintenir la parmenture sur l'envers à points invisibles et sur les coutures d'épaules.

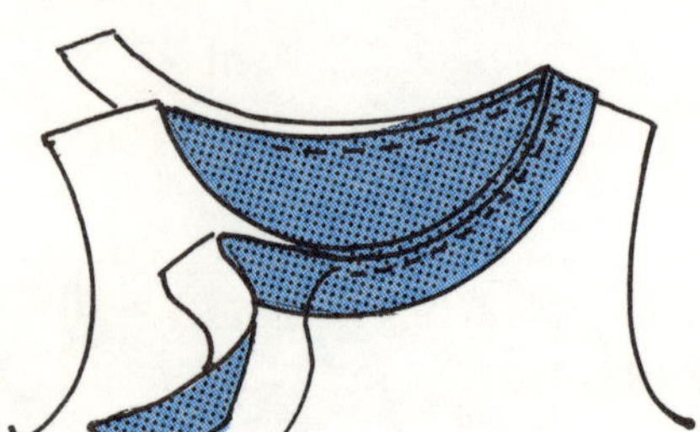

à l'aide d'un biais

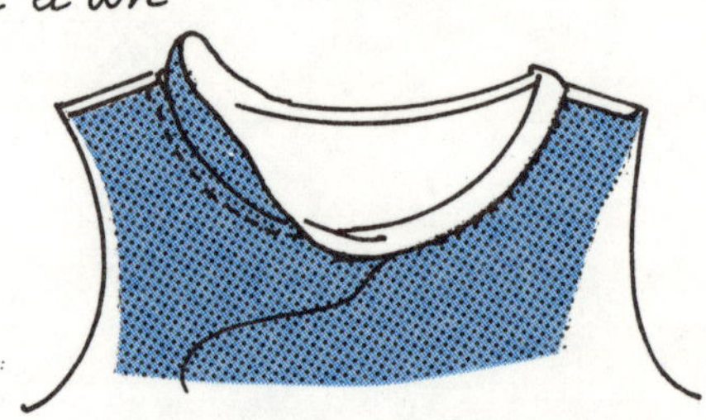

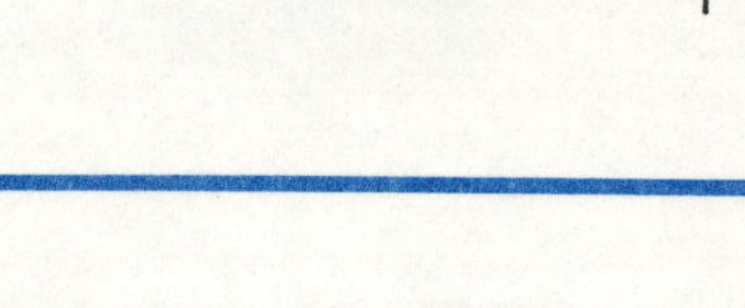

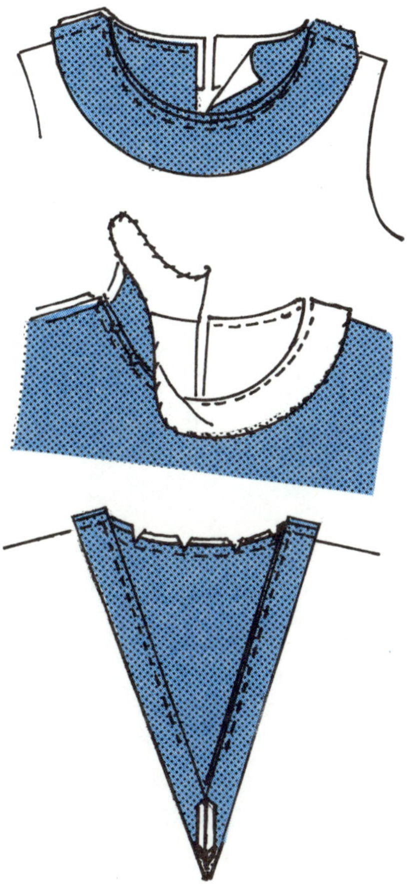

à l'aide d'une propreté

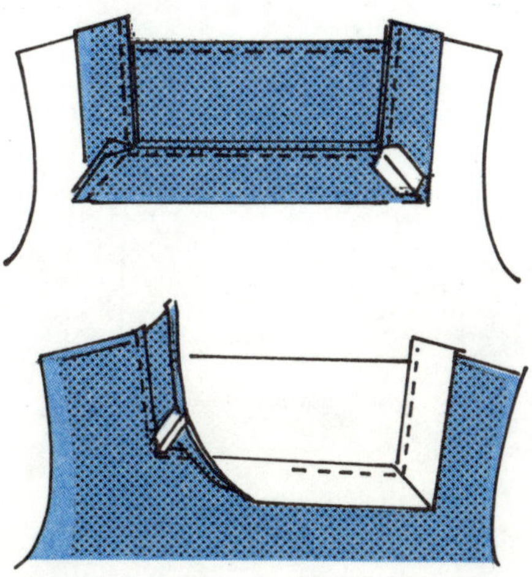

FINITION DES DIFFÉRENTES ENCOLURES EN COUTURE RAPIDE ET DÉCORATIVE

a) A l'aide d'un biais ou d'une tresse à cheval visible sur l'endroit comme sur l'envers, souvent d'un ton opposé à celui du vêtement.

Dans ce cas la pliure du biais qui va se poser sur l'arrondi sera légèrement inférieure à ce dernier, il faut donc le détendre légèrement vers l'extérieur.

b) A l'aide d'un biais pré-plié et étroit, vendu dans le commerce.

Epinglez le biais tout autour de l'encolure, à cheval sur cette dernière. Maintenez par une piqûre. Bien jointoyer les deux extrémités à coudre à points glissés invisibles.

à l'aide d'une tresse

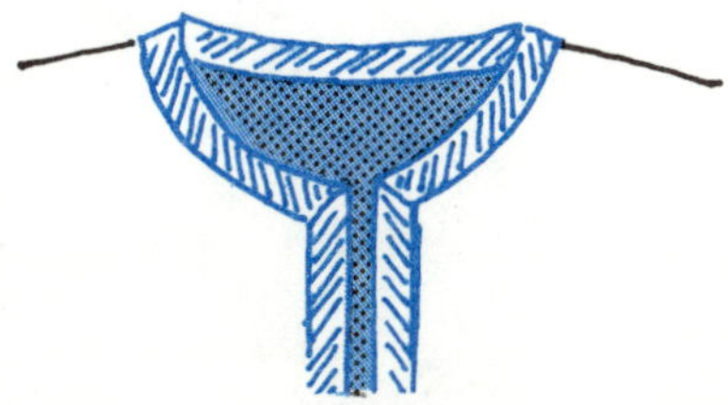

LES DÉCOLLETÉS A ANGLES, TRAPÈZES, CARRÉS, EN POINTE

Mêmes possibilités que citées plus haut, mais attention aux angles.

1. Finition en angle intérieur

— Prenez la bande de biais. Bâtissez ou épinglez-la en partant de la couture d'épaule, endroit contre endroit du vêtement. Arrêtez-vous jusque dans l'angle. Repliez le biais en angle droit en formant un pli ou onglet. Maintenez-le droit et continuez à bâtir sur l'autre côté du décolleté.

— Le biais étant bâti. Piquez en tournant nettement dans l'angle. Crantez légèrement dans chacun des angles. Attention à ne pas couper les fils de piqûre ! Rejoignez les deux extrémités du biais par une piqûre. Ouvrez la couture au fer.

— Retournez sur l'envers. Bâtissez sur la crête de la couture en faisant rouler sur le doigt la couture vers l'intérieur.

— Bâtissez ou marquez à l'aide de votre ongle un petit rentré tout autour. Bâtissez le premier côté. Formez soigneusement votre angle. Continuez sur les autres côtés.

— Maintenez à points glissés invisibles sur l'envers ou par une piqûre.

finition à angles intérieurs

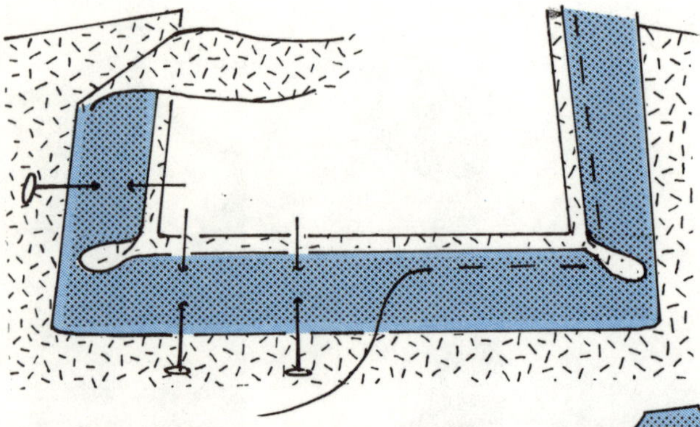

endroit contre endroit

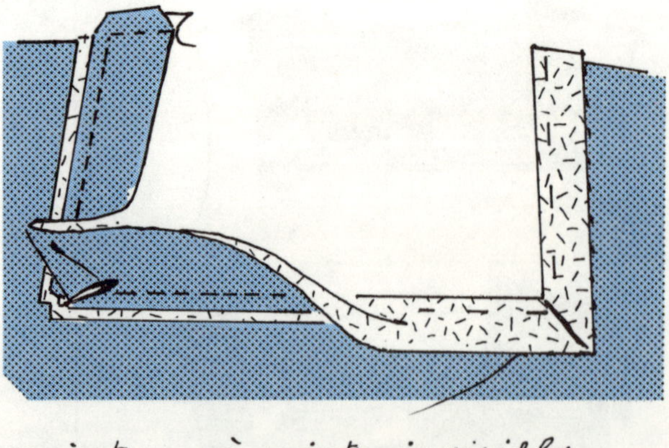

maintenez à points invisibles

2. Finition en angle extérieur.

Ici le biais est posé, endroit contre envers et rabattu sur l'endroit en décoration très apparente.

3. En angle intérieur à l'aide d'un biais à cheval pré-plié.
Epinglez le biais à cheval en faisant un angle très net. Sur l'envers faites un petit pli reprenant l'ampleur. Dégarnissez l'angle après l'avoir piqué. Terminez de piquer l'autre côté.

Finition pour un décolleté ras du cou :

Boutonné devant, dos ou sur l'épaule. Dans ce cas, le biais sera posé impérativement en commençant par l'ouverture, soit côté dos, soit devant, soit sur l'épaule, **mais toujours sur la partie supportant les boutons.**

Décolleté carré

Le décolleté carré doit obligatoirement être bordé par quatre bandes droit fil de 3 à 4 cm de largeur. Chacune des bandes sera épinglée ou bâtie endroit contre endroit. Les angles bien épinglés seront cousus en oblique au point de piqûre. Repassez. Piquez les quatre bandes tout autour du décolleté. Bâtissez le bord du décolleté en rabattant la propreté sur l'envers. Fixez-la à points glissés invisibles.

Décolleté arrondi *(voir couverture)*

La bande de propreté doit être dans ce cas précis coupée en forme. C'est-à-dire de la forme exacte du décolleté. La propreté est composée de deux morceaux devant et dos de 3 à 4 cm de largeur assemblés par une piqûre. Epinglez la bande en "forme" ainsi obtenue endroit contre endroit autour du décolleté. Piquez le bord de l'encolure. Rabattez sur l'envers et maintenez à points invisibles. Si fermeture milieu dos, vous aurez besoin de trois morceaux de propreté.

biais ou propreté apparent

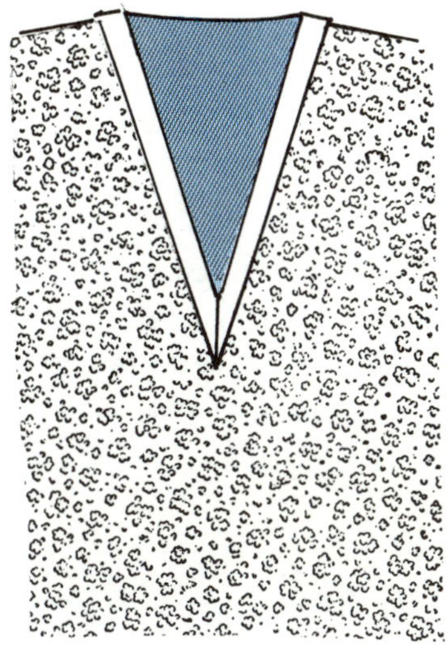

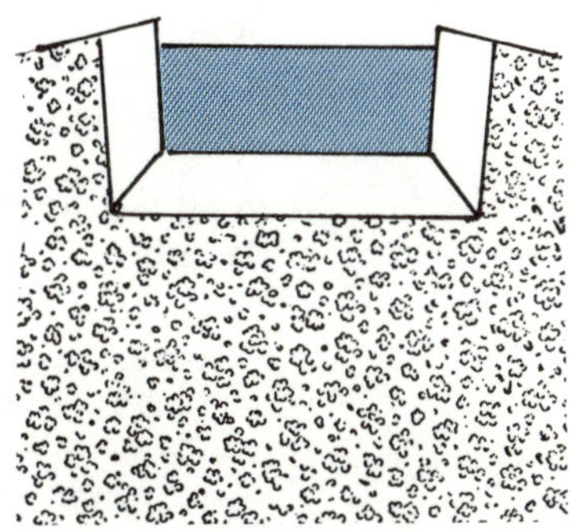

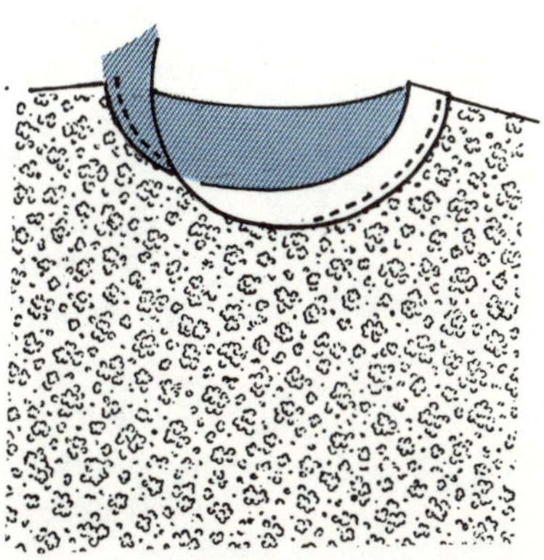

Les cols

Les cols comme les décolletés soulignent la personnalité de chacune. Choisissez la ligne de vos vêtements en fonction de votre morphologie. Si vous êtes un peu « enrobée » et avez le cou plutôt large et court, fuyez les cols officiers, mao, roulés et les cols cravates qui engoncent, tassent la silhouette.

Comme pour les décolletés il existe de nombreuses formes de cols, certains peuvent être amovibles, le plus classique, le plus utilisé étant le col chemisier.

Voici les différentes dénominations de cols :

— Col Claudine rond et en forme, maintenu par un nœud noué, peut être net, glacé ou souple, souligné de croquet ou de dentelles.

— Col marin terminé en pointe devant, en rectangle sur les omoplates.

— Col châle aux revers longs.

— Col officier droit, extrémités arrondies ou non.

— Col cravate dont les pans viennent se nouer devant.

— Col mao, droit à boutonnage asymétrique.

— Col roulé

— Col chemisier avec ou sans pied de col cranté ou non.

— Col tailleur à revers tailleur ou à revers pointes.

Les cols

Les cols sans pied de col, c'est-à-dire posés directement sur le vêtement, comme le col Claudine et certains cols chemisiers sont des cols plats.

Le col Claudine peut se poser autour de l'encolure d'un vêtement se boutonnant devant, il est taillé d'un seul morceau (1). Si le vêtement se boutonne dans le dos, il sera taillé en deux parties (2).

Un col, quelle que soit sa forme, est fait généralement de trois morceaux de tissu, celui de dessus, de dessous et entre les deux une "triplure" ou doublure en coton, en toile thermocollante ou encore en non-tissé thermocollant donnant de la tenue.

Le col chemisier sans pied de col, le col officier et le col Claudine et leur triplure seront toujours taillés **droit fil milieu du dos.**

> **NOTRE CONSEIL**
>
> *Tailler les trois morceaux de l'un ou l'autre des cols dans trois rectangles de façon à pouvoir respecter le droit fil du milieu dos. Cette manière de procéder permet de parfaitement équilibrer les extrémités du col. Prévoir toujours 1 cm tout autour pour les coutures au moment de la coupe.*

LE COL CHEMISIER SANS PIED DE COL

Préparation

— Taillez les trois morceaux du col.
— Thermocollez l'envers du dessous de col.
— Epinglez, endroit contre endroit, le dessus et le dessous de col ainsi préparés.
— Piquez à 1 cm du bord sur trois côtés en laissant libre la ligne d'encolure, le pied de biche articulé de votre machine enjambera les épingles.
— Dégarnissez les coutures en retirant le tissu superflu. Crantez les angles.
— Retournez le col sur l'endroit. Ressortez les pointes à l'aide d'une aiguille passée dans la couture et tirez doucement vers l'endroit. Repassez sur le dessous de col.
— Pour bien maintenir la couture, passez un fil de bâti tout autour, sauf dans les parties non assemblées.

> **NOTRE CONSEIL**
>
> *Il est préférable de commencer la piqûre d'assemblage des morceaux de col du milieu droit fil d'abord de droite à gauche puis de gauche à droite.*

Montage rapide d'un col chemisier au vêtement

La partie libre du dessous de col est épinglée endroit contre endroit autour de la ligne d'encolure du vêtement. Eventuellement bâtissez. Piquez.
— Crantez légèrement dans l'arrondi.
— Rabattez le dessus de col vers l'intérieur du vêtement. Marquez à l'ongle un petit rentré.
— Maintenez le dessus de col ainsi préparé sur la piqûre de montage à points glissés.

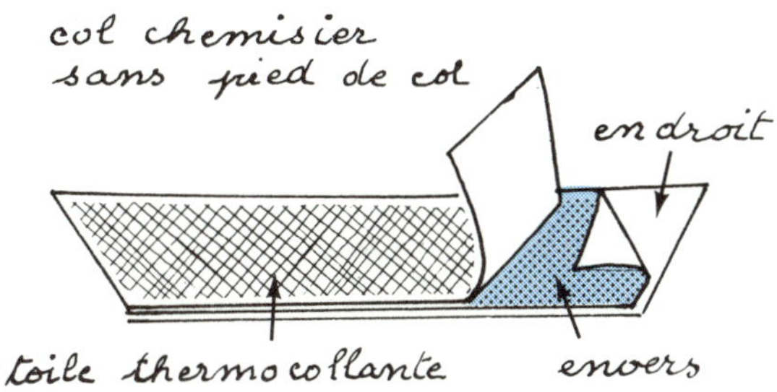

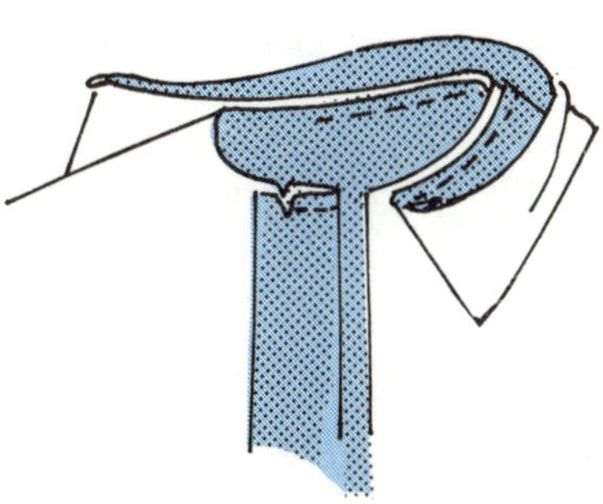

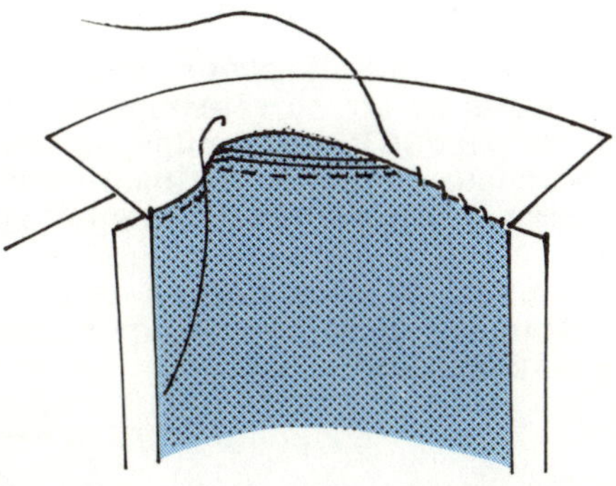

LE COL CHEMISIER AVEC PIED DE COL

Préparation

Le col se taille et se prépare comme le précédent.

Le pied de col se compose aussi de deux morceaux de tissu entre lesquels doit se glisser la triplure ou la toile thermocollante. Il se taille et se prépare comme le col, mais le dessus et le dessous thermocollés ne sont pas assemblés par une piqûre.

Le montage du pied de col au col lui-même se fait en sandwich, le col étant pris entre les deux morceaux du pied de col.

— Piquez endroit contre endroit le morceau pied de col intérieur et extérieur en intercalant entre eux le col sur son endroit. Crantez la couture. Repassez la couture.

— Retournez le pied de col sur l'endroit.

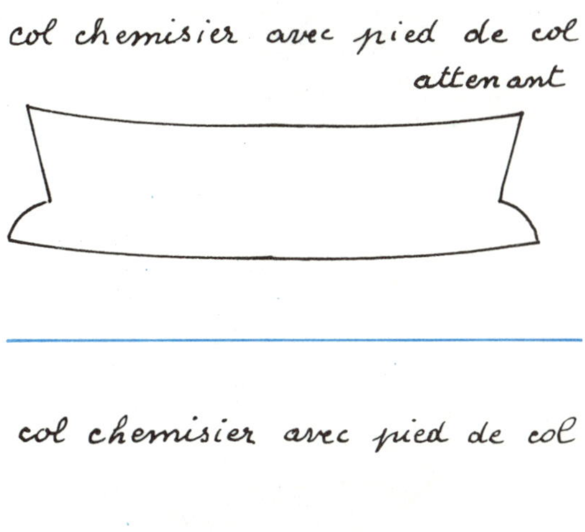

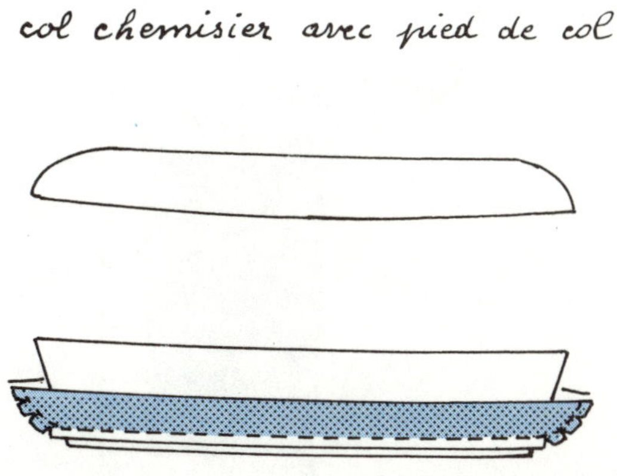

Montage du col à l'encolure du vêtement.

— Epinglez, endroit contre endroit, le dessous de pied de col (celui qui est thermocollé) au vêtement. Bâtissez. Piquez. Crantez légèrement.
— Rabattez ensuite le dessus de pied de col sur l'envers du vêtement.
— Préparez un petit rentré et maintenez à points glissés sur la couture de montage ou par une piqûre.

NOTRE CONSEIL

Attention dans l'assemblage pied de col et col à l'encolure, faites bien coïncider les arrondis du pied de col contre les bords de l'ouverture du vêtement.

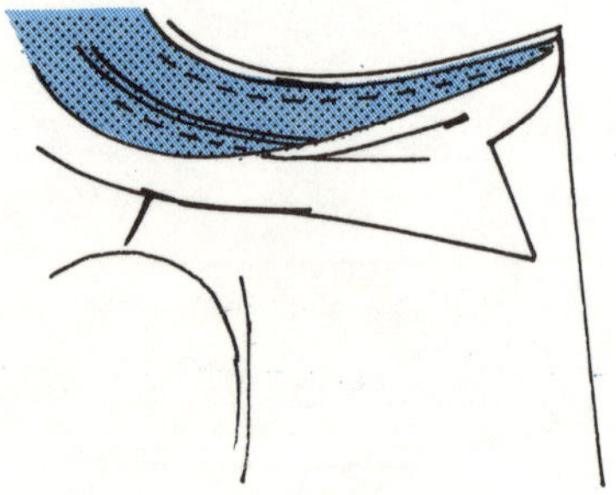

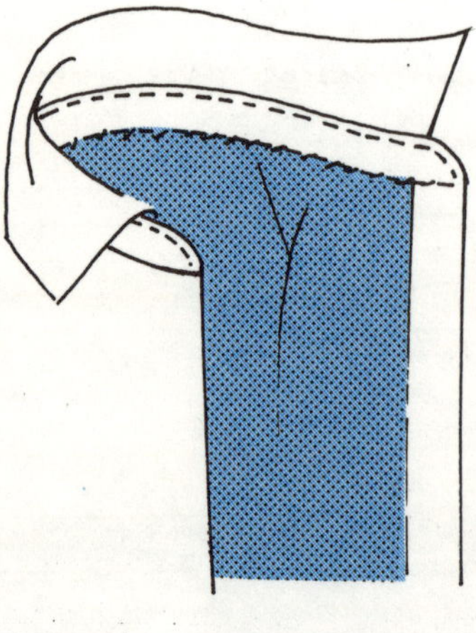

LE COL CLAUDINE

Nous vous donnons l'explication du col Claudine en deux parties plus subtile que celle du col en une seule partie.

Préparation

— Coupez les deux moitiés de col en double en laissant 1 cm tout autour pour les coutures. Sur le même patron taillez deux morceaux de triplure ou toile thermocollante.
— Entoilez l'envers des deux dessous de col.
— Superposez endroit contre endroit chacun des morceaux de col. Epinglez ou bâtissez. Piquez tout autour sauf le long de l'encolure. La piqûre verticale doit s'arrêter de chaque côté à 1 cm de la ligne d'encolure afin de faciliter le montage du col au vêtement.
— Crantez dans les arrondis. Retournez sur l'endroit.
— Maintenez le bord du col par un bâti tout autour en faisant rouler la couture sous le doigt vers le dessous de col. Repassez.

Montage du col à l'encolure du vêtement.

— Epinglez endroit contre endroit le dessous de col au vêtement en veillant bien que les extrémités des deux morceaux de col soient bien bord à bord sur la ligne milieu devant et dos du vêtement. Bâtissez. Piquez.
— Rabattez les deux dessus de col et maintenez sur la piqûre de montage à points glissés.

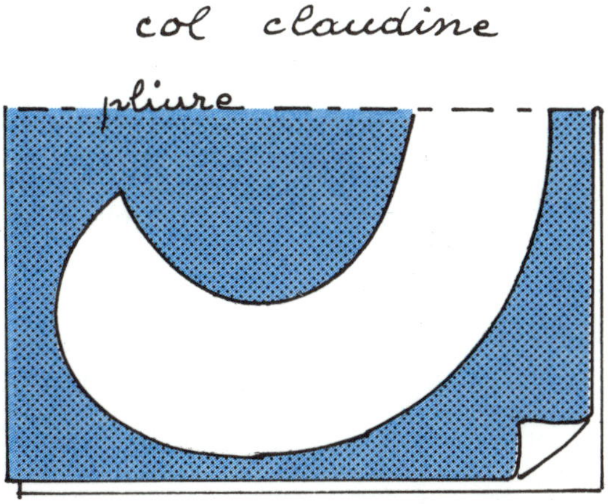

NOTRE CONSEIL

— *Vous pouvez également faire votre montage avec un biais d'encolure.*
— *Lorsque vous présentez votre col préparé à l'encolure vous épinglez dessus et dessous de col tout autour de cette dernière sur l'endroit du vêtement.*
— *Bâtissez ensuite la bande endroit du biais sur le dessus de col c'est-à-dire sur son endroit. Piquez. Rabattez le biais sur l'envers du vêtement.*
— *Faites un petit rentré tout autour du biais et maintenez-le sur l'envers du vêtement à points glissés.*

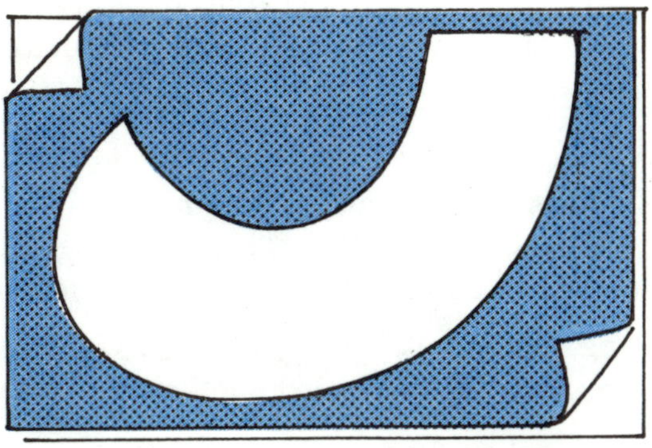

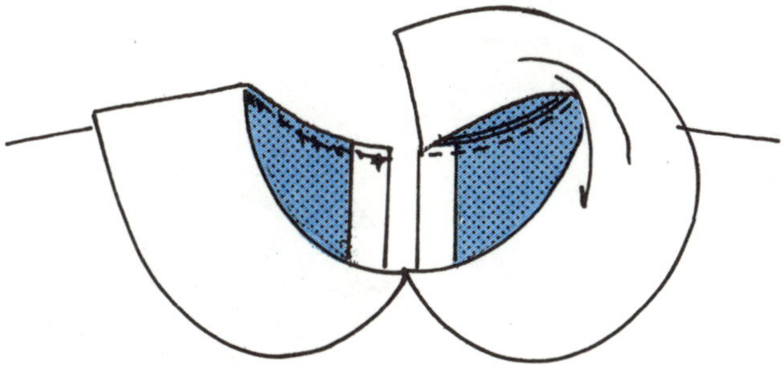

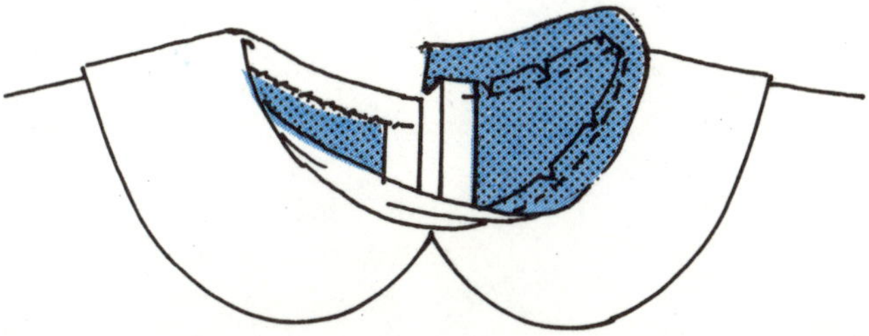

Les cols

LE COL OFFICIER

Le col officier est un petit col qui se tient verticalement et dont les extrémités sont quelquefois arrondies. Il agrémente robes, tuniques dites à la chinoise et même certains corsages.

Préparation

Le col officier est taillé droit fil milieu dos. Sa hauteur varie entre 3 et 4 cm maximum. Il est toujours entoilé, ce qui lui donne du maintien.

— Taillez dessus, dessous, et triplure.
— Bâtissez, thermocollez la triplure sur l'envers du dessous de col.
— Assemblez endroit contre endroit, les deux morceaux de col. Piquez tout autour sauf sur la ligne d'encolure. Les piqûres verticales s'arrêteront à 1 cm du bord de cette ligne.
— Retournez le col sur l'endroit.

Montage du col à l'encolure du vêtement.

— Epinglez ou bâtissez le **dessus** de col endroit contre endroit à l'encolure. Les extrémités du col venant se poser contre les bords de l'ouverture du vêtement. Piquez. Crantez. Repassez la couture vers l'intérieur.
— Relevez le col. Rabattez le dessous de col sur l'envers. Maintenez à points glissés sur la couture de montage.

LE COL ROULÉ

Le col roulé est un col qui se rabat sur lui-même. Il se ferme dans le dos ou sur l'épaule gauche. C'est un col qui peut soit être roulé, droit dans un tissu en biais chaîne et trame, soit roulé souple s'il est taillé dans du jersey.

Préparation

Taillez une bande de tissu en biais de 20 cm de hauteur de col sur une longueur légèrement supérieure à celle de l'encolure. D'une manière générale la hauteur de la bande est égale à quatre fois la hauteur de col désirée.

— Pliez la bande en deux dans le sens de la hauteur, endroit contre endroit. Maintenez par une piqûre les deux côtés.
— Retournez le col sur l'endroit.

Montage du col au vêtement.

— Bâtissez et piquez endroit contre endroit l'une des parties libres du col à l'encolure.
— Relevez le col. Rabattez le dessus du col sur l'envers du vêtement. Après avoir fait un petit rentré, maintenez le col sur la couture de montage.
— Repliez dans le sens de la hauteur le col sur lui-même et en deux sur l'endroit.

col officier

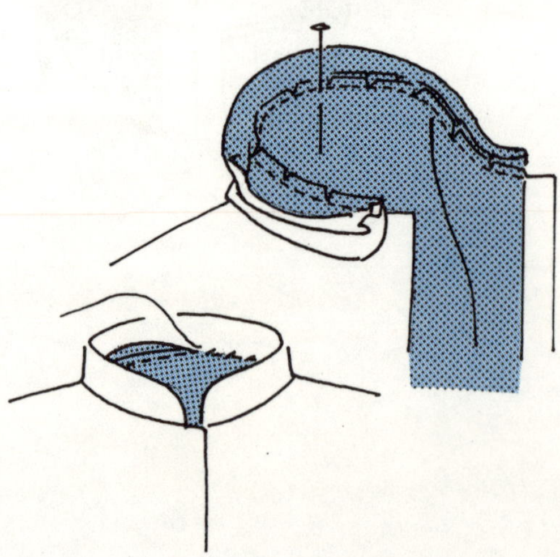

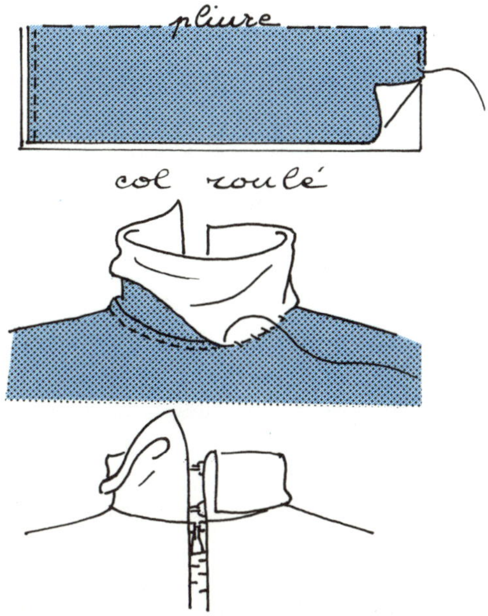

LE COL CRAVATE *(voir couverture)*

Utilisé pour chemisiers, blouses ou robes habillées. Il est composé d'une bande de 6 cm de largeur qui se termine par deux pans libres venant se nouer devant. Sa longueur est égale au tour d'encolure plus celle de la valeur des deux pans.

— Après avoir porté la longueur d'encolure sur la bande de A' à B' :
— Pliez la bande endroit contre endroit sur toute la longueur. Piquez à chaque extrémité de A à A' d'un côté et de B à B' de l'autre, c'est-à-dire la partie qui correspond aux pans.
— La partie restant ouverte est celle du col proprement dit à monter au vêtement comme les cols précédents.

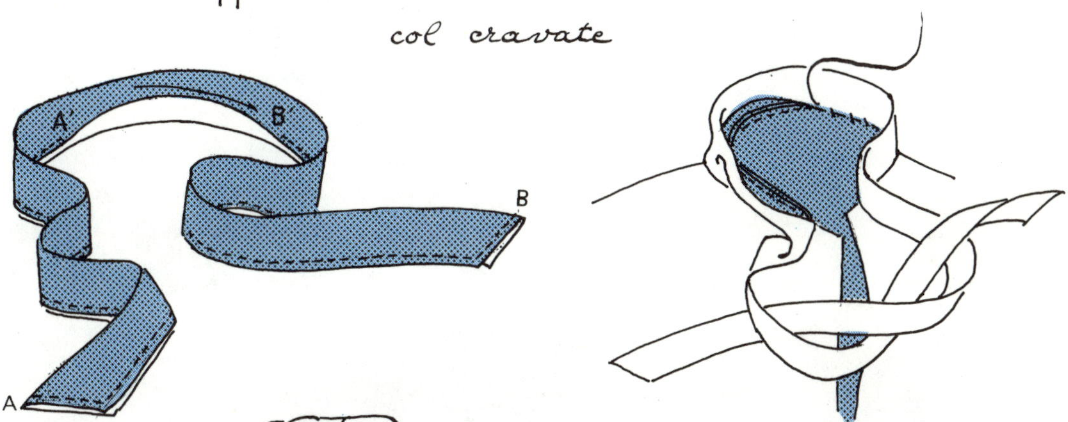

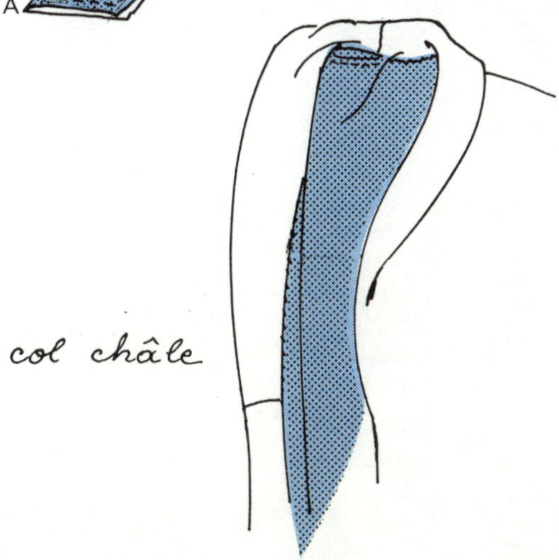

LE COL CHALE

Ce col s'appelle aussi "col parmenture" lorsqu'il est formé par le prolongement de la parmenture qui se replie comme un revers très allongé. Le dessous de col, dans ce cas-là, est un morceau de col s'adaptant à l'encolure et dont les extrémités coïncident aux extrémités du revers du vêtement.
Le dessus du col fait corps avec la parmenture.

(col châle suite)

Préparation et montage

— Bâtissez et piquez le dessous de col (sur lequel vous avez posé votre triplure ou entoilage thermocollant) endroit contre endroit à la ligne d'encolure du vêtement.

— Dégarnissez la couture. Crantez dans l'arrondi. Ouvrez-la au fer.

— Préparez le col parmenture qui peut suivant le patron avoir une couture au milieu du dos. Assemblez donc éventuellement par une piqûre. Repassez les coutures ouvertes.

— Epinglez le dessus du col parmenture endroit contre endroit du vêtement et du dessous de col. Faites bien correspondre les repères milieu dos du dessus et dessous de col. Piquez. Dégarnissez les coutures. Crantez.

— Retournez le col sur l'endroit.

— Bâtissez tout le long du bord pour bien maintenir la piqûre. Repassez.

— Repliez le revers col tel qu'il devra se placer autour du cou. Maintenez les bords de la pliure par un fil de bâti.

— Rabattez sur l'envers du vêtement le dessus du col avec un petit rentré sur cette même ligne d'encolure, ou à plat si le tissu est épais. Maintenez sur la couture de montage de dessous de col à points glissés.

— Maintenez les bords vifs de la parmenture sur l'envers du vêtement à points glissés.

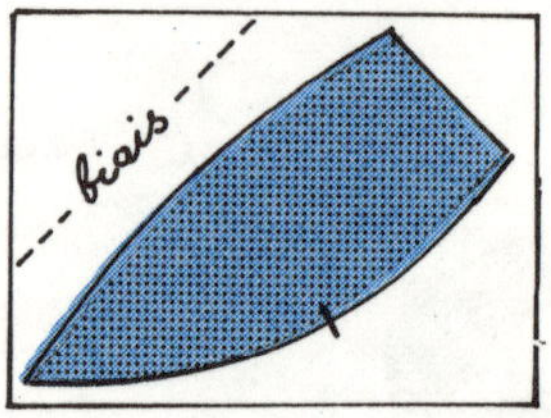

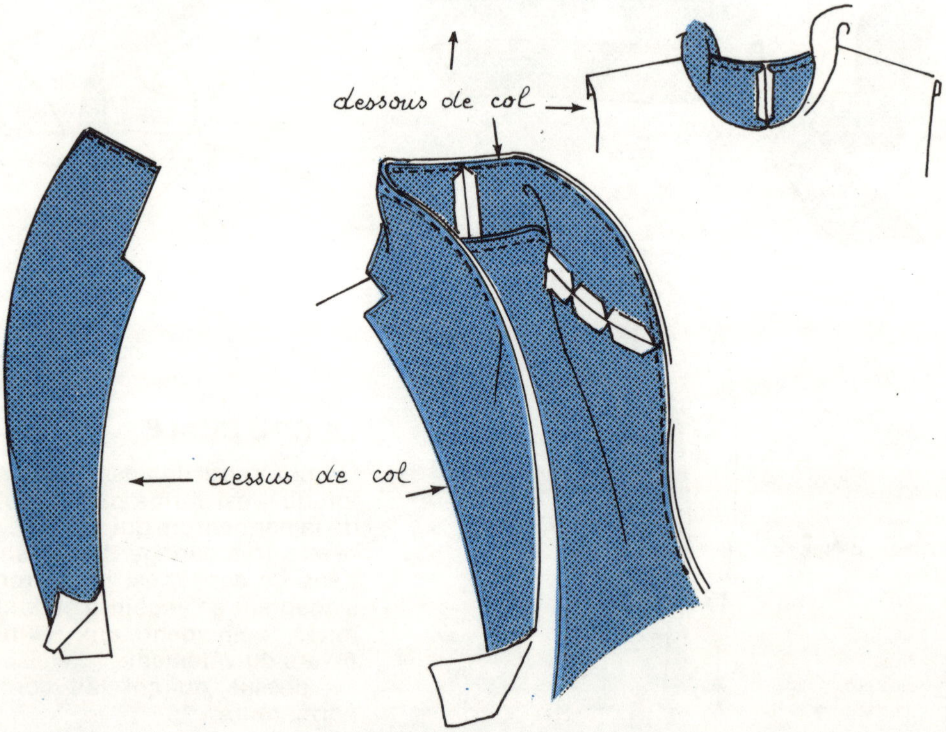

LE COL CAPUCHE

Ce genre de col accompagne certaines sorties de bains, vêtements de sport, anoraks, certaines marinières de plage :

1. **Capuche pour sorties de bains** en jersey ou éponge stretch marinières de plage. Elle est composée d'un grand rectangle.

Montage rapide

— Fermez par une couture le rectangle de A à B. Surfilez les bords vifs au point zigzag (voir chapitre machine à coudre).
— Epinglez la capuche endroit contre endroit, le point C au milieu du dos du vêtement, les extrémités venant se poser sur les bords des ouvertures du devant.
— Piquez, surfilez.
— Dégagez la pointe de la capuche.
— Rabattez de l'endroit sur l'envers un rentré de la valeur de la parmenture du vêtement. Maintenez à points invisibles.

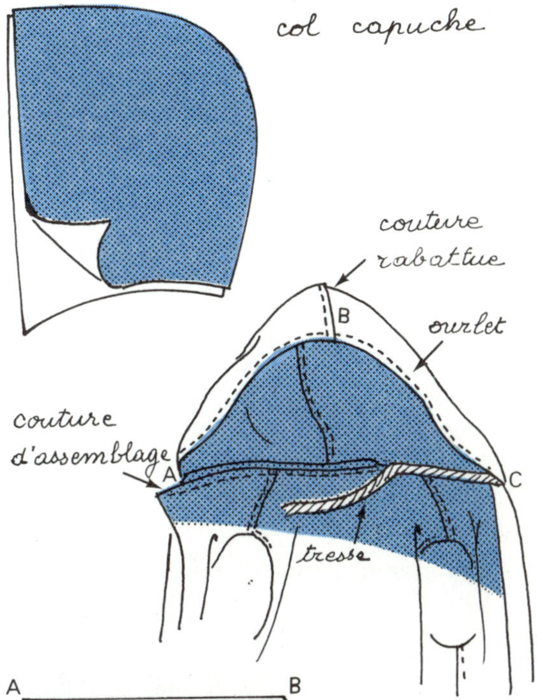

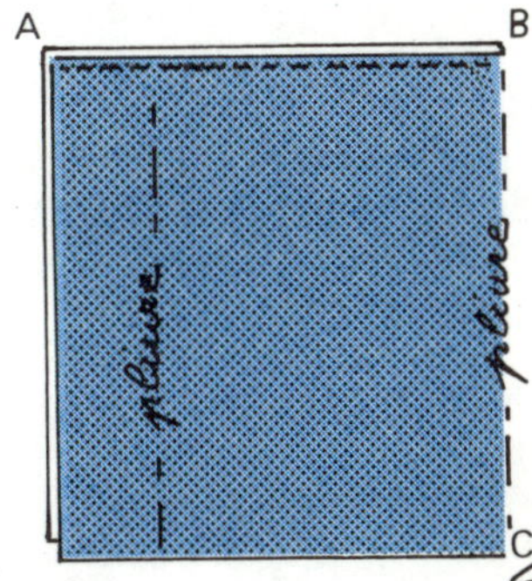

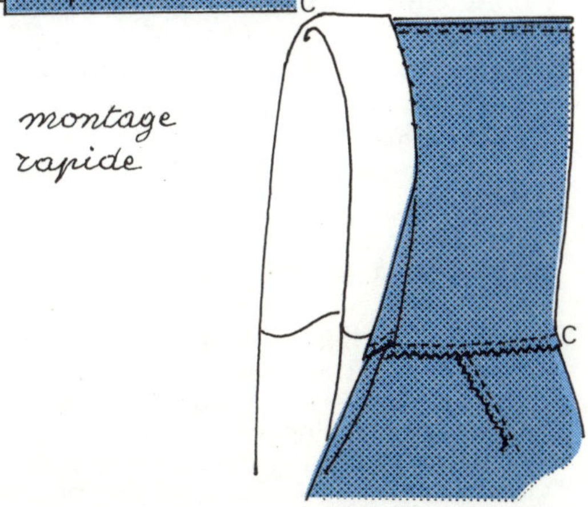

2. **Capuche pour anorak,** duffle-coat. Composée de deux morceaux.
— Assemblez les deux morceaux par une piqûre rabattue (voir page 42).
— Piquez un ourlet rentré de A à C en passant par B.
— Présentez la capuche au vêtement, la couture d'assemblage placée sur le milieu dos du vêtement.
— Epinglez puis maintenez tout autour de l'encolure par une piqûre. Rabattez la parmenture sur la piqûre de montage.
— Dissimulez cette dernière par une tresse de la même couleur que vous poserez à cheval sur la couture de montage. Piquez ou cousez à points glissés la tresse sur chacun de ces bords.

Les cols

LE COL TAILLEUR *(voir couverture)*

Ce col tailleur « à revers tailleur » est composé d'un col et d'un revers soit coupé d'un seul tenant avec le devant du vêtement, soit rapporté par une parmenture.

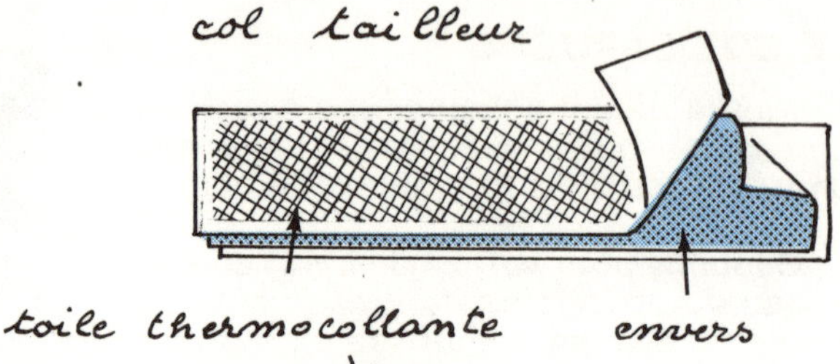

Préparation

— Coupez les morceaux du col proprement dit.

— Posez la triplure ou la toile thermocollante jersey sur l'envers du dessous de col.

— Thermocollez la parmenture ou le revers à même.

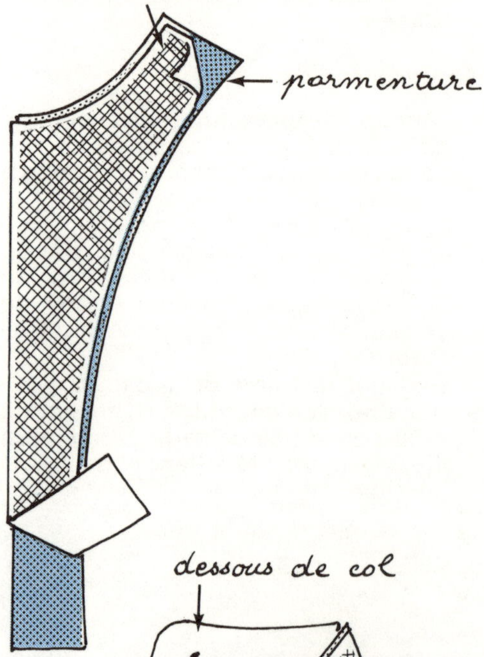

Montage du col tailleur sur le vêtement

— Epinglez et piquez l'endroit du dessous de col contre l'endroit du vêtement. Faites coïncider le milieu col et vêtement. Les extrémités du col s'arrêtent exactement sur les lignes milieu du devant. Dégarnissez la couture et les angles. Crantez. Repassez.

— Bâtissez et piquez endroit contre endroit dessus de col et parmenture. Ouvrez la couture au fer.

— Bâtissez et piquez endroit contre endroit parmenture et col ainsi assemblés au vêtement et au dessous de col. Les milieux dos et les extrémités des dessus et dessous doivent bien correspondre. Crantez les angles.

— Rabattez sur l'envers col et parmenture.

— Faites une piqûre en garniture tout autour à un demi-pied de biche des bords.

— Maintenez les bords libres de parmenture à points coulés sur le vêtement.

— Après avoir fait un petit rentré sur le bord libre du dessus de col, maintenez ce dernier sur la piqûre de montage à la ligne d'encolure, et le haut de la parmenture sur la couture d'épaule, à points glissés. Cela est valable pour les vêtements ou blazers non doublés.

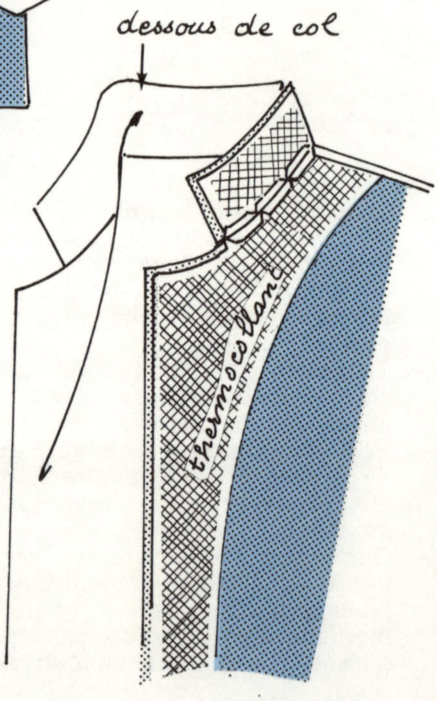

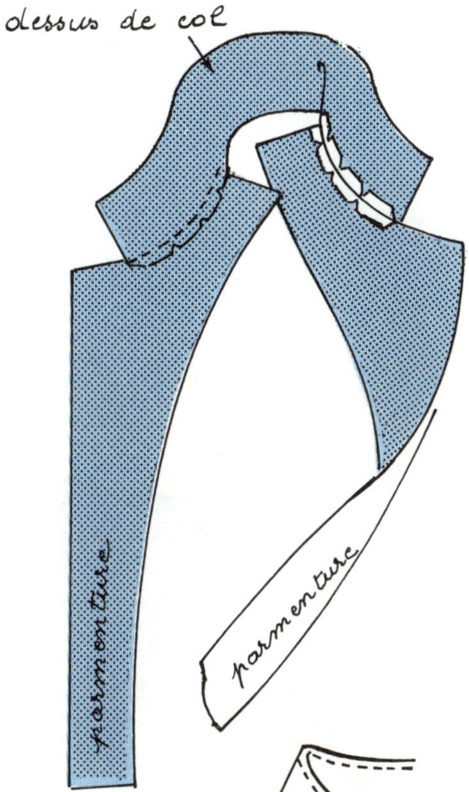

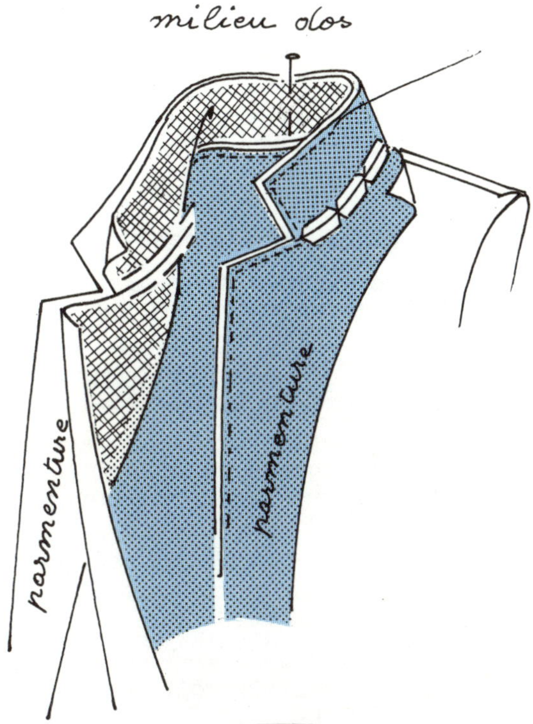

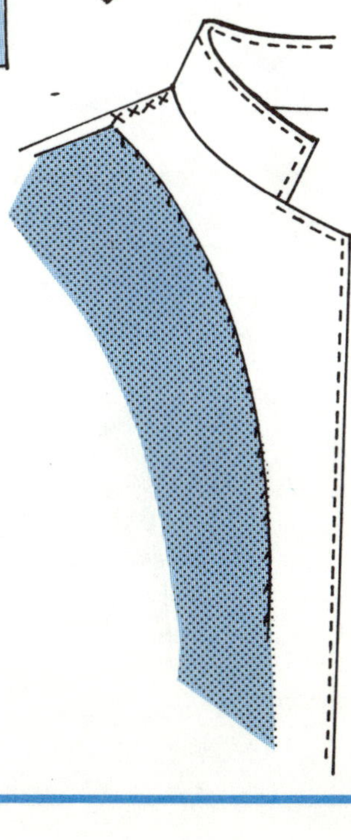

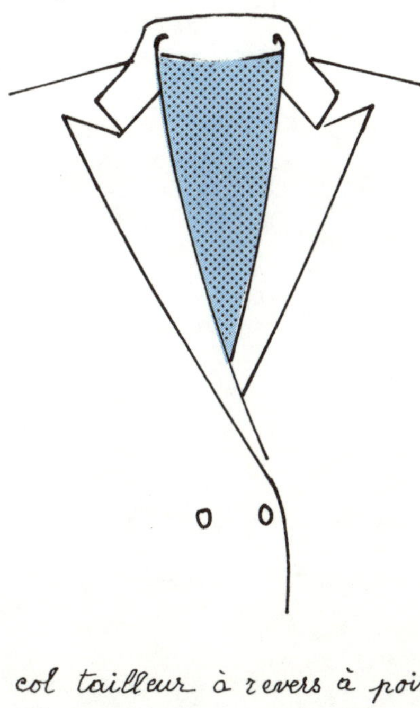

col tailleur à revers à pointes

LE COL MARIN

Le col marin se pose sur les vêtements d'enfants, mais aussi sur ceux des adultes, marinières d'hommes ou de femmes, réalisées en ratine, toile de coton ou éponge. Dans ce cas-là ce sont des vêtements de bords de mer.
Le patron se compose d'un dessus et d'un dessous de col.

Montage du col au vêtement

— Assemblez dessous et dessus de col endroit contre endroit. Piquez et crantez les angles droits.

— Retournez sur l'endroit. Dégagez et faites bien ressortir les pointes.

— Posez le milieu dos du col sur le milieu dos de la marinière, l'endroit du col contre l'envers de la marinière. Piquez.

— Sur l'endroit de la marinière, maintenez l'autre partie du col sur la ligne d'encolure à points glissés.

Certains cols marins sont soulignés d'un galon appliqué en piqûre tout autour.

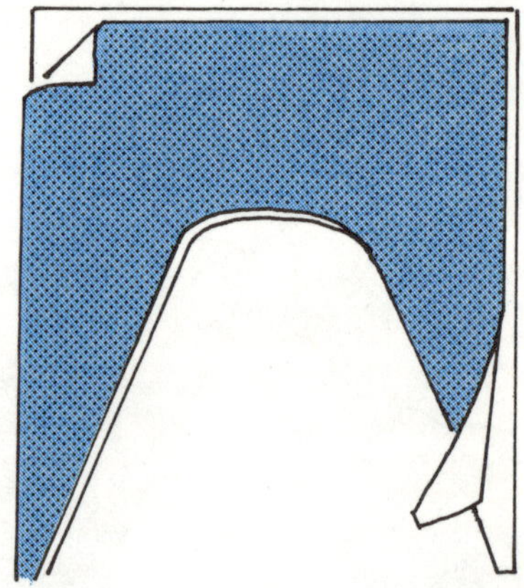

assemblez les 2 morceaux du col

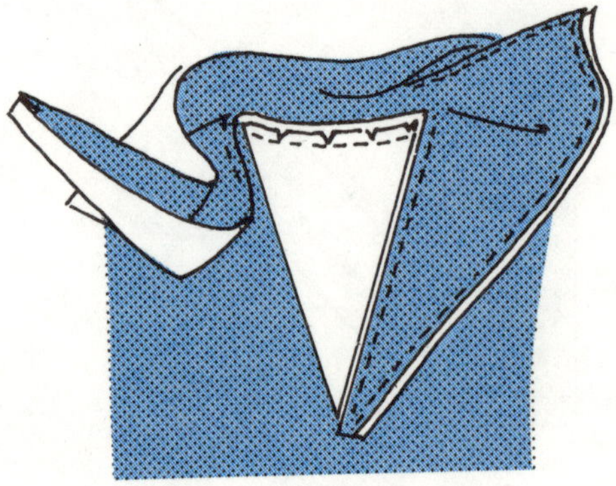

assemblez le col au vêtement

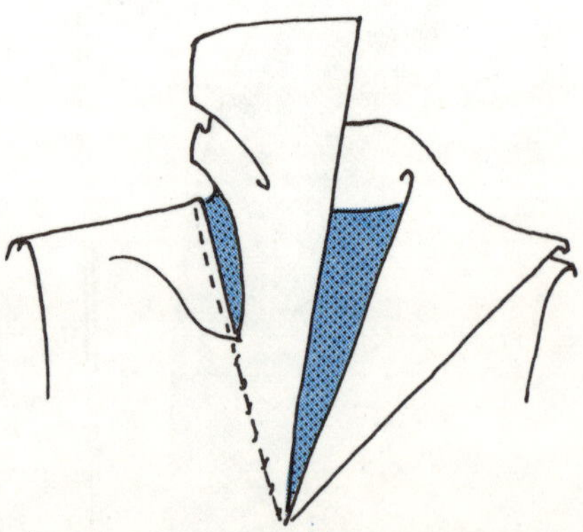

finition

LA MARINIERE DE PECHEUR UNISEXE POUR ENFANT DE 10-12 ANS

Métrage : 1 m 20 de drap marin ou de ratine double face en 140 de largeur. Une fermeture à glissière de 35 cm ouvrable terminée par un gros anneau.

Préparation du travail

Pliez votre tissu en deux, lisière contre lisière. Epinglez tout du long. Reportez les mesures du plan de coupe sur le tissu. Tracez à la craie tailleur les contours du patron. Coupez à 2 cm pour les coutures de côté. Réservez quelques centimètres pour l'ourlet.

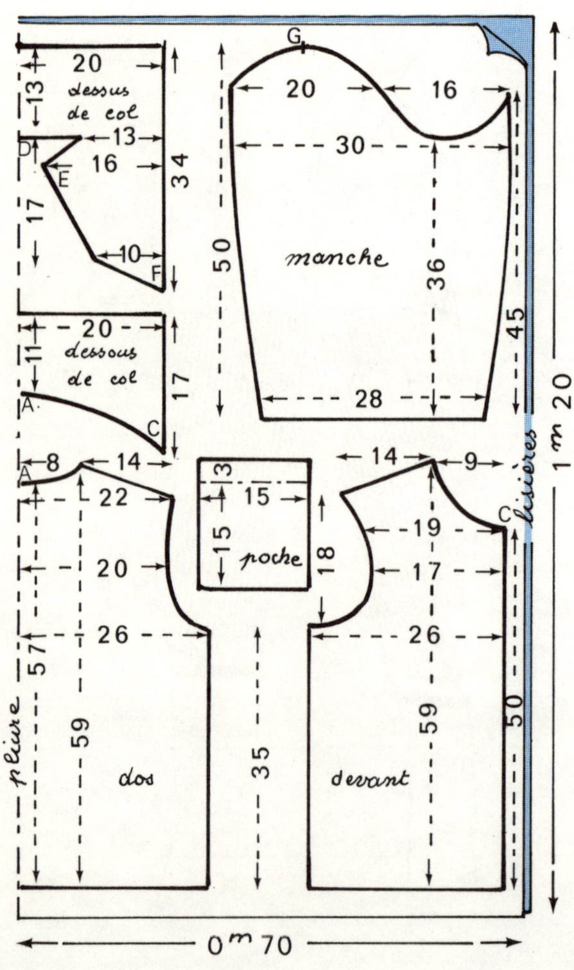

Réalisation

1. **Préparez vos poches** (voir page 168).

   Epinglez chacune d'elles sur les devants de la marinière aux endroits indiqués sur le plan.

2. **Assemblage**

   Piquez les coutures d'épaules. Puis celles de côté en réservant 7 cm pour les fentes.
   Ouvrez les coutures au fer tiède sans trop appuyer pour ne pas marquer le tissu.

3. **Préparez votre col**

— Epinglez le milieu du **dessous** de col sur le milieu dos de la marinière A en A' - B sur B' - C sur C' - endroit contre endroit. Piquez.

— Le **dessus** de col, parmenture attenante, viendra se poser endroit contre endroit sur le **dessous du col.** Piquez. Rabattez sur l'envers du vêtement. Le point D milieu du col se posera sur le point A milieu dos de la marinière. Maintenez à points invisibles sur la ligne d'encolure. Piquez la parmenture de E à F, à droite et à gauche du col.

4. **Préparez vos manches**

— Fermez par une piqûre la couture de chacune des manches. Arrêtez la piqûre à 7 cm du bas.

— Présentez les manches à la veste endroit contre endroit le point G milieu de la tête de manche sur la couture d'épaule. Piquez. Ouvrez la couture au fer.

— Faites un rempli ou ourlet de 2 cm tout autour du bas des manches et du bas de la marinière et des fentes de côté. Maintenez par une surpiqûre en garniture.

— Posez la fermeture à glissière (voir page 93 machine à coudre). Maintenez par une surpiqûre. Surpiquez le col.

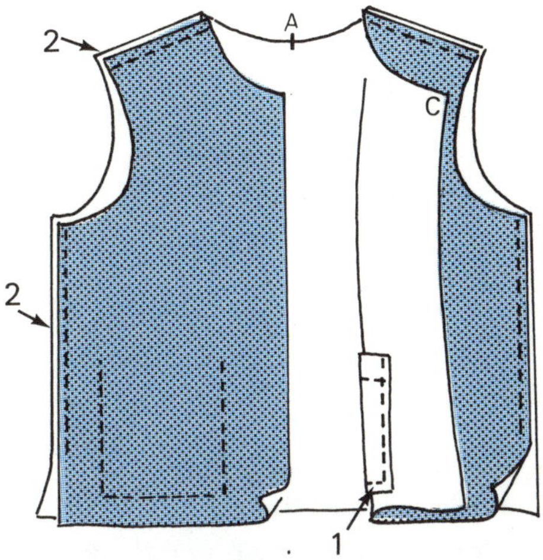
2
A
C
2
1

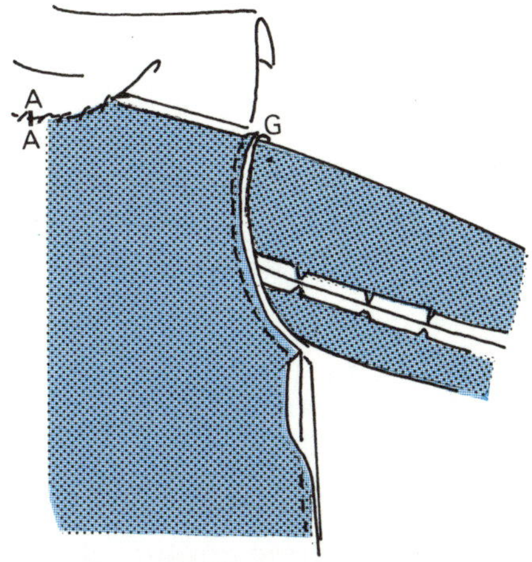
A
A
G

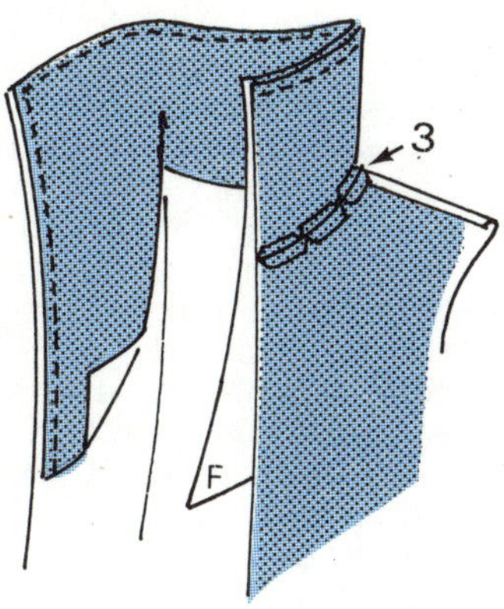
3
F

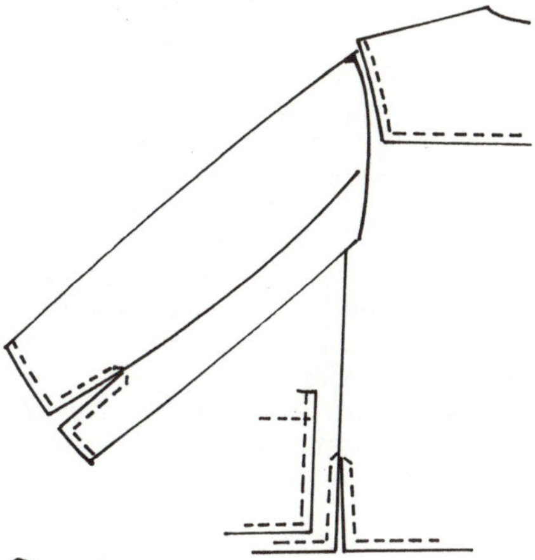

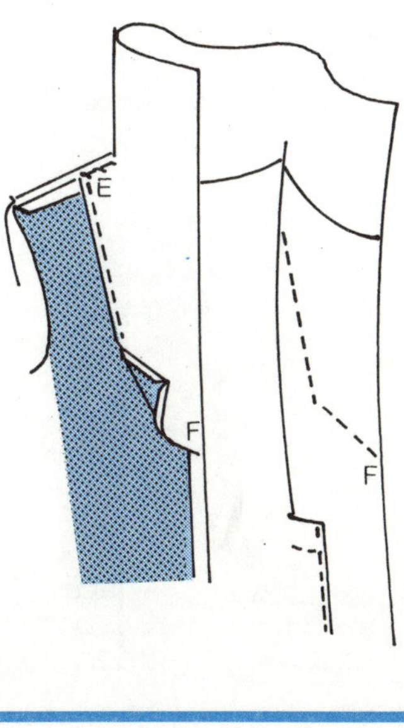
E
F
F

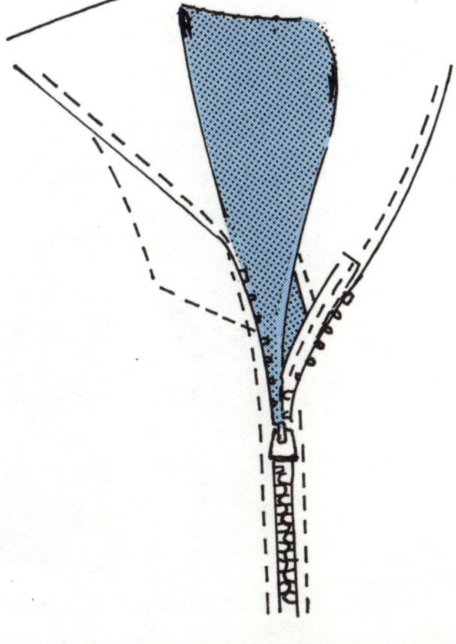

Les fentes

Les fentes utilitaires ou « sexy »
sont faites pour donner de l'aisance à la démarche
lorsque les couturiers imposent une mode,
très près du corps, dite « entravée ».
Robes, jupes, vestes, manteaux dans ce cas précis
se parent d'ouvertures sur les côtés, devant ou derrière.
Les fentes sexy libèrent le galbe de la jambe assez haut,
au moindre mouvement.

COMMENT FAIRE UNE FENTE ?

Fente prise dans une couture de côté (jupes ou marinières)

— Après avoir piqué la couture de côté jusqu'à la hauteur d'ouverture désirée, préparez l'ourlet du vêtement.
— Rabattez ensuite la valeur de couture de côté, tout le long de la fente ; maintenez par des épingles.
— Maintenez la valeur des coutures sur la jupe à points glissés en retirant les épingles, au fur et à mesure.
— Faites éventuellement une piqûre tout le long des bords de la fente et une surpiqûre en garniture pouvant se terminer dans le haut en double biseau consolidant l'ouverture.

Fente à bords superposés ou « fente pli couché »

Cette fente comme la précédente prolonge une couture. Cependant, il convient de prévoir à droite et à gauche de la fente une valeur de tissu bien supérieure à la valeur de couture.
— Arrêtez solidement la couture au niveau de la fente.
— Si vous souhaitez donner de la tenue à cette fente pli, prévoyez une triplure à poser sur l'envers de la partie pli.
— Préparez votre ourlet.
— Rabattez ensuite et maintenez à points glissés sur la jupe.
— Crantez le dessous de la fente.
— Sur cette partie, faites un petit ourlet tout le long de la fente.
— Rabattez et maintenez la partie A par un point de couture.

fente prise dans une couture de côté

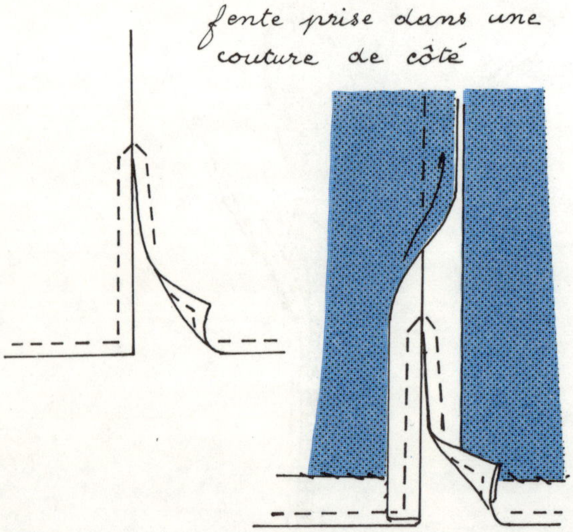

fente à bords superposés

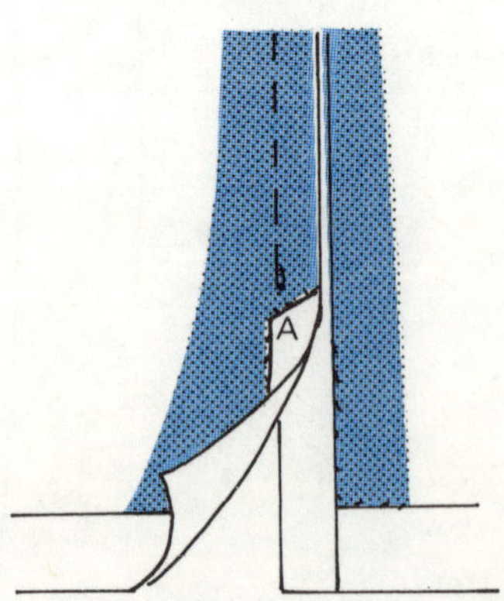

Fente bordée d'un ourlet (voir p. 118).

C'est la solution la plus rapide mais hélas la moins solide. Elle se fait dans des tissus légers.

— Fendez le tissu sur la longueur désirée. Sur chaque lèvre de la fente préparez soit un ourlet de quelques millimètres, soit un rouleauté (voir page 46), consolidez dans l'angle par une bride d'arrêt sur l'envers (voir page 132).

Fente dans un décolleté ou bas de manches

— Marquez la ligne de la fente à l'aide d'épingles ou d'un fil de bâti.
— Préparez une bande de tissu de 15 cm sur 5 cm environ, qui servira de doublure de fente, aussi appelée « propreté ».
— Epinglez le milieu de cette doublure sur la ligne de marquage de la fente.
— Bâtissez soigneusement tout autour.
— Piquez en partant de l'encolure à 1/2 cm tout autour de la ligne de fente.
— Fendez aux ciseaux sur la ligne de fente, soit sur 12 cm environ. (Crantez les angles en queue d'hirondelle).
— Rabattez la doublure sur l'envers. Maintenez la crête de la fente par un point de bâti.
— Fixez la doublure soit par une piqûre, soit à points coulés.

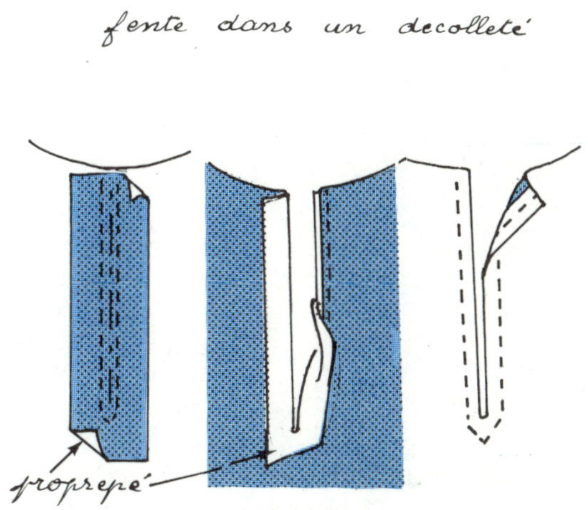

Fente terminée par une patte décorative en « capucin »

On appelle capucin la finition à pans coupés en pointe.

— Marquez la fente par un fil de bâti vertical et un autre horizontal à l'extrémité de cette dernière.
— Préparez votre patte capucin, soit une bande rectangulaire dont la largeur sera celle que vous souhaitez donner à la bande, en principe 5 à 6 cm plus la valeur des coutures.
— Epinglez le milieu de cette bande endroit contre envers du vêtement sur le fil de bâti indiquant l'emplacement de la fente. Cette bande partant du bas du vêtement débordera sur le trait horizontal déterminant l'extrémité de la fente.

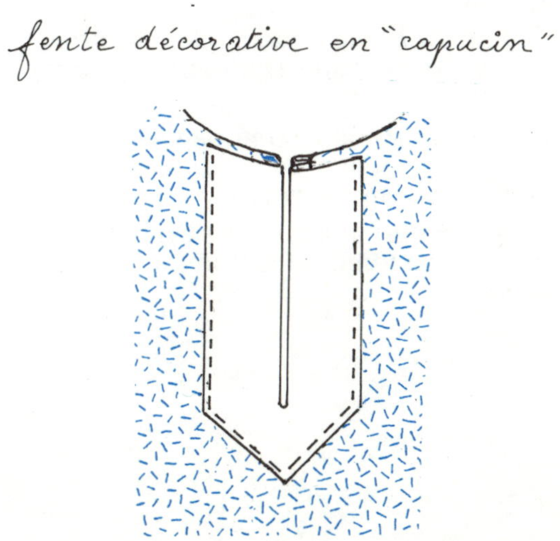

Les fentes

— Piquez tout le long, de part et d'autre du fil de bâti de la fente, et ce à quelques millimètres de ce dernier.
— Fendez la patte et le vêtement aux ciseaux entre les deux lignes de piqûre, crantez les angles. Attention n'allez pas trop loin !
— Rabattez la patte sur l'endroit en bâtissant tout autour, près du bord de la fente. Aplatissez au fer.
— Préparez un petit rentré tout le long de la fente. Epinglez.
— Préparez les pointes du capucin. Bâtissez soigneusement les côtés de cette pointe biaisée. Piquez tout autour.

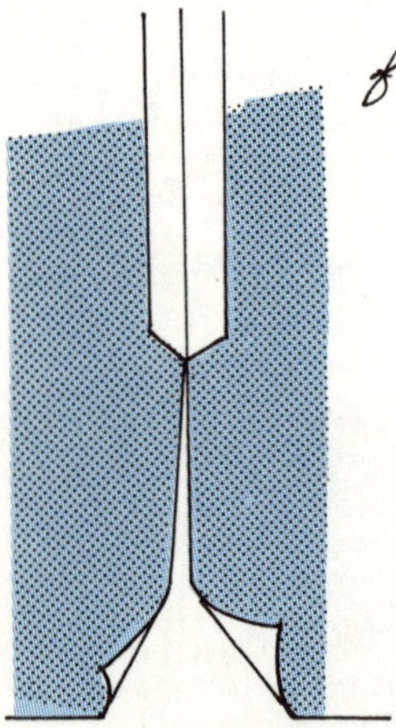

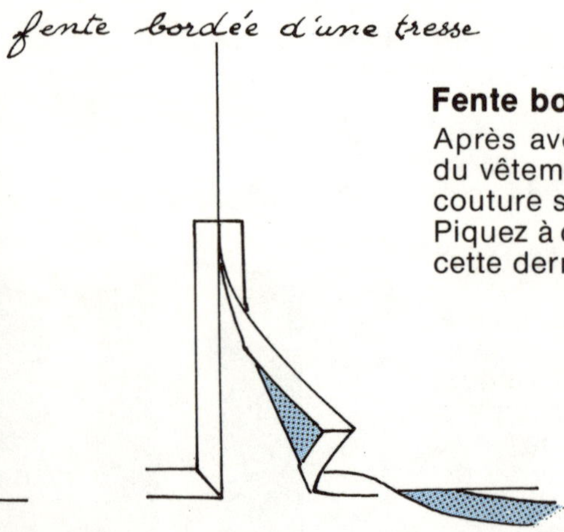

Fente bordée d'une tresse

Après avoir fait la piqûre d'assemblage du vêtement, dégarnissez la valeur de la couture sur toute la hauteur de la fente. Piquez à cheval la tresse sur les bords de cette dernière (voir croquis).

Fente dite « anglaise »

S'emploie pour certaines fermetures d'encolures de robes, accompagne certains poignets de chemisiers. Elle est bordée par deux pattes.

— Préparez deux rectangles de tissu, l'un pour la patte, l'autre pour la sous-patte.

Pour la sous-patte : une bande de 10 à 15 cm en fonction de la longueur de la fente, sur 5 cm de largeur.

Pour la patte : un rectangle ayant la longueur de la fente (plus 2 cm) et 5 cm de largeur.

Montage :

— Epinglez ou bâtissez endroit contre endroit la sous-patte sur l'un des bords de la fente. Piquez à un demi-pied presseur. Crantez la base de la fente dans l'angle.
— Retournez la bande sur l'envers. Repassez. Bâtissez un petit rentré tout autour.
— Repliez la bande en formant la sous-patte et maintenez le bord libre sur le bord piqué.
— La patte sera piquée à un demi-pied presseur, endroit contre *envers* sur l'autre bord de la fente.
— Crantez dans l'angle. Ouvrez la couture au fer.
— Rabattez la patte sur l'endroit. Formez la largeur de cette dernière. Faites vos rentrés. Procédez comme pour la sous-patte.
— Terminez la patte au carré. Bâtissez. Piquez. Cette patte peut aussi se terminer en « *capucin* ».

fente dite "anglaise"

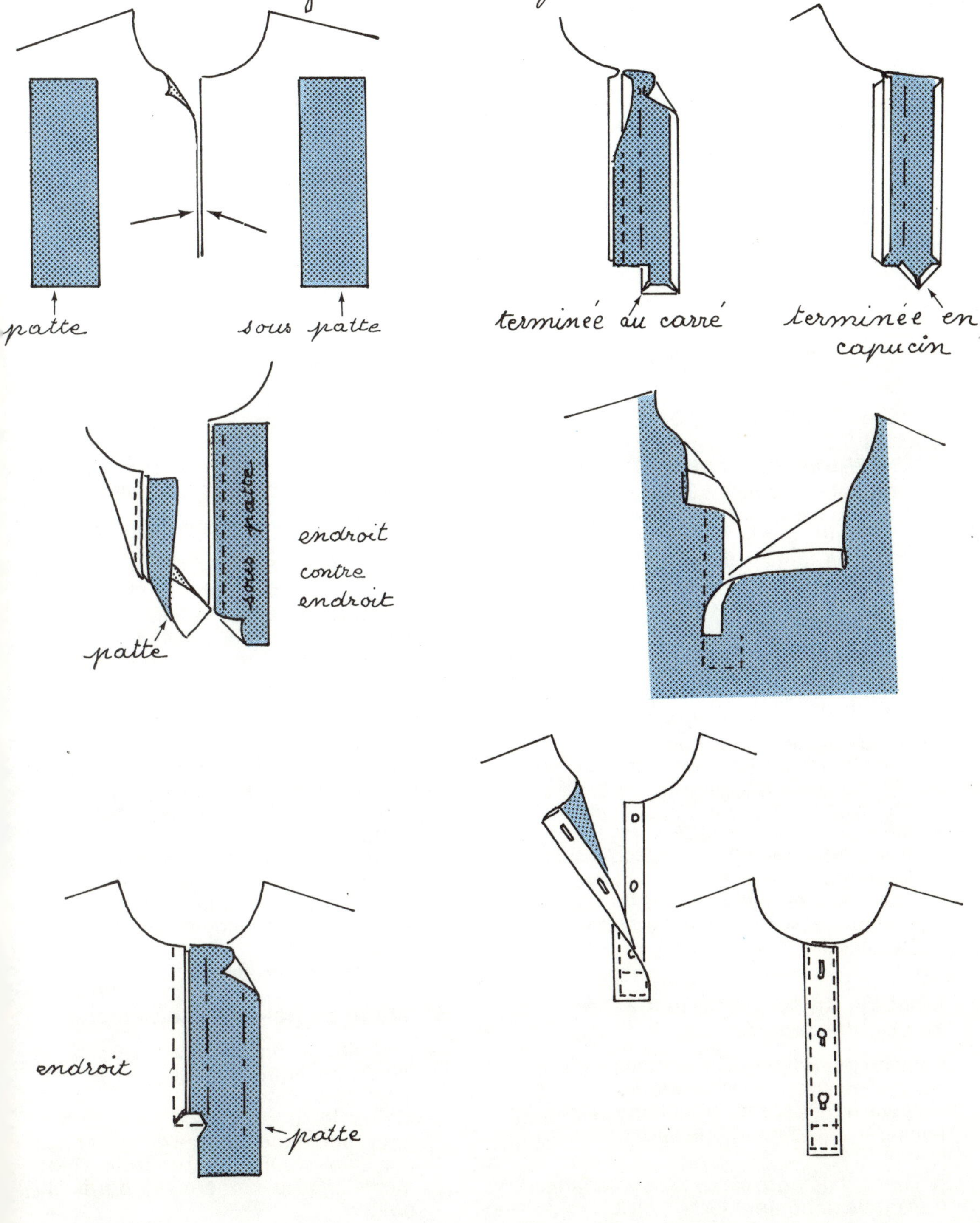

Les poignets

Dans un vêtement les poignets terminent le bas des manches et s'adaptent lorsqu'ils se boutonnent à une fente (voir fentes, page 118). Lorsqu'ils ne se boutonnent pas, ils deviennent rabats de bas de manches ou poignets droits sans boutonnage, terminant la manche. Pour terminer un bas de manche on peut soit faire un ourlet, soit le terminer par un biais rapporté. La hauteur des poignets varie selon la mode. Nous vous indiquons une hauteur moyenne, à vous de la régler en fonction des tendances du moment.

LES POIGNETS AVEC BOUTONNAGE

POIGNET A FENTE DONT L'AMPLEUR EST RESSERRÉE PAR DES PLIS.

Ce poignet se ferme par 1 ou 2 boutons. La fente du bas de la manche se place au dos de la manche à 10 cm environ de la couture. La finition de la fente est faite soit par un petit ourlet, soit par un rouleauté (voir page 46), soit par une propreté (voir page 98).

Préparation

Pour le poignet: un rectangle de 22 cm de longueur sur 14, plus une bande de triplure de 22 cm sur 7 cm. Ne thermocollez que la moitié de la bande de poignet.

— Thermocollez le poignet sur l'envers. Fermez les extrémités.

— Préparez et épinglez tout autour de la fente quelques plis réguliers, de manière à ramener le tour du bas de manche à la longueur du rectangle, ou bien froncez.

Montage du poignet à la manche en couture rapide.

Présentez le poignet à la manche, endroit contre envers. Epinglez. Piquez. Faites un petit rentré sur les trois autres côtés. Maintenez le tout par une surpiqûre tout autour.

A 1 cm 1/2 du bord et sur le dessus faites une ou deux boutonnières, soit à la main (voir page 134, soit à la machine (voir page 64).

— Cousez le bouton bien en regard de la boutonnière (voir bouton page 64).

POIGNET SUR FENTE CAPUCIN

Le bas de la manche se termine par une fente capucin (voir page 119). L'ampleur de cette dernière est resserrée par des fronces (voir fronces, pages 152-153) harmonieusement réparties tout autour. Ici le poignet est plus étroit.

Préparation

Ce poignet se compose de deux morceaux plus une bande de triplure de 22 cm sur 5 cm de largeur.

— Thermocollez l'envers d'un des rectangles.

— Piquez sur trois côtés, endroit contre endroit, dessus et dessous du poignet. Dégarnissez les angles ou les arrondis éventuellement si les extrémités le sont.

— Retournez sur l'endroit.

Montage du poignet à la manche

— Epinglez le bas de manche pris en sandwich entre le dessus et le dessous du poignet.

— Maintenez dessus et dessous de poignet tout autour du bas de la manche par une piqûre sur l'endroit. Cette même piqûre cernera les bords du poignet.

poignets à fente dont l'ampleur est resserrée par des plis

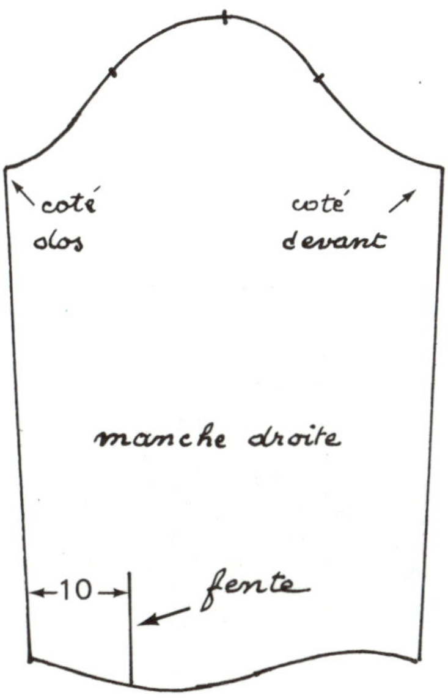

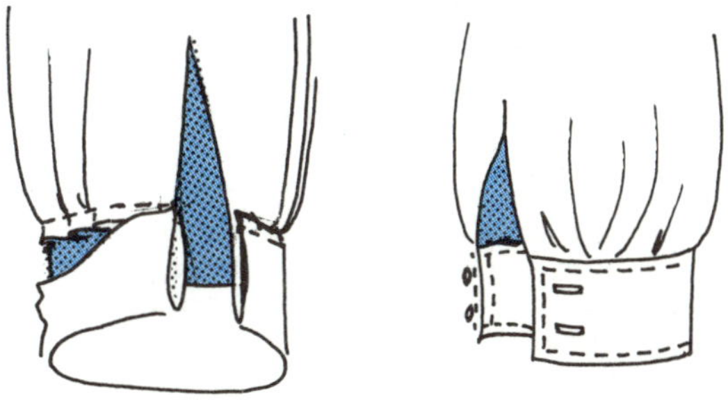

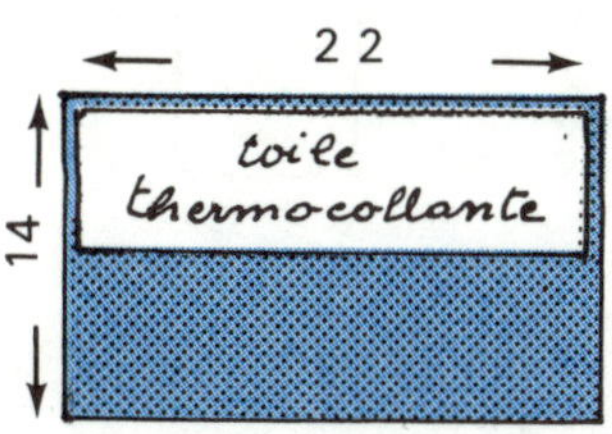

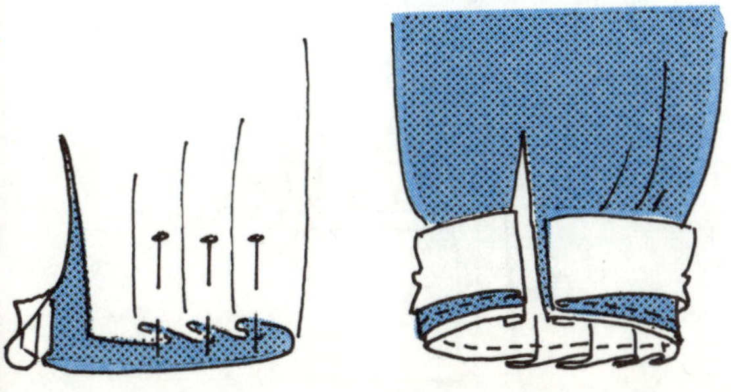

poignet sur fente capucin

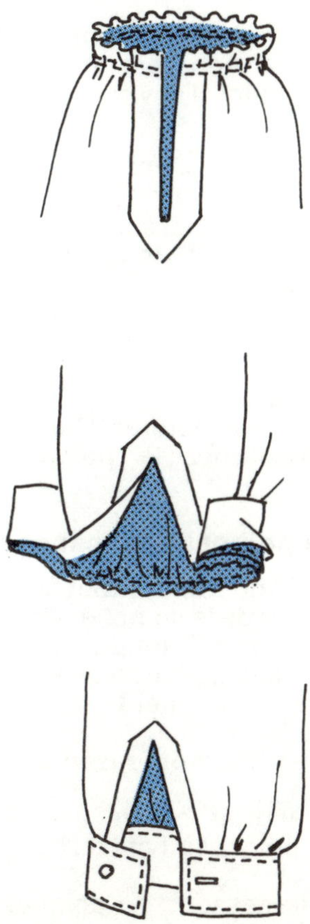

LE POIGNET MOUSQUETAIRE D'UNE MANCHE CHEMISIER

(voir couverture)

Il se ferme par des boutons de manchettes glissés dans deux boutonnières, une sur le dessus du poignet, l'autre en regard au-dessous. En règle générale ces poignets sont plus hauts que les autres, variant selon la hauteur désirée. Cependant, la longueur est d'environ 22 cm + 4 cm de valeur de boutonnage et ce, coutures comprises.

Préparation du poignet mousquetaire

Ce poignet se compose aussi de trois morceaux :
— deux morceaux de tissu de même dimension.
— un morceau de toile thermocollante dont la dimension sera inférieure à celle du poignet d'environ 1 cm tout autour.

Préparation

— Coupez dessus et dessous de chacun des poignets et leur doublure thermocollante.
— Thermocollez les dessous de poignet.
— Assemblez dessus et dessous endroit contre endroit. Piquez dans le bas et les deux côtés.
— Dégarnissez les coutures. Crantez les angles. Retournez le poignet sur l'endroit.

Montage du poignet à la manche

— Passez un fil de fronces tout autour à 1/2 cm du bas de la manche. Tirez sur le fil pour ramener la longueur du tour de manche à celle du poignet.
— Maintenez solidement le fil de fronces.
— Répartissez harmonieusement les fronces.
— Epinglez endroit contre endroit le dessus de poignet à 1 cm du bas de la manche.
— Rabattez le dessous du poignet sur l'envers. Maintenez à points coulés.
— Faites vos boutonnières à 1 cm des bords dessus et dessous.

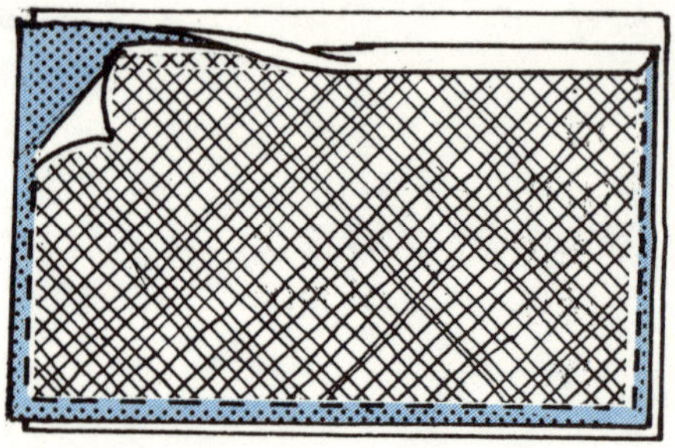

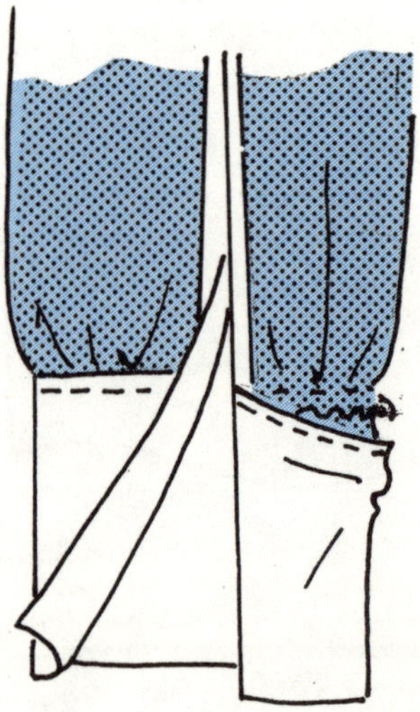

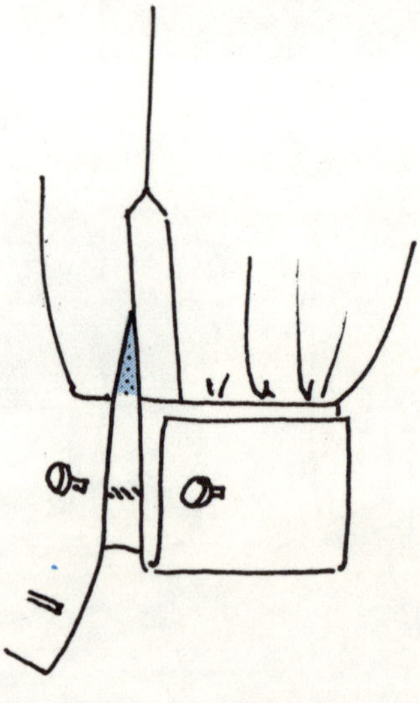

LE POIGNET EN BISEAU

C'est une autre variante du poignet chemisier mais il est coupé en forme. Ses extrémités sont en biseau et il se ferme par des brides boutonnées espacées d'un demi-centimètre.

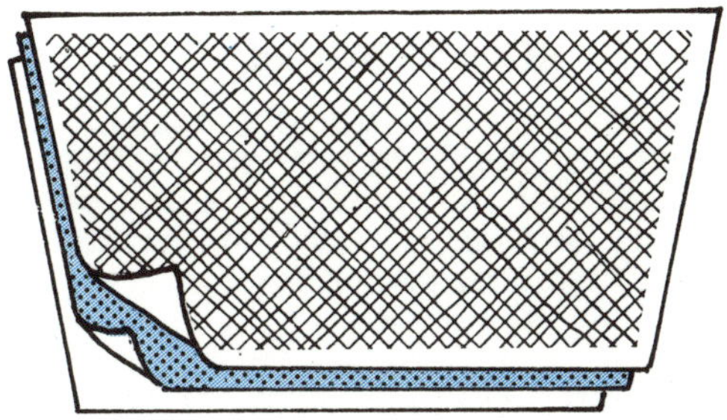

Préparation

Coupez les morceaux du poignet dessus et dessous, et triplure. Vous constaterez qu'ils ne sont pas de forme rectangulaire comme les précédents mais taillés en trapèze. Coupez vos brides (voir brides, page 132).

— Entoilez l'envers du dessous de poignet.
— Sur l'endroit du dessus du poignet épinglez les brides vers l'intérieur, la première à 1 cm 1/2 de la ligne la plus longue du poignet. Les autres espacées de 1/2 cm. Maintenez-les par un bâti.
— Epinglez dessus et dessous de poignet endroit contre endroit. Piquez sur trois côtés sauf sur la ligne la plus longue (celle de montage).
— Retournez sur l'endroit. Vos brides apparaissent.
— Passez à un demi-centimètre du bord un fil de fronces dans le bas de chaque manche. Tirez sur le fil. Ramenez la longueur du bas de manche à celle du poignet. Maintenez solidement le fil de fronces.

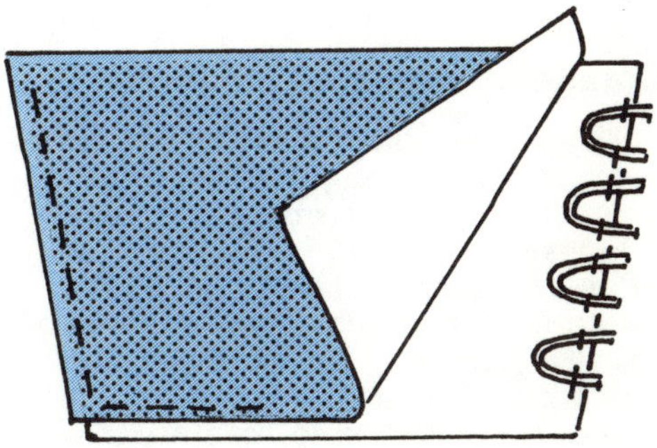

Montage du poignet à la manche

— Epinglez la partie libre du dessus du poignet endroit contre endroit au bas de la manche, placez les extrémités sur les bords de la fente. Bâtissez. Piquez.
— Rabattez le dessous de poignet sur l'envers.
— Marquez à l'ongle un petit rentré.
— Maintenez sur la piqûre de montage à points coulés. Repassez.
— Cousez vos boutons en face de chaque bride.

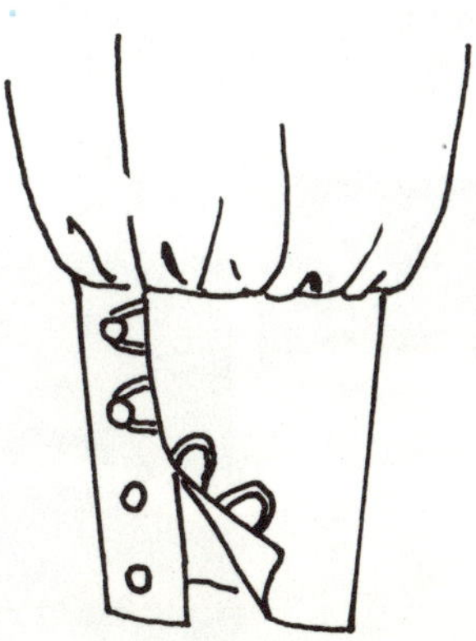

Les poignets

LES POIGNETS SANS BOUTONNAGE

Ils peuvent être à revers attenants ou à revers rapportés. Ils terminent généralement une manche courte, mais peuvent fort bien terminer les manches longues d'un manteau par exemple.

POIGNET A REVERS RAPPORTÉ

Préparation

— Coupez un rectangle dont la longueur est égale au tour du bas de manche + 2 cm et la hauteur égale à la hauteur désirée + 2 cm pour les coutures.
— Fermez le rectangle endroit contre endroit. Piquez. Ouvrez la couture au fer.

Montage du revers à la manche

— Glissez endroit du revers contre envers de la manche. Couture de manche contre couture du revers. Bâtissez.
— Piquez tout autour dans le bas.
— Retournez manche et revers sur l'endroit. Rabattez ce dernier sur la manche en faisant un petit rentré tout autour. Maintenez le revers par une piqûre garniture.

POIGNET DROIT RAPPORTÉ A UNE MANCHE BALLON

Ce poignet comme le précédent est composé d'un rectangle dont la longueur est égale à celle du tour du bas de manche plus 2 cm et la hauteur égale à deux fois celle désirée plus 2 cm.

Préparation

— Fermez le rectangle de tissu par une piqûre.

Montage du poignet à la manche ballon

Passez deux fils de fronces espacés d'un demi-centimètre dans le bas de chacune des manches. Tirez sur les fils pour ramener le tour du bas de manches à celui du « poignet bracelet ».
— Glissez la bande de poignet l'endroit sur l'envers de la manche, couture contre couture. Bâtissez en soutenant légèrement le bas de la manche. Piquez.
— Retournez manche et poignet sur l'endroit. Repliez la moitié de la bande de poignet envers contre envers. Bâtissez sur la ligne de montage après avoir fait un petit rentré tout autour. Piquez en piqûre garniture sur la couture d'assemblage.

POIGNET A REVERS ATTENANT A LA MANCHE

Dans ce cas, au moment de la coupe de la manche la valeur du revers est prévue. Le montage se fait manche fermée. Rabattez cette valeur de revers sur l'envers de la manche. Faites un petit rentré ou laissez le tissu à plat s'il est épais et fixez à points d'ourlet. Surpiquez le bas du revers ainsi formé. Repassez. Rabattez la valeur du revers endroit contre endroit de la manche.

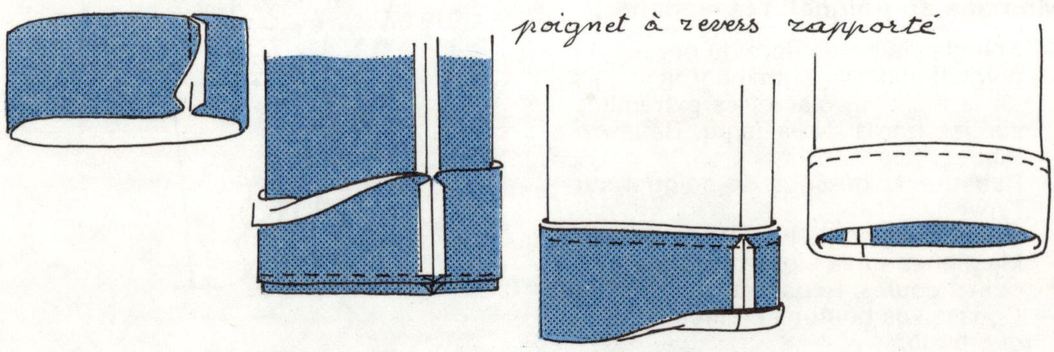

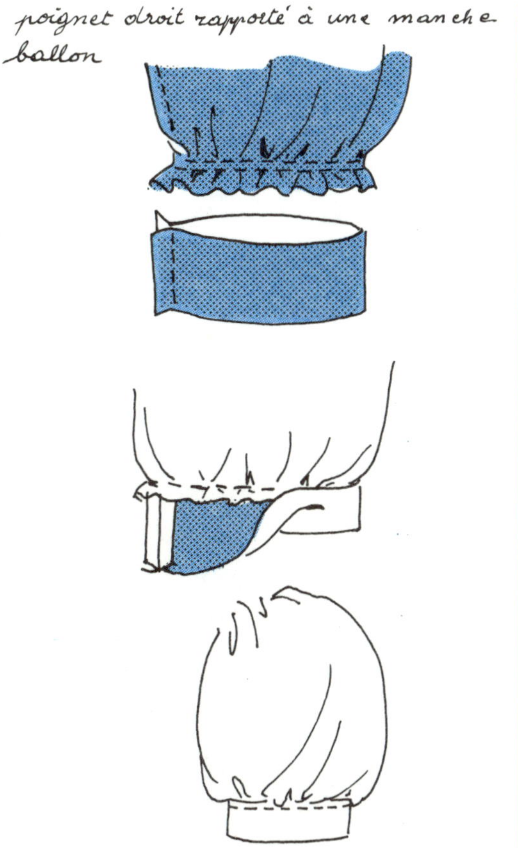

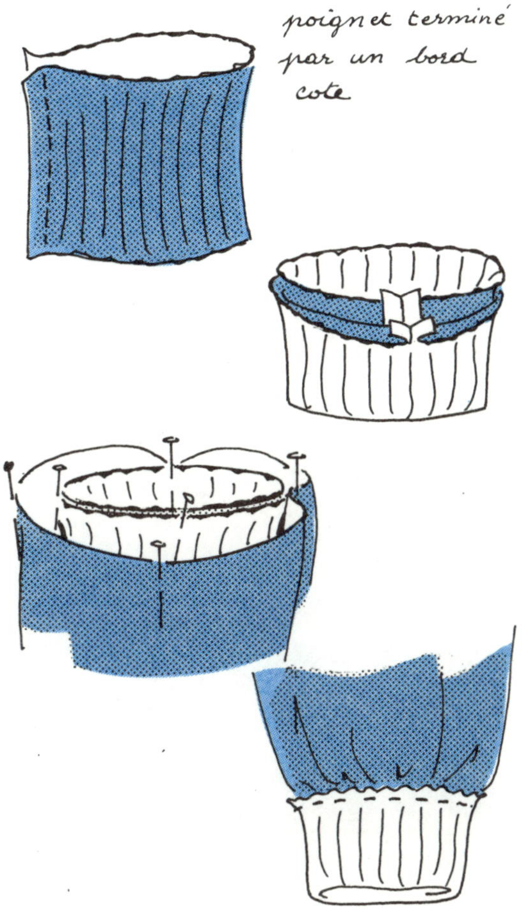

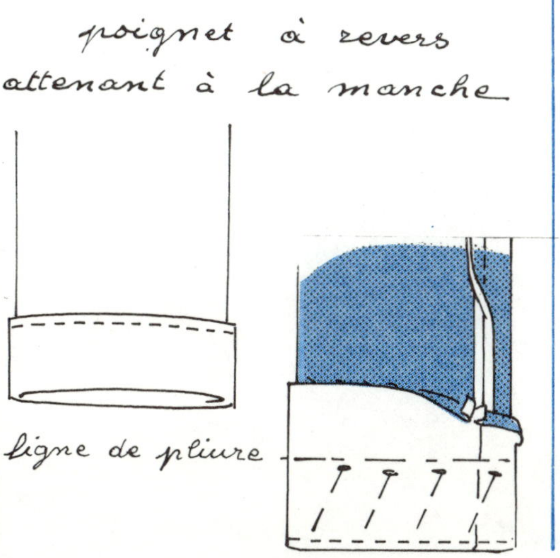

POIGNET TERMINÉ PAR DU BORD COTES

Poignet terminé par du bord côtes vendu soit au mètre, soit en sachet, les deux morceaux de poignet déjà coupés.

— Divisez le tour du bas de manche en quatre. Marquez chaque quart par des épingles placées verticalement. Faites la même chose sur chacune des bandes de bord côtes déjà fermées par une piqûre et pliées en deux.

— Bâtissez endroit contre endroit le bord côtes dans le bas de la manche en tirant un peu sur la bande tricot. Piquez.

Le même principe de montage de bandes de bord côtes est valable pour terminer le bas d'un blouson sport.

Chapitre 5

FERMONS LES OUVERTURES

De la fibule,
sorte d'épingle, qui retenait les plis des vêtements des Romains,
au bouton d'os et de bois puis de nacre,
l'évolution à travers les siècles a été relativement rapide
puisque c'est le roi Saint Louis qui en 1250
a été le premier à reconnaître la profession de boutonniers
qui façonnaient alors les boutons à la main.

Au XXe siècle les boutons, qui sont au départ des pions,
se découpent à l'emporte-pièce
soit dans le bois, la nacre, le macassar
ou l'écaille de rhodoïd ou galalithe.
Sachez aussi que les boutons métal sont encore à l'heure actuelle
polis à la main dans des chiffons de laine.

Les boutons

L'élégance d'un vêtement dépend aussi du mode de fermeture des ouvertures, soit par :

1. des boutons classiques à 4 ou à 2 trous pour les fixations dites à plat, les boutons à socles pour la fixation avec tige, et les boutons mécaniques - à pointes - ou encore les boutons dits à pressions ou "grippers" posés à l'aide de pinces spéciales (ce sont ces boutons qui ferment les anoraks, les vestes de sport).
2. des brides, les unes réalisées au point de broderie, les autres réalisées à partir de biais, et celles enfin vendues au mètre dans les merceries.
3. des fermetures à glissières encore appelées crémaillères ou zip.
4. des agrafes et leurs portes.
5. des auto-agrippants.

Nous allons examiner ces différentes formes de fermetures les unes après les autres, en vous précisant toutefois que volontairement nous avons traité la fermeture brandebourgs au chapitre des galons (page 178).

COMMENT COUDRE UN BOUTON ?

En fixation à plat
Après avoir fixé l'emplacement des boutons à l'aide de deux épingles en croix, piquez l'aiguille dont le fil est noué à son extrémité, de l'envers sur l'endroit à l'intersection des deux épingles. Retirez ces dernières. Tirez sur l'aiguillée, piquez l'aiguille dans l'un des trous du bouton, la piquer une deuxième fois dans le trou opposé, du dessus vers l'envers du tissu. Recommencez de l'envers sur l'endroit, dans chacun des trous. Dans les boutons à 4 trous l'on peut travailler soit en fils croisés soit en fils parallèles.

Dans les tissus fins, ou des tissus laqués ou tissus de fourrure, il est fréquent de consolider la fixation par un petit bouton sur l'envers. Dans ce cas les deux boutons sont fixés en même temps. Certains conseillent aussi un morceau de tissu, mais nous trouvons le petit bouton plus joli.

Fixation avec une tige « cordonnet »
Cette fixation facilite le boutonnage. Il existe une petite astuce pour ce genre de fixation qui facilite le travail. Il suffit de calculer en le cousant l'écartement nécessaire entre lui et le tissu, glissez sous le premier passage du fil une allumette. Passez plusieurs fils ; lorsque vous considérez que le bouton est solidement maintenu, retirez l'allumette et tournez le fil de l'aiguillée plusieurs fois autour de l'ensemble de fils passés préalablement. Fixez ensuite solidement sur l'envers.

Fixation des boutons à socle ou à anneaux de métal
Procédez de la même façon que précédemment. Laissez suffisamment de place entre le socle et le tissu. Passez l'aiguille plusieurs fois dans les trous du socle ou de l'anneau sous le bouton.

Fixation des boutons à pointes
Dans ce genre de boutons point de fil, point d'aiguille. En effet le bouton est fait de deux parties. La partie apparente constituant le bouton qui se trouve donc sur l'endroit, l'autre munie d'une pointe, laquelle de l'envers traverse le tissu et vient s'emboîter sur le bouton.

en fixation à plat

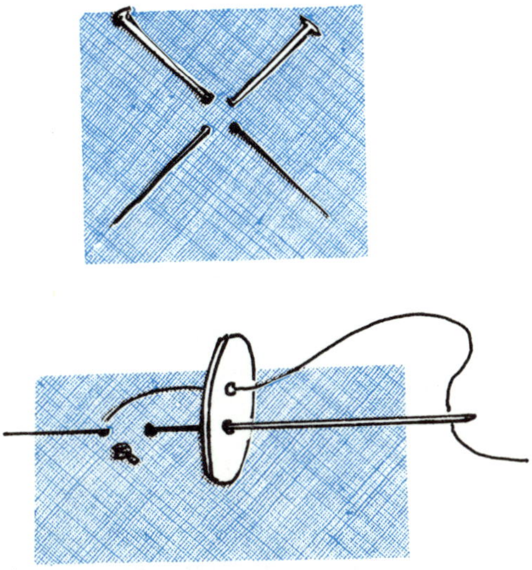

fixation avec une tige "cordonnet"

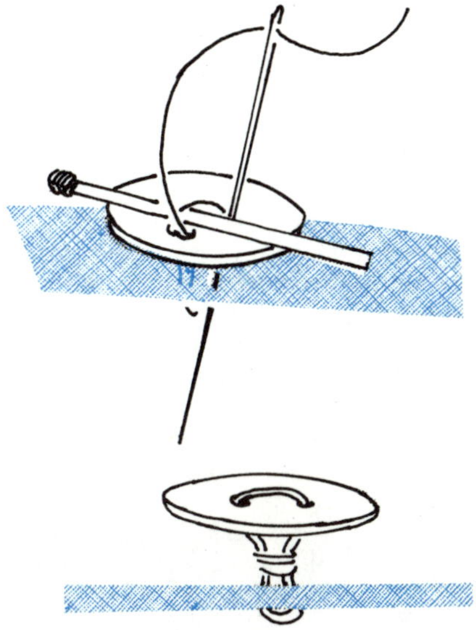

consolider par un petit bouton sur l'envers

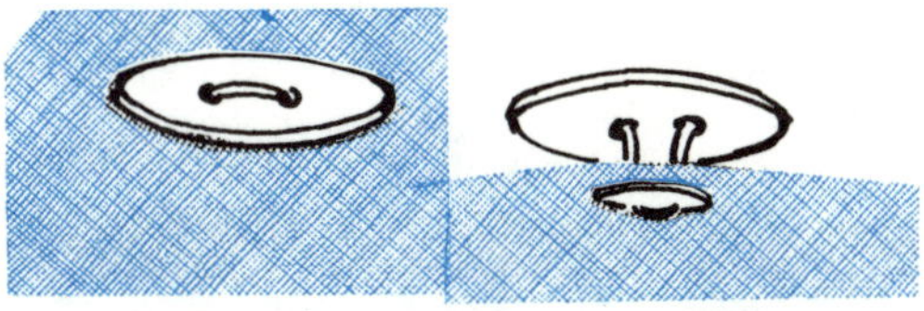

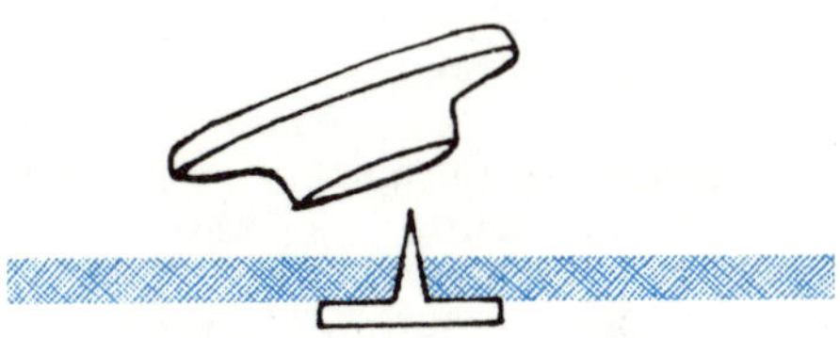

fixation des boutons à pointe

fixation des boutons à socle

Fixation en couture du bouton-pression classique

Il se compose de deux éléments, chacun pourvu de 4 trous - mâle et femelle - qui s'emboîtent l'un dans l'autre par pression, après avoir été cousus respectivement sur le tissu en *double* épaisseur, l'un le bouton creux ou femelle sur l'endroit, l'autre pourvu d'un renflement ou bouton mâle sur l'envers.
Chacun de ces éléments est cousu en piquant l'aiguille d'abord dans le tissu et en la ressortant dans l'un des trous du bouton, puis en la repiquant dans le tissu. Recommencez plusieurs fois de suite.
Attention les points de fixation sur l'endroit du tissu doivent être invisibles.

LES BRIDES

Les brides brodées ou décoratives

Ces brides sont formées de plusieurs fils placés en arceaux au bord d'un vêtement; elles sont destinées à recevoir un bouton.
En fonction du diamètre du bouton déterminez la largeur de la bride. Elle se placera juste en face du milieu du bouton **déjà cousu.** Elle se fait au cordonnet de soie. Tendez quatre fils en arc de cercle en les écartant du tissu de quelques millimètres. Réunissez-les entre eux par un point de feston (voir page 46) de la gauche vers la droite de l'arc de cercle.

NOTRE CONSEIL

Pour déterminer exactement le même arc de cercle pour les quatre fils, il suffit de glisser dans la courbe du premier fil un petit rouleau de carton épousant la forme de cette dernière. C'est un bon truc qui facilite le travail et évite « l'embrouillement des fils ».

Bride en tissu

1. Réalisation de la bride

Ce genre de bride est exécutée dans une étroite bande de tissu en biais de 3 cm maximum de largeur et ce en fonction de l'épaisseur du tissu. Pliez-la en deux endroit contre endroit. Piquez sur la longueur et une extrémité seulement. Prenez une aiguille enfilée terminée par un gros nœud. Glissez l'aiguille dans l'extrémité fermée. Tirez l'aiguille chas en avant dans le boyau de la coulisse pour la retourner sur l'endroit. Vous pouvez aussi vous aider d'un passe-lacet.
Repassez la bande de bride ainsi obtenue. Les liens et « queue de rat » se réalisent de la même manière.

2. Pose de brides en série

Posez la bande de brides sur l'endroit du tissu au niveau du tracé de pliure. A l'aide d'épingles délimitez exactement l'emplacement de fixation de chaque bride. Faites dépasser sur l'endroit l'arceau devant encercler le bouton. La fixation se fait par des points serrés à l'intérieur de la pliure.

3. Pose de brides individuelles.

— Délimitez l'arceau de la bride. Coupez la bande de brides.
— Cousez à points d'arrêt la base de la bride couchée sur l'endroit du vêtement; les extrémités de la bride sont fixées juste à la bordure.
— Placez à la suite les autres brides en respectant l'espacement des boutons qui sont en vis-à-vis.
— Appliquez une bande de propreté endroit contre endroit sur la ligne de fixation des brides. Piquez.
— Rabattez la bande sur l'envers. Maintenez à points glissés.

Les brides apparaissent automatiquement sur l'endroit.
Lorsque le vêtement est composé d'une parmenture attenante, cousez les brides sur l'endroit à quelques millimètres de la ligne de pliure de la parmenture, de telle manière qu'au moment du repli de cette dernière sur l'envers les points de fixation des brides soient sur l'envers.

réalisation de la bride

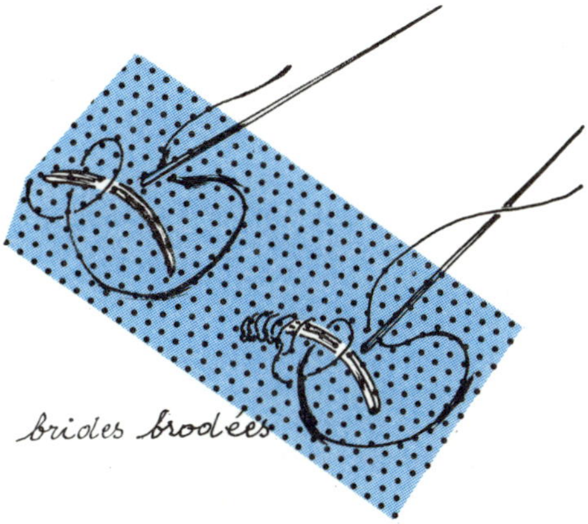

brides brodées

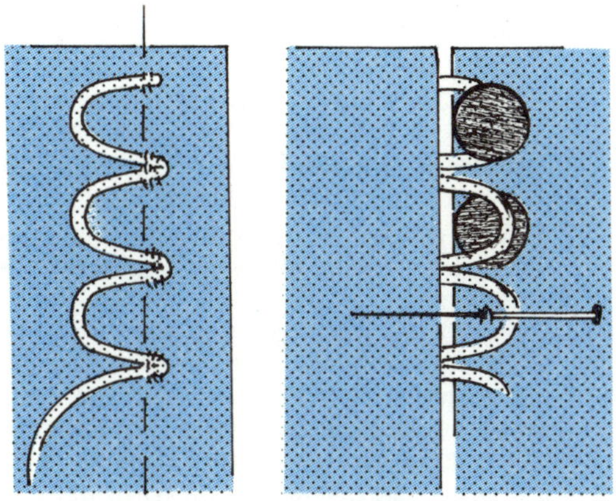

brides en série

LES AGRAFES

Il existe deux sortes d'agrafes : le « fixe-jupe » toujours de la largeur du gros grain de taille et, plus discrets, la porte et le crochet. Dans l'un et dans l'autre la partie crochet vient se loger dans la porte.
Le crochet se coud toujours sur le côté droit, il est maintenu solidement à la base et aussi sur sa tige.
La porte se coud côté gauche également dans les arrondis, à sa base et sur l'arrondi de la porte lui-même.
Le fixe-jupe se coud de la même manière.

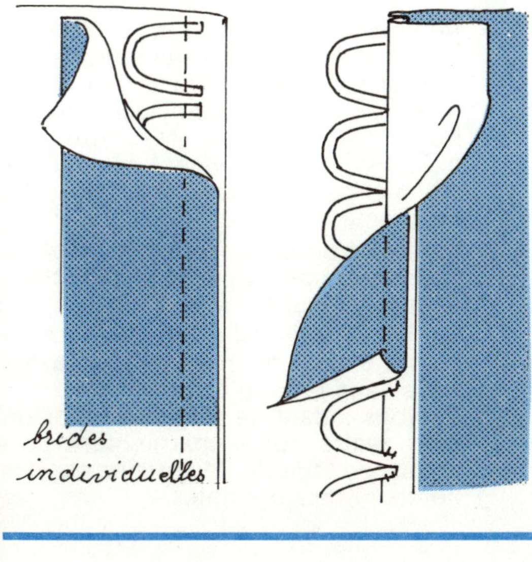

brides individuelles

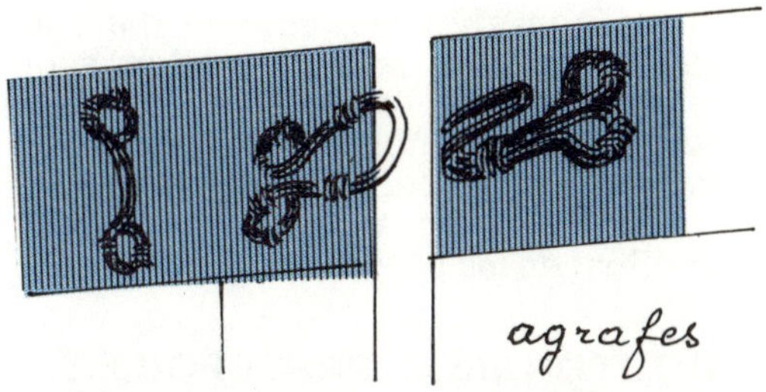

agrafes

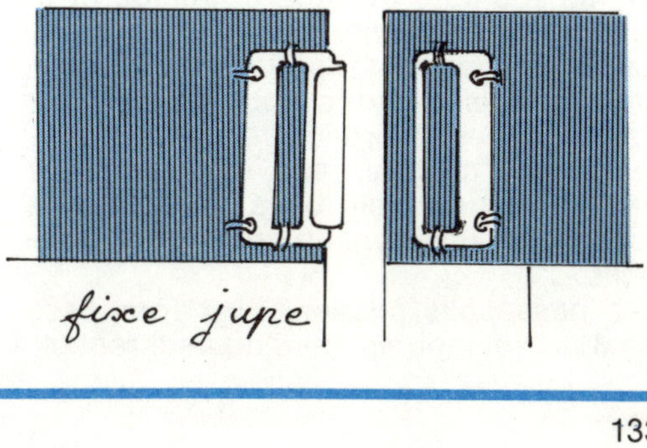

fixe jupe

BOUTONNIÈRE BRODÉE MAIN AU POINT « PERLE »

La boutonnière se fait sur tissu double (poignets, devant de chemisier, manteaux, vestes coupés dans des tissus légers) et **après** doublage du vêtement et rabat de la parmenture.

1. A l'aide de deux épingles déterminez la longueur de la boutonnière qui sera égale au diamètre du bouton plus 2 millimètres. Tracez un trait d'une épingle à l'autre. Délimitez dans un rectangle la boutonnière à 2 millimètres de ce trait.
2. Fendre sur toute la longueur. Surfilez les lèvres de l'ouverture.
3. Brodez ensuite en commençant par la droite. Piquez l'aiguille perpendiculairement et faites-la ressortir sur la ligne inférieure de bâti. Maintenez le fil sous le pouce gauche. Passez le fil du chas de l'aiguille sous la pointe de cette dernière. Tirez l'aiguille vers le haut, un nœud ou « perlé » vient de se former, qui doit se placer sur le bord de la fente.
4. Recommencez. Les points doivent être très rapprochés pour former une bordure bien nette.
5. A droite et à gauche consolidez par deux brides d'arrêt plates (voir brides page 132).
6. Vous pouvez aussi, comme dans la confection, ne terminer qu'un seul côté rectiligne, l'autre sera brodé en arrondi. Les boutonnières brodées à la machine à coudre se font plus rapidement. Il existe des machines qui permettent de les programmer à l'avance.

BOUTONNIÈRE PASSEPOILÉE

Se fait toujours **avant** le doublage et le rabat de la parmenture.
La boutonnière passepoilée est plus délicate à réaliser que la boutonnière brodée. Elle est bordée de deux petits rectangles de tissu, soit taillés dans le droit fil ou en plein biais. Ce sont ces rectangles qui constituent « les passepoils ».
Les passepoils peuvent être composés de deux rectangles, ou d'un seul rectangle. Nous vous donnons la façon la plus rapide d'exécuter une boutonnière passepoilée, celle réalisée à partir **d'un seul rectangle.**

1. Sur l'endroit du vêtement à l'aide d'un fil de bâti, délimitez la longueur de la boutonnière et la largeur des passepoils (3 fils dans la largeur, 2 fils dans la hauteur à droite et à gauche de l'extrémité de la boutonnière).
   Epinglez l'endroit du rectangle sur l'endroit du vêtement. Par un point de piqûre délimitez le rectangle sur sa ligne extérieure.
2. Fendez les deux épaisseurs de tissu sur la ligne médiane. Crantez en queue d'hirondelle dans les angles. Ouvrez les coutures au fer.
3. Faites glisser le morceau de tissu par l'intérieur de la fente de **l'endroit** sur **l'envers.**
   Formez les deux passepoils.
   Epinglez le tissu à droite et à gauche de l'ouverture pour maintenir les deux épaisseurs de tissu replié. Tout autour de la boutonnière faites une couture au point de devant et ce toujours sur **l'endroit** dans la piqûre de montage. Un point de chausson d'un bord à l'autre de la boutonnière maintiendra les passepoils bien en place.
4. **Sur l'envers** faites plusieurs points chevauchant les passepoils. Abaissez les angles sur ces derniers.
5. Repassez soigneusement.
6. Repliez la propreté ou la parmenture sur l'envers du vêtement. Epinglez. Bâtissez tout le long du devant. Maintenez le tissu à l'emplacement des boutonnières par des épingles piquées horizontalement à quelques millimètres au-dessus et en dessous de chacune d'elles.
7. **Sur l'endroit** du vêtement incisez la parmenture par l'ouverture de la boutonnière et sur toute sa longueur.
   Sur l'envers l'entaille doit atteindre les points d'arrêt maintenant les passepoils dans les angles.
   En vous aidant de l'aiguille, faites un petit rentré sur la parmenture tout autour de la fente. Maintenez par des points glissés invisibles.

boutonnière brodée main

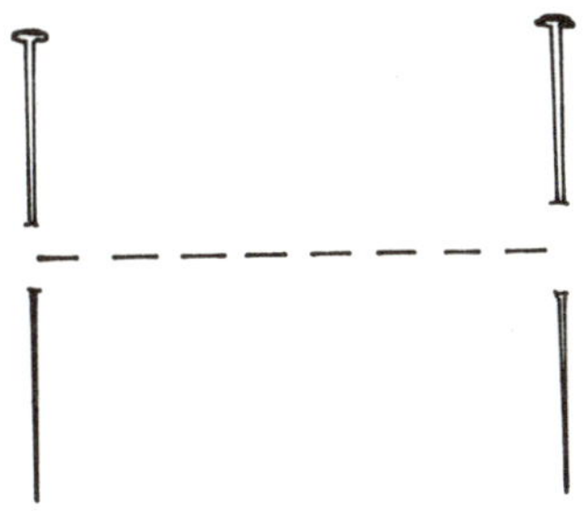

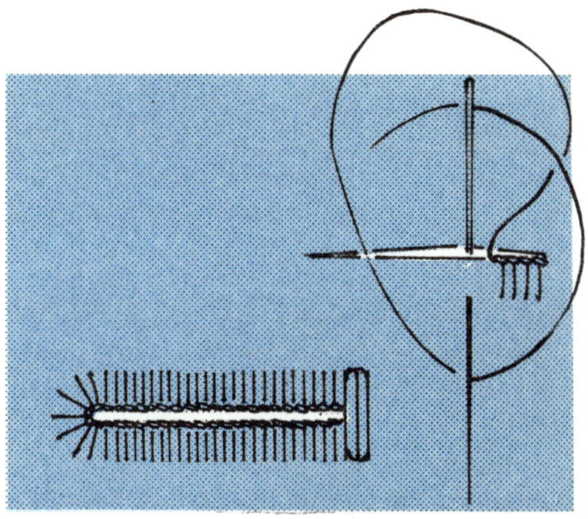

boutonnière passe poilée

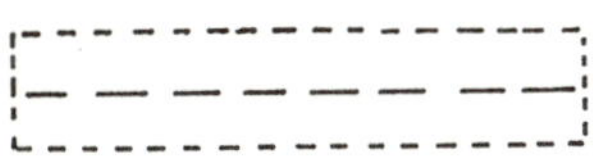

sur l'endroit

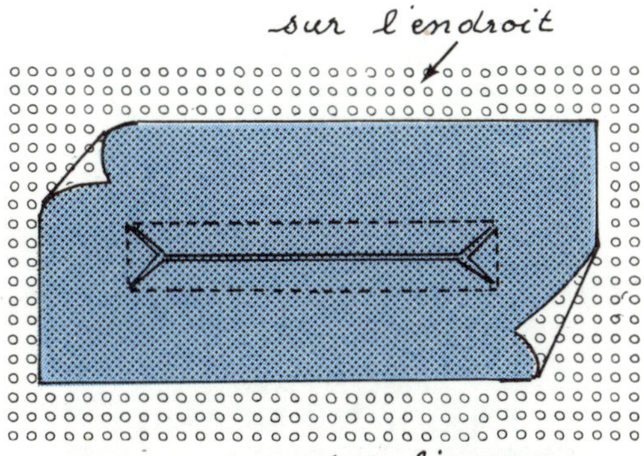

sur l'envers

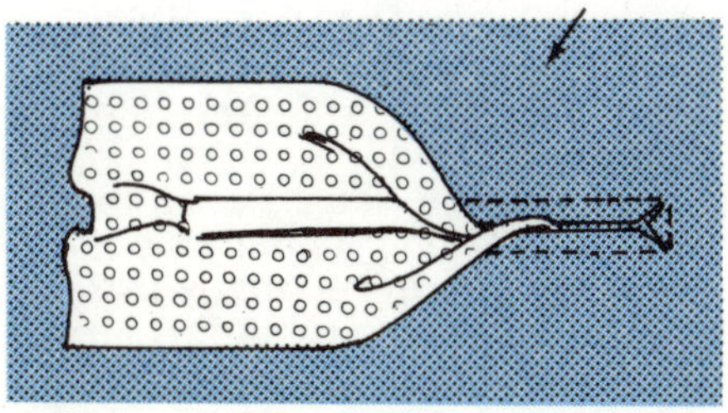

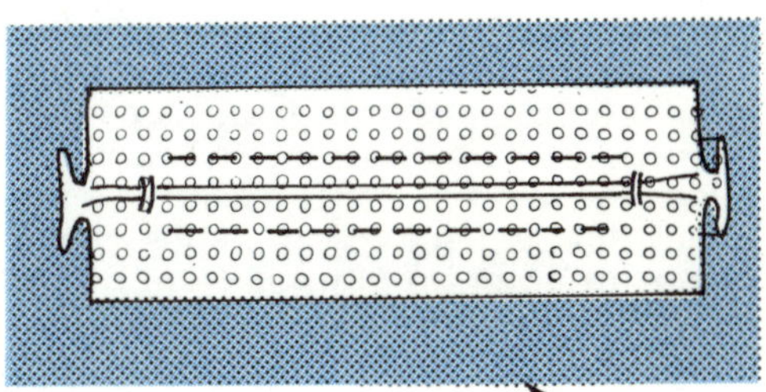

sur l'envers

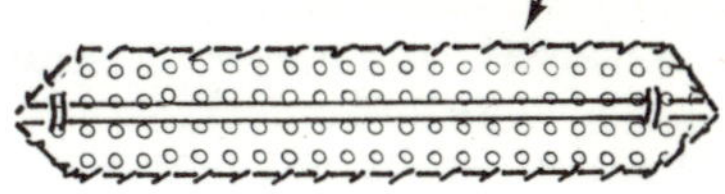

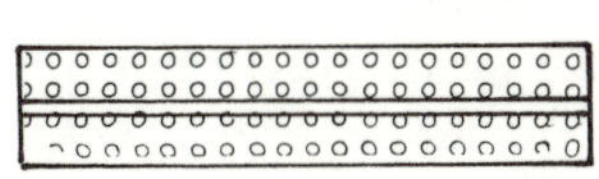

boutonnière terminée sur l'endroit

Les fermetures à glissières

Il y a plusieurs façons de coudre les fermetures à glissières, à la main ou à la machine à coudre, en pose visible, montage apparent ou invisible montage caché. En couture traditionnelle ou rapide. Les fermetures à glissières peuvent être séparables ou non. Les séparables sont utilisées dans les vêtements de loisirs, blousons, anoraks et sont quelquefois apparentes et décoratives.

POSE BORD A BORD A LA MAIN

Le bord à bord des deux lèvres de l'ouverture dissimulera la fermeture à glissière.

1. Bâtissez un rentré à droite et à gauche de la fente, de telle manière que la fermeture à glissière une fois posée se trouve exactement dans le prolongement de la couture. Maintenez par un point de piqûre à quelques millimètres des bords.
2. Les deux côtés de l'ouverture étant bien bord à bord, tout autour épinglez la fermeture à glissière fermée en ayant soin de replier vers l'intérieur l'extrémité de la bande de tissu bordant les mailles métalliques. Les deux bords de tissu doivent se toucher et cacher les mailles. Bâtissez, maintenez directement en retrait des mailles par un point de piqûre. Le fil de bâti préalable permet de mieux s'assurer si la fermeture reste bien à plat lorsqu'elle est ouverte ou fermée. Dans le bas de la fermeture faites une bride d'arrêt pour empêcher le curseur d'aller jusqu'à la fin de sa course.
3. Sur l'envers maintenez les bords en tissu de la fermeture à glissière sur les rentrés de la fente à points glissés.

Vous pouvez si cela vous semble plus facile monter la fermeture ouverte d'abord sur un côté, puis sur l'autre. Vous fermerez la fermeture au fur et à mesure quand vous la coudrez sur le côté opposé.

POSE APPARENTE A LA MAIN

1. Le long de l'ouverture faites un rentré. Passez un fil de bâti.
2. Epinglez ou bâtissez au ras du ruban côté maille la fermeture ouverte ou fermée le long de l'ouverture en laissant les mailles bien visibles sur l'endroit. Maintenez sur l'endroit par un point de piqûre. Sur l'envers cousez les parties tissu sur le vêtement à points glissés. Faites votre bride d'arrêt dans le bas de la fermeture à glissière à quelques millimètres au-dessus de la piqûre transversale.
   Si la fermeture à glissière est séparable vous ne ferez évidemment pas de bride d'arrêt sur l'envers.

POSE INVISIBLE OU A L'AMÉRICAINE

Les deux bords de la fente doivent se chevaucher d'un demi-centimètre environ.

1. Côté gauche de la fente bâtissez un rempli dans le prolongement de la couture.
   Côté droit crantez simplement à la hauteur de l'extrémité de la fermeture.
2. Sur le même côté gauche bâtissez ou épinglez à environ 1 cm du bord endroit contre endroit un côté de la fermeture à glissière.
   Le bord droit du tissu se placera contre le bord intérieur des mailles de la moitié droite de la fermeture.
3. Maintenez par une piqûre main terminée en biseau.

MONTAGE EN COUTURE RAPIDE A L'AIDE DE RUBAN ADHÉSIF

Préparez votre fente comme indiqué plus haut. Placez l'endroit de la fermeture sur l'envers du vêtement. Dans le haut, repliez les extrémités du ruban de la fermeture vers l'intérieur. Posez le ruban adhésif tout le long de la partie tissu ou ruban de la fermeture. Appuyez très fort pour faire adhérer le ruban papier sur le ruban tissu. Faites la même chose sur l'autre côté. Piquez le tout. Une fois maintenue par la piqûre le ruban adhésif se décolle très facilement.

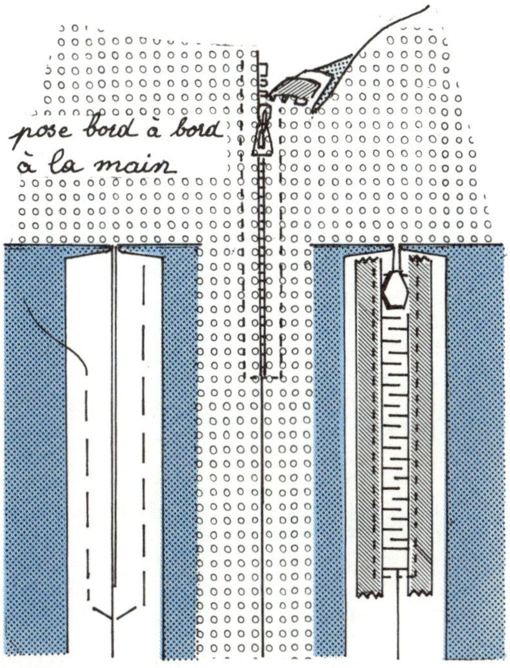
pose bord à bord
à la main

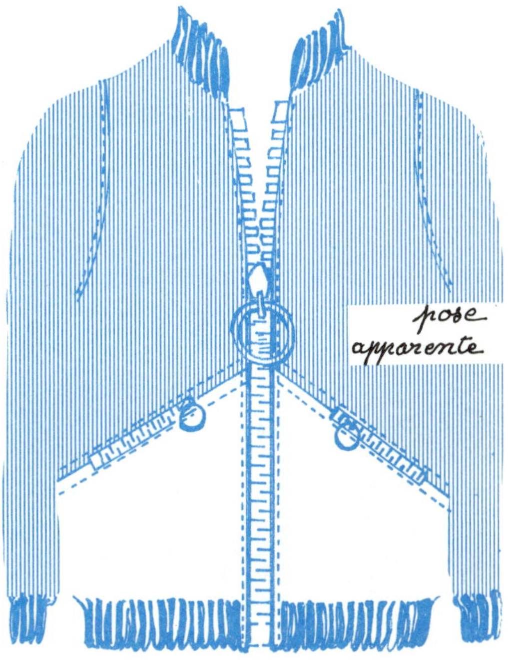
pose
apparente

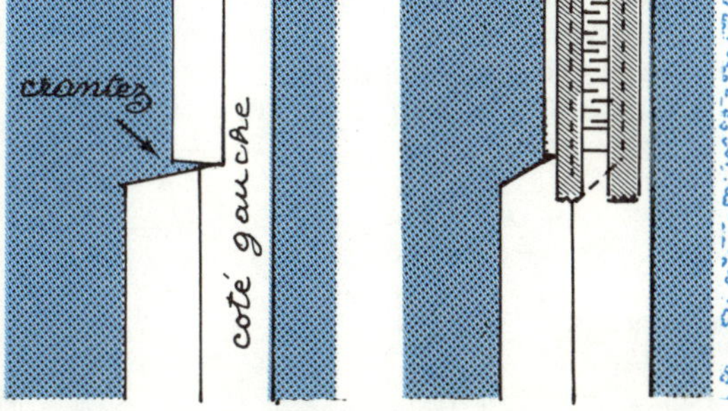
pose à l'américaine
crantez
coté gauche

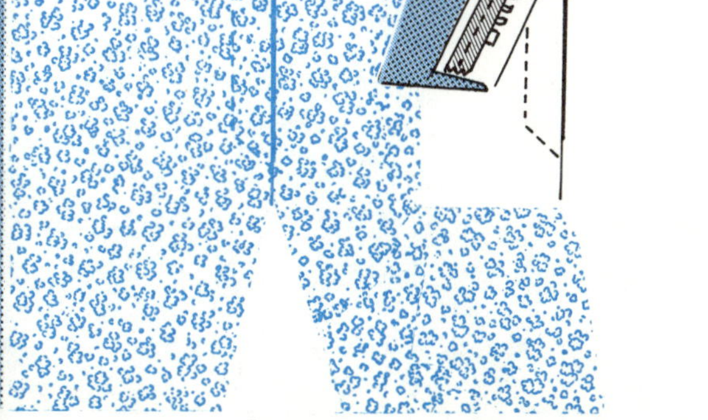

Les fermetures modernes

*Ces fermetures allient non seulement
le confort, la rapidité d'ouverture et de fermeture
mais offrent également de multiples possibilités.
Elles peuvent être un élément de décoration si elles sont visibles ;
si elles ne le sont pas,
elles donnent sobriété à un certain style de vêtements.*

Les fermetures invisibles par auto-agrippants

Le ruban adhésif, communément appelé VELCRO du nom de la marque, est composé de deux bandes. L'une rugueuse portant des crochets, l'autre lisse dite « côté velours » qui les reçoit. Ces deux bandes adhèrent l'une à l'autre par simple pression.

Il est conseillé de fixer les bandes soit à points glissés, soit par un point de piqûre le long des parties lisses en haut et en bas de chacune des bandes.

Ce ruban se pare désormais de jolies couleurs. Le prêt à porter l'utilise souvent en décoration en jouant avec les différents coloris.

Le VELCRO est une fermeture parfaite dans les vêtements de sports, de loisirs, bateaux - montagne.

Les fermetures visibles par boutons de métal pressionnés

Il s'agit ici de boutons-pressions en métal argenté ou doré appelés "gripper" qui ne se cousent pas sur le vêtement mais se posent à l'aide d'une pince spéciale. Ces boutons, légèrement bombés, garnissent tous les vêtements de sports d'hiver ou de plage comme les blousons pour la voile. Nous vous indiquons la façon d'utiliser la pince presse-boutons que vous trouverez dans les grands magasins et magasins spécialisés. Les boutons-pressions « gripper » sont vendus en sachets.

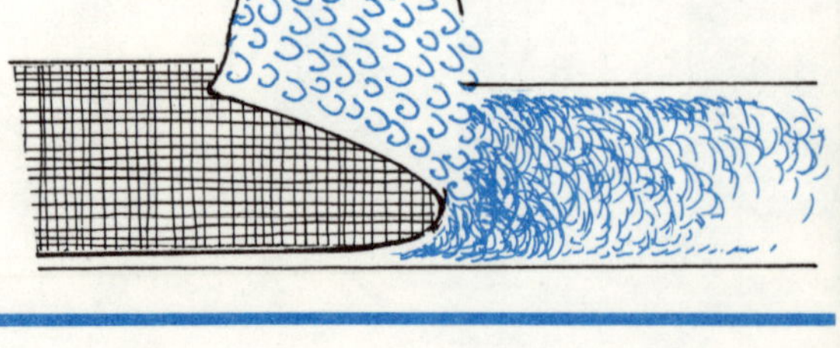

LA PINCE PRESSE-BOUTONS

Avant de vous en servir familiarisez-vous avec la pince en utilisant un morceau de tissu-test. Avec des tissus légers et moyens, utilisez une triple épaisseur de tissu ou renforcez avec une toile thermo-collante. Pour des tissus lourds utilisez un ruban sergé. Marquez bien les repères du boutonnage de part et d'autre.

Description :

La mâchoire 1 possède une plate-forme pleine. Elle reçoit le bouton gripper ou l'anneau avec griffes. La mâchoire 2 avec plate-forme trouée reçoit la pression mâle ou femelle, côté griffes. Une bague en caoutchouc amovible maintient les éléments en place sur chaque mâchoire.

Fixation des « gripper » et « mini-gripper » :

1. Placez le bouton ou l'anneau à griffes sur la mâchoire 1 et la pression mâle sur la mâchoire 2 dans la bague en caoutchouc (fig. A) ; serrez fermement la pince sur le repère de boutonnage du dessus du vêtement.
2. Inversez la position de la pince. Insérez l'anneau à griffes sur le côté femelle de la mâchoire 2, côté bombé, face aux griffes (fig. B) ; serrez fermement sur le repère de l'intérieur du vêtement. La fig. C indique la position finale.

Fixation des « super-gripper » et des « maxi-gripper » :

Enlevez la bague en caoutchouc de la mâchoire 1 et remplacez-la par la bague en matière plastique ; insérez le maxi-gripper dans la mâchoire 1 et la pression mâle dans la mâchoire 2 ; pour plus de rapidité, posez vos boutons en série. Ensuite opérez comme ci-dessus en n'omettant pas de remettre la bague en caoutchouc pour la fixation du gripper (fig. B et C) et de la pression femelle.

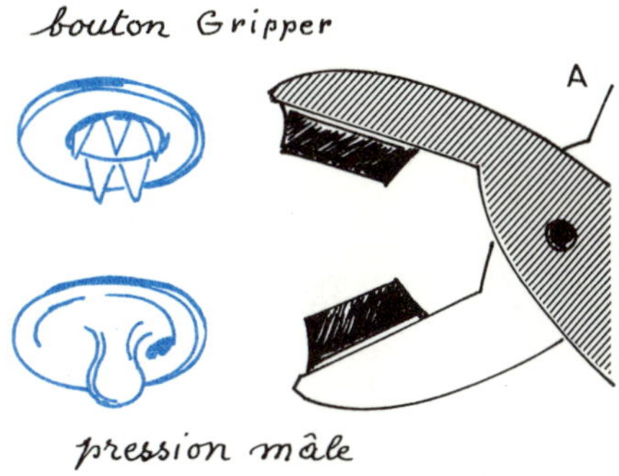

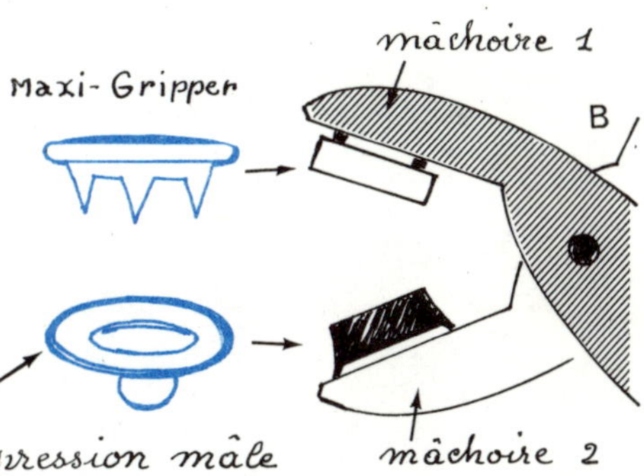

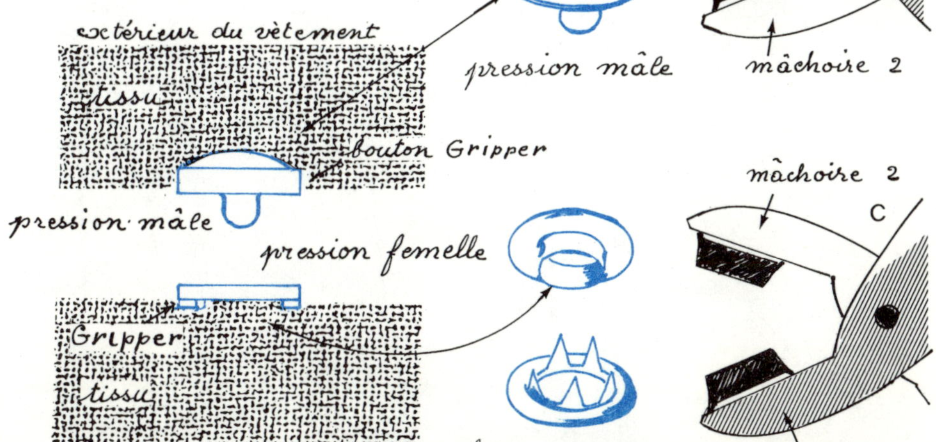

UN PATRON SUPER-SIMPLE...
3 ROBES SEMBLABLES ET DIFFÉRENTES A LA FOIS

Chacune des trois robes présentées ci-contre, réalisées à partir du même patron, se personnalise par un système de fermeture différent mettant en application les étapes de couture présentées dans cet ouvrage ainsi que les indications de réalisation des boutonnières (pages 64 et 134) des liens (page 143) des brides (page 133).
A vous de choisir le modèle en fonction de votre personnalité et de l'utilisation que vous souhaitez en faire.
Cette robe, prévue pour une taille 40 et une stature de 1 m 60, 1 m 62, sera réalisée dans 2 m 25 de velours, d'ottoman, ou de toile de coton en 90 cm de large.

Préparation du travail

Posez votre tissu à plat, l'endroit sur votre table de coupe. Maintenez le tissu à l'aide de poids. Examinez attentivement le plan. Pour une fermeture asymétrique les deux devants ne sont pas identiques. Le côté droit est plus important que le côté gauche sur lequel il vient se boutonner. A l'aide de la craie tailleur, reportez sur le tissu toutes les mesures du plan, d'abord celles des deux devants. Taillez à 2 cm du trait pour les coutures et 5 cm pour l'ourlet. Sur le tissu restant, mais plié en deux, vous couperez le dos, dans les chutes, les bretelles et éventuellement les liens ou brides de boutonnage.

Réalisation

— les bretelles : pliez chacun des morceaux endroit contre endroit. Piquez sur trois côtés, retournez sur l'endroit à l'aide d'une épingle de sûreté. Repassez à la pattemouille en plaçant la couture en dessous afin qu'elle ne soit pas apparente sur l'épaule.

1. Epinglez endroit contre endroit les deux devants au dos. Piquez, surfilez, ouvrez les coutures au fer.
2. Bande bordant l'encolure

Montage traditionnel
Epinglez et piquez, endroit contre endroit, la bande du décolleté à 1 cm du haut de ce dernier en soutenant légèrement le tissu. Piquez, repassez. Rabattez sur l'envers et maintenez à points glissés sur la piqûre de montage.

Montage en couture rapide
En vous aidant du fer tiède, marquez un petit rempli sur l'envers tout autour de la bande droit fil. Dans le haut du décolleté passez un fil de fronces. Ramenez la longueur du tour du décolleté à celle de la bande en tirant légèrement sur les fils de fronces. Epinglez et piquez à cheval la bande tout autour du décolleté ainsi préparé. Rabattez sur l'envers, le long des deux devants, la bande de parmenture et maintenez par une piqûre.
Réglez la longueur de la robe. Cousez votre ourlet.

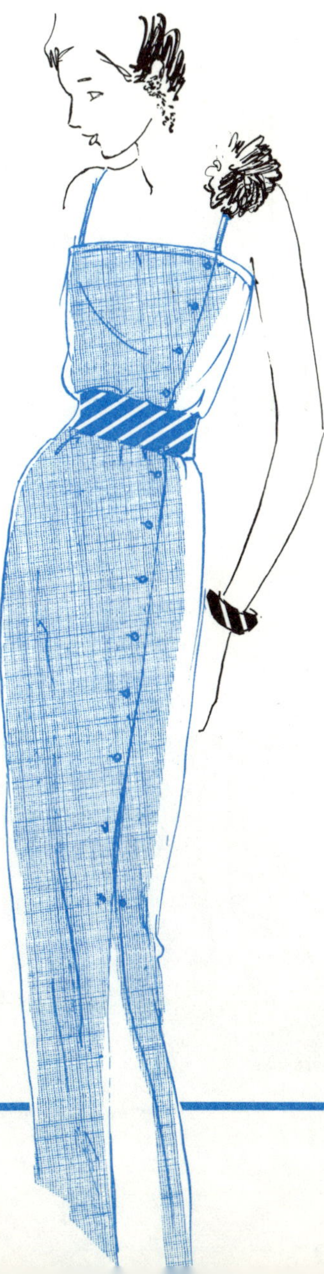

Patron super-simple

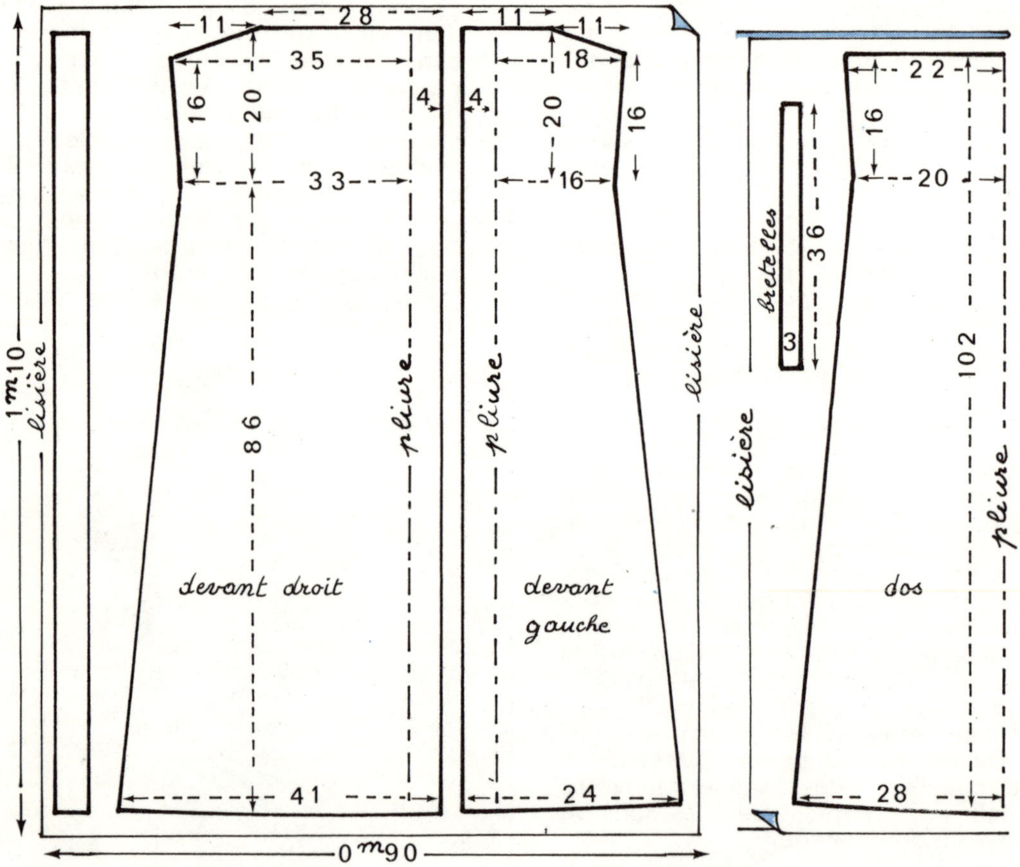

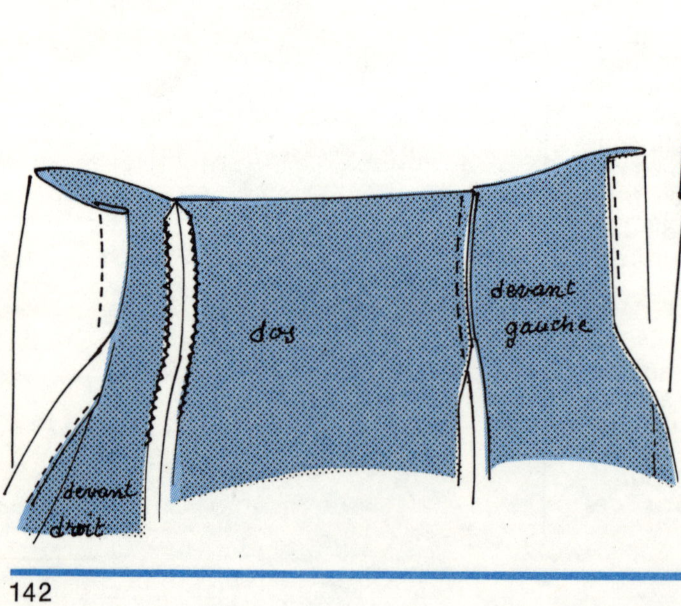

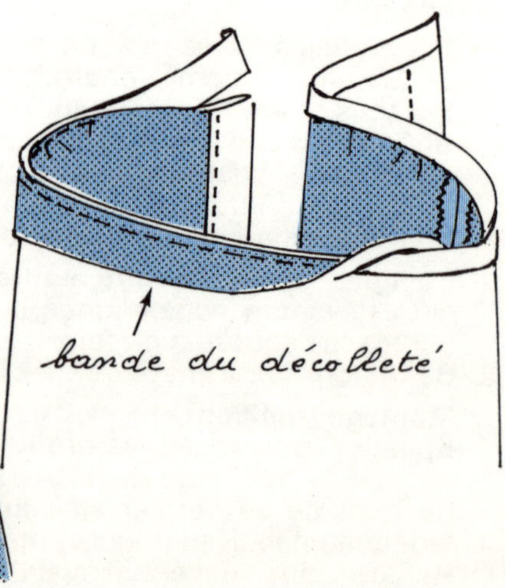

1. **Robe boutonnée**

Préparez vos boutonnières sur la bande côté droit, la première à 2 cm du haut du décolleté, les autres espacées de 7 cm.
Cousez vos boutons en vis-à-vis. Dans le haut fixez l'agrafe et sa porte.

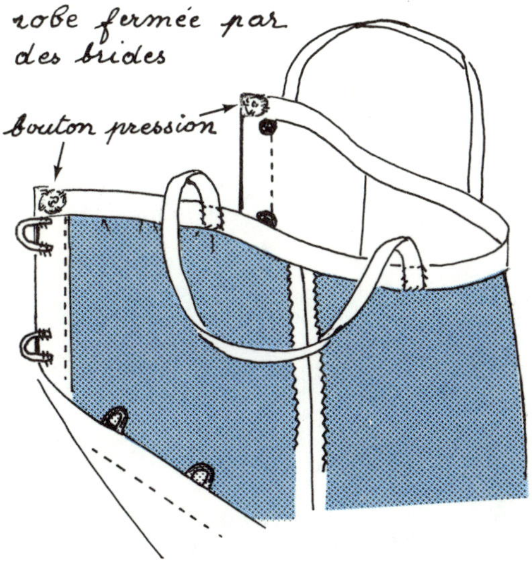

2. **Robe fermée par des liens**

Préparez chacun des liens :
Epinglez chacune des bandes de lien endroit contre endroit et piquez sur trois côtés. Repassez. Retournez sur l'endroit.
Posez chaque lien sur l'envers après avoir fait un petit rentré sur la partie non fermée. Respectez les distances indiquées sur le croquis.
Dans le haut du décolleté cousez également les deux parties du bouton-pression, la partie mâle sur l'envers côté droit et la partie femelle sur l'endroit côté gauche.

3. **Robe fermée par des brides**

Préparez vos brides :
Reportez-vous au chapitre brides (page 133). Cousez vos brides sur l'envers côté droit. Les boutons en regard sur l'endroit côté gauche.
Dans le haut piquez vos deux petits morceaux d'auto-agrippant (voir pose de l'auto-agrippant page 138).

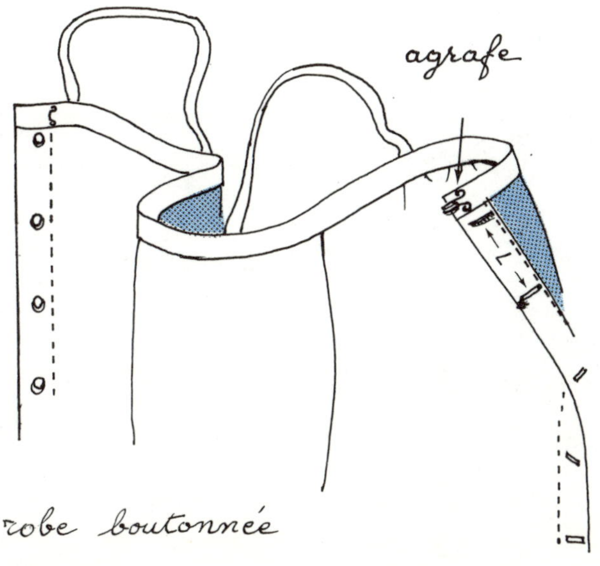

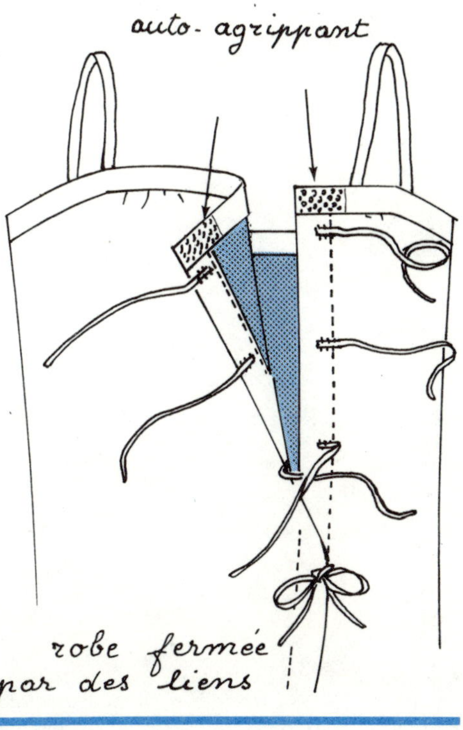

Chapitre 6

FORMONS LE VÊTEMENT

Après avoir découvert,
les ouvertures, les encolures et les fermetures d'un vêtement,
nous allons vous initier
au charme des différents plis, fronces, pinces, ceintures
qui, tout en donnant une forme bien particulière au vêtement,
soulignent les tendances de la mode du moment.

Tout sur les plis

On distingue plusieurs catégories de plis et de plissages :

— les plis plats simples dans le droit fil ou plis accordéon ;
— les plis plats évasés toujours dans le droit fil ;
— les plis ronds ;
— les plis creux ;
— les plis rapportés ;
— les plissés « soleil debout » en arêtes, le sont dans le tissu en biais (à faire plisser par un plisseur) ;
— les plissés « soleil plat », toujours dans le biais (à faire plisser par un plisseur).

Chacun de ces plissés a, non seulement ses propres problèmes de calcul de métrage, mais aussi ceux de la composition des tissus qui en font l'objet.

Les tissus recommandés

Le tissu d'une jupe plissée doit être infroissable pour un plissé permanent. La pure soie, la laine peignée, le tergal, le dacron et certains tissus mélangés, la toile et les tweeds tissés serrés conviennent bien pour faire un plissage.

NOTRE CONSEIL :
En achetant le tissu, ne jamais oublier de demander s'il est facile à plisser, s'il se lave ou s'il faut le nettoyer à sec.

Comment calculer le métrage

Impérativement pour l'un ou l'autre des plissés plats, le calcul des métrages sera de **trois fois le tour de hanches** et non trois fois la hauteur du tissu, cela vous évitera d'en gâcher.

Autre conseil très important pour les plissés plats ou accordéon : il convient de faire l'ourlet au bas des pièces à plisser mais n'assemblez pas vos panneaux afin qu'une fois plissés les coutures des côtés soient dissimulées dans le creux des plis.

Pour les plissés soleil debout ou en arêtes, il vaut mieux « faire plisser » par un professionnel 4 quarts ou deux 1/2 circonférences de la partie à plisser en tenant compte d'une perte de 30 cm dans le haut du plissage. Le tissu étant en biais, **ne pas faire l'ourlet à l'avance.** Après plissage, monter le vêtement, le laisser 24 heures accroché afin que le biais se place. Réglez la longueur ; s'il s'agit d'un tissu très fin, faire un simple rouleauté dans le bas. Dans un autre tissu, montez le vêtement, marquez à la craie tailleur la hauteur de l'ourlet, passez un fil de bâti sur le trait. Reportez le tissu au plisseur qui fera l'ourlet lui-même, ce qui vous évitera bien des soucis et vous gagnera du temps.

Pour les plissés soleil plat, il faut impérativement 4 quarts de circonférence non assemblés.

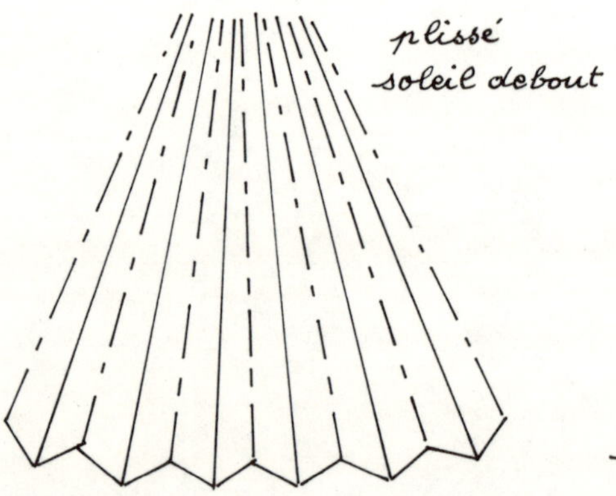

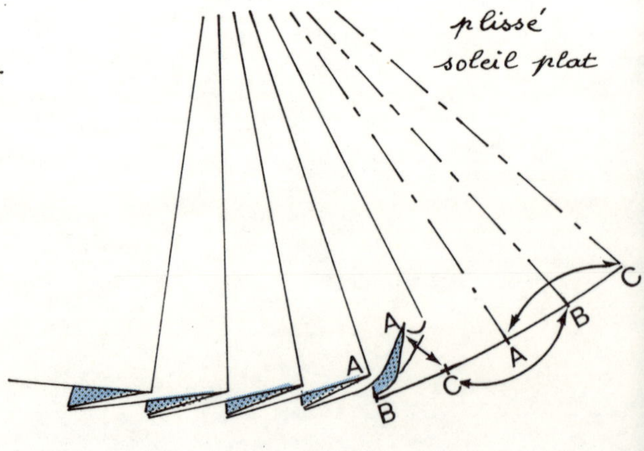

COMMENT PLISSE-T-ON SOI-MÊME UN TISSU ?

En règle générale, la **profondeur** d'un pli est toujours égale à **deux fois la largeur du pli.** Si la largeur d'un pli est de 5 cm, la profondeur du pli sera donc de 5 cm x 2 = 10 cm. La valeur totale par pli : 10 cm + 5 cm = 15 cm.

Pour calculer le nombre de plis, divisez votre tour de hanches par la largeur du pli. Exemple : tour de hanches 95 cm : 5 = 19 plis.
Si la largeur du pli est de 4 cm, le tour de hanches 96 cm, il vous faudra 24 plis.

NOTRE CONSEIL :

N'oubliez pas d'ajouter la valeur des coutures à votre tour de hanches pour calculer le nombre de plis.
Les arêtes de chacun des plis doivent être droit fil pour les plis plats, ronds ou creux.
Pour une jupe taillée en plein biais, chaque arête de pli sera en plein biais. Mais nous vous suggérons à nouveau, dans ce cas-là, de faire appel au professionnel.

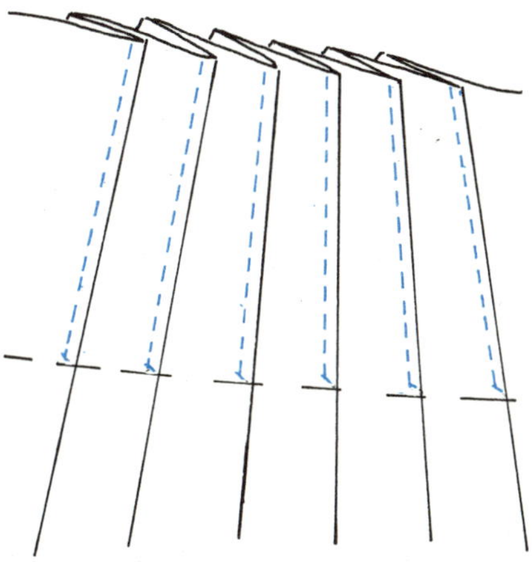

Plis plats

Dans le plissé plat le bord du premier pli touche le fond du second. Marquez à l'aide d'un fil de bâti le fond et le bord de chaque pli, après avoir déterminé la largeur de chacun. Pliez le tissu le long des fils. Épinglez. Recommencez l'autre pli. Cassez les plis au fer s'il s'agit d'un tissu de coton. Pour la soie, la laine ou un tissu synthétique il convient d'épingler d'abord et de bâtir ensuite chaque pli sur toute sa longueur. Repassez au « fer-pressing » ou à la patte-mouille.

Vous pouvez, pour une jupe sport, surpiquer chacun des plis à un pied-presseur de l'arête du pli en partant de la taille jusqu'à la pointe des hanches. Terminez la piqûre en biseau.

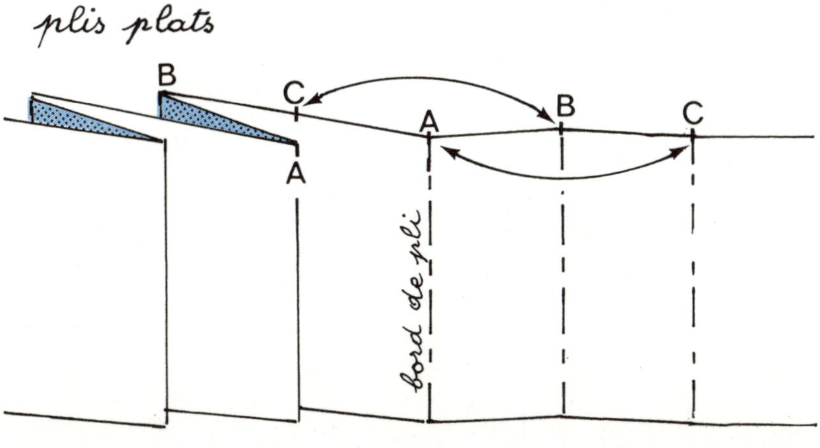

Les plis

Plis creux

Le pli creux est formé de deux plis plats se faisant face. C'est-à-dire dont les arêtes se touchent sur l'endroit du tissu. La **profondeur du pli** se trouve donc sur **l'envers** du travail.

Préparez les arêtes. Bâtissez tout du long. Le premier fil indique le milieu du fond du pli, les deux autres, les deux bords du pli creux qui se juxtaposeront l'un contre l'autre.
Bâtissez sur toute la longueur jusqu'à la hauteur du pli creux désirée. Écrasez les plis au fer. Maintenez par une piqûre.

Plis ronds

Le pli rond est en réalité un pli creux vu sur l'envers. La préparation est donc exactement la même. La **profondeur du pli** se trouvera donc sur **l'endroit** contrairement au pli creux. Pour que les arêtes des plis ronds soient parfaitement dans le droit fil, bâtissez entièrement chacune d'elles. Repliez ensuite les bords qui doivent se toucher. Épinglez, bâtissez. Repassez au fer vapeur ou à la pattemouille. Piquez ensuite la partie plate jusqu'à la hauteur de plis que vous souhaitez libérée. Retirez les fils de bâti. Vous pouvez également faire une surpiqûre garniture tout le long de la piqûre de maintien.

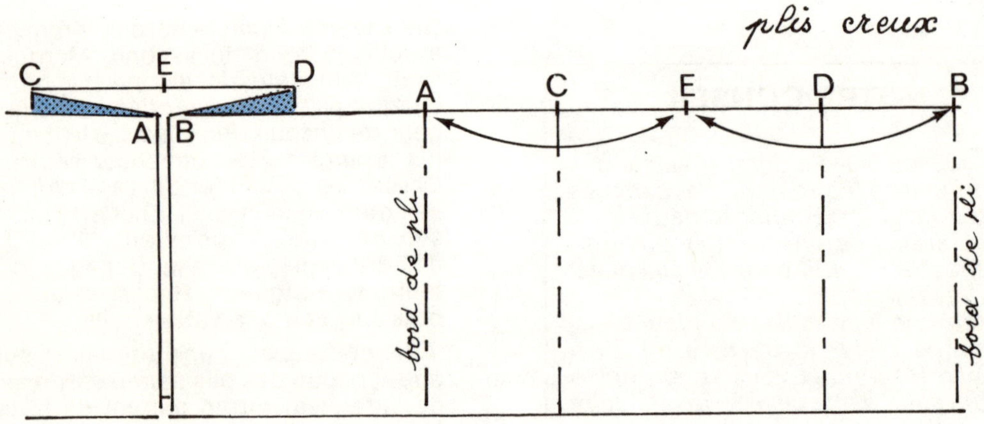

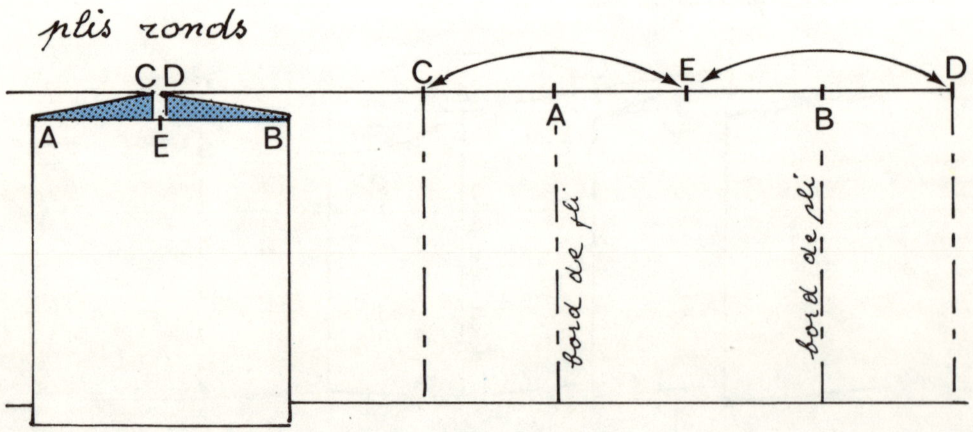

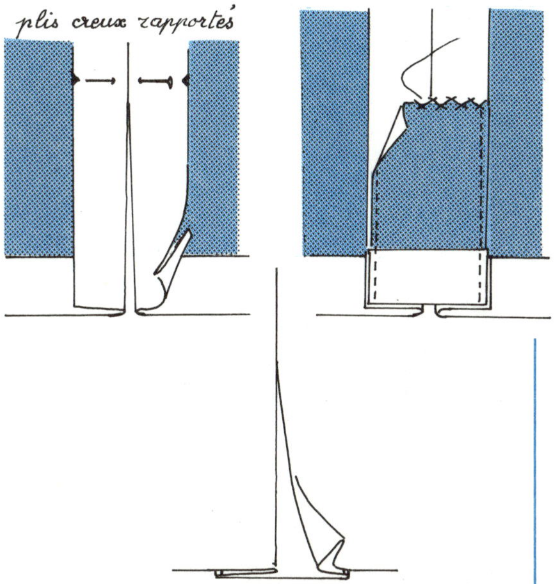

Plis creux rapportés

Ce genre de pli est utilisé soit pour éviter les surépaisseurs de tissu, soit pour pallier le manque du tissu lorsque sa largeur n'est pas suffisante. Dans ce cas-là, la plupart du temps, le pli se place dans le prolongement de la couture de montage du vêtement. Les rentrés de la couture qui seront assez larges joueront le rôle de creux de pli.

Le fond de pli est constitué par un rectangle dont la hauteur et la largeur seront fonction de l'effet recherché : hauteur de la fente plus 3 cm, largeur environ 10 cm.

- Par une épingle sur la couture marquez la hauteur du pli désirée. Décrantez la valeur de couture. Votre piqûre d'assemblage s'arrêtera à 2 ou 2,5 cm au-dessous des crans que vous venez de faire.
- Ouvrez la couture au fer.
- Posez le milieu du rectangle sur l'ouverture.
- Épinglez les bords de la couture contre le bord du rectangle. Piquez.
- Maintenez le haut du rectangle soit par des points de chausson, soit à points coulés après avoir fait un tout petit rentré.

MONTAGE D'UNE JUPE PLISSÉE

Afin de ramener le tour de votre jupe à celui de votre tour de taille et aussi pour éviter les épaisseurs au niveau de la ceinture, il convient de diminuer légèrement la largeur de chacun des plis. Lorsque vos plis sont préparés marquez sur toute la largeur de la jupe posée à plat la hauteur de la pointe du bassin par des épingles. Vos plis sont bien cassés, la ligne droit fil s'arrêtera aux épingles. A partir de là et jusqu'à la taille, diminuez légèrement afin que la largeur de chaque pli ne fasse que 4 cm au lieu de 5 cm par exemple. Bâtissez soigneusement pour maintenir de l'épingle à la taille.
Montez votre ceinture à la jupe endroit contre endroit. Piquez. Retournez sur l'envers. Maintenez sur la couture de montage. L'ouverture de la taille est toujours ménagée dans la profondeur d'un pli et bien souvent il n'est pas nécessaire de fermer par une glissière mais simplement par des agrafes cousues sur la ceinture.

NOTRE CONSEIL :

Dans certains lainages, il est aussi souhaitable pour le plissé plat de couper une partie du creux de pli jusqu'à 1 cm de la piqûre, depuis la pointe des hanches jusqu'à la taille et ce pour une ligne générale plus amincie.

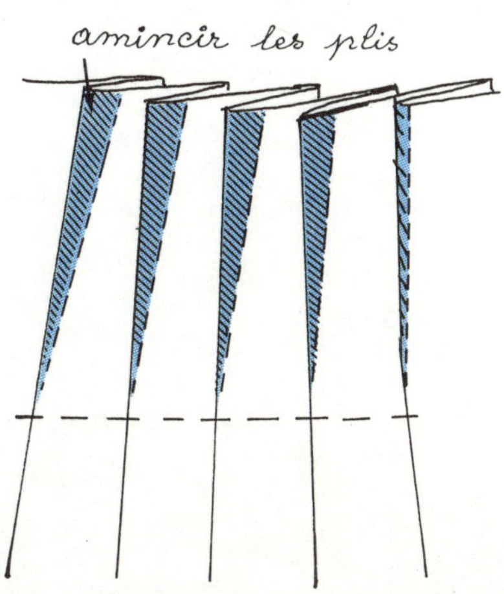

Robes souples et plissées

Même patron de base, même forme de plis pour ces deux robes. Pour l'une le plissé part des hanches, hauteur du pli 65 cm, et convient aux silhouettes juvéniles. Pour l'autre aux genoux hauteur du pli 25 cm. Elles seront réalisées dans une soie naturelle ou imitation soie, une étamine de coton ou de laine. Le plan de coupe étant le même, nous vous donnons les indications de préparation du travail convenant aussi bien à l'une qu'à l'autre.

1. Robe à bretelles piquées
(taille 38/40)

Fournitures :

- 0 m 45 de tissu en 140 cm
+ 1 m 95 en 140 cm pour la bande à plisser.

2. Robe à bretelles nouées
(taille 38/40)

Fournitures :

- 0 m 80 en 140 cm pour la robe
+ 0 m 75 en 140 cm pour la bande à plisser.

Réalisation

Examinez attentivement le plan du patron page 151. Posez votre tissu à plat l'endroit vers vous. Repliez le tissu, à droite sur 28 cm, à gauche sur 30 cm. Épinglez tout du long pour éviter le glissement des épaisseurs. Reportez les indications et mesures du plan sur le tissu ainsi plié. Tracez le contour du patron. Taillez au ras du trait, car la valeur des coutures est comprise dans nos indications de mesures.

Hauteur de la robe n° 1 à bretelles cousues 45 cm.
Hauteur de la robe n° 2 à bretelles nouées sur l'épaule 80 cm.

1. Fermez la pince de poitrine par une piqûre. Repassez.
2. Épinglez et piquez les coutures de côté. Ouvrez les coutures au fer.
3. Dans le haut de la robe faites un rempli sur l'envers de 2 cm. Épinglez et maintenez soit par une piqûre soit à points coulés.

Préparation des volants à plissé plat

• Robe à bretelles cousues

Prenez la bande de 1 m 95 en 140 et coupez trois bandes de 65 cm sur 140. Assemblez-les entre elles endroit contre endroit. Piquez. Vous obtenez une bande de 65 cm sur 4 m 20. Cousez un ourlet sur toute la longueur. Préparez vos plis plats (voir page 147) et ce en fonction de la longueur du bas du corps de la robe.

— Épinglez ou bâtissez votre bande ainsi plissée endroit contre endroit à la robe. Piquez.
— Prenez les deux bandes de bretelles. Pliez chaque bande endroit contre endroit. Piquez. Retournez en vous aidant d'une épingle de sûreté. Repassez. Cousez les bretelles en A et C dans le haut de la robe aux endroits indiqués sur le plan.

• Robe à bretelles nouées sur les épaules

Prenez la bande de 0 m 75 sur 140. Coupez trois bandes de 0 m 25 sur 140. Vous obtenez après les avoir assemblées entre elles une bande de 0 m 25 sur 4 m 20. Préparez comme plus haut le plissage de cette bande et assemblez-la dans le bas de la robe. Vous aurez coupé quatre bandes de bretelles. Préparez chacune des bandes comme indiqué précédemment.

Fixez deux bandes sur le devant en A et deux bandes dans le dos en C qui viendront se nouer sur les épaules.

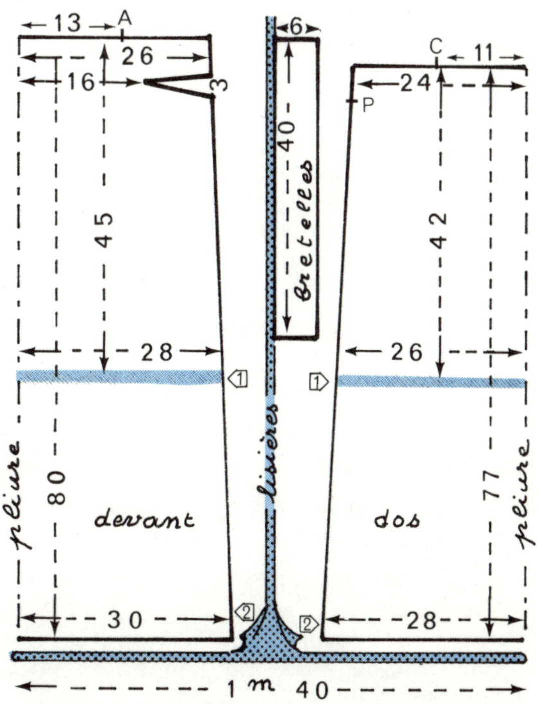

Tout sur les fronces

*Les fronces s'obtiennent de différentes façons,
à l'aide de fils, d'élastiques, ou de coulisses.
Les fronces donnent un style particulier au vêtement,
elles en resserrent l'ampleur
à un endroit précis,
pour la libérer plus bas en plis souples.*

Les fronces aux fils de fronces

Pour obtenir des fronces régulières il faut un peu de méthode et un point de devant (voir page 88 fronces machine).
Commencez chacun des rangs de fronces à un centimètre et demi du haut et à un centimètre et demi des bords.

Première rangée de fil : pas de nœud au bout de l'aiguillée, faites quelques points sans tirer complètement le fil, laissez pendre 25 cm de l'aiguillée. A l'extrémité opposée à la fin de la rangée fixez solidement.

Deuxième rangée de fil : ici faites un nœud au bout de l'aiguillée. Au bout de la rangée laissez pendre 25 cm de fil. Recommencez en inversant les nœuds.

Tirez sur les fils libres à droite et à gauche. Ramenez à la largeur voulue. Répartissez harmonieusement les fronces. Fixez solidement les fils libres.

S'il s'agit de froncer un volant pour le monter sur une jupe droite ou sur une partie plate, vous ne passerez que deux fils de fronces.

Pose d'un volant

1. *Pose classique :* épinglez le volant endroit contre endroit du vêtement. Piquez.
2. *Pose sous une partie plate :* dans le bas de la partie plate faites un petit rentré sur l'envers. Posez l'endroit du volant sur ce rentré. Maintenez par un point de piqûre.
3. *Pose tête apparente :* le montage du volant peut aussi se faire endroit de la partie plate contre envers du volant. La tête du volant est alors apparente. Il convient de faire un rentré de quelques centimètres sur l'envers de la bande avant de passer le fil de fronces.

Les fronces par élastique dans un ourlet

1. Dans le haut de la jupe, du jupon ou du pantalon, faites un ourlet sur l'envers en laissant une petite ouverture côté couture de côté.
2. Par cette ouverture glissez l'élastique dans l'ourlet à l'aide d'une épingle de sûreté fixée à l'extrémité de l'élastique.
3. Retirez l'épingle. Coudre les deux bouts de l'élastique. Répartissez les fronces. Fermez l'ouverture à points glissés.

Fronces par élastique dans une coulisse *(voir couverture)*

1. Sur la partie à froncer coudre une bande sur l'envers de 2 cm de hauteur. Laissez une ouverture à droite et à gauche.
2. A l'aide d'une épingle de sûreté glissez un lien qui traverse la coulisse de part en part. Ce lien peut venir se nouer devant ou dans le dos du vêtement.

Fronces en bouillonné

Une bande de tissu rectangulaire taillée dans le droit fil ou en biais est alors froncée en haut et en bas.
Les fronces en bouillonné sont utilisées en « entre-deux garniture ».

pose classique

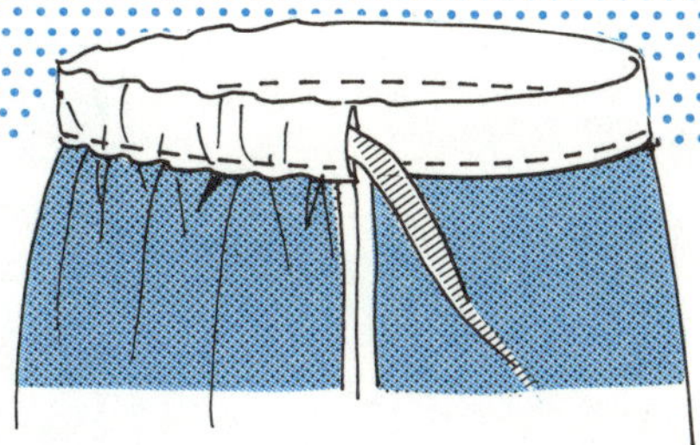

fronces par élastique dans un ourlet

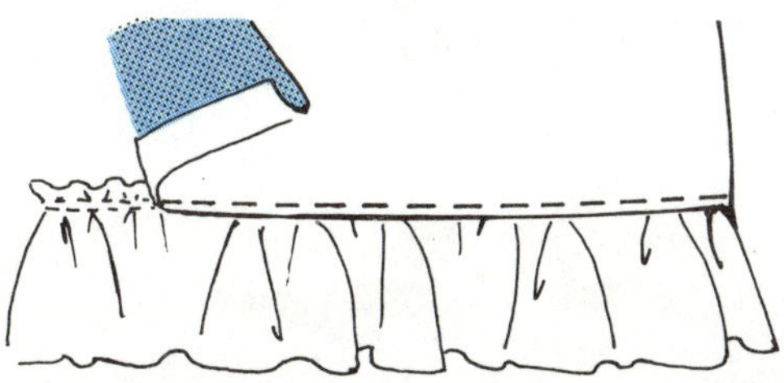

pose sous une partie plate

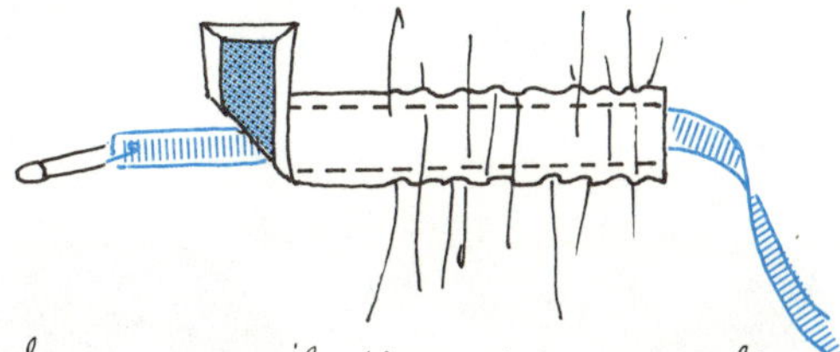

fronces par élastique dans une coulisse

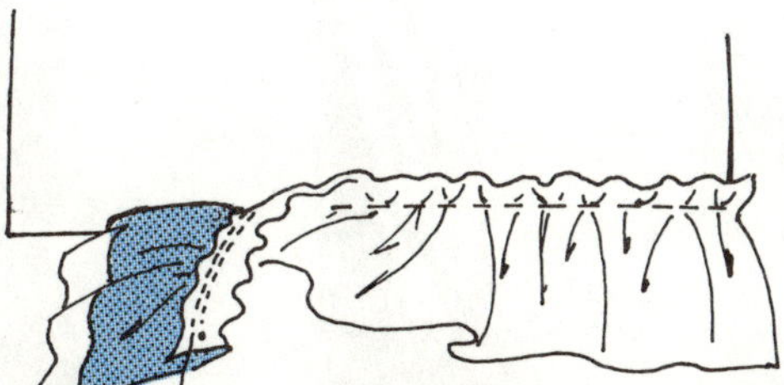

pose tête apparente

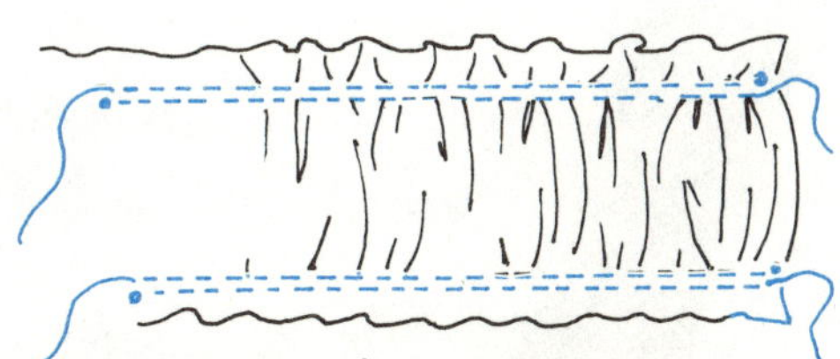

fronces en bouillonné

TROIS JUPES ILLUSTRANT LES TROIS MANIÈRES DE MONTER UN VOLANT FRONCÉ

Elles sont toutes trois réalisées dans un rectangle de tissu de 120 sur 140 cm. Voile de coton pour la jupe n° 1, cotonnade légère pour les deux autres. Le volant de la jupe n° 2 peut être terminé par un galon piqué à cheval sur le bord, côté ourlet. Toutes trois sont froncées dans le haut par un élastique plat glissé dans l'ourlet de taille. Le volant sera composé de deux bandes de 30 cm de hauteur, assemblées entre elles.

Fournitures : pour une taille 40

— 80 cm d'élastique plat
— 2 m 40 de galon ou ruban de satin facultatif pour la jupe n° 2
— 1 m 20 en 140 de large de tissu.

Réalisation

Pliez le tissu en deux lisière contre lisière. Épinglez tout le long de ces dernières. Examinez le plan de coupe. Coupez 3 morceaux : l'un de 60 cm pour la jupe et 2 de 30 cm pour les volants.

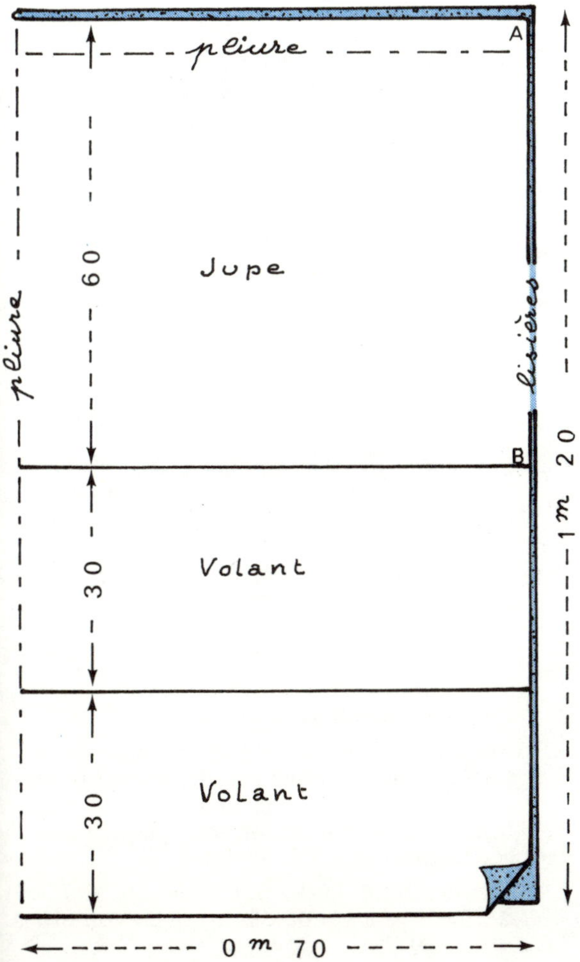

— Prenez la bande de 60 cm sur 140. Épinglez endroit contre endroit de A à B. Piquez. Ouvrez la couture au fer. Dans le haut faites un rempli de 2 cm sur l'envers. Maintenez par une piqûre, en laissant une petite ouverture sur la couture de côté pour le passage de l'élastique (voir page 153).
— Assemblez les deux bandes de volant endroit contre endroit par une piqûre. Repassez la couture. Dans le haut faites un rempli de 1,5 cm pour le volant pose tête apparente de la jupe n° 1 et de quelques millimètres pour les deux autres (voir page 154).
— Passez vos deux fils de fronces. Tirez sur les fils pour ramener la longueur du volant à la longueur du bas de la jupe. Répartissez harmonieusement les fronces.

Jupe n° 1 - Volant tête apparente

— Surfilez le bas de la jupe au point zigzag. Épinglez le volant son endroit contre l'endroit de la jupe. Piquez à 1 cm du haut du volant froncé. Cousez votre ourlet. Dans le haut de la jupe, glissez l'élastique dans l'ouverture en vous aidant d'une épingle de sûreté. Cousez votre élastique après en avoir réglé la longueur. Fermez l'ouverture à points glissés.

Jupe n° 2 - Pose classique du volant

— Épinglez le volant endroit contre endroit du bas de la jupe. Piquez. Réglez la longueur. Éventuellement, dans le bas, piquez un galon à cheval. Glissez l'élastique dans l'ourlet de taille.

Jupe n° 3 - Pose du volant sous partie plate

— Marquez un rempli sur l'envers dans le bas du corps de la jupe. Épinglez votre tête de volant endroit contre envers de la jupe et ce sur le rempli. Piquez. Cousez votre ourlet.

Tout sur les pinces

Une pince
permet de modeler la ligne du vêtement,
de galber une silhouette.

On distingue trois sortes de pinces :

— la pince de poitrine, prise dans la couture de côté et venant mourir à la pointe du sein ;

— la pince de taille, qui part de la taille et rejoint la poitrine. La pince de taille peut aussi partir de la taille et mourir quelques centimètres plus bas, comme dans les jupes par exemple ;

— la pince de cintrage ou pince à deux pointes qui part légèrement en dessous de la ligne de taille et rejoint la poitrine ;

— la pince ouverte est la pince dégarnie (voir croquis).

La longueur ou la profondeur d'une pince n'est pas immuable. Tout dépend de la morphologie de chacune. En règle générale l'emplacement de la pince est indiqué par 3 repères sur le patron. Lorsqu'il s'agit de patrons proposés en schémas cotés et à relever elle est entièrement dessinée. La pince a la forme d'un triangle isocèle aux côtés légèrement galbés. Marquez ce triangle à l'aide d'épingles ou bien par un fil de bâti.

Comment fait-on une pince

— Pliez le tissu endroit contre endroit en faisant coïncider les deux côtés de la pince. La ligne de pliure doit traverser la pointe de la pince. Bâtissez en retirant les épingles au fur et à mesure. Déterminez la fin de la pince par une épingle, après avoir fait un essayage.

— Piquez en commençant par le haut et non par la pointe en faisant quelques points en marche arrière pour bien la maintenir.

— Piquez ensuite tout du long en épousant bien le léger galbe de la pince. Puis tout droit à environ 1 cm de l'épingle.

— Retirez cette dernière et continuez la piqûre dans le vide.

— Coupez les fils après les avoir noués à environ 1 cm de la pince.

— Aplatissez au fer la pince sur le tissu. Pour les pinces horizontales, couchez la pince vers le bas et vers les coutures de côté pour les pinces verticales.

NOTRE CONSEIL :

Pour effacer les épaisseurs, nous vous conseillons soit de dégarnir la « ressource » ou excédent de tissu dans la partie supérieure de la pince, soit de fendre la pince jusqu'à quelques millimètres de sa pointe. Si le tissu à tendance à s'effilocher faire sur chaque arête un point de surfil (pince plate).

Aplatissez au fer vapeur ou à la pattemouille.

Dans le cas de la pince galbante au niveau de la poitrine, il convient de fendre transversalement la « ressource » jusqu'à quelques millimètres de la piqûre et d'aplatir au fer en dessus et en dessous de cette ouverture.

La pince en pli souple

La pince souple n'est pas coupée, ni piquée galbée, c'est un pli maintenu par une piqûre droite sur une certaine hauteur mais terminée net sans piqûre d'arrêt transversale ou en biais.

L'endroit de cette sorte de pli souple donne une aisance décorative. (voir croquis 1 et 2).

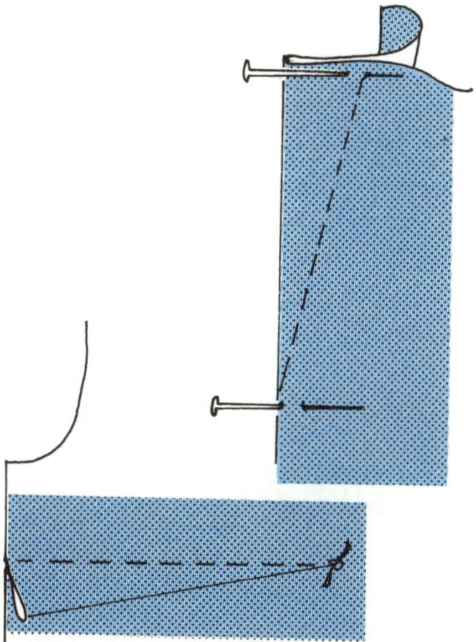

pince de poitrine

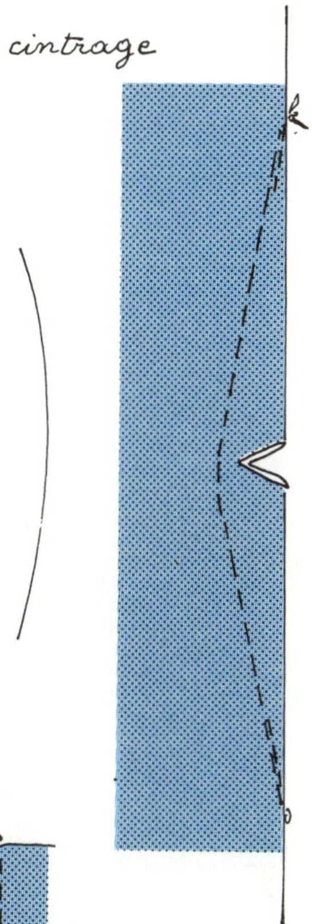

pince de cintrage

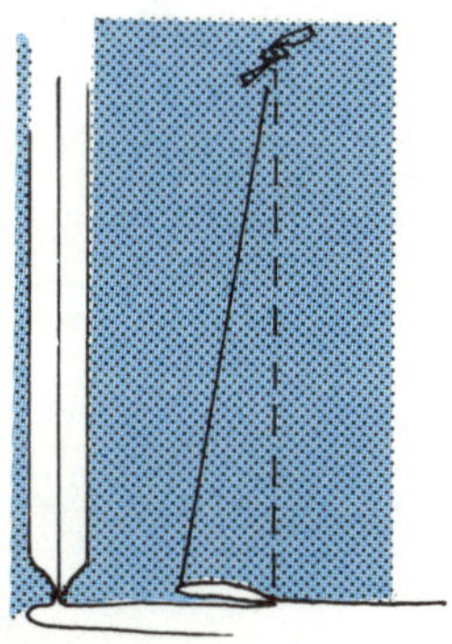

pince de taille

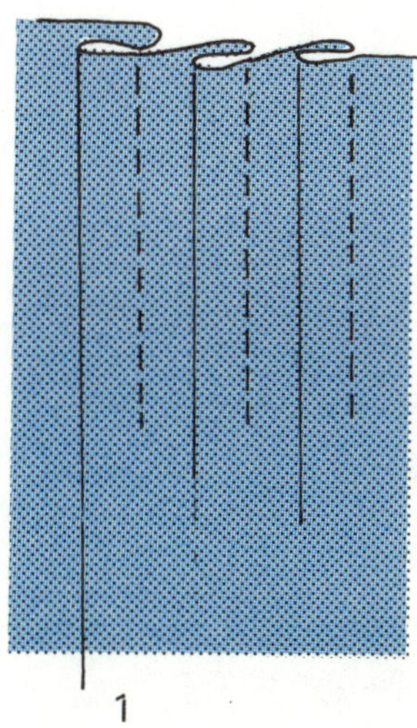

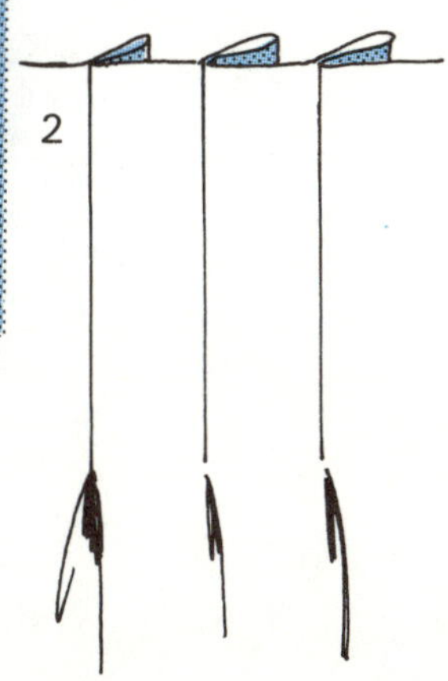

pince en pli souple

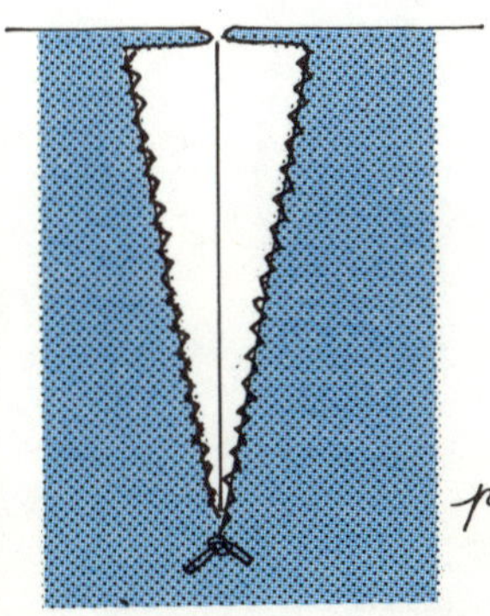

pince ouverte

Tout sur les ceintures

Les ceintures soulignent la taille, terminent harmonieusement un vêtement.
Elles peuvent se nouer, se boutonner,
se terminer par une boucle, un gland de laine ou de soie.
Les ceintures peuvent, selon leur coupe,
la matière dans laquelle elles sont réalisées,
accompagner un modèle sport ou très habillé :
les grands créateurs à chaque collection changent leur physionomie.
Tantôt mince, tantôt large, tantôt nouée,
tantôt fermée par une grosse boucle ceinturon,
la ceinture vit en coquette et modifie son apparence
en fonction de l'humeur des stylistes.

1. Ceinture droite fermée par une boucle

Coupez deux bandes de tissu égales à votre tour de taille plus 20 cm environ, l'une des extrémités taillée en biseau. Coupez une bande en toile autocollante ou en non-tissé thermocollant de la largeur de la ceinture moins 2 cm en largeur et en longueur.

Appliquez au fer cette bande à 1 cm des bords sur l'envers de la ceinture. Épinglez endroit contre endroit la deuxième bande de ceinture. Sur celle que vous venez de thermocoller, piquez tout autour sauf sur le petit côté. Retournez la ceinture sur l'endroit en dégageant la pointe. Repassez.

A 3 cm de l'extrémité à angle droit non terminée, faites un œillet au milieu de la largeur. Brodez l'œillet au cordon et dans cet œillet, glissez le hardillon de la boucle. Après avoir fait un petit rentré à l'extrémité de la ceinture cousu à points invisibles, rabattez sur l'envers, et maintenez sur la ceinture à points de côté. Vous ferez ensuite plusieurs œillets à quelques centimètres les uns des autres sur l'autre partie de la ceinture.

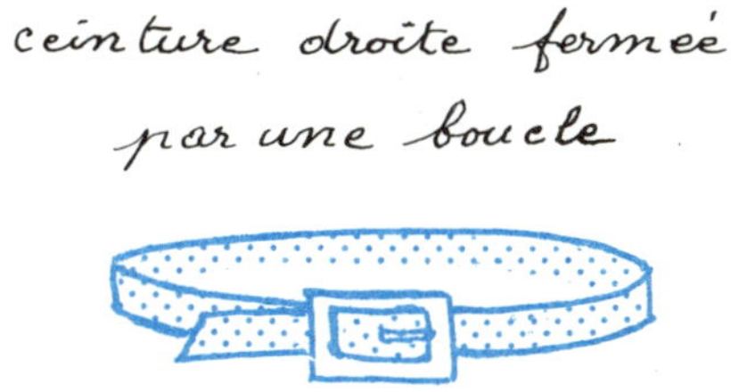

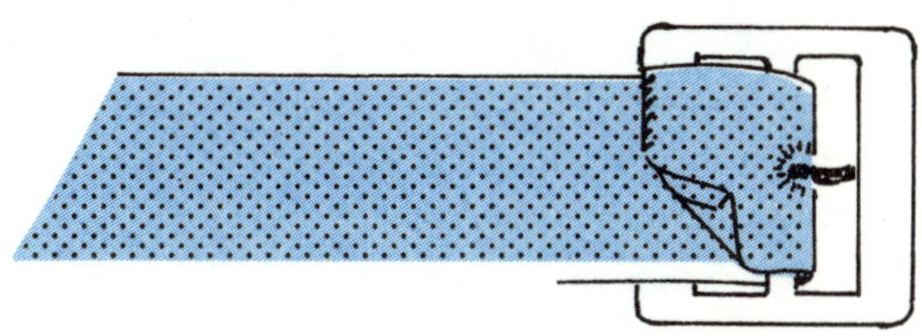

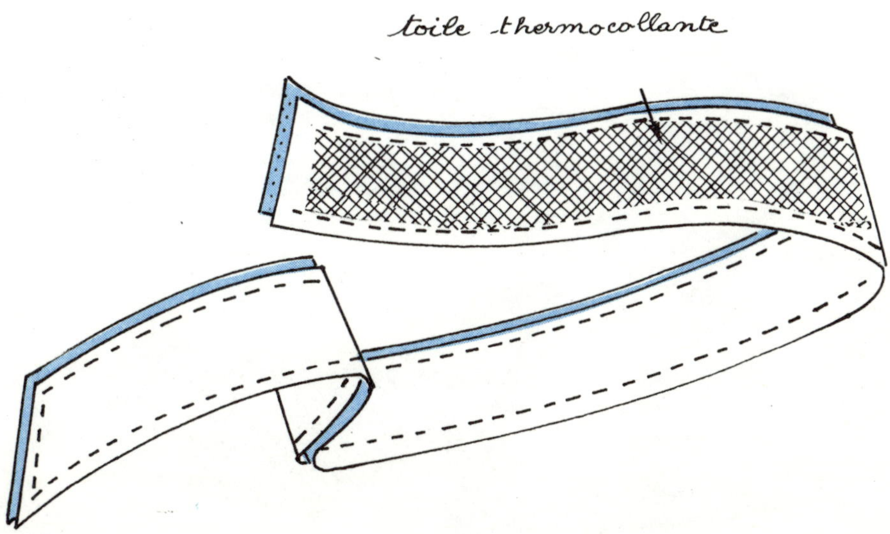

2. La même ceinture en couture rapide

Prenez un morceau de tissu de 2 fois la largeur de ceinture désirée plus une toile thermocollante dont la largeur sera celle de la hauteur de ceinture. Thermocollez sur l'envers la moitié de la bande à partir de la ligne de pliure. Pliez la bande de ceinture en deux tout le long de cette ligne endroit contre endroit. Piquez sur deux côtés. Retournez sur l'endroit. Fermez le troisième côté à points glissés. Cette ceinture peut être nouée ou terminée par une boucle. Elle peut se terminer en pointe ou en biseau. Il est évident que la longueur de la ceinture nouée sera bien supérieure à celle de la ceinture fermée par une boucle.

3. La ceinture en forme

L'exécution est légèrement différente des deux précédentes puisque taillée en forme.

Coupez deux bandes en forme de la largeur souhaitée plus une troisième dans la toile thermocollante moins 1 cm tout autour. Appliquez au fer sur l'envers de l'un des morceaux de la ceinture la toile thermocollante. Faites un rempli de 1 cm sur les bords de la toile thermocollante. Maintenez au point de chausson. Épinglez sur cet envers la deuxième bande de ceinture après avoir fait un petit rempli tout autour, de telle manière que cette bande qui fait office de doublure de ceinture s'applique à quelques millimètres du bord de l'autre bande. Maintenez tout autour à points glissés.

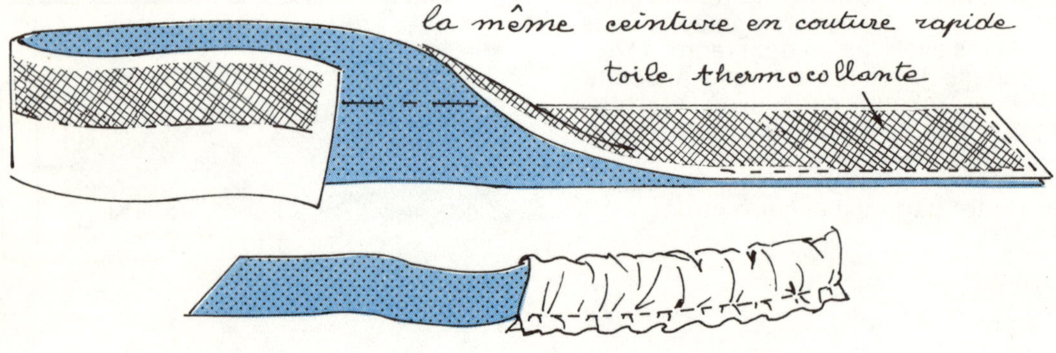

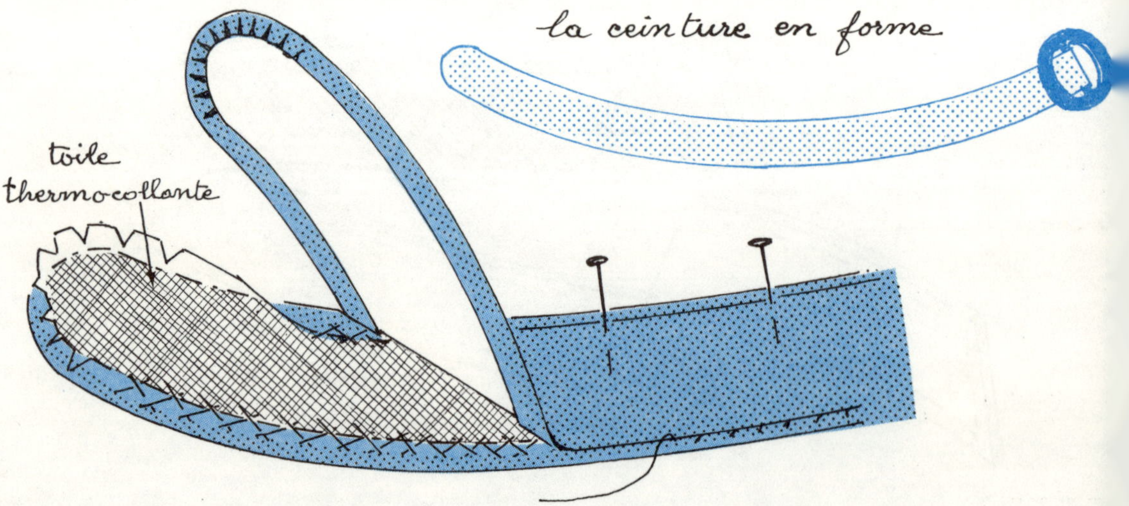

4. La ceinture agrafée

Ce genre de ceinture se coud en couture rapide. La longueur de la ceinture est égale à celle du tour de taille et ses extrémités sont à angle droit. Une agrafe et sa porte, ou deux selon la largeur de la ceinture, sont fixées sur l'envers de cette dernière et sur chacun des petits côtés. Les agrafes peuvent être remplacées par une boucle décorative formée de deux parties qui s'accrochent entre elles.

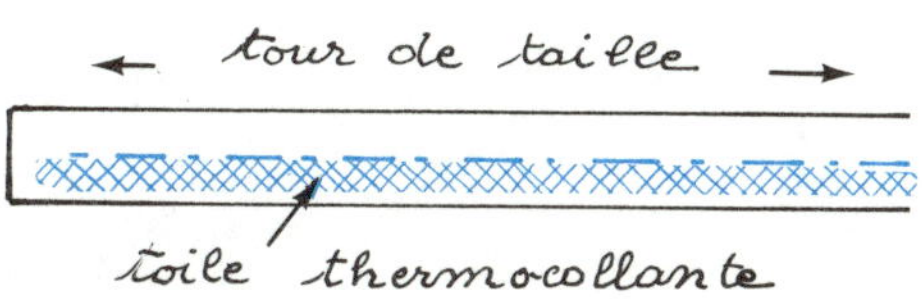

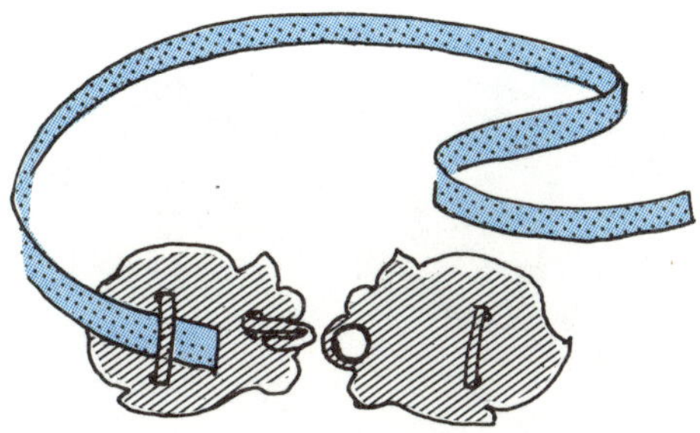

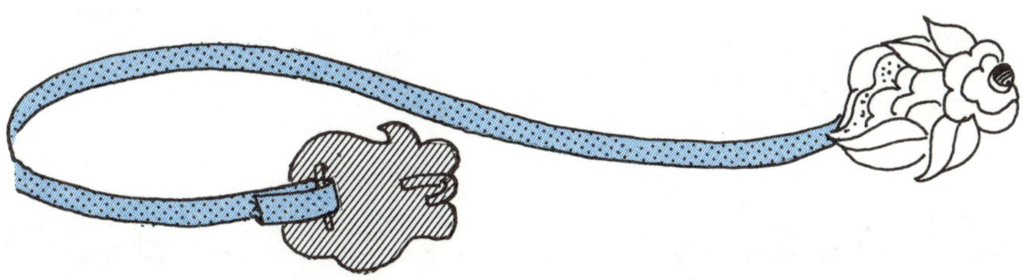

5. La ceinture agrafée à pans noués par des liens

— Coupez trois bandes de ceinture de deux fois la hauteur de cette dernière. L'une de la longueur de votre tour de taille. Les deux autres, qui serviront de liens, auront de 10 à 15 cm de plus que votre tour de taille.

— Thermocollez sur l'envers la moitié de la plus courte des bandes. Tout le long et à partir de la ligne de pliure. Pliez endroit contre endroit. Piquez sur trois côtés. Retournez sur l'envers. Cousez vos agrafes.

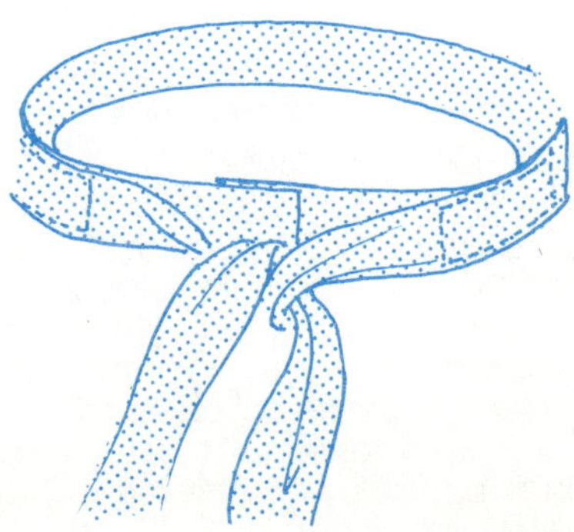

Tout sur les ceintures

- Prenez chacune des bandes de liens : pliez chacune d'elles endroit contre endroit. Piquez sur trois côtés. Retournez sur l'endroit. Fermez la partie ouverte à points invisibles. Repassez. Cousez et piquez chacun des liens ainsi obtenus à 20 cm à droite et à gauche des crochets et de leurs portes mais sur l'endroit de la ceinture et ce jusqu'à 8 cm de ces derniers.
- Agrafez la ceinture. Nouez les liens sur le devant du vêtement.

ceinture agrafée à pans noués

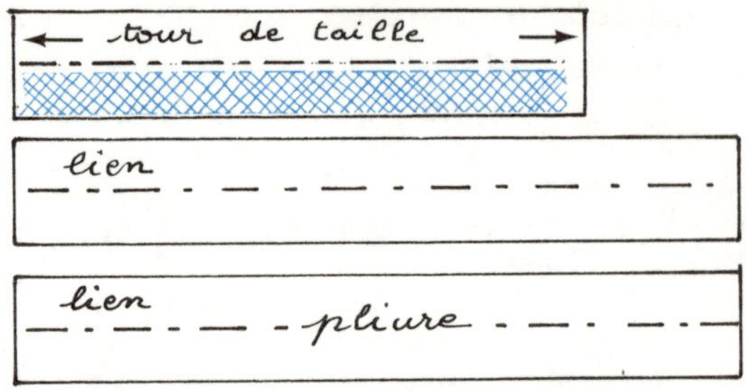

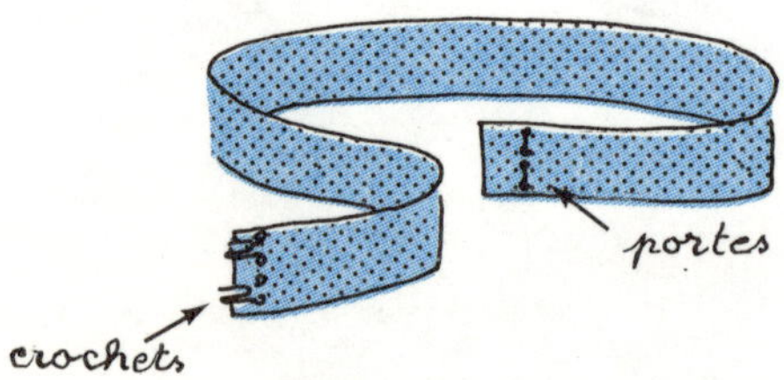

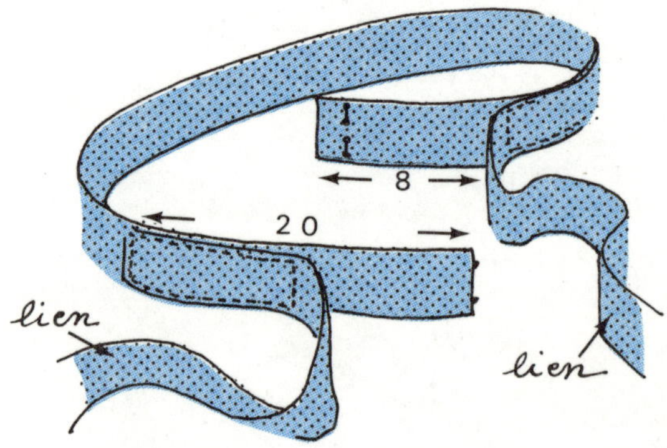

6. Ceinture corselet à liens de rubans noués devant

Ce genre de ceinture affine la taille et galbe la silhouette. Elle convient aux personnes plutôt minces. Les liens de ruban se nouent devant. Ils peuvent être de la même teinte ou dans des dégradés de tons.

Vous aurez besoin de deux fois 1 m 25 de ruban de 3 cm de largeur.

La hauteur du corselet est variable selon les goûts, entre 8 et 10 cm. Sa longueur sera celle du tour de taille plus 8 cm. Le corselet sera fermé dans le dos par de l'auto-agrippant, la partie velours venant se poser sur la partie crochets. N'oubliez pas que l'auto-agrippant est maintenu par deux piqûres parallèles à quelques millimètres des lisières.

- Pour cette ceinture il est conseillé de thermocoller sur l'envers toute la hauteur de la bande de ceinture. Ensuite piquez sur trois côtés, endroit contre endroit, les deux bandes de ceinture. Retournez. Fermez l'ouverture à points glissés. Posez votre auto-agrippant.

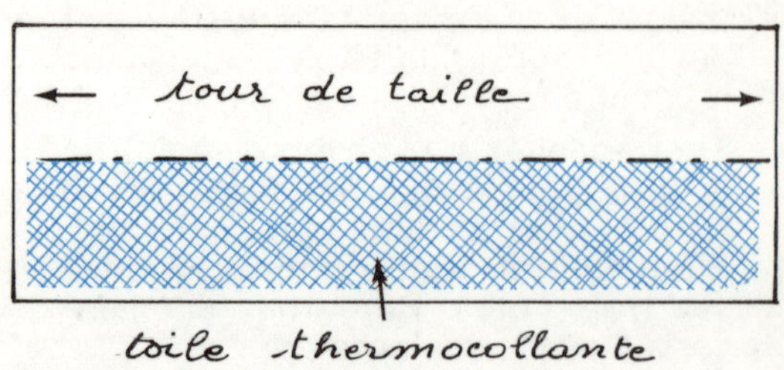

7. La ceinture tout en rubans

(voir couverture)

Piquez un rentré de 1 cm à droite et à gauche d'un gros grain de 7 cm de hauteur et de la longueur de votre tour de taille. Sur l'endroit, piquez l'un au-dessous de l'autre cinq rubans de couleurs différentes de 1 cm de largeur, en laissant des pans libres à droite et à gauche de 75 cm. Les rubans viennent se nouer ensemble sur le devant de la ceinture.

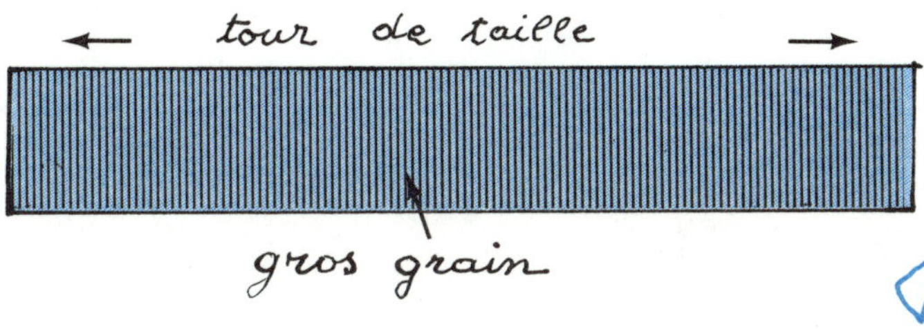

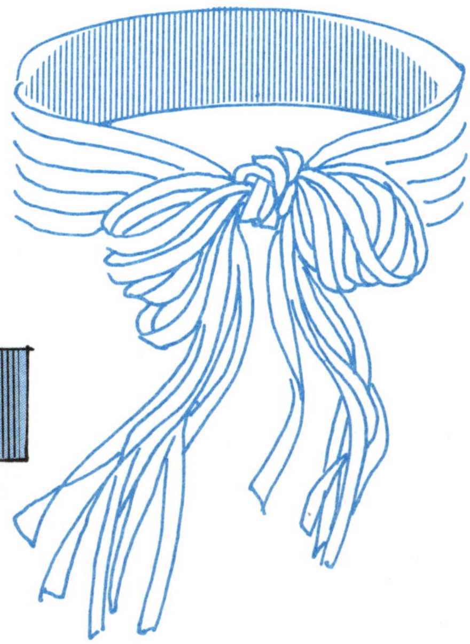

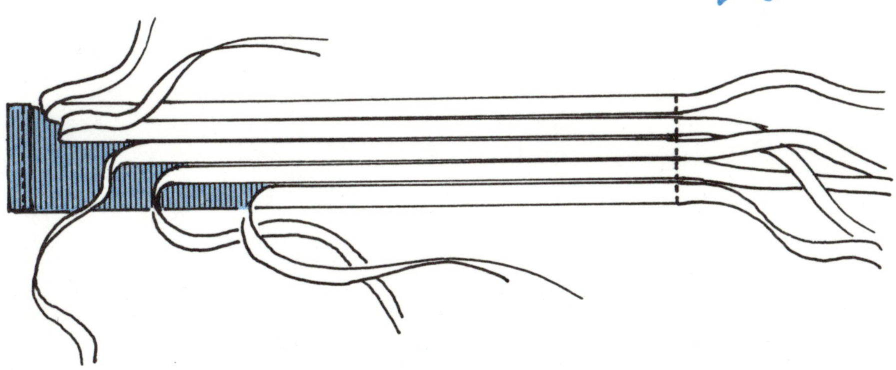

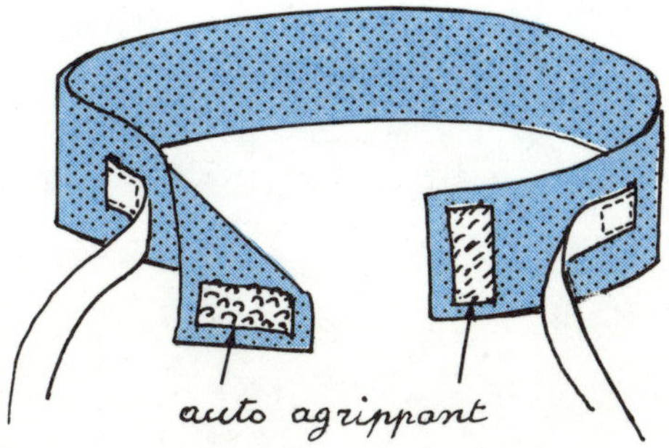

Chapitre 7

PARONS LE VÊTEMENT

Un vêtement sans poches est un vêtement sans âme.
Qu'elles soient apparentes ou cachées
les poches sont indispensables à chacune d'entre nous.
Leurs formes sont nombreuses,
nous allons vous en révéler les secrets de réalisation.

Tout sur les poches

Décoratives, ou utilitaires,
les poches jouent un rôle important dans le style d'un vêtement.
Elles apportent assurance à celle qui n'en a pas ;
permettent de s'affirmer dans de nombreux cas.
Une poche c'est un peu le repli de la personnalité.
La poche est secrète, intime, rassurante.
La forme des poches est et peut être infinie :
appliquée, à soufflet ou non, carrée, rectangulaire,
biaisée, arrondie « passepoilée »
avec ou sans rabat en bordure appliquée,
fendue ou prise en couture.

ETTE

LA POCHE APPLIQUÉE

Elle doit être terminée avant d'être appliquée à l'endroit indiqué sur le patron.

— Coupez le morceau de poche. Faites un rentré tout autour. Celui du haut, ou entrée de poche, sera de 3 cm et de 1 cm pour celui des trois autres côtés.

1. **Pose rapide sur tissu léger :**
Épinglez la poche sur le vêtement et maintenez par une piqûre sur trois côtés. La piqûre se fera soit à ras du bord, soit à un demi-pied presseur. Consolidez les hauts de poche par quelques points de piqûre en marche arrière exactement sur les points précédents ou à la main à l'aide de points invisibles.

2. **Pose sur tissu lourd :**
Si le tissu est un peu épais il convient de maintenir les rentrés. Faites-le au moment de la préparation de la poche par une piqûre cordon ou des points de chausson. Épinglez la poche ainsi préparée au vêtement. Cousez-la à la main par des petits points dissimulés dans les points de piqûre.

LA POCHE DOUBLÉE ET APPLIQUÉE

Cela est possible lorsqu'il s'agit de travailler dans du tissu fin.

— Coupez la poche en double.
— Coupez la toile thermocollante.
— Thermocollez l'envers de l'un des morceaux de la poche. Piquez en laissant une ouverture au centre de 7 cm.
— Bâtissez l'endroit du tissu thermocollé contre l'endroit de l'autre morceau de poche.
— Piquez sur trois côtés.
— Retournez la poche sur l'endroit après avoir cranté les angles et repassé les coutures.
— Fermez l'ouverture de la poche à points glissés.
— Si vous avez l'intention de faire une application à la couture cordon, il faut la faire dans le haut de la poche avant de fixer cette dernière au vêtement.
— Épinglez la poche ainsi préparée à l'endroit indiqué sur le patron.
— Piquez soit à la piqûre cordon soit au point de piqûre simple sur les trois côtés.

LES POCHES APPLIQUÉES A REVERS

Le revers ou rabat assure un peu de rigidité.
Dans certains cas le tissu du revers est rapporté, dans d'autres non.
Si le tissu n'a ni endroit ni envers, coupez le revers et la poche d'un seul morceau.

— Rabattez la partie revers sur l'endroit après avoir fait un rentré sur la largeur du revers maintenu à points glissés.
— Marquez ensuite un rentré sur les trois autres côtés.
— Épinglez la poche à l'endroit indiqué, maintenez par une piqûre à quelques millimètres du bord.

LES POCHES A RABAT RAPPORTÉ

— Taillez le rabat et sa poche.
— Épinglez l'endroit du rabat contre l'envers de la poche. Assemblez par une piqûre. Ouvrez la couture au fer.
— Préparez tout autour du rabat un petit rentré maintenu par une piqûre. Repassez.
— Préparez un petit rentré sur l'envers tout autour des trois autres côtés de la poche.
— Épinglez la poche sur le vêtement. Maintenez par une piqûre.

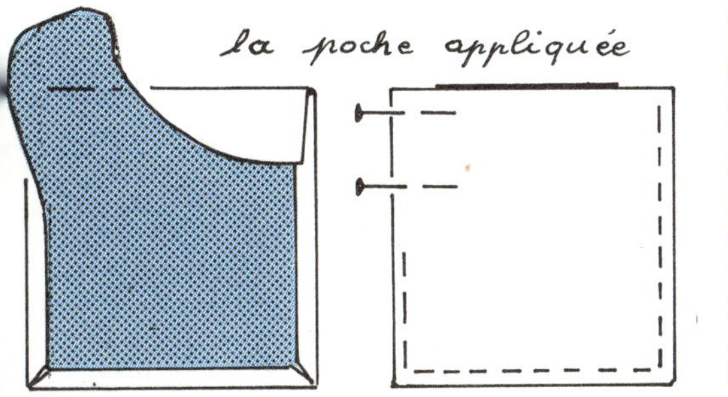
la poche appliquée

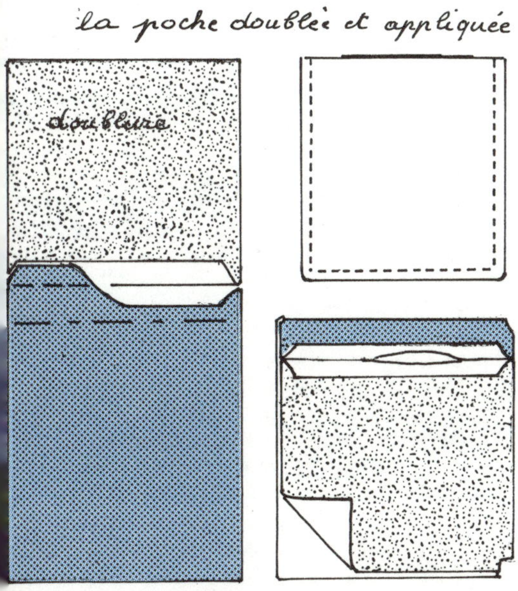
la poche doublée et appliquée
doublure

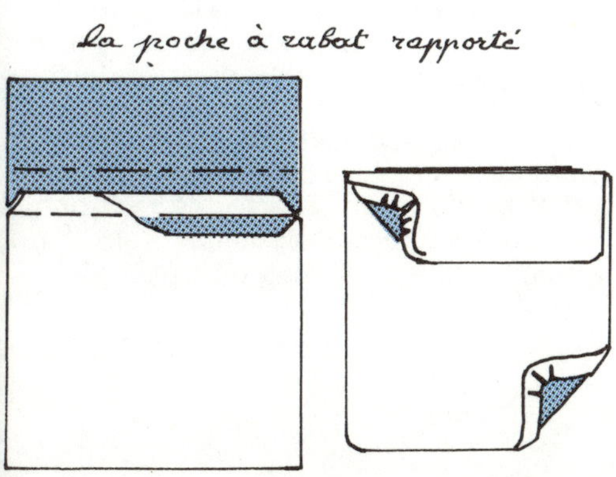
la poche à rabat rapporté

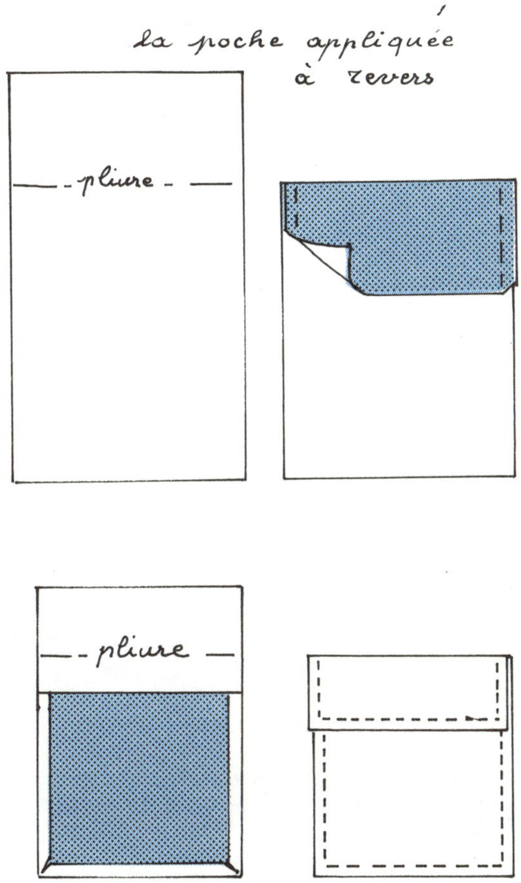
la poche appliquée à revers
pliure
pliure

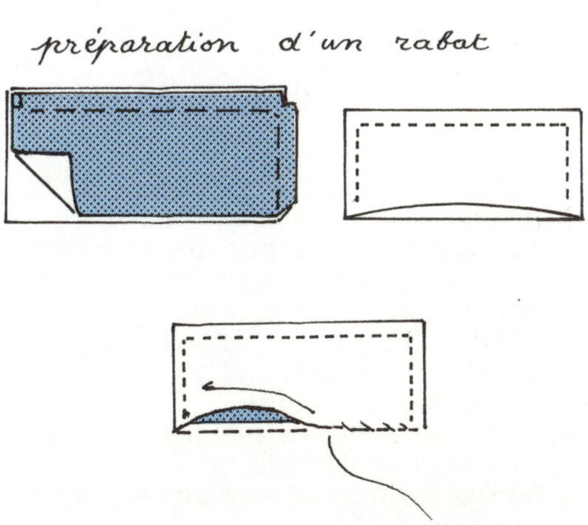
préparation d'un rabat

LES POCHES A SOUFFLET SOUS RABAT

Dérivé de la poche militaire, ce genre de poche est présent sur les vêtements dits de loisirs, les sahariennes par exemple. Elle peut posséder un pli creux en son milieu sous le rabat, ou un soufflet tout autour rapporté ou non.

- **Poche à pli creux ou soufflet sous rabat**

— La poche est taillée en une seule épaisseur.
— Le rabat en double.

Préparation

— Assemblez endroit contre endroit les deux épaisseurs de rabat. Piquez tout autour sur trois côtés. La partie libre sera fixée au vêtement.
— Crantez dans les arrondis. Retournez le rabat sur l'endroit. Passez un fil de bâti sur les bords assemblés. Repassez.
— Prenez l'une des parties libres du rabat et bâtissez-le à l'endroit indiqué sur le patron au-dessus de l'endroit de la poche elle-même. Maintenez par une piqûre.
— Après avoir marqué un tout petit rentré sur l'autre bord du rabat, et avoir redressé ce dernier, épinglez le deuxième bord contre le premier déjà piqué.
— Maintenez à points coulés sur la piqûre de montage, ou piquez les deux épaisseurs en même temps.
— Prenez le morceau de poche.
— Coupez la poche en prévoyant la valeur de tissu pour former le pli. Marquez la valeur de ce dernier.
— Utilisez les repères du patron de la poche pour former le pli creux. Maintenez-le à chaque extrémité par quelques points de bâti. Préparez par un bâti un rentré tout autour de la poche. Repassez soigneusement le pli. Maintenez le rentré du haut de la poche par une piqûre.
— Épinglez la poche à quelques millimètres de la couture du rabat.
— Piquez sur trois côtés à un demi-pied presseur du bord.

LA POCHE INTÉRIEURE RÉSERVÉE EN COUTURE

Pour un travail soigné, les fonds de poche sont taillés dans le même tissu que le vêtement si celui-ci n'est pas trop épais. S'il l'est, c'est seulement le fond de poche près du corps, apparaissant par l'ouverture qui sera taillé dans le même tissu, l'autre dans un tissu doublure.
Chaque fond de poche est cousu séparément sur l'ouverture réservée à cet effet dans la couture de côté du vêtement.

Montage

— Prenez un premier fond de poche, épinglez-le au devant du vêtement endroit contre endroit à la hauteur indiquée et prévue pour la poche. Piquez sur 14 cm environ.
— Retaillez la couture, crantez-la à la base. Retournez sur l'envers du devant.
— Au niveau de la piqûre, maintenez par un bâti en faisant rouler la couture sur le doigt sur l'envers.
— Sur le morceau dos du vêtement, recommencez la même opération pour le second fond de poche.
— Assemblez dos et devant du vêtement endroit contre endroit. Piquez jusqu'à la base de l'ouverture de la poche. Ouvrez la couture au fer.
— Appliquez les deux fonds de poche l'un contre l'autre. Maintenez-les par une piqûre.

Pour la préparation du montage on peut aussi assembler les deux coutures de côté du vêtement et les interrompre sur toute la hauteur désirée pour l'ouverture de poche. Dans ce cas-là il convient de prévoir, au moment de la coupe, des valeurs de couture d'au moins deux centimètres de large. Les fonds de poches viennent s'appliquer sur ces parties qui constituent les entrées de poches.

poche à soufflet sous rabat

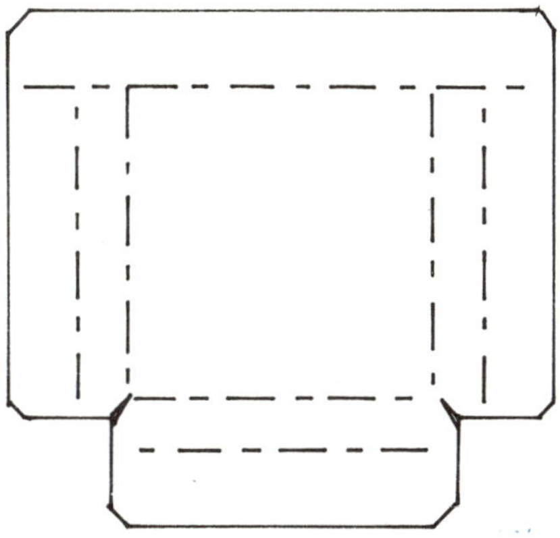

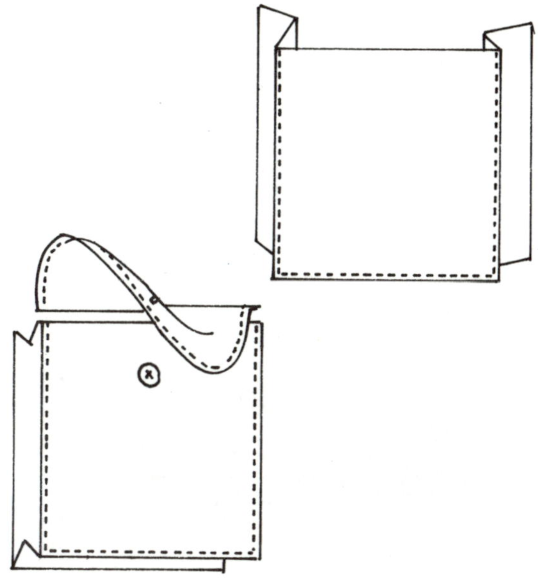

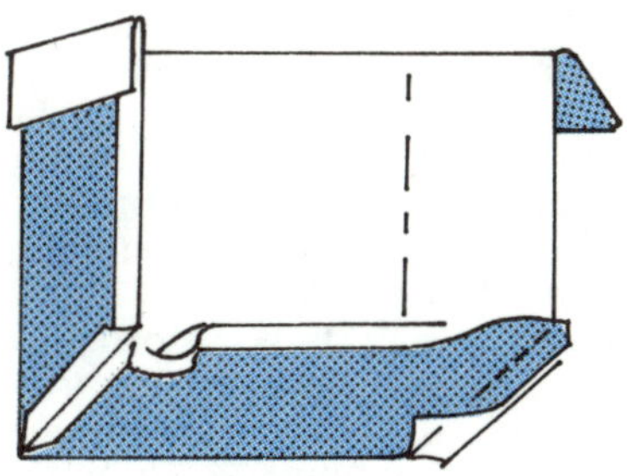

poche intérieure réservée en couture

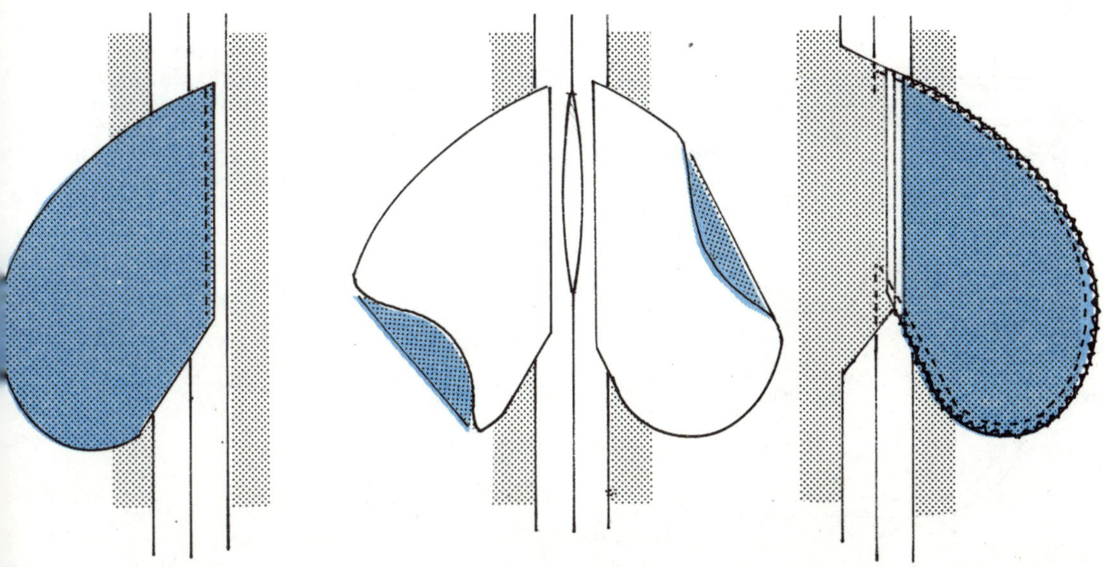

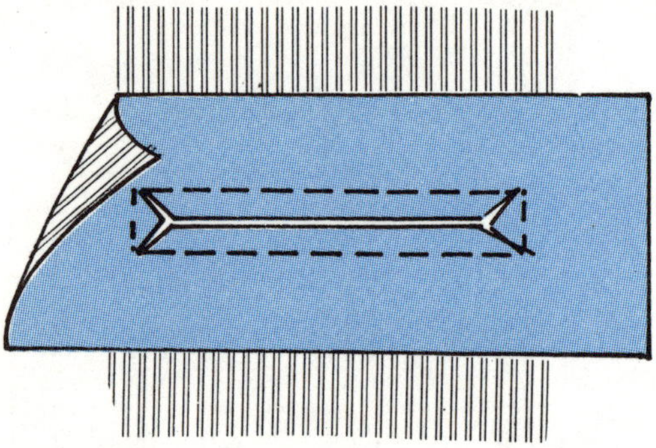

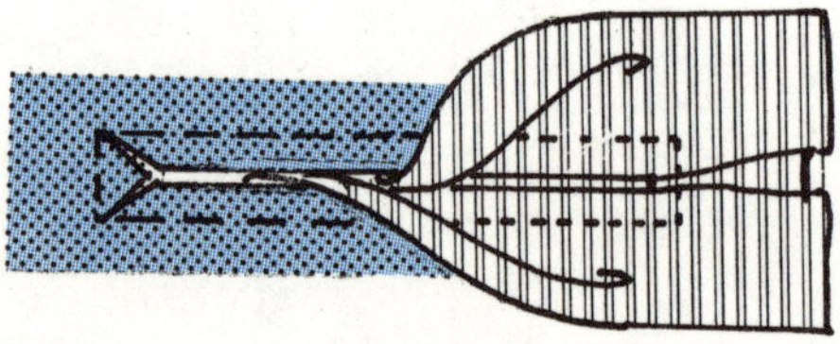

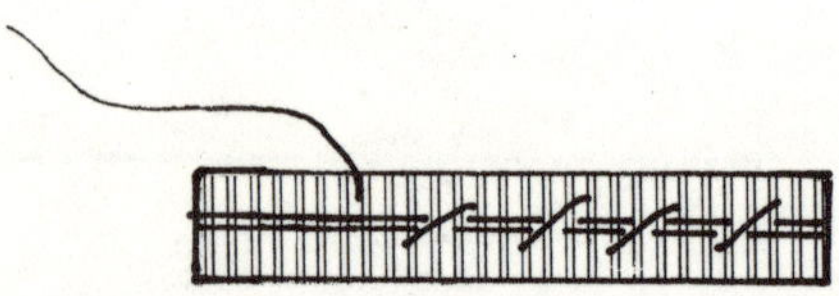

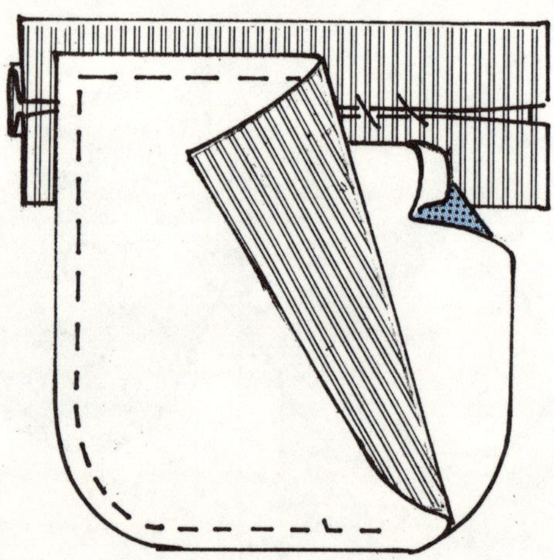

LA POCHE PASSEPOILÉE

Sur ce genre de poche n'apparaît que le passepoil donnant l'impression d'une boutonnière.

— Indiquez par un fil de bâti sur le vêtement l'emplacement de l'ouverture ou de la fente. Par deux épingles placées perpendiculairement à ce fil, délimitez la longueur de l'ouverture.

— Prenez les fonds de poche taillés d'après le patron. Vous remarquerez que l'un d'eux est moins grand que l'autre de quelques centimètres.

— Indiquez l'emplacement de la fente, coïncidant avec le tracé fait sur le vêtement.

— Piquez en rectangle tout autour de ce fil à un demi-pied presseur.

— Au ciseau fendez sur toute la longueur du fil entre les deux piqûres. Attention ! N'allez pas jusqu'à la piqûre. Fendez les deux extrémités en queue d'hirondelle.

— Rabattez les deux morceaux de passepoil sur l'envers par la fente. Repassez sur l'envers. Maintenez solidement par un point de surjet les deux extrémités de la fente, toujours sur l'envers.

— Puis par un point de « vous à moi » reliez les deux lèvres du passepoil sur l'endroit.

— Épinglez le petit fond de poche endroit contre endroit, sur le passepoil du bas, et rabattez-le à points coulés, le grand fond de poche sera calé sur le passepoil supérieur.

— Piquez tout autour à un demi-pied presseur du bord pour assembler les deux fonds de poche. Repassez.

LA POCHE GILET

Ce genre de petite poche, comme son nom l'indique, garnit les gilets de femmes ou d'hommes. L'ouverture de la poche gilet est constituée par une fente dans le gilet garnie d'une patte.

Préparation

— Commencez par délimiter à l'aide d'un fil de bâti la fente d'entrée de poche.
— Coupez les deux fonds de poche (l'un en doublure, l'autre en tissu).
— Coupez le morceau de patte dessus et dessous d'un seul morceau, soit un rectangle de la longueur de la fente et de deux fois la hauteur de patte désirée (6 cm si la hauteur de patte est de 3 cm).
— Entoilez le rectangle sur l'envers.
— Assemblez le fond de poche en doublure à la patte par une piqûre.
— Repliez le rectangle de la patte en deux (endroit contre endroit) dans le sens de la hauteur. Piquez verticalement pour assembler les extrémités.
— Retournez la patte sur l'endroit après avoir cranté les angles. Tout autour de la patte passez un fil de bâti.
— Bâtissez le second fond de poche en tissu endroit contre endroit du vêtement et ce sur le fil de bâti délimitant la poche.
— Piquez à un demi-pied presseur du bord du fil.

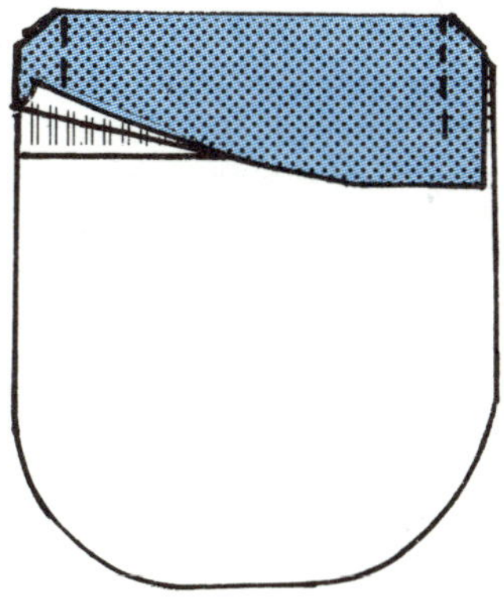

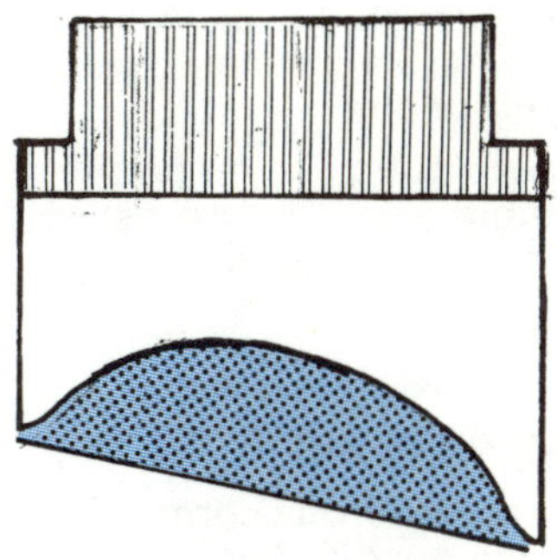

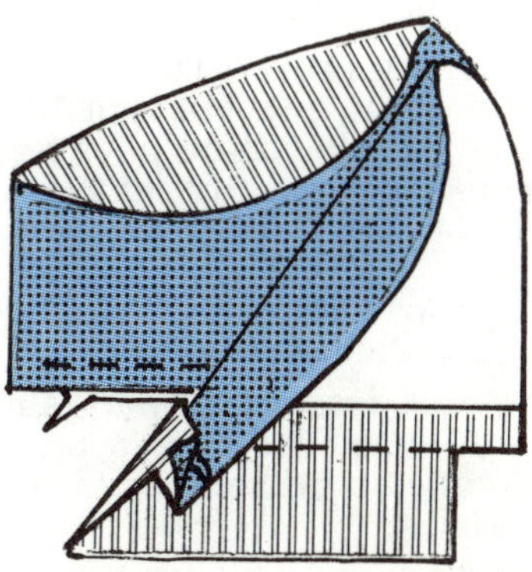

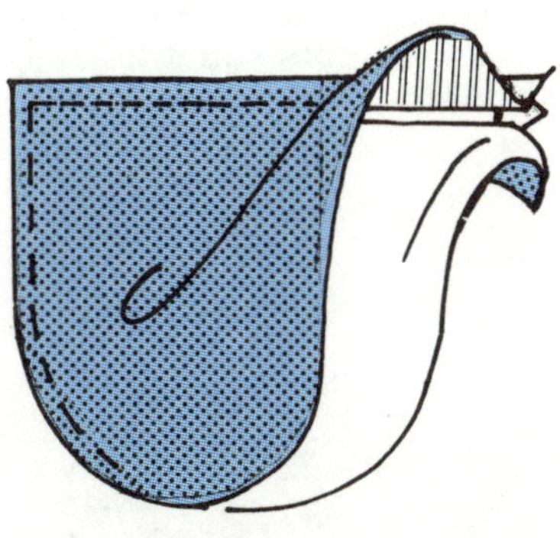

Tout sur les poches

LA POCHE A L'ITALIENNE

C'est la plus utilisée pour agrémenter les devants de jupes et les pantalons. L'ouverture est souvent constituée par une découpe oblique ayant l'aspect d'une fente. Que le bord de la poche soit droit ou épouse une ligne légèrement courbe, il faut toujours doubler l'intérieur de la découpe. Cette opération sera faite avant que la partie formant poche soit assemblée à l'autre.

Préparation

— Coupez d'après la découpe de la poche un morceau de tissu en lui donnant la hauteur nécessaire au sac ou fond de poche.

— Coupez l'autre sac de poche qui sera assemblé à la couture de côté de la jupe ou du pantalon.

Montage de la poche au vêtement

— Bâtissez endroit contre endroit la découpe poche à la jupe ou au pantalon. Dégarnissez la couture. Crantez.

— Retournez sur l'envers. Surpiquez l'entrée de poche.

— Épinglez sur l'envers l'un contre l'autre le morceau que vous venez de fixer au morceau de sac de poche en faisant bien correspondre les extrémités de l'ouverture. Piquez.

En principe les bas de ces sacs de poche sont toujours taillés en arrondi.

— Épinglez le dessus de la patte sur l'endroit du vêtement mais à un demi-centimètre en dessous de la ligne de bâti. Piquez.

— Sur la ligne de bâti, fendez le tissu. Attention en fendant les angles. Glissez les deux fonds de poche par cette ouverture, qui sont ainsi retournés sur l'envers du vêtement. Fermez les fonds de poche par une piqûre.

— Rabattez la patte sur l'endroit du vêtement. Maintenez-la sur ce dernier à points glissés, aux extrémités.

LA POCHE FERMÉE PAR UNE GLISSIÈRE

Cette poche est parfaite pour les vêtements de ski, combinaisons, anoraks, blousons, etc. Elle est un dérivé de la poche appliquée taillée en deux morceaux, l'un plus grand que l'autre, réunis et fermés par une fermeture à glissière.

Préparation

— Coupez en double les deux morceaux de poche, du haut et du bas.
Les deux morceaux de poche seront doubles et entoilés (voir poche appliquée doublée, page 168).

— Retournez chacun des morceaux de poche sur l'endroit après les avoir assemblés par une piqûre sur trois côtés seulement.

— Bâtissez chacun des bords en tissu de la fermeture à glissière à l'endroit mais entre la doublure et le tissu du petit morceau de poche et la doublure et le tissu du grand morceau de poche après avoir fait un petit rentré sur l'endroit de chacun d'eux. Maintenez par une piqûre.

— Sur l'envers, maintenez à points glissés chacun des morceaux de doublure sur le tissu de la fermeture à glissière.

— Epinglez la poche ainsi préparée au vêtement. Maintenez par une surpiqûre garniture sur les trois côtés du petit morceau de poche et une autre sur les trois côtés du grand morceau de poche.

la poche à l'italienne

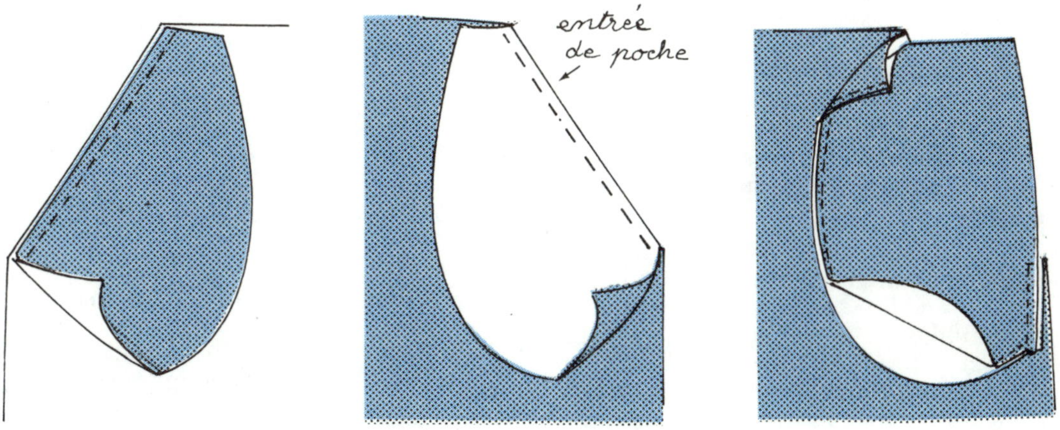

la poche fermée par une glissière

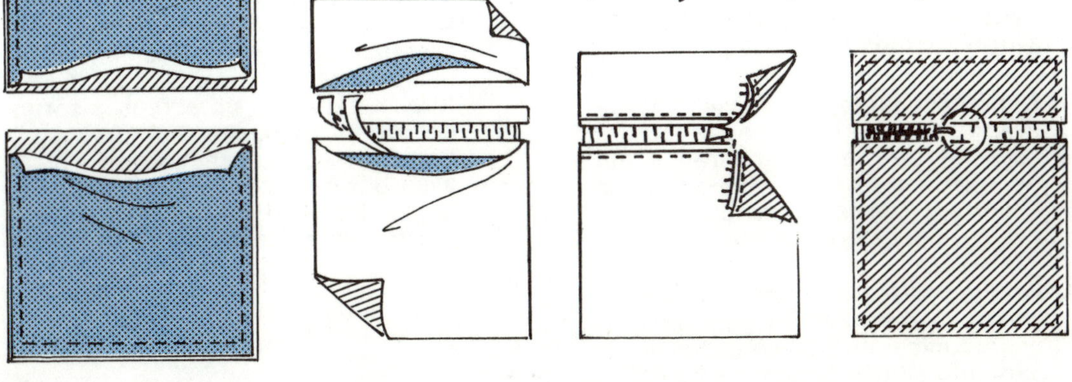

Les tresses et galons

Les tresses et galons enjolivent un vêtement, terminent agréablement une encolure. Ils sont faciles à appliquer car ils se plient aux exigences des arrondis. Il est important de bien connaître leurs noms et de se familiariser avec chacun d'eux. Comme nous vous l'avons déjà précisé, il existe aussi des biais « pré-pliés », pratiques à utiliser pour une « couture rapide », également à poser à cheval, en bordure d'encolure ou d'emmanchures. Ci-après, nous vous donnons les noms et descriptions des tresses et galons les plus utilisés :

— **Arcade :** tresse fantaisie avec mouvement en arceau sur un côté.

— **Bouclette simple :** tresse ou tube avec boucle ajourée sur un seul côté.

— **Bouclette double :** tresse ou tube avec bouclettes ajourées sur chacun des côtés.

— **Brandebourgs :** pattes de boutonnage à réaliser ou vendues réalisées en soutache ou en tresse.

— **Cordelière tressée :** torsade souvent bicolore par opposition d'assemblages.

— **Croquet :** tresse fantaisie à dents alternées en zigzag. La largeur se détermine de la pointe du haut à la pointe du bas.

— **Dentelle en entre-deux :** ou galon ajouré à motifs reliefés ou non.

— **Dépassant passepoil :** tresse fantaisie avec partie plate destinée à la couture cachée. La partie apparente qui dépasse est en relief plus ou moins important. Utilisé en couture décorative par opposition de coloris.

— **Frange :** tresse avec effet de fils de plus ou moins grande largeur, s'utilise pour terminer une jupe habillée ou en garniture étagée pour robe du soir.

Vous pouvez faire vos franges vous-même en tirant les fils de l'étoffe, ce sont des franges effilochées. Il suffit d'effilocher en fonction de la hauteur de franges désirée les fils de trame de votre tissu, à l'aide d'une aiguille. Ne restent alors que les fils de chaîne qui constituent les franges. Pour arrêter l'effilochage, effectuez une piqûre à petits points sur les derniers fils de trame c'est-à-dire au ras du haut de la frange. Ce procédé est valable pour les tissus à tissage un peu lâche.

— **Lacet :** tresse ou cordon terminé par un embout plus ou moins important — embout quelquefois en métal doré ou non.

— **Lacet pour application :** tresse classique étroite souple épousant les contours d'un motif.

— **Passepoil :** voir plus haut la définition du dépassant.

— **Serpentine :** voir plus haut à croquet.

— **Serpentine dite « à pied » :** même genre que la serpentine mais avec sur l'un des bords une tresse pour l'application en bordure.

— **Soutache :** sorte de lacet satiné formé de deux côtés, séparés par une gorge, très utilisée pour souligner les contours de fleurs ou arabesques.

— **Tresse classique :** bandes plates dont les fils tressés en diagonale lui confèrent des qualités d'extensibilité et de malléabilité. Très utilisée en garniture. Il existe de nombreuses sortes de tresses : guillochée à grains irréguliers, tresse pour échelle, tresse picot avec des effets reliefés sur les deux bords, tresse retour formée de plusieurs tresses se juxtaposant.

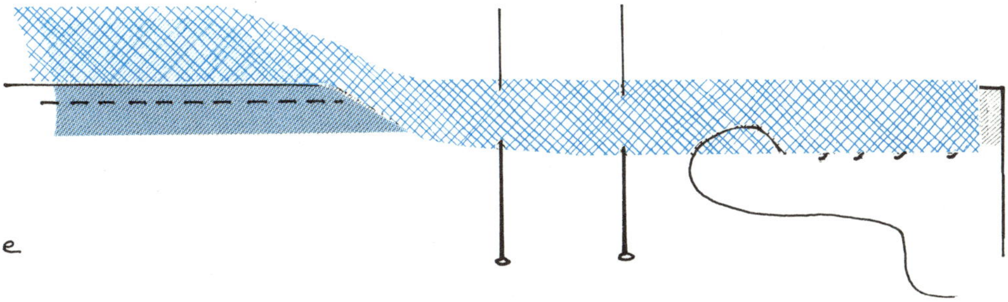

tresse

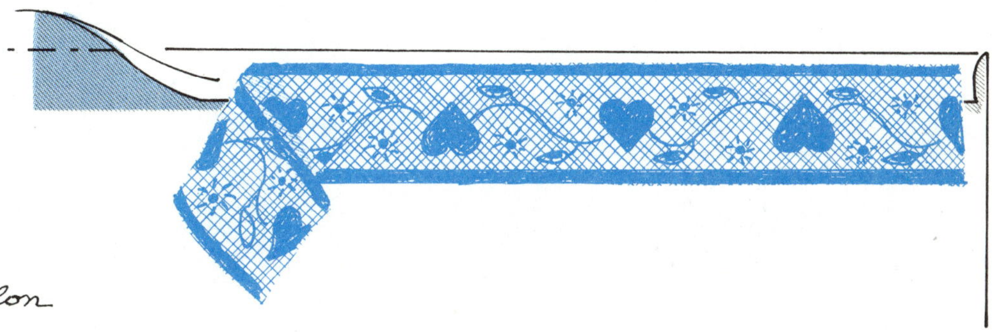

galon

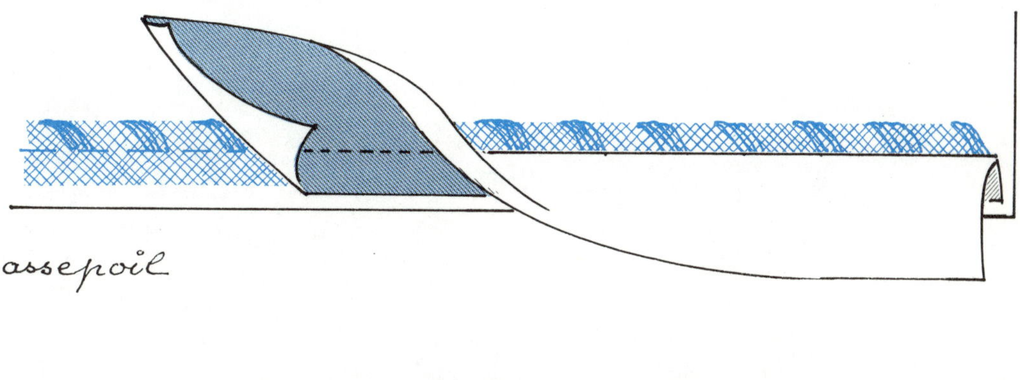

passepoil

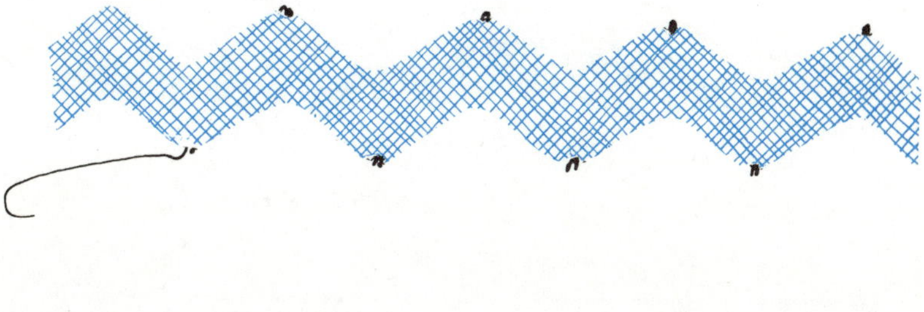

croquet

Les brandebourgs

On appelle brandebourg un système décoratif de boutonnage, utilisé en fonction de la matière, soit pour des vêtements habillés lorsqu'ils sont réalisés en soutache ou lacet cordelette de soie, soit pour des vêtements de sport : duffle-coat, blousons, par exemple. Ils sont alors en tresses de laine et maintenus au vêtement par un triangle de tissu ou de cuir ou d'imitation cuir. Les brandebourgs sont vendus tout confectionnés dans les merceries et grands magasins. Mais vous pouvez aussi les réaliser vous-même.

Dans les brandebourgs utilisés pour la fermeture des duffle-coats, l'une des pattes de boutonnage est munie d'un bouton en bois en forme d'olive. Pour les vêtements style tunique chinoise, les brandebourgs sont munis soit d'un bouton perle soit d'un bouton en passementerie, soit d'un bouton recouvert du même tissu que la tunique.

Coupe d'un biais

Le sens du biais d'un tissu est obtenu en pliant la chaîne sur la trame. Vos notions de géométrie vous permettront de constater que la ligne du biais obtenue est exactement la diagonale du carré représenté par le pliage de la lisière chaîne sur le côté trame. Marquez très légèrement cette ligne en posant par endroits le fer légèrement chauffé. Ne jamais faire glisser le fer sur la pliure car vous déformeriez le sens du biais. Ouvrez ensuite le tissu et coupez les bandes parallèles les unes aux autres et à la ligne de biais déjà tracée.

Assemblage de bandes de biais

Chacune des bandes que vous venez de couper se termine en biseau. Pour les assembler il suffit de les poser l'une sur l'autre comme indiqué sur le croquis endroit contre endroit. Piquez à quelques millimètres du bord. Ouvrez les coutures au fer.

Que fait-on avec les biais ?

(voir couverture)

— Vous borderez des encolures ou décolletés arrondis ou en forme (voir pages 98 à 100).

— Vous terminerez des vêtements en faux ourlets.

— Vous réaliserez des brides plates de fermetures d'ouvertures (voir page 133) ou des queues de rat ou liens ronds. Dans ce cas les bandes de biais ont un centimètre de largeur. Après les avoir assemblées entre elles par une piqûre, vous pliez la bande obtenue endroit contre endroit. Piquez sur deux côtés (le petit et le grand). Dans l'angle de la piqûre fixez une aiguille à laine enfilée. Faites-la avancer vers l'ouverture, le biais se retrouve retourné sur l'endroit. Retirez l'aiguille. Fermez l'ouverture à points glissés invisibles. Vous pouvez utiliser aussi une toute petite épingle de sûreté ou une fine aiguille à tricoter sans sa boule.

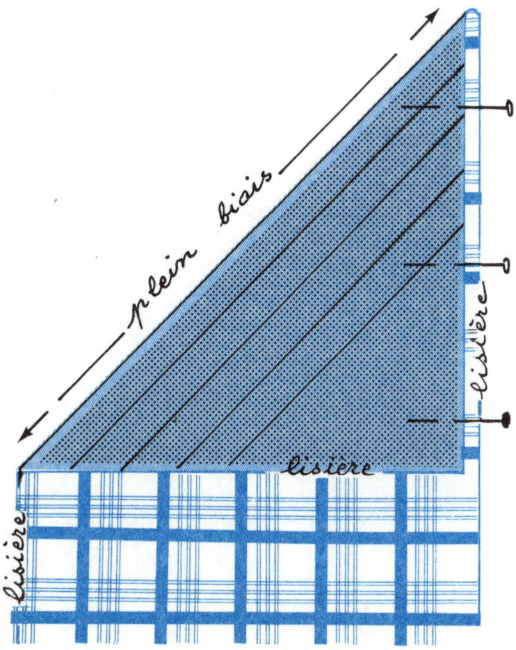

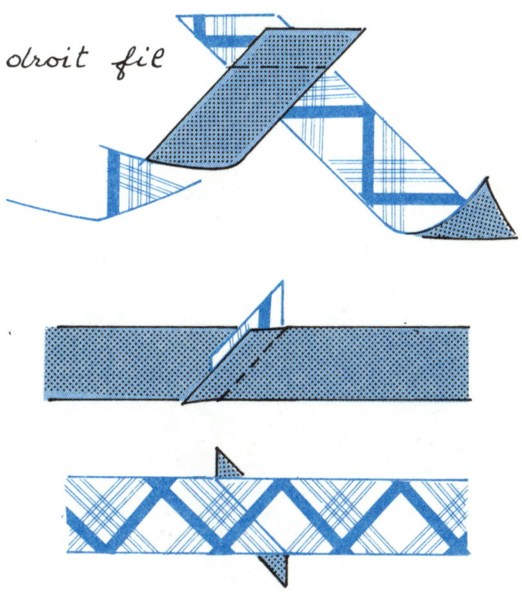

Chapitre 8

LES ASTUCES DE CONSTRUCTION D'UN VÊTEMENT

Comment réaliser un vêtement, si ce n'est à partir d'un patron ?
Il nous a paru intéressant
de vous initier à l'utilisation de cette chose abstraite, plate,
qui de par l'alchimie de l'assemblage
devient un volume donc un vêtement.

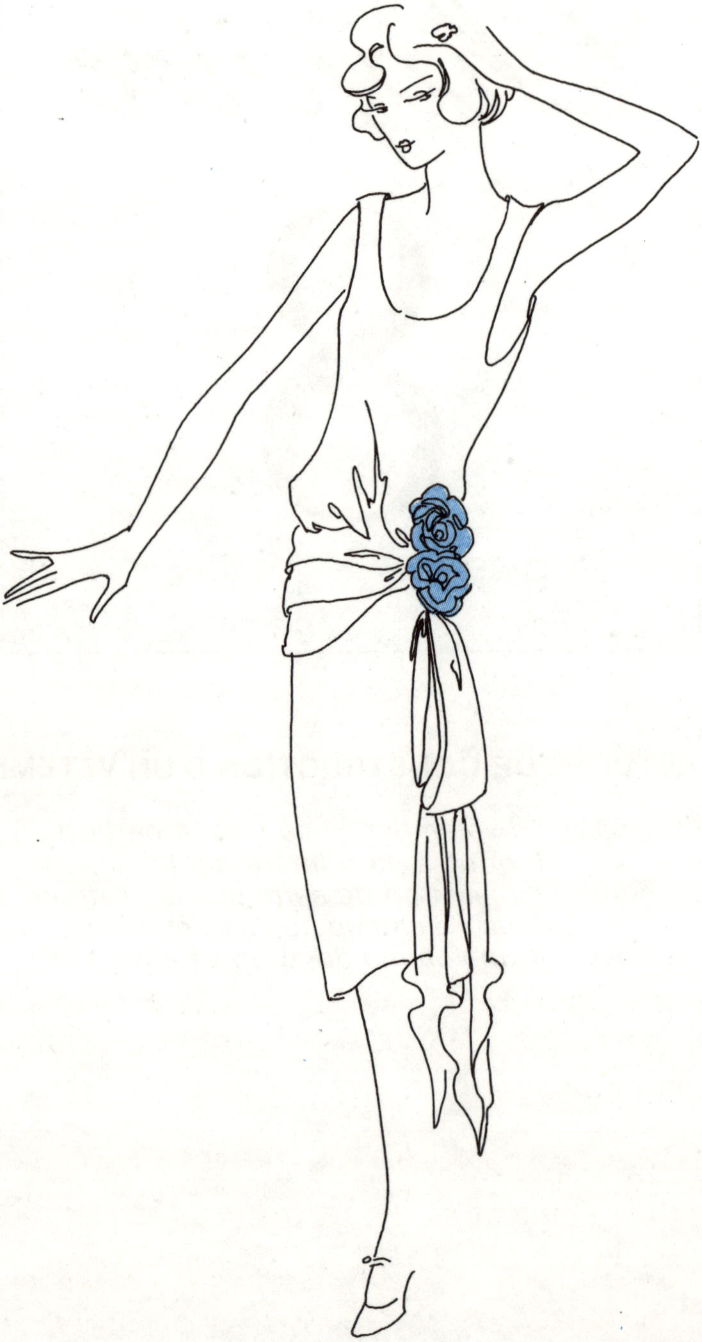

LA PETITE HISTOIRE DES PATRONS DE MODE

Relativement jeune, le patron de mode à la fin du siècle dernier était jalousement la propriété des créateurs qui les louaient aux couturières qui, la légende ne le dit pas, devaient certainement les recopier avant de les renvoyer. Cependant, jusqu'en 1865, personne n'avait eu l'idée de les commercialiser c'est-à-dire de les mettre à la disposition de toutes les personnes qui savaient coudre. Les Français détenant le monopole de la mode et du goût n'ont pas eu l'imagination assez fertile pour y songer. Ce sont les Américains — ou plutôt un Américain : E. BUTTERICK, originaire du Massachusets — qui, en 1866, le premier, proposa des patrons découpés dans du papier cartonné pour réaliser des vêtements d'enfants et aussi des chemises d'hommes. Quelques années après il créait une gamme de patrons comportant le dessin du modèle pour la réalisation de vêtements féminins accompagnés de notices explicatives de coupe, d'assemblage et de réalisation. En 1867 cette initiative fut couronnée d'un succès retentissant d'autant plus important que la machine à coudre prenait d'importance dans la vie des Américaines. Les Anglais s'emparèrent de l'idée et, après la première guerre mondiale, la Société SIMPLICITY PATTERN fut créée, proposant des patrons papiers plus souples dits papier de soie. La concurrence se mit à fleurir un peu partout, particulièrement en Amérique, où Rosa PAYNE en 1905 eut l'idée d'offrir, par le truchement d'une revue de mode intitulée *Vogue* des patrons couture, accompagnés de figurines des modèles. Ces patrons de modèles exclusifs vendus 25 cents étaient uniquement proposés en taille 36 et c'est Rosa PAYNE elle-même qui les découpait sur sa table de cuisine.

Très vite, d'artisanale, cette entreprise, dépassée par le succès, devient une entreprise autonome et en 1919 les patrons, toujours soutenus par la publication *Vogue,* furent vendus dans les grands magasins de New York, ensuite dans le monde entier.

En Europe le cheminement a été plus lent, mais très spectaculaire. C'est ainsi qu'en 1885 *le Petit Écho de la Mode* proposait en prime aux abonnées seulement des patrons découpés et encartés dans le magazine. Puis en 1914, il offrait déjà à l'époque à ses lectrices, à leurs mesures, des patrons inédits de modèles « Haute Nouveauté », « montés et garnis* ». Le prix de ces patrons variait selon qu'ils étaient en papier ou en mousseline, à savoir 25 francs (de 1914) pour les premiers et 30 francs pour les seconds.

Jusqu'en 1917 seules les lectrices de *L"Écho de la Mode* bénéficiaient de ces avantages. En 1920, les patrons français ÉCHO furent vendus dans des dépôts dépendant de la société d'édition, puis chez les marchands de journaux. Puis très rapidement, *Modes et Travaux,* et *Le Jardin des Modes* proposèrent dans leurs pages des patrons uniquement en vente par correspondance. Le phénomène « mode à coudre » lancé à une grande échelle sur le réseau français hélas devait décroître du fait de la guerre 39-40 mais reprendre dès 1943. Dès lors tous les magazines féminins eurent leur rubrique de « mode patronnée » et continuent depuis avec plus ou moins de réussite.

* Entendez par là avec les fournitures, fils, boutons, etc.

Sachez prendre vos mesures

Nous vous le disions plus haut, comme il est indispensable de bien connaître sa taille lorsque vous achetez un vêtement du prêt-à-porter, il convient de bien connaître les équivalences de vos mensurations avec celles proposées par les patrons. D'une manière générale, elles correspondent à celles du prêt-à-porter, mais mieux vaut s'en assurer en comparant les vôtres et celles figurant sur la pochette de chaque marque de patron.

Les mesures se prennent sur les sous-vêtements que vous portez ou porterez avec le vêtement que vous allez coudre. Il est indispensable de bien délimiter l'endroit de votre taille à l'aide d'un ruban. Ne le serrez pas trop, laissez une légère souplesse. Ce lien de taille vous sera utile pour la prise de mesures de hauteur de jupe, pantalon ou corsage.

UN CONSEIL

Contrôlez vos mesures de temps à autre, au moment de la réalisation d'un nouveau vêtement, car nous avons toutes la fâcheuse tendance de prendre à la moindre occasion quelques grammes en plus.

Tableau de vos mensurations

	Vos mesures	éventuellement, celles de la marque du patron choisi
TOUR DE POITRINE ① le centimètre passera sur la partie la plus saillante des seins		
TOUR DE TAILLE ① sans trop serrer		
TOUR DE HANCHES ① en passant par le point le plus saillant du « fessier »		
CARRURE DOS ② d'un bras à l'autre en passant sur les omoplates		
CARRURE DEVANT ⑥ d'un bras à l'autre en passant au-dessus de la poitrine		
LONGUEUR DEVANT ③ de l'épaule à la taille, en passant par la pointe du sein, au bas de la jupe		
LONGUEUR DOS ④ du milieu encolure dos à la taille ; de l'épaule à la taille et de l'épaule au bas de la jupe		
LONGUEUR D'ÉPAULE ⑤ de la base du cou à la pointe de l'épaule		
LONGUEUR DU BRAS ⑤ (bras replié) de l'épaule en passant par le coude jusqu'au poignet		
TOUR DU COU ⑥ pris à la base		
LONGUEUR JUPE SEULE ③④ de la taille à la hauteur souhaitée		
LONGUEUR PANTALON ⑦ • de l'entrejambe à la hauteur souhaitée • de la taille à la hauteur souhaitée (prise sur l'un des côtés)		

Sachez prendre vos mesures

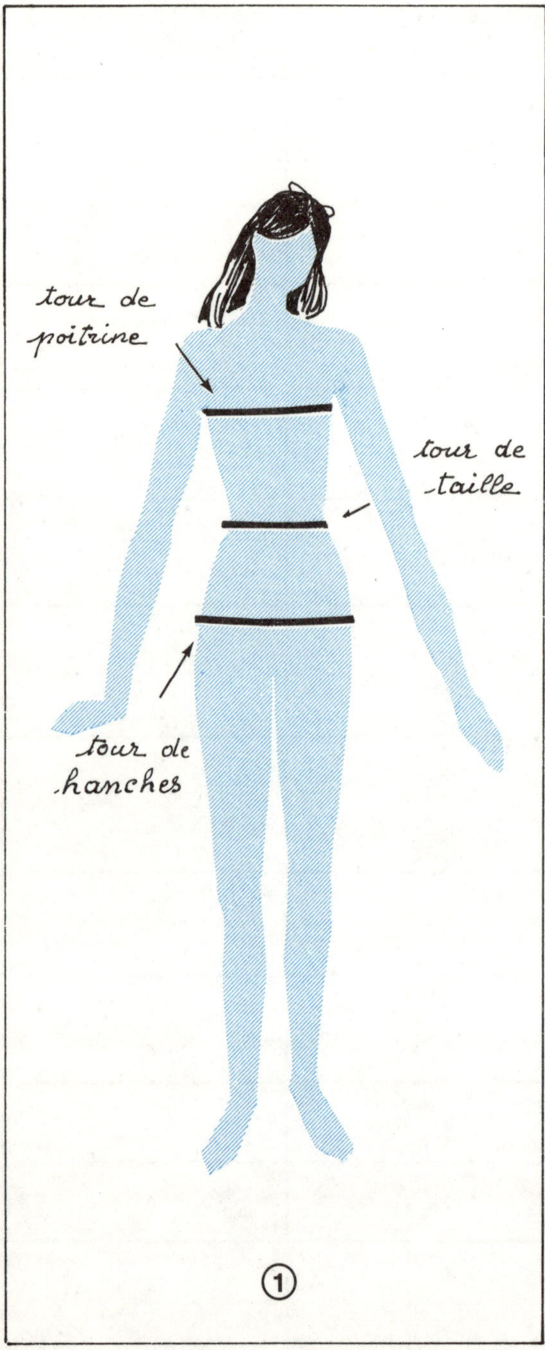

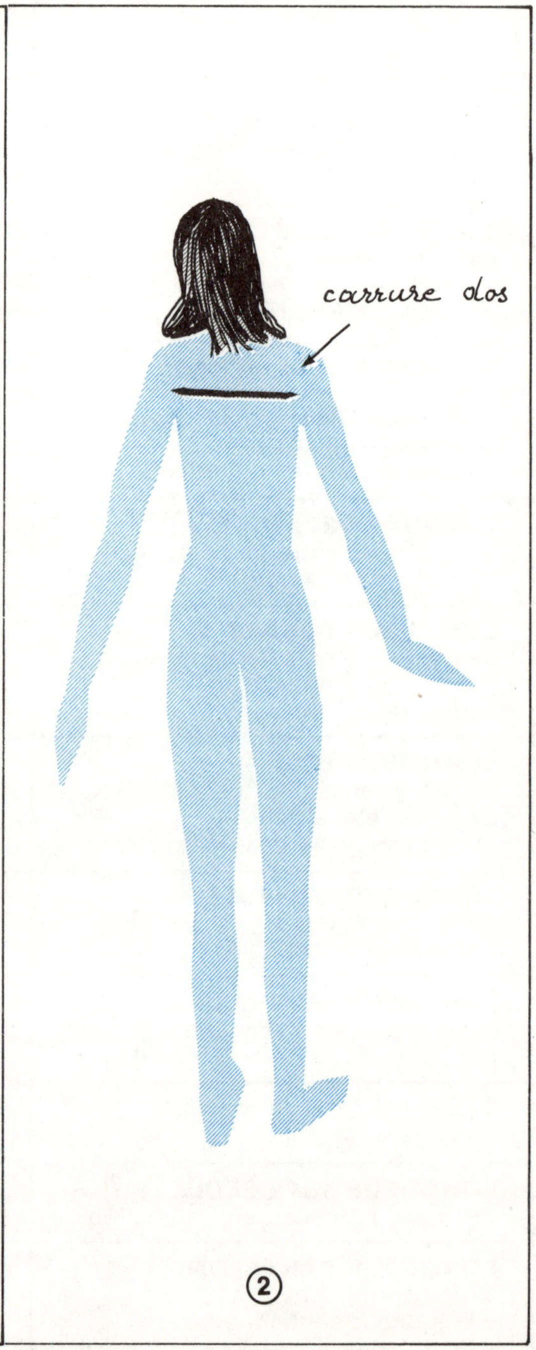

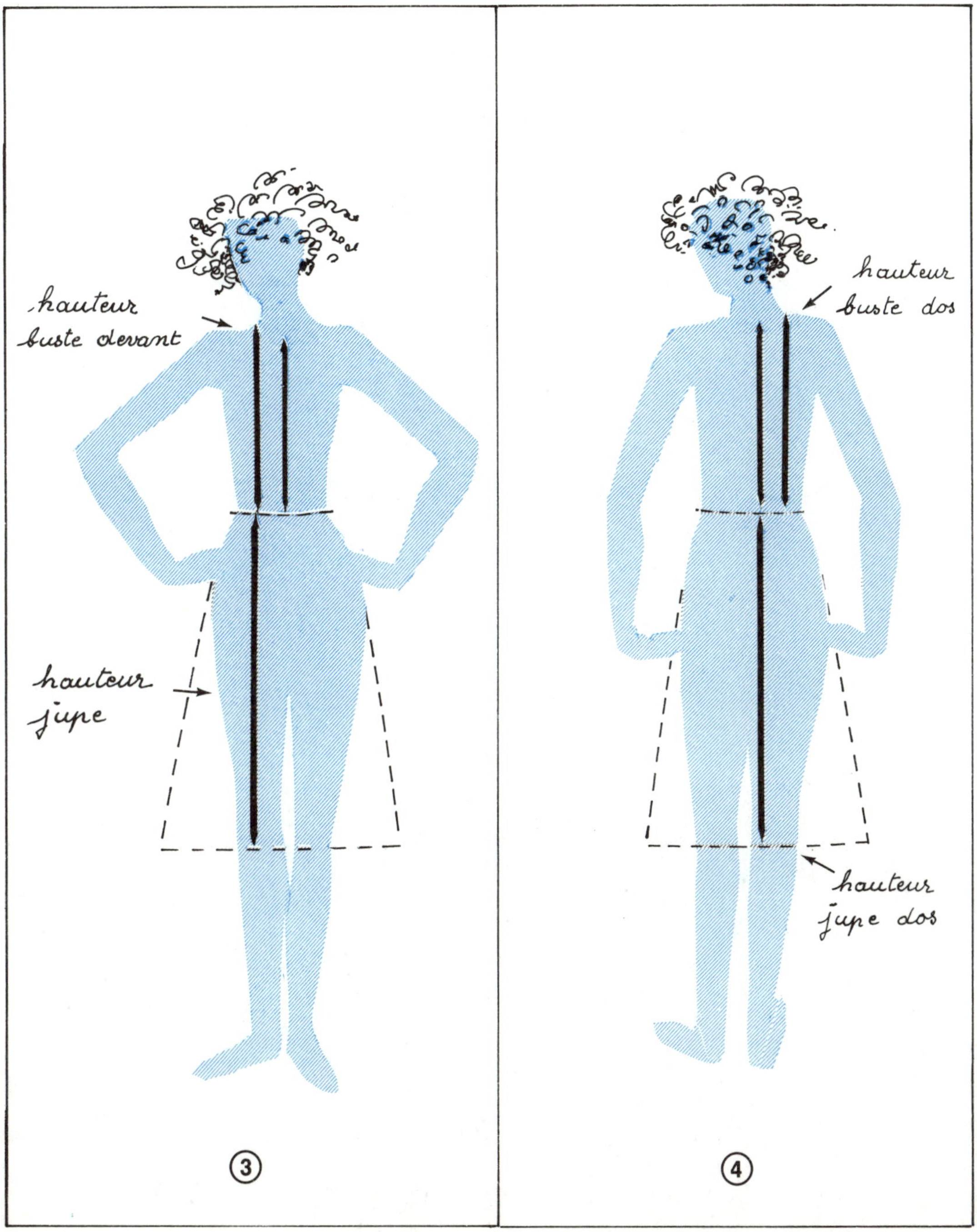
hauteur
buste devant
hauteur
jupe
3
hauteur
buste dos
hauteur
jupe dos
4

Sachez prendre vos mesures

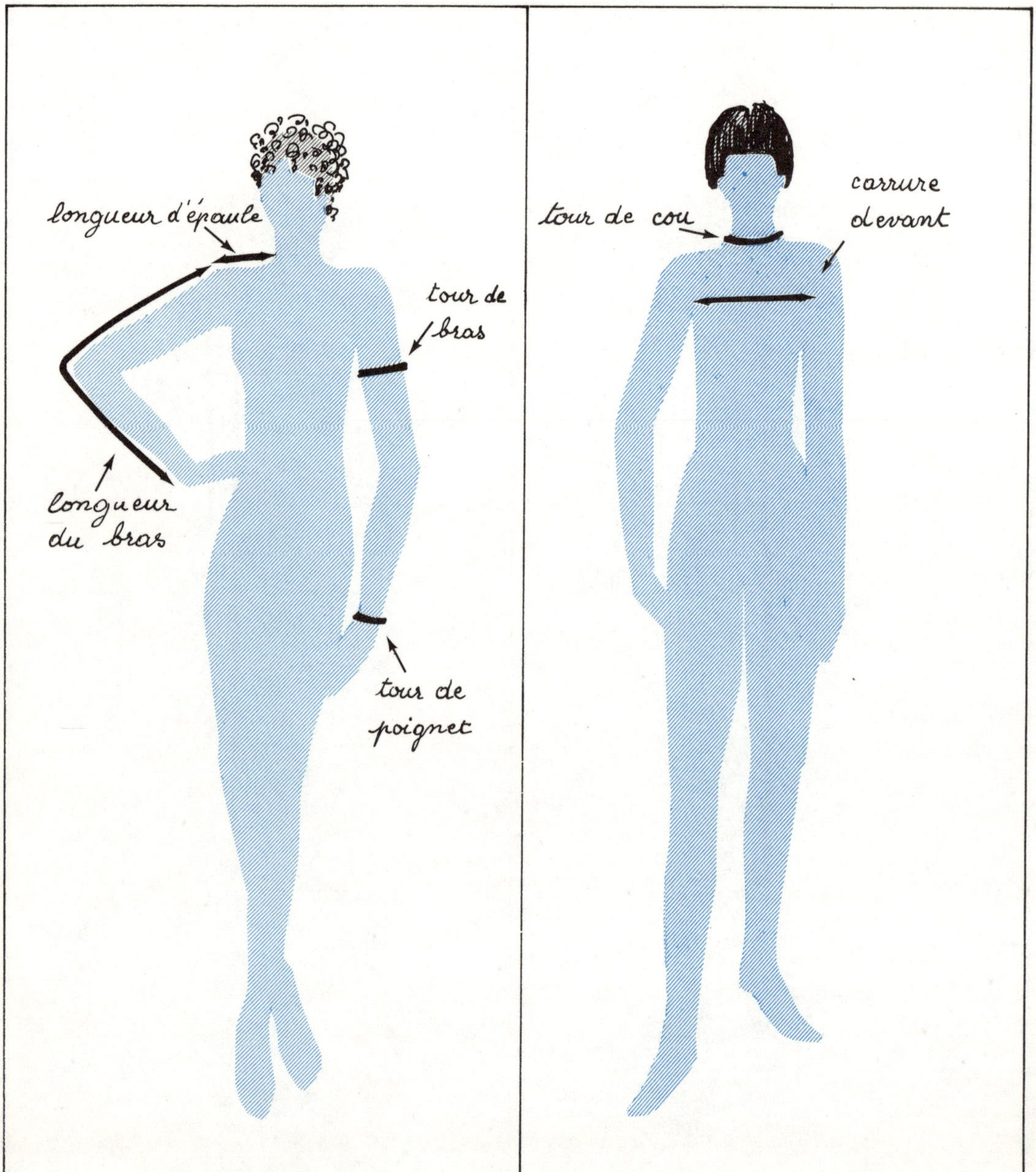

longueur
du pantalon
longueur
d'entre jambe
hauteur du bassin
7

Damier de la morphologie

Sur ce damier, quatre types de femmes — grande — petite — ronde — mince et trois tendances mode qui se retrouvent pratiquement dans chaque collection de stylistes ; à savoir :

— ligne ballerine, dansante, très juvénile ou la taille est mise en évidence ;
— ligne tube, droite affinant la silhouette, donnant une certaine importance au niveau des épaules ;
— ligne boule, aux formes douces et arrondies, dissimulant les formes.

Pour chaque type de femmes nous vous indiquons, en fonction de chacune des lignes, ce que vous devez porter ou rejeter pour mettre votre silhouette en valeur.

grande
petite
ronde
mince

Trop mince

— **Étoffez** votre silhouette en portant des vêtements coupés à la taille, les jupes seront froncées pour donner du volume aux hanches et mettre votre taille en évidence. Jouez avec les matières, les impressions et les couleurs. Fuyez le noir comme toutes les couleurs foncées.

— **Bannissez** les rayures verticales, les lignes droites, en un mot tout ce qui accentue votre minceur.

— **Portez** des talons de 6 cm plutôt épais.

NON

OUI

Trop petite

— **Optez** pour des lignes souples, petites carrures, petites emmanchures, des vestes courtes qui allongent les jupes. Pas de manteaux taillés en forme. Choisissez des tissus unis ou à petits semis genre Liberty ou encore à rayures verticales.

— **Bannissez** les vestes longueur 3/4 amples, aux emmanchures raglan, les plis, en un mot tout ce qui tasse la silhouette et l'alourdit.

— **Portez** des chaussures à talons de 7-8 cm, plutôt l'escarpin que le trotteur ou le mocassin.

NON

OUI

Trop ronde

— **Adoptez** la ligne princesse, les décolletés loin du cou en pointe ou arrondis. Pas de taille marquée, pas de larges ceintures. Fuyez les impressions à grosses fleurs, les carreaux, les couleurs violentes, les blousons, les emmanchures raglan.

— **Choisissez** les tissus secs, les très fines rayures verticales, les couleurs sourdes, noir, marine, brun, roux, éclairées d'une touche de blanc.

— **Portez** des chaussures à talons moyennement gros et hauts. Pas de talons aiguille.

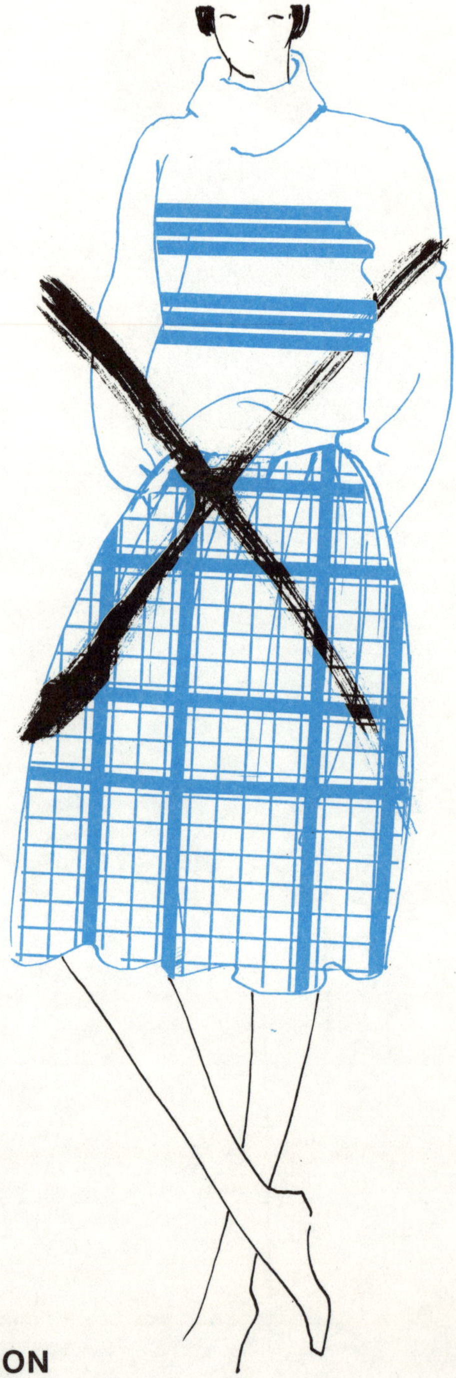

NON

OUI

Trop grande

— **Adoptez** les deux pièces, les longueurs étagées qui couperont votre silhouette, les lignes rondes, les tissus imprimés, les jupes plissées, froncées, portées avec des blazers auront beaucoup d'allure.

— **Fuyez** les « robe-manteau », les lignes verticales.

— **Portez** des chaussures ballerines, des trotteurs à petits talons.

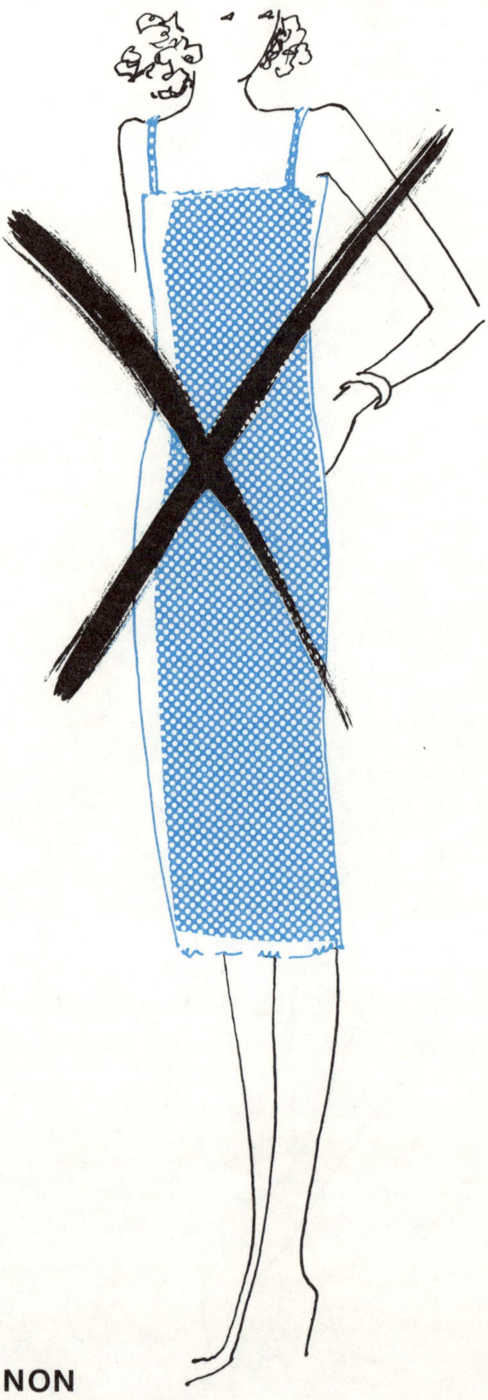

NON

OUI

Le patron de mode et votre silhouette

Les patrons de mode sont établis à partir des mesures standards appliquées par le prêt-à-porter. Elles peuvent légèrement varier d'une marque à l'autre (en fonction de la morphologie-type) selon qu'elle est d'origine française ou non. C'est la raison pour laquelle nous avons insisté sur la prise de vos mesures, afin que vous les compariez à celles du patron choisi.

Mais il est de toute évidence que votre attitude n'a rien à voir avec celle d'un mannequin. Rares sont celles qui peuvent affirmer le contraire. Nous allons donc apporter des solutions à chacun des problèmes qui risqueraient de se poser à vous au moment du dernier essayage du vêtement.

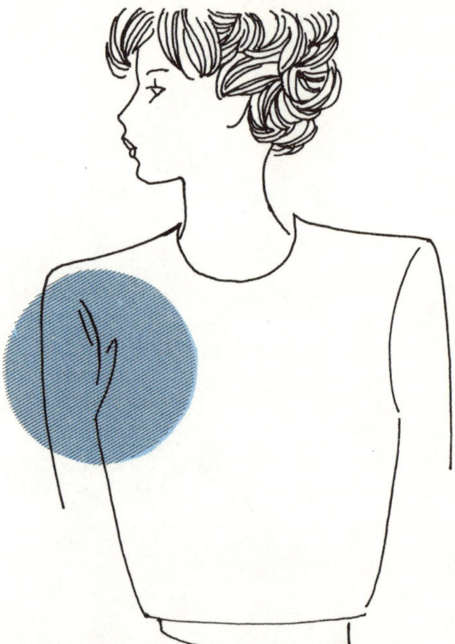

UN CONSEIL IMPORTANT :

Au moment de l'essayage du vêtement, portez les sous-vêtements sur lesquels vous avez pris vos mesures, et chaussez les chaussures qui l'accompagneront une fois qu'il sera terminé. Ce détail est important car votre cambrure sera plus ou moins accentuée selon la hauteur de vos talons.

Un vêtement, pour un aplomb parfait, doit tomber bien droit, les bords des parmentures parallèles, le tissu ne doit plonger ni devant ni dans le dos. Un premier essayage, vêtement bâti ou épinglé, vous évitera bien des déboires car c'est le seul moment où vous pourrez parfaitement rattraper les petits défauts qui risquent d'apparaître sans avoir à dépiquer les coutures pour remettre tout à plat. C'est un gain de temps certain même si au départ vous imaginez le contraire.

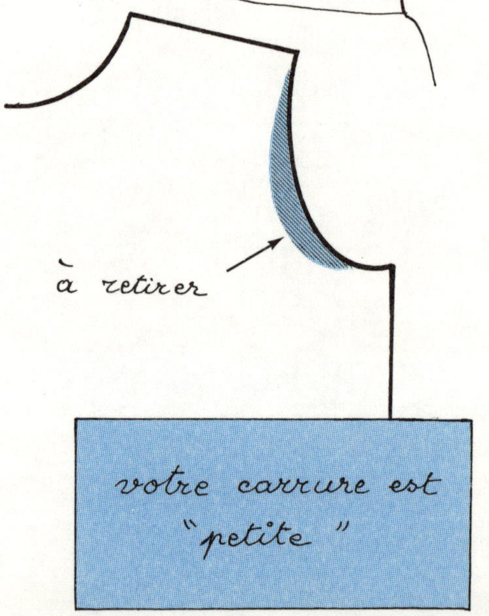

Un pli *vertical* risque de se former de la pointe de l'épaule au bas de l'emmanchure. Marquez à l'aide d'une épingle l'endroit qui doit être plus creusé. Placez le patron sur le tissu. Rectifiez la ligne d'emmanchure en deux temps, de l'épingle à la pointe d'épaule, puis de l'épingle sous le bras.

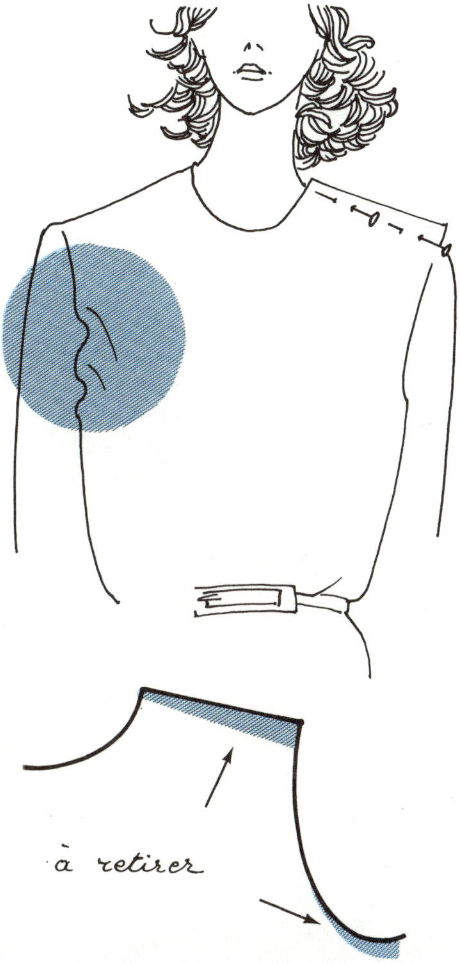

vos épaules sont "tombantes"

Inversez l'opération que nous venons de vous proposer pour des épaules droites. Vous épinglerez la longueur excédentaire en allant de l'encolure à la pointe d'épaule et devrez creuser l'emmanchure sur une profondeur d'une valeur égale à celle de l'excédent retiré à l'épaule.

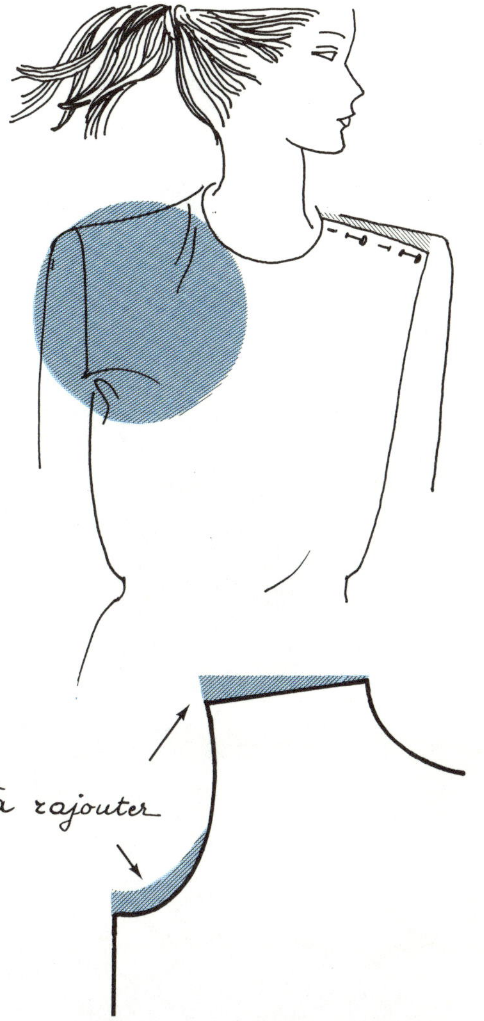

vos épaules sont très "droites"

S'il s'agit d'un manteau, les bords s'écarteront dans le bas. Reprenez la couture d'épaule à la base du cou, relevez l'extrémité extérieure de la couture d'épaule en lâchant un peu de tissu à la pointe d'emmanchure. Reposez le patron sur le tissu et retracez l'encolure dos et devant à partir de cette nouvelle ligne d'épaule.

Adaptation du patron

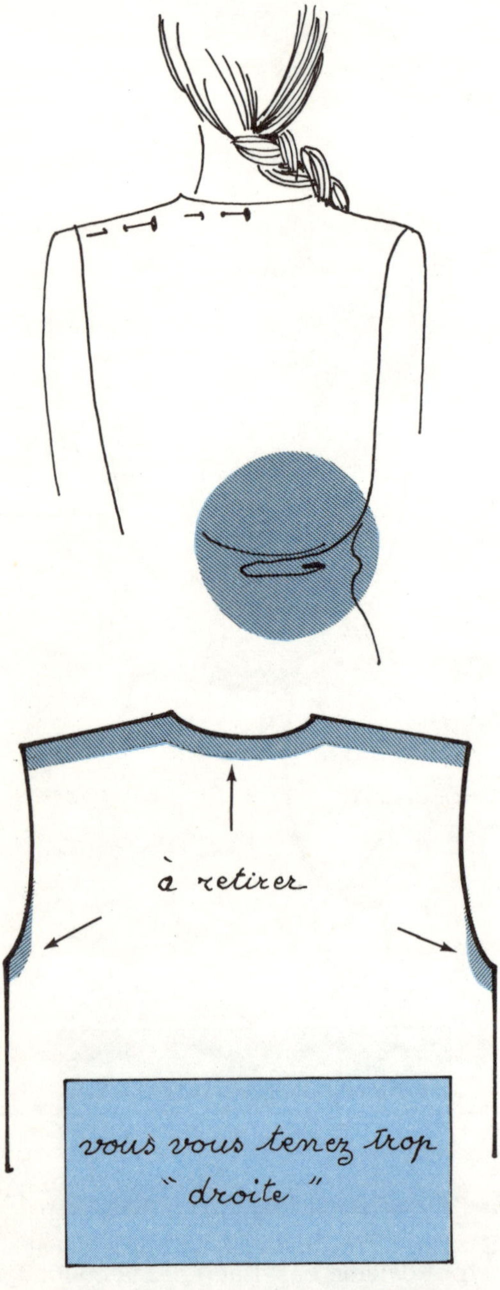

Un pli horizontal se forme au-dessus de la taille dans le dos. Épinglez horizontalement le surplus. Posez à nouveau le patron sur le tissu remis à plat. L'encolure et la ligne d'épaule descendent automatiquement en se plaçant plus bas.

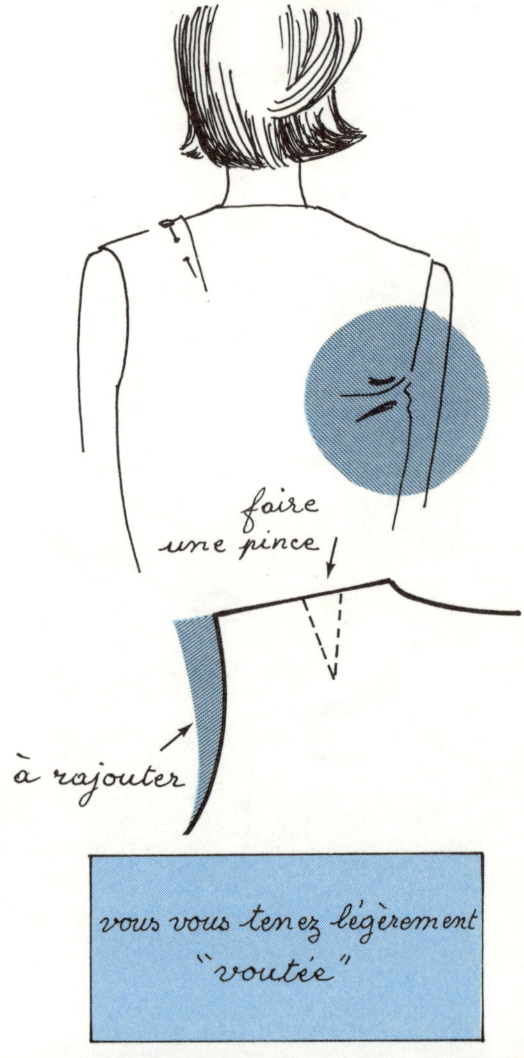

Un pli horizontal se forme à la hauteur de la carrure dos. Vous devez prévoir une pince au niveau de la ligne d'épaule à 1/3 de la base du cou. Reposez le patron sur le tissu. Retracez la partie qui se trouve entre la pince et l'emmanchure. Cela oblige à ressortir l'emmanchure en abaissant la pointe de l'épaule.
Il se peut aussi dans ce cas de voussure, que des plis barrent la manche, qui vous gêneront dans le dos. Faites alors basculer la manche d'avant en arrière, de telle manière que le droit fil du milieu de la manche soit rigoureusement vertical. Épinglez soigneusement.

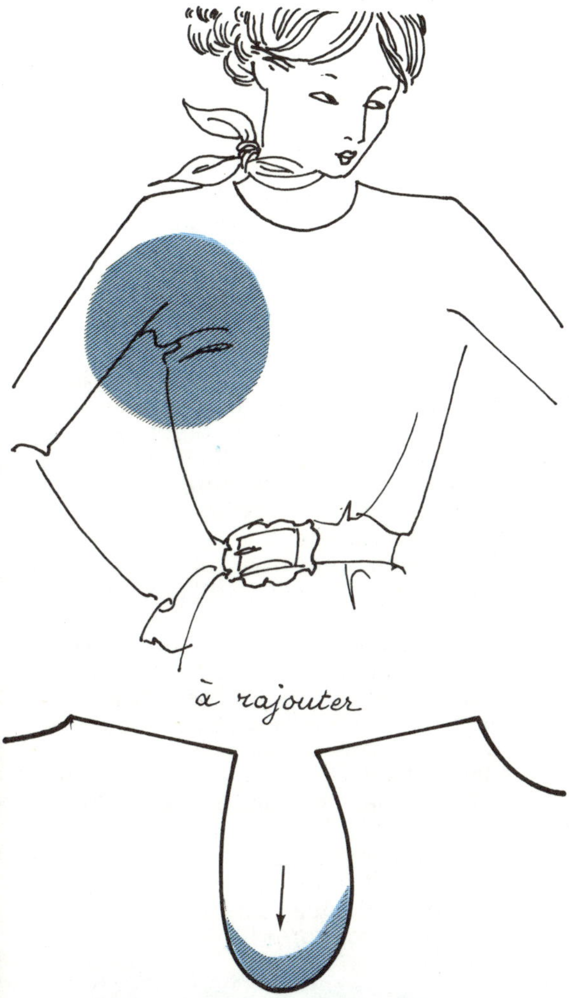

vos attaches d'épaules sont "fines"

votre taille est creuse : vous êtes trop "cambrée"

Lorsque la manche est bâtie ou épinglée vous entraînez le vêtement en levant les bras. Placez une épingle à 1 ou 2 cm au-dessus de la ligne de côté. Tracez une nouvelle ligne d'emmanchure de l'épingle à la ligne de carrure dos, puis à la ligne de carrure devant. Au montage de la manche, soutenez le surplus de tissu dans la tête de manche.

Dans *une robe,* formez une pince à la hauteur de la taille dont les pointes s'arrêtent à 2 cm des coutures de côté. Il est évident que vous devrez faire une couture milieu dos pour parfaire l'aplomb.

Dans *une jupe,* épinglez cette dernière sur un gros grain en remontant le milieu du dos de 1 ou 2 cm. Retracez la ligne de taille pour descendre la pince d'autant.

Réalisation d'un vêtement

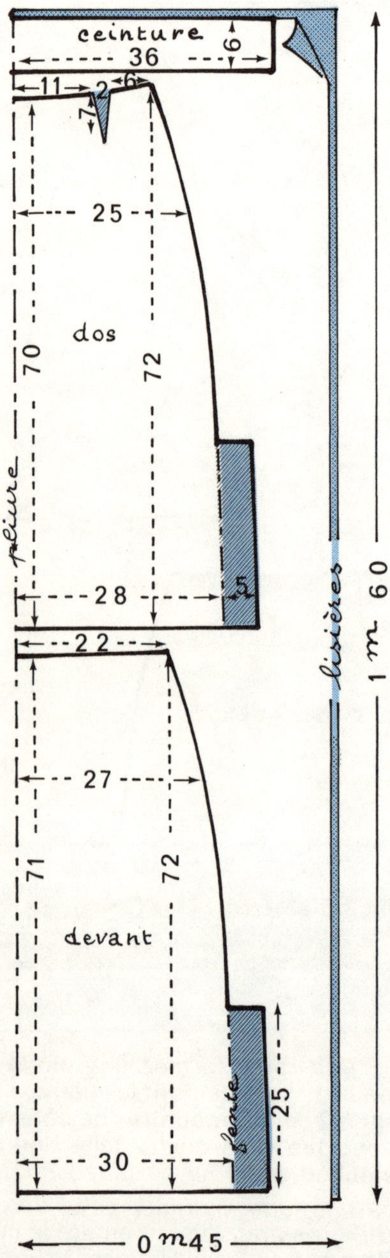

Il existe deux possibilités pour confectionner soi-même un vêtement, soit d'utiliser les patrons de mode présentés sous pochettes et vendus dans le commerce, soit à partir de patrons dessinés sur grille avec indications de mesures, patrons présentés dans les magazines de mode. Les patrons dessinés sur grille ou **schémas cotés** sont presque toujours très simples à relever et répondent aux besoins des jeunes filles ou jeunes femmes modernes désireuses de coudre sans pour autant posséder une technique de couturière.

Cependant, quel que soit votre choix, vous devrez procéder par étapes et éviter certains pièges.

Une chose primordiale, avant toute opération préparatoire, est celle du choix du tissu que vous allez utiliser. Soyez vigilante car un imprimé à grosses fleurs ou à rayures transversales alourdira une silhouette déjà un peu épanouie. Voir notre damier de la morphologie (pages 190-191).

Ces mêmes tissus imprimés risquent également de vous poser des problèmes, afin de les déjouer suivez attentivement les conseils ci-après :

Motifs dans tous les sens
— tissus imprimés — à fleurs ou figuratifs — **placés dans tous les sens,** vers le haut et vers le bas, aucun problème particulier, vous pouvez disposer les pièces de votre patron sans en tenir compte, tête-bêche par exemple.

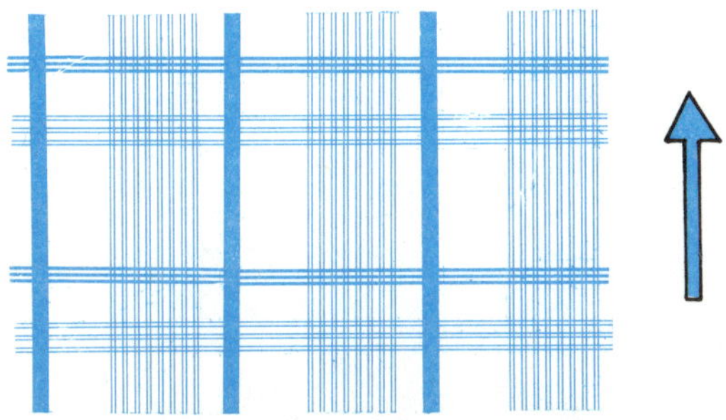

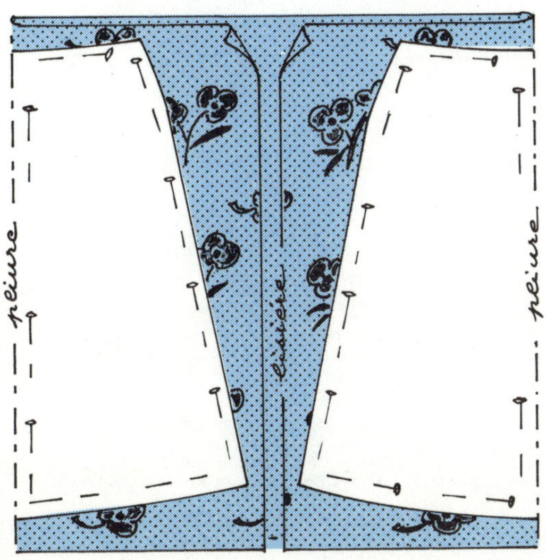

Motifs tous dans le même sens
— tissus imprimés à fleurs ou figuratifs tous dirigés vers le haut, alors attention : **toutes les pièces** du patron seront **placées dans le même sens,** de telle manière par exemple que les tiges des fleurs partent du bas de l'ourlet vers le haut.

Vous vous inspirerez de ces conseils pour les tissus à carreaux. Si les rayures des carreaux sont parfaitement symétriques sur les quatre côtés, aucun problème. Si les carreaux sont asymétriques, s'ils se superposent ou sont décalés par des rayures, alors coupez toutes les pièces du patron dans le même sens.

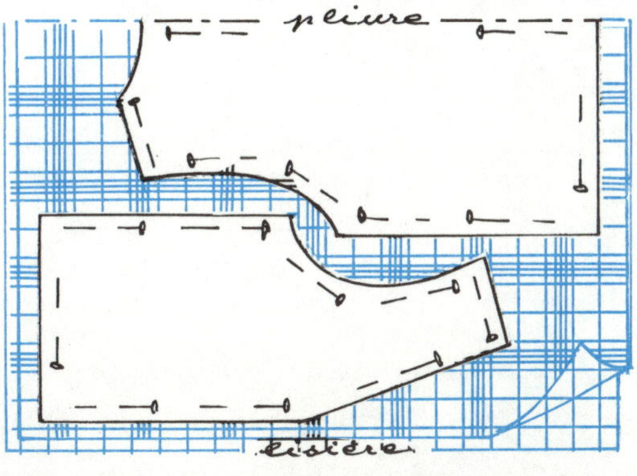

Les pièges

TAILLEZ DANS LES RAYURES

RÈGLES GÉNÉRALES

Cela étant bien établi, le tissu sera toujours plié en deux le long du pli marchand, les lisières l'une sur l'autre. Maintenez toujours les deux épaisseurs en place en épinglant tout le long des lisières. Disposez et épinglez les pièces du patron en respectant le plan de coupe dessiné sur la pochette du patron. Si vous travaillez à partir de patrons dessinés sur des plans de coupe cotés au dixième, reportez à la craie tailleur les mesures indiquées sur ce plan. Tracez ensuite les contours des pièces sur le tissu. Si les valeurs de coutures et d'ourlets ne sont pas comprises, n'oubliez surtout pas d'en tenir compte au moment du premier coup de ciseaux. Certains patrons sont prévus coutures comprises, d'autres non.

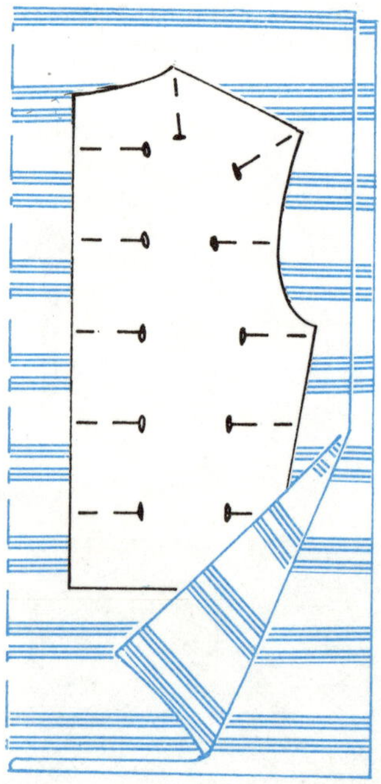

superposition des rayures

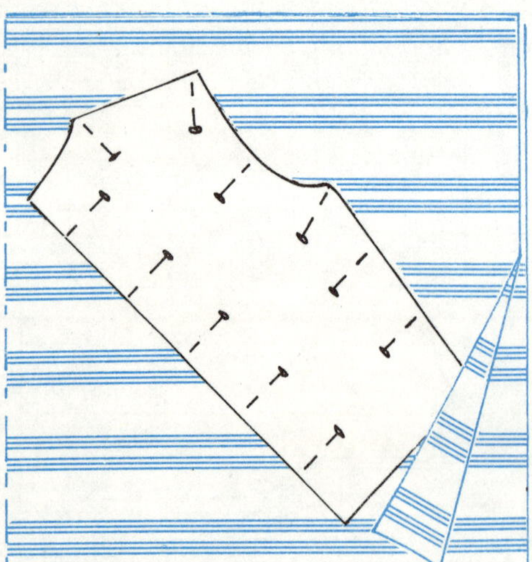

positionnement du patron

pour obtenir un chevron

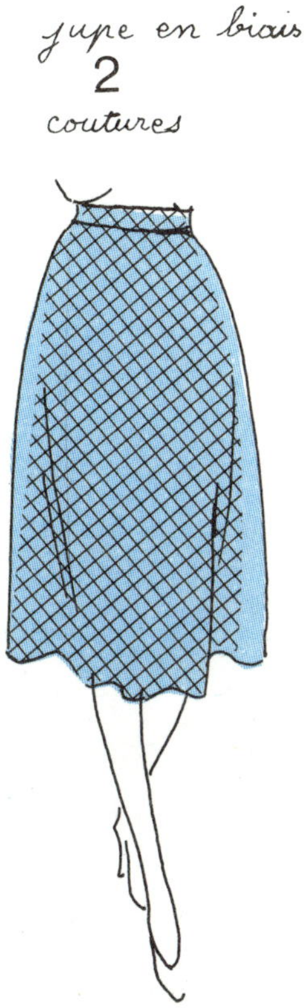

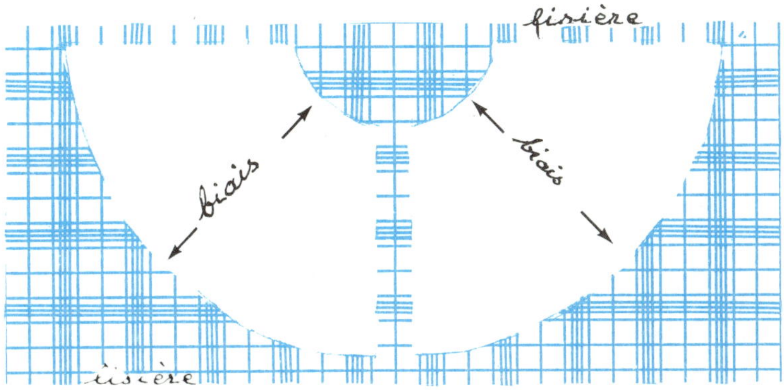

TAILLEZ DANS LE BIAIS

Pour un tombant parfait il convient impérativement de respecter le plein biais.

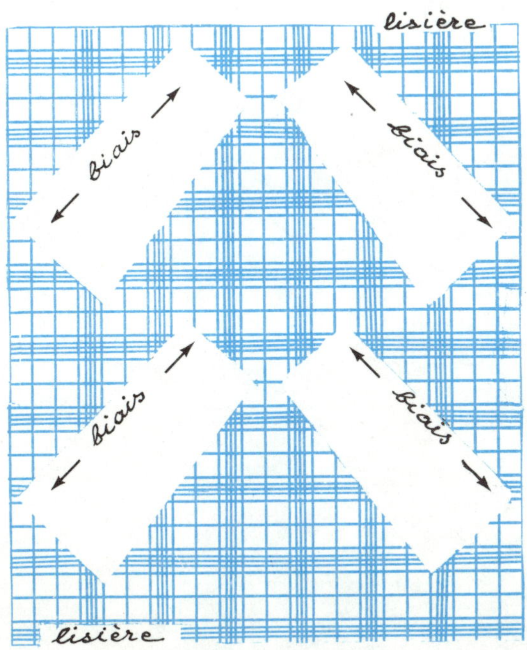

Chapitre 9

LE REPASSAGE ET LES FERS A REPASSER

Les coutures, les plis, les fronces,
les manches, les cols, les poches, les poignets,
doivent être nets impeccablement repassés.
Il existe une technique du repassage
pour chacune des pièces d'un vêtement,
nous avons cru bon de vous la faire connaître.
Nous l'avons complétée par celle de l'entretien des textiles
en fonction de leur identification et de la nature des taches.

Historique du fer à repasser

L'histoire du fer à repasser à travers les âges
doit remonter à 3 000 ou 4 000 ans avant Jésus-Christ
au temps des Égyptiens
puisque les costumes des momies retrouvées
étaient repassés.

le fer chinois

le fer en terre cuite

Au début de notre ère, différents instruments de repassage ont dû être utilisés.

Vers l'an 500 les pierres.
Les étoffes étaient frottées avec des pierres chauffées afin d'en éliminer les plis.

Vers l'an 800 les fers chinois.
Le plus ancien que l'on ait retrouvé nous vient de Chine. C'était une sorte de casserole dans laquelle on mettait des braises ou du sable chaud. La base de ces fers était en bronze ou en laiton. Les manches pouvaient être en bois, en os, en ivoire. Des symboles et des caractères chinois ornaient également ces fers.

A partir du XVIe siècle l'ancêtre de la machine à repasser à rouleaux : les planches et barreaux à calandrer.
Élégantes étaient ces longues planches à poignée décorée, finement sculptée et parfois rehaussée de couleur. On enroulait le linge autour d'un barreau de bois et on faisait rouler ce barreau sur la table en y appuyant la planche. Cela suffisait à défroisser les tissus.

Au XIXe siècle les fers creux en terre cuite à braises.
En terre cuite, ils comportaient un corps creux, assez haut, dont les parois latérales étaient percées d'ouvertures permettant l'introduction des braises et assurant, par ventilation, le maintien de leur combustion : la chaleur massique de la terre était assez élevée pour que, conjuguée au poids de l'ustensile et à l'aisance avec laquelle le linge glissait sur la poterie lisse, les résultats obtenus soient satisfaisants mais peu rapides.

Les fers bateau à braises ou à charbon de bois.
La poignée de ces fers était en bois ou en métal, mais le corps inférieur en fer ou en fonte, toujours creux et ajouré. Ces fers étaient chauffés au rouge en remplissant la cavité de morceaux de bois rougis ou de charbon de bois brûlant.

Les braises des premiers modèles de fers « bateau » faisant de la fumée, on les dota ensuite d'une cheminée courbée qui détournait la fumée du visage de la repasseuse.

Toujours au XIXe siècle : les fers « plaquette ».
Avec la naissance de la cuisinière en fonte, apparurent ces fers à semelle plate en fonte. Ils étaient dotés de poignée de bois ou de métal, ouverte ou fermée, de formes et dimensions très variées. On les faisait chauffer devant les braises d'une cheminée ou sur un réchaud à charbon de bois.

Au début du XXe siècle : les fers à alcool et les fers à gaz
firent leur apparition mais ils étaient dangereux. Dans le premier l'alcool à brûler se trouvait dans un petit réservoir attenant au fer. Dans le second le brûleur à gaz de ville se trouvait à l'intérieur de la base du fer.

Ils furent très vite remplacés par les

Fers électriques

Ils furent lancés sur le marché à l'époque des fers à gaz, qui n'eurent qu'un temps. Les premiers furent produits par CALOR en 1913. Très lente fut leur évolution pendant une vingtaine d'années car l'électricité avait la réputation d'être chère et les fers lourds, pas très faciles à régler. Peu à peu le poids s'allège, les formes s'affinent.

En 1932, apparaissent les premiers réglages automatiques sur trois ou quatre températures. Il faudra encore vingt ans pour que l'apparition des alliages légers réduise sensiblement le poids du fer.

Entre-temps, les fers à vapeur étaient nés (1953).

Enfin en 1980 les fers pressing ou fers spray à réservoir d'eau visible ont considérablement simplifié le travail de la femme.

Les dernières nées, les machines à repasser à plaques ou à rouleaux, modernes, sont valables pour la mère de famille nombreuse ou dans les collectivités.

Le repassage et sa technique

RÈGLE GÉNÉRALE

Pour un meilleur résultat le repassage se fait sur une table stable recouverte d'un molleton (toile de coton assez épaisse) recouvert lui-même d'une housse ou d'un morceau de toile métallisée irradiante.
La table peut être pliante ou tout simplement votre table de cuisine.
Plus la surface est grande, meilleur est le rendement.
La jeannette, pliante ou non, est un accessoire indispensable.
Elle peut être indépendante de la table escamotable.
Elle recevra la même garniture de repassage que la table à repasser.

Il est conseillé de disposer, dans la corbeille, les pièces de même catégorie dans l'ordre inverse du travail, c'est-à-dire en mettant dans le fond les pièces à repasser en dernier et sur le dessus, celles à traiter en premier.

Par souci d'économie de courant, on prévoyait naguère, pour le début et à la fin de la séance de repassage, les pièces à repasser à chaleur douce.

Plus le linge à repasser est fin, plus le molleton doit être épais. Un lainage très épais peut, en revanche, être repassé sur une toile de coton posée à même une planche.

Malgré la précision des thermostats modernes, malgré l'étiquetage informatif et les symboles du code international d'entretien des tissus, une mauvaise surprise est toujours possible :

Il est bon d'essuyer toujours le fer sur un chiffon témoin. Pour les articles neufs dont on n'a pas encore expérimenté la tenue au lavage et au repassage, sur un échantillon de tissu de ces articles ou, à défaut, sur une couture intérieure, un fond de poche, l'envers du col ou une partie peu visible, afin de tester le comportement du fer à la température choisie.

L'appréciation « à la joue » de nos aïeules est trompeuse et dépassée, le test de la goutte d'eau, malgré son imprécision par rapport au chauffage thermostatique est plus valable :

— fer tiède : la goutte d'eau projetée sur la semelle s'y étale et ne sèche que lentement ;
— fer moyennement chaud : la goutte d'eau s'évapore rapidement ;
— fer très chaud : par phénomène de caléfaction, la goutte d'eau est projetée au dehors en fines gouttelettes.

Respecter le sens du tissu

De façon générale, repasser en respectant le droit fil dans le sens de la chaîne c'est-à-dire dans la longueur de la pièce. Repasser les bords en travers, sens de la trame, pour les empêcher de « goder ».

— **Pousser,** lentement, *le fer de droite à gauche.*
Éviter de poser le fer sur de grosses coutures qui risqueraient de marquer ou encore sur des boutons qui risqueraient de fondre.

— **Repasser** toujours *en premier lieu les garnitures* (dentelles, broderies, volants), cols, poignets, ourlets, ceintures, empiècements et, en général, les parties où le tissu se trouve en plusieurs épaisseurs.

— **Les parties doubles** telles qu'empiècements et ourlets doivent être *repassées des deux côtés.*

Repassage sur l'envers ou sur l'endroit ?

Ici deux impératifs :

— *Repasser à l'endroit* les tissus qui doivent être brillants et rigoureusement lisses.

— *Repasser à l'envers,* ceux qui doivent rester mats ou ceux dont la texture, comporte des effets de relief.

Fers à vapeur dits fers pressing : soyez vigilantes

— Vider totalement le réservoir du fer à vapeur avant son refroidissement pour que la chaleur résiduelle puisse l'assécher complètement.

— Manœuvrer deux ou trois fois la commande de pulvérisation du spray pour vider la pompe.

— Ranger les fers verticalement sur leur talon, l'humidité résiduelle risquant d'en altérer la semelle s'ils étaient posés à plat. Placer le levier de commande de la vaporisation sur la position « sec ».

— Par ailleurs, ne jamais enfermer dans la housse de protection la nappe de repassage et le molleton sans s'être assuré au préalable qu'ils sont parfaitement secs et refroidis.

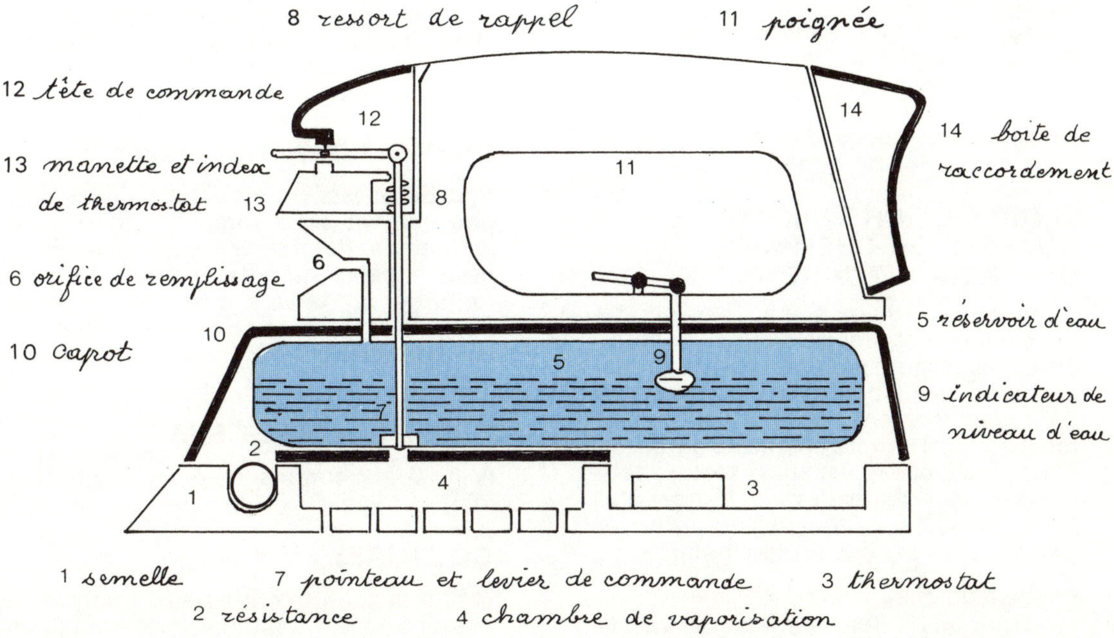

Lexique du repassage

ACÉTATE

Ne pas humecter. Régler le fer sur rayonne et repasser à l'envers sans appuyer et à travers une pattemouille très essorée.
A noter : un fer posé sur un papier blanc et fin pendant quinze à vingt secondes, y laisse une marque. Il est trop chaud pour l'acétate.

ALBÈNE

Comme acétate.

AMIDONNAGE

Les apprêts « spray » modernes donnent d'excellents résultats.
Attention : si « l'empois » colle au fer c'est que celui-ci n'est pas assez chaud. Une feuille de papier de cellophane ou de papier calque interposée entre le fer et le tissu apprêté le protège des taches et traces de roussi et évite à l'empois de coller sur le fer.

BIAIS

Le repassage d'un tissu ne s'effectue dans le sens du biais que très rarement. Exception faite, pour rendre un peu de souplesse à un tissu trop apprêté, mais encore doit-il être immédiatement suivi d'un repassage dans le sens du droit fil. Même les pièces coupées en plein biais, comme les bandes destinées à faire des passepoils, se repassent dans le droit fil pour ne pas les déformer.

BLOUSE ET CHEMISETTE OUVERTE OU CHEMISIER OUVERT BOUTONNÉ

Commencer toujours par les parties annexes pour éviter de froisser le corps en les repassant après celui-ci : poignets, puis manches (voir ce mot), col, pied de col, empiècement, revers, éventuellement volant. Prendre ensuite le corps, en plaçant la pièce à plat sur la table, encolure à gauche. Éviter de plier. Ranger plutôt suspendu sur un cintre ou procéder comme pour les chemises d'hommes.

Pliage d'un chemisier :
Le retourner, le devant contre la table, le dos sur le dessus, manches pendantes, col à gauche.
Replier un côté à hauteur de la moitié de l'épaule. A l'emmanchure, former une pince avec les doigts pour que la manche puisse être ramenée en arrière, pli de la manche posé contre le pli du côté.
Replier la manche sur elle-même dans le sens de la longueur en la dissimulant ou en faisant dépasser les poignets de 2 ou 3 cm dans le haut.
Recommencer la même manœuvre pour l'autre côté de la manche. Replier le chemisier en deux, en rentrant si nécessaire à l'intérieur une partie du pan.

BRODERIES

Pour leur donner du relief, les repasser sur l'envers, endroit placé directement contre un linge ou un morceau de couverture de laine usagée.

COTON

Fer très chaud sur tissu très humide.

COULEUR (tissus de)

Repassage à l'envers pour éviter une éventuelle décoloration par un fer trop chaud, analogue à ce que peut provoquer l'exposition prolongée au soleil. Pour obtenir le tissu brillant, faire suivre ce repassage à l'envers d'un rapide et léger coup de fer sur l'endroit.

CRÊPE LÉGER (type crêpon)

Peut se passer de repassage s'il est soigneusement étiré lorsqu'il est encore légèrement humide. S'il est fripé, poser le tissu à peine humide sur une flanelle. Repasser à l'envers avec un fer doux dans le sens de la largeur et non dans celui de la longueur et *ce exceptionnellement.*

CRÊPE LOURD ET ÉPAIS

A la vapeur comme le velours (voir plus loin).

COUTURES

Ouvrir la couture entre deux doigts de la main gauche, humidifier fortement juste avant le passage de la pointe du fer chaud. Aplatir ensuite directement, à travers un tissu sec ou une pattemouille selon la nature du tissu. On utilise le fer à vapeur.

DAMASSÉ DE COTON OU DE LIN
Repassage à l'envers, puis à l'endroit sur tissu très humide avec un fer très chaud.

DENTELLES

Apprêter à l'amidon de riz, à l'eau gommée ou à l'apprêt spécial.
Repasser à l'envers sur molleton très épais en intercalant un linge très fin entre le molleton et la dentelle, puis entre la dentelle et le fer.
Ne pas faire glisser le fer, mais le poser jusqu'au séchage de l'endroit où il est appliqué et recommencer à côté.

ÉLASTOMÈRES
(fibres du type Lycra, Dorlastan)
Ne se repassent pas.

L'ÉPONGE

Étirer sans humecter. Se repasse très légèrement.

FAUX PLI (en cours de travail)
Humecter le pli à effacer au mouillon et repasser (voir coutures à ouvrir) ou interposer un linge mouillé (pattemouille) entre le tissu et le fer ou mieux encore employer le fer-spray.

FIBRANNE (tissus de)
Repasser sur l'envers de préférence avec un fer préréglé.

FLANELLE

Sécher le tissu étalé à plat ou suspendu sans faux pli. Effacer un faux pli à la pattemouille ou au fer à vapeur.

FOULARD (Voir soieries).

FRANGES

Brosser, peigner avec une fourchette ou peigne métallique.

FRONCES

Étirer dans le sens de la longueur afin de mettre les fronces en place.
Remonter avec le fer perpendiculairement à leur monture. Toute partie plate se trouvant entre deux parties froncées se repasse auparavant sur le bord de la table pour ne pas froisser les autres.

JERSEY ET TISSUS MAILLE

On peut repasser humide, à travers un linge sec, avec un fer tiède en prenant soin de ne pas déformer le tissu.

LAINE (tissu de ou laine)

Jamais de contact direct entre le fer et le tissu. Repasser à travers une pattemouille très humide posée sur l'endroit, sans faire glisser le fer, mais en le soulevant pour le déplacer. Achever de sécher ensuite en repassant sur l'envers à travers un linge fin et sec.
Ou mieux, utiliser le fer à vapeur.

LAMÉ
Ne repasser qu'en cas de nécessité absolue et seulement au fer tiède sur tissu sec.

LIN (tissus de)
Repasser au fer très chaud sur tissu très humide.

MANCHES

Les repasser à la jeannette en poussant la pointe du fer vers la monture des fronces, de celles des poignets, comme de celles des épaules.
Sans jeannette, le travail est plus difficile :
— plier la manche en deux sur la couture et repasser les parties plates en évitant de passer sur le pli extérieur ;
— tenir les fronces de la main gauche pour y passer la pointe du fer sans faire de pli ;
— ouvrir la manche pour en étaler le centre et repasser la partie non repassée précédemment en évitant de passer le fer sur les bords pour n'en pas marquer la pliure provisoire.

Manches ballon
Poser le fer debout sur son talon et y passer les fronces en tirant des deux mains en avant et en arrière. La jeannette facilite le travail pour les manches ballon

de femmes. Pour celles de layette et de jeunes enfants, le fer à coque donne de meilleurs résultats.
On peut bourrer les manches de tampons de papier de soie pour éviter de les aplatir avant la fin du repassage.

MOUSSELINE DE COTON

Amidonner et laisser sécher complètement en un premier temps ; rouler dans un torchon mouillé et essoré pour l'humectage. Repasser sur l'envers (thermostat sur coton).

ORGANDI

Ne pas aplatir au fer.
Repasser seulement en respectant le sens des lisières, l'organdi se détendant facilement. Lorsque l'apprêt a disparu, apprêter à l'eau gommée ou à l'amidon (le meilleur procédé : mélange d'amidon cru et cuit en parties égales). On peut tendre sur cadre en épinglant et laisser sécher. En cours de repassage, fer bien chaud sur tissu humide. Il existe aussi de l'amidon en « spray », très efficace.

OTTOMAN (Voir soieries).

OURLETS

Ils se repassent en « pressing » avec le fer à vapeur ou à la pattemouille sous pression manuelle.

PEAU D'ANGE (Voir soieries).

PATTEMOUILLE

Ne pas promener le fer mais le déplacer en le soulevant pour le reposer à côté en enchaînant de surface en surface au fur et à mesure que la pattemouille a séché et a été remouillée.

PIÈCES BRODÉES

Commencer toujours par les broderies avant le repassage définitif de la pièce qui n'aura été que dégrossie.

PIQUÉ

Repassage humide avec un fer très chaud (pour du coton naturellement) d'abord à l'endroit, ensuite à l'envers pour faire ressortir le relief à côtes.

PLIS (Voir ourlets).

PLISSÉ NON PERMANENT

Faufiler les plis au fil fin.

RAMIE

(fibre végétale d'une ortie de Chine encore appelée china-grass)

Fer très chaud sur tissu très humide comme pour le lin.

RAYONNE

Ne pas humecter directement mais rouler dans serviette humide. Repassage à fer doux, de préférence sur l'envers d'abord, puis sur l'endroit en évitant de passer le fer sur une double épaisseur de tissu.

SATIN DE COTON

Comme les lainages.

SATIN (Voir soieries).

SHANTUNG (Voir soieries).

SOIERIES

Qu'elles soient naturelles, artificielles ou synthétiques, ne jamais les asperger, ni humecter partiellement ce qui risquerait de provoquer marbrures, gaufrage ou taches d'eau, mais les essorer à fond après rinçage en les roulant dans des serviettes éponge sèches ; les suspendre ensuite quelques minutes à l'air pour attendre le point d'humidité voulu.

— Les soieries à grain fin, type toile de soie, crêpe de Chine, mousseline de soie, jersey... se repassent à l'endroit.
— Celles à grain accusé, type crêpe lourd, crêpe marocain, reps, ottoman... se repassent à l'envers.
— Les soieries à reflets, type satin, moire, taffetas, peau d'ange, foulard, se repassent à l'envers sur une flanelle en interposant un papier de soie très fin entre le fer et le tissu.
— Les soies brillantes et satins cirés : à l'envers puis à l'endroit.

— Les shantungs se repassent mieux secs que légèrement humides.
— Le tussor ne doit jamais être humecté, il ne doit pas être mis à sécher, mais essoré, après rinçage, dans des tissus éponge renouvelés jusqu'à ce qu'il ne soit plus qu'à peine humide. Il se repasse alors entre deux linges secs à une température à peu près à mi-chemin entre celles de la soie et de la laine.

Règle générale :

Toutes les soieries naturelles fragiles se repassent à même la flanelle et non sur toile, même fine. Seul le papier de soie très fin peut être interposé.

TEMPÉRATURES

Les températures de base correspondant aux « points » du Code international d'entretien des textiles sont :

— 110 °C pour le repassage faible
— 150 °C pour le repassage moyen
— 200 °C pour le repassage fort

Cependant les plages de graduation qui correspondent à ces trois températures sont trop étendues pour donner les précisions que les repères en degrés apporteraient. Tant que les pays anglo-saxons utilisaient des degrés « Fahrenheit » on concevait que cette dualité entre ceux-ci et nos degrés centigrades du marché commun soient un obstacle à la généralisation de la double graduation du thermostat en degrés centigrades avec l'indication des fibres textiles correspondantes. Ces dernières ne pouvant être aussi nombreuses que la très importante gamme de mélanges textiles usités dans les tissus d'aujourd'hui, *on doit toujours choisir, pour commencer, la température la plus basse exigée par l'un des constituants du tissu et augmenter progressivement jusqu'au degré satisfaisant.*

Nous conseillons donc de toujours essayer la température du fer sur un échantillon-témoin et, en l'absence de celui-ci, sur une couture intérieure ou un endroit peu visible. Il restera toujours, en effet, une marge d'appréciation personnelle, la plus précise des températures « idéales » étant modifiée :

— par le taux d'humidité résiduelle du tissu à repasser qui varie en fonction de la saison et du degré hygrométrique de l'air ambiant ;
— selon l'épaisseur de la pièce textile à repasser.

TOILE DE LIN

Repasser à l'envers pour mettre le grain bien en valeur.

TULLE (Voir mousseline et dentelle).

VELOURS DE COTON

Repassage sur l'envers, avec pattemouille ou fer à vapeur.

VELOURS COTELÉ (Voir ci-dessus).

VELOURS DE SOIE

Consiste à défriper l'envers, redresser le poil à l'endroit sans l'écraser.
A défaut d'une presse à velours ou d'un fer à vapeur :

— on peut exposer le tissu à la vapeur d'une casserole d'eau très chaude ;
— ou avec l'aide d'une autre personne, on peut exposer le tissu à la vapeur émise par un fer classique enveloppé d'un linge mouillé l'une tenant le fer en l'air, l'autre faisant passer le velours devant la semelle de celui-ci ;
— on suspend ensuite la robe sans faux pli jusqu'à séchage complet à l'air humide.

VOLANTS

Froncés

Les repasser de droite à gauche en commençant par le bas, parallèlement au bord, et en remontant vers les fronces en y poussant la pointe du fer.

Plissés

Commencer par repasser le bas pour défriper puis former les plis à la main et remonter de bas en haut vers la tête du volant. Respecter le droit fil en travaillant par petits groupes successifs de quatre ou cinq plis.

Conseils d'entretien des textiles

SIGNIFICATION DES IMAGES CONVENTIONNELLES DU CODE D'ENTRETIEN DES ARTICLES TEXTILES

		LAVAGE	CHLORAGE	REPASSAGE	NETTOYAGE A SEC
Température maximale 95°	1 / 95°	Action mécanique normale rinçage normal essorage normal	Cl	•••	(A) Tous les solvants courants de nettoyage sont utilisables, y compris le trichloréthylène selon les processus normaux
	9 / 95°	Action mécanique réduite rinçage réduit essorage réduit	↑		
Température maximale 60° ou 50°	2 / 60°	Action mécanique normale rinçage normal essorage normal		••	Tous les solvants de nettoyage sont utilisables sauf le trichloréthylène, mais y compris le perchloréthylène
	3 / 60°	Action mécanique réduite rinçage réduit essorage réduit	Traitement à l'eau de Javel chlorage dilué et à froid		(P) Selon les processus normaux
	4 / 50°	Action mécanique réduite rinçage réduit essorage réduit			(P) Avec restriction : d'addition d'eau, d'action mécanique, ou de température
Température maximale 40° ou 30°	5 / 40°	Action mécanique normale rinçage réduit essorage normal		•	Seuls sont utilisables les essences minérales et certains solvants fluorés :
	6 / 40°	Action mécanique réduite rinçage réduit essorage réduit			(F) Selon les processus normaux
	7 / 40°	Action mécanique très réduite rinçage normal essorage normal			
	8 / 30°	Action mécanique très réduite rinçage normal essorage réduit			(F) Avec restriction : d'addition d'eau, d'action mécanique, ou de température
	(main)	Lavage à la main seulement	↓		
TRAITEMENT INTERDIT	✕	Aucun lavage possible	✕ Pas de chlorage	✕ Pas de repassage	✕ Aucun nettoyage à sec possible.

En dehors des multiples marques de poudres de lessivage, il existe des produits spécifiques pour laver les textiles, les détacher et les entretenir. L'apparition des détergents synthétiques a vraiment allégé les opérations de lavage. Ces produits détachent et blanchissent en une seule opération, et, de plus, ils permettent de laver en eau dure (autrement dit en eau calcaire). Pour éviter une usure rapide des textiles tenir strictement compte des conseils de température et de quantité de produit à utiliser indiqués sur l'emballage. Cependant, l'évolution de la qualité des textiles pousse les fabricants à indiquer, en conseil d'entretien « nettoyage à sec ».

Lorsque cette indication est portée, nous vous conseillons de faire nettoyer votre vêtement plusieurs fois à sec, avant de le laver vous-même. En ce qui concerne la soie donnez à nettoyer à sec sauf si l'étiquette d'entretien indique « lavable ».

Nous allons essayer de vous initier à l'entretien des tissus en éliminant volontairement les produits de lavage et en mettant l'accent sur la manière la plus sûre d'éliminer les taches en tenant compte de la composition des fibres du tissu.

Mais attention les conseils que nous allons vous indiquer dans les tableaux des pages suivantes sont valables si vos taches sont identifiées et si elles sont récentes. Plus rapidement vous interviendrez, plus de chances vous aurez de les voir disparaître. Nous avons répertorié les taches par lettres alphabétiques et réparti les produits à utiliser en fonction des fibres. Consultez attentivement ces tableaux, respectez nos indications et vos désagréments s'estomperont aussi vite qu'ils sont apparus.

Taches identifiées

Taches	Fibres naturelles : laine, soie, coton	Fibres artificielles : viscose, acétate	Fibres synthétiques : polyamide, acrylique, polyester, tergal	Observations
APÉRITIF	Immédiatement tamponner à l'eau tiède en évitant d'étaler la tache puis frotter avec un mélange d'1/3 d'eau et de 2/3 d'alcool à 90°, rincer.		Étaler du détergent doux pur, laisser agir, rincer	
BEURRE	Tamponner avec un détacheur à base de solvant, saupoudrer de talc ou de terre de Sommières. Laisser sécher, brosser si nécessaire, rincer à l'eau savonneuse.		Tamponner au White-Spirit, puis rincer à l'eau savonneuse.	
BOUE	Brosser la tache, puis nettoyer en utilisant un détergent ammoniaqué, rincer à l'eau froide.	Brosser, puis laver à l'eau tiède additionnée d'un détergent doux, rincer à l'eau froide.		
BOUGIE	Enlever le maximum de la tache avec une spatule en bois ou le dos d'un couteau. Placer un papier absorbant sur et sous la tache. Passer un fer à repasser à la température correspondant à la fibre. Changer le papier absorbant jusqu'à atténuation. Traiter la tache restante au détacheur-tampon.			
BRULURE	Sur coton blanc : tamponner avec de l'eau oxygénée 20 volumes, puis laver à l'eau. Sur la laine, soie : laver à l'eau tiède savonneuse.	Laver à l'eau tiède savonneuse.		
CAFÉ	Humidifier la tache en évitant de l'étaler.			
	Sur le coton blanc : tamponner avec de l'eau oxygénée 20 volumes, puis laver à l'eau.	Tamponner avec un mélange moitié alcool 90°, moitié vinaigre blanc (ou jus de citron), laver à l'eau froide additionnée d'un détergent doux. Rincer à l'eau claire.		
CAMBOUIS	Étaler sur la tache du beurre ou de la margarine. Laisser 10 minutes.			
	Tamponner avec un détacheur et saupoudrer de talc, appuyer en tournant, laisser sécher, brosser.		Tamponner au White-Spirit, puis rincer à l'eau savonneuse.	
CHEWING-GUM	Coton imbibé de trichloréthylène pur, laisser sécher quelques minutes, racler avec la lame d'un couteau, tamponner avec du papier absorbant.	Placer un glaçon sur la tache et sous la tache en insistant pour bien refroidir, « fractionner » la tache durcie, brosser avec une brosse douce, recommencer si nécessaire.		On peut également utiliser un bac à glace directement sur la tache.

<table>
<tr><th>Taches</th><th>Fibres naturelles</th><th>Fibres artificielles</th><th>Fibres synthétiques</th><th>Observations</th></tr>
<tr><td rowspan="3">CHOCOLAT</td><td colspan="3">Bien humidifier la tache à l'eau froide, frotter la tache à l'endroit et à l'envers avec de la glycérine, puis presser entre deux papiers absorbants.</td><td rowspan="3"></td></tr>
<tr><td colspan="2">Tamponner avec un mélange d'1/3 d'eau et de 2/3 d'alcool à 90°, puis avec un détacheur-tampon.</td><td></td></tr>
<tr><td colspan="3">Rincer à l'eau additionnée d'un détergent.</td></tr>
<tr><td rowspan="3">CIRAGE</td><td colspan="3">Enlever le maximum de la tache.</td><td rowspan="3"></td></tr>
<tr><td colspan="2">Tamponner avec un détacheur, disposer un papier absorbant sous la tache, si trace de colorant, étaler du cirage incolore, appuyer avec les doigts, laisser pénétrer et utiliser encore le détacheur-tampon.</td><td>Tamponner au White-Spirit, disposer un papier absorbant sous la tache.</td></tr>
<tr><td colspan="3">Rincer à l'eau savonneuse.</td></tr>
<tr><td rowspan="3">COLLE</td><td colspan="3">La nature de la colle n'est pas toujours indiquée. Frotter avec un tampon imbibé d'eau froide additionnée de détergent.</td><td rowspan="3"></td></tr>
<tr><td colspan="2">Frotter avec un tampon imbibé d'alcool à brûler.</td><td rowspan="2">Tamponner au vinaigre blanc, rincer à l'eau.</td></tr>
<tr><td>Frotter à l'acétone, puis avec un détacheur-tampon.</td><td>Frotter avec un détacheur-tampon sans insister.</td></tr>
<tr><td>COCA-COLA</td><td colspan="3">Humidifier la tache avec de l'eau légèrement alcoolisée (à 90°), étaler sur la tache de la glycérine tiède, laisser agir, masser avec une spatule en bois, rincer à l'eau froide additionnée d'un détergent doux.</td><td></td></tr>
<tr><td>CONFITURE</td><td colspan="3">Humidifier la tache à l'eau froide, tamponner à l'eau tiède additionnée d'un détergent doux, tamponner avec du vinaigre blanc si couleur résiduelle, rincer à l'eau froide.</td><td></td></tr>
<tr><td rowspan="3">ENCRE
</td><td colspan="3">Tamponner longtemps avec l'alcool à 90°.</td><td rowspan="3">Il est possible aussi d'utiliser des crayons de détachage de la même marque que l'encre responsable de la tache.</td></tr>
<tr><td colspan="2">Tamponner avec du détacheur, puis au vinaigre blanc.</td><td>Tamponner au White-Spirit</td></tr>
<tr><td colspan="3">Rincer à l'eau froide.</td></tr>
<tr><td rowspan="2">FARDS ET FONDS DE TEINT</td><td colspan="3">Mouiller la tache à l'eau froide, appliquer un détergent doux pur, masser, rincer à l'eau froide plusieurs fois. Tamponner avec un détacheur.</td><td rowspan="2"></td></tr>
<tr><td colspan="2"></td><td>Tamponner au White-Spirit.</td></tr>
<tr><td rowspan="3">FRUITS</td><td colspan="3">Ce sont des taches très difficiles à enlever surtout si la tache est ancienne. Mouiller la tache à l'eau froide, laisser agir 1/2 heure.</td><td rowspan="3"></td></tr>
<tr><td rowspan="2">Coton blanc : traiter à l'eau de Javel.
Soie-laine : tamponner au vinaigre blanc, rincer.</td><td colspan="2">Enduire de lessive en poudre, masser avec les doigts, laisser agir, laver et rincer.</td></tr>
<tr><td>Tamponner avec un jus de citron et rincer.</td><td>Tamponner avec un détergent ammoniaqué et rincer.</td></tr>
</table>

Taches identifiées

Taches	Fibres naturelles	Fibres artificielles	Fibres synthétiques	Observations
GOUDRON	Tamponner avec du dissolvant à ongles	Appliquer du beurre sur la tache, masser et laisser agir, tamponner avec un papier absorbant		
		Tamponner avec un détacheur	Tamponner au White-Spirit	
		Laver avec un détergent doux, rincer		
GRAISSE-HUILE	Mouiller avec un détacheur-tampon		Mouiller au White-Spirit	
	Tamponner énergiquement et appuyer fortement avec les doigts, enduire la tache de talc ou de terre de Sommières, masser, laisser sécher et brosser.			
HERBE	Sur coton, frotter avec de l'alcool à 90° puis laver à l'eau savonneuse	Tamponner au détergent ammoniaqué pur		Essai préalable indispensable
		Tamponner à l'alcool	Rincer	
LAIT	Humidifier la tache à l'eau froide, laisser agir, tamponner au détergent ammoniaqué puis rincer			Essai indispensable
	Tamponner avec détacheur		Tamponner avec White-Spirit	
	Laver au détergent doux à l'eau froide			
LIQUEUR	Tamponner énergiquement à l'eau tiède, puis avec un mélange 1/3 d'eau et 1/3 d'alcool			
	Sur coton blanc : tamponner à l'eau oxygénée 10 V.			
MAZOUT	Enlever le maximum de la tache, et étaler du beurre			
	Tamponner au détacheur-tampon, appliquer de la terre de Sommières, laisser sécher, brosser		Tamponner au White-Spirit, rincer à l'eau savonneuse.	
MERCURO-CHROME	Tamponner avec de l'eau froide tant que le tampon se colore, puis tamponner avec de l'alcool à 90° pur. Si couleur résiduelle, ajouter à l'eau froide du détergent ammoniaqué. Dans tous les cas, rincer à l'eau froide, tamponner au vinaigre blanc pur et rincer abondamment à l'eau froide			
MOISISSURES	Ces taches sont souvent très difficiles à enlever.			
	Sur coton blanc : frotter avec de l'eau de Javel pure, rincer, exposer au soleil.	Laisser le linge tremper avec une forte dose de lessive en poudre. ou : appliquer sur la tache une pâte composée d'1/4 de lessive en poudre, d'1/4 d'eau, d'1/4 d'amidon et de jus de citron. Brosser le lendemain et rincer.		
ŒUF	Enlever le plus possible en grattant avec le dos d'un couteau, mouiller la tache à l'eau froide.			
	Sur coton blanc : si tache colorée, utiliser de l'eau oxygénée à 10 V.	Frotter légèrement avec de l'eau froide additionnée de détergent. Tamponner au détacheur-tampon		

Taches	Fibres naturelles	Fibres artificielles	Fibres synthétiques	Observations
PARFUM	Mouiller la tache à l'eau froide, placer dessous un tissu absorbant, étaler de la glycérine pure, masser légèrement, appliquer un tampon de vinaigre blanc pur, rincer à l'eau froide et tamponner, pour finir, avec de l'alcool à 90°			
PATE DENTIFRICE	Enlever le plus possible avec le dos d'un couteau, brosser énergiquement la tache sèche, la mouiller avec de l'eau froide, tamponner avec de l'eau froide. Eventuellement, enlever les dernières traces colorées avec de l'alcool à 90°			
PEINTURE A L'HUILE	Enlever le maximum avec le dos d'un couteau, imbiber la tache avec de l'essence de térébenthine en utilisant pour ce faire, un coton-tige. Laisser agir, frotter ensuite avec un chiffon à nouveau imbibé de térébenthine, saupoudrer de talc ou de terre de Sommières, brosser après et laisser sécher			
ROUGE A LÈVRES	Retirer le maximum de la tache en tamponnant avec un tissu absorbant sans étaler. Etaler du beurre ou de la vaseline blanche, frotter, puis laver dans l'eau froide savonneuse, rincer et tamponner au détacheur-tampon			
ROUILLE	Utiliser les produits spéciaux en respectant très strictement leur mode d'emploi.			
SANG 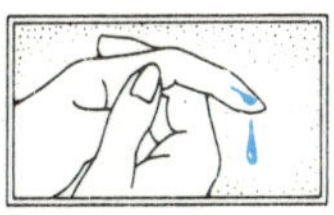	Les anciennes taches de sang sont très difficiles à enlever. Imbiber la tache de sérum physiologique (en pharmacie), tamponner puis rincer à l'eau froide. Appliquer une pâte constituée d'amidon et d'eau froide. Laisser sécher.			Surtout ne pas utiliser d'eau chaude
	Sur coton blanc: utiliser de l'eau oxygénée à 10 volumes			
	Rincer à l'eau froide			
SAUCE	Enlever le maximum de la tache. Tamponner à l'eau froide additionnée d'un détergent doux (liquide), rincer à l'eau froide. Tamponner avec un détacheur-tampon, imbiber la tache de sérum physiologique (en pharmacie) et procéder comme pour les taches de sang			
VIN 	Le vin rouge peut se détacher avec du vin blanc. Tamponner avec de l'alcool à 90°, rincer avec de l'eau additionnée de détergent doux (liquide)			
	Sur coton blanc: utiliser de l'eau oxygénée à 10 volumes			
	Rincer à l'eau froide			
VERNIS A ONGLE	Tamponner avec un coton imbibé de dissolvant, éviter d'étaler la tache		Tamponner avec un coton imbibé de dissolvant, éviter d'étaler la tache	Faire un essai au préalable très soigné
	Soie naturelle: utiliser de l'éther (attention au feu)			

Chapitre 10

A LA DÉCOUVERTE D'UN CERTAIN STYLISME

LE CHOIX

*Choisir un vêtement, sa couleur, sa forme,
c'est aller à la recherche de sa personnalité
et c'est vous
qui allez la découvrir peut-être en sélectionnant
l'un ou l'autre des modèles que nous avons créés pour vous,
car vous voici arrivées au bout du chemin et vous savez désormais
beaucoup de choses en matière de couture.
Nous n'avons pas la prétention de vous avoir tout appris,
mais avec les bases solides,
tous les conseils que nous vous avons exposés, détaillés, expliqués,
vous allez aborder la couture avec une nouvelle assurance.
C'est dans cet esprit qu'après la partie technique,
vous irez avec nous à la découverte d'un certain stylisme,
pour une garde-robe ni trop classique,
ni trop sophistiquée.*

Présentation de style

La mode une question de goût

La mode un état d'esprit

La mode une question d'harmonie

La mode une question de goût

La mode un état d'esprit

La mode une question d'harmonie

La mode une question de goût *La mode un état d'esprit*

La mode une question d'harmonie

1 patron = 3 pantalons

LE PANTALON SE FÉMINISE

La libération de la femme nous avait fait adopter cette tenue idéale pour la vie trépidante du XXe siècle. La féminité n'a pas perdu ses droits pour autant, peu à peu le pantalon a pris des allures de jupe, de corsaire, de knickers. Il se pare de couleurs gaies le jour, chatoyantes le soir.

*Ceux que nous vous proposons
vont du classique au résolument moderne
et ce à partir d'une même base.*

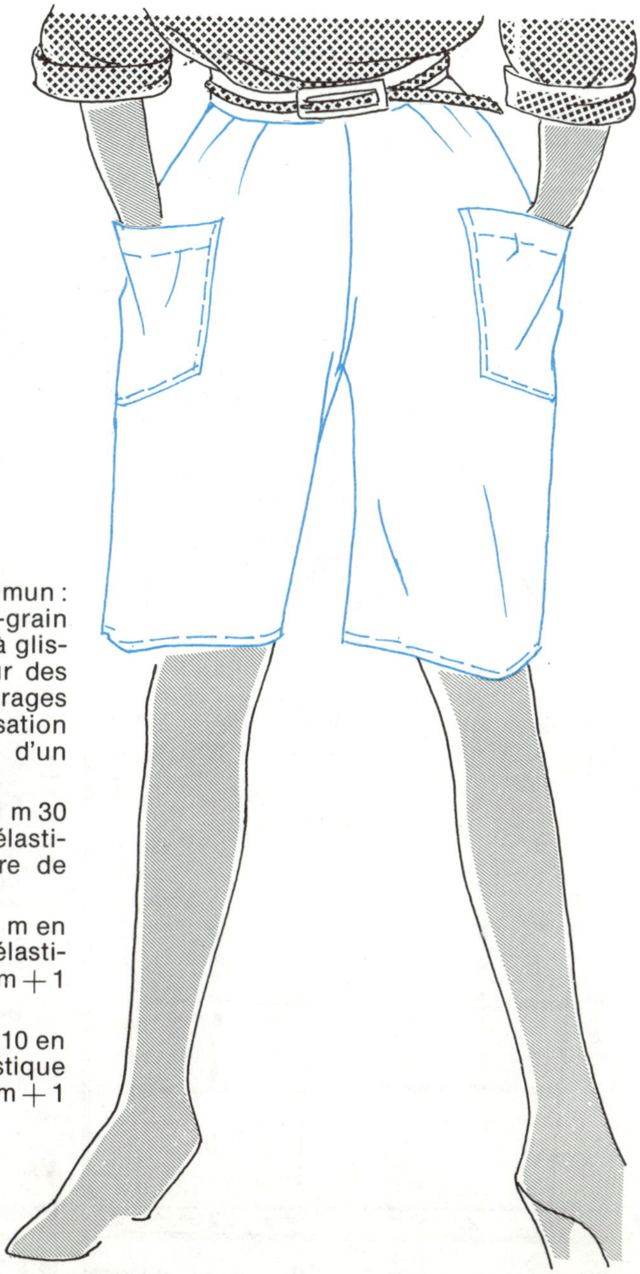

Les trois pantalons ont en commun : deux poches appliquées, un gros-grain de taille élastique, une fermeture à glissière sur le côté. Cependant pour des tailles allant du 38-40 au 42, les métrages de tissu nécessaires à leur réalisation sont différents selon qu'il s'agit d'un pantalon :

— **classique** réalisé en flanelle : 1 m 30 en 140 + 80 cm de gros grain élastique + 1 fermeture à glissière de 18 cm + 1 agrafe ;

— **bermuda** réalisé en popeline : 1 m en en 140 + 80 cm de gros-grain élasti- + 1 fermeture à glissière de 18 cm + 1 agrafe ;

— **knickers** réalisé en tweed : 1 m 10 en 140 + 80 cm de gros-grain élastique + 1 fermeture à glissière de 18 cm + 1 agrafe + 2 boucles.

1 base = 3 pantalons

RÉALISATION :

La préparation et la réalisation sont exactement les mêmes pour les trois pantalons. Seule la finition du knickers est différente.

— Pliez votre tissu en deux, lisière contre lisière, l'endroit à l'intérieur.

— Reportez toutes les mesures du schéma sur le tissu à l'aide de la craie tailleur. Tracez le contour des pièces du patron. Coupez à 2 cm du trait pour les coutures et 3 cm pour les ourlets et ce en fonction de votre stature.

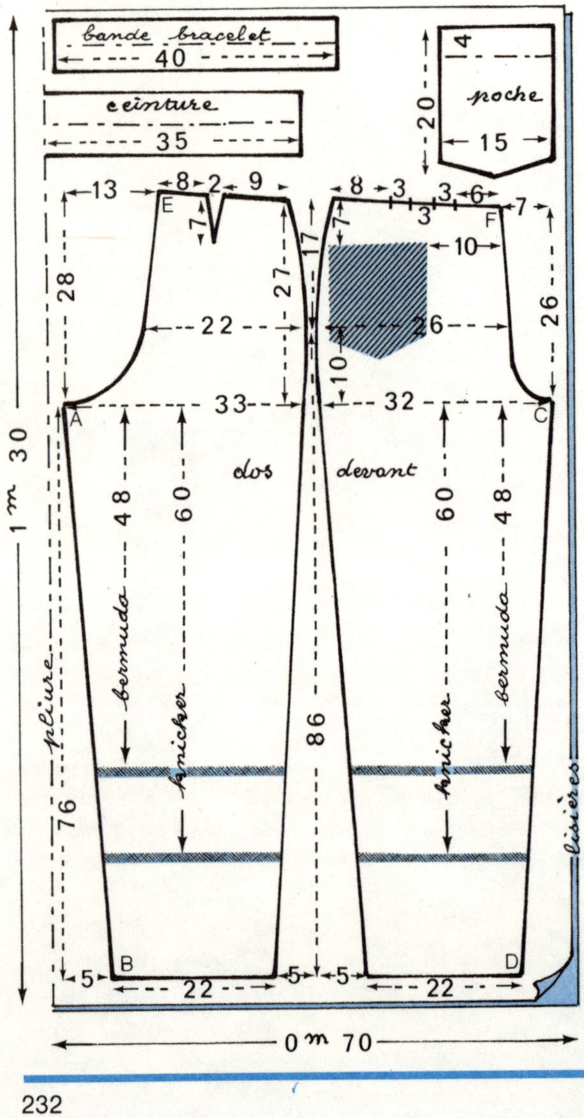

Préparez vos poches en biseau :

Faites un rentré de 5 cm dans le haut de chacune des poches et un autre de 1 cm tout autour des quatre autres côtés.

— Épinglez vos poches sur les deux devants aux endroits indiqués sur les parties hachurées. Piquez.

— Piquez les deux pinces du dos du pantalon.

— Épinglez les deux pinces souples sur les deux devants.

— Assemblez dos et devant par les coutures de côté en réservant à gauche une ouverture de 18 cm pour le logement de la fermeture à glissière. Piquez l'entrejambe A sur C et B sur D. Repassez les coutures.

— Glissez l'une dans l'autre, endroit contre endroit, les deux jambes du pantalon. Épinglez et piquez l'enfourchure de E à F en passant par le point A/C.

— Épinglez et piquez la fermeture à glissière dans l'ouverture de côté.

— Prenez la bande de ceinture. Piquez un rentré de 1 cm aux extrémités sur les petits côtés. Pliez la ceinture le long de la ligne de pliure.

— Épinglez endroit contre endroit la ceinture au tour de taille du pantalon. Piquez les trois épaisseurs. Par les petites ouvertures de la ceinture (qui devient coulisse) passez le gros-grain de taille en vous aidant d'une épingle de sûreté. Réglez-en la longueur en fonction de votre tour de taille. Maintenez solidement le gros-grain sur les petits côtés de la ceinture.

— Cousez l'agrafe et sa porte.

VARIANTES :

Pour le pantalon long et le bermuda : réglez vos longueurs et cousez les ourlets à points glissés.

Pour le knickers :
le montage est toujours le même, seules les piqûres de côté s'arrêtent à 10 cm du bas. Les ressources de couture seront maintenues soit au point d'ourlet soit par une piqûre.

— Dans le bas des jambes passez deux fils de fronces espacés de un demi-centimètre.

— Ramenez le tour du bas des jambes du knickers à celui de votre tour de jambe ou de celui des bracelets de fermeture sachant qu'il faut pour ces derniers réserver 6 cm à droite et à gauche pour la fermeture.

— La bande bracelet de fermeture pliée en deux sera piquée endroit contre endroit sur les petits côtés. Attention : l'une des extrémités est terminée en pointe. Ouvrez les coutures au fer.

— Glissez le bas du pantalon entre les bords libres du bracelet, en ayant soin de laisser 6 cm de bande libre à droite et à gauche de ces derniers. Piquez le tout en surpiqûre garniture.

— Cousez votre boucle sur l'un des bords libres du bracelet et deux ou trois œillets sur l'autre.

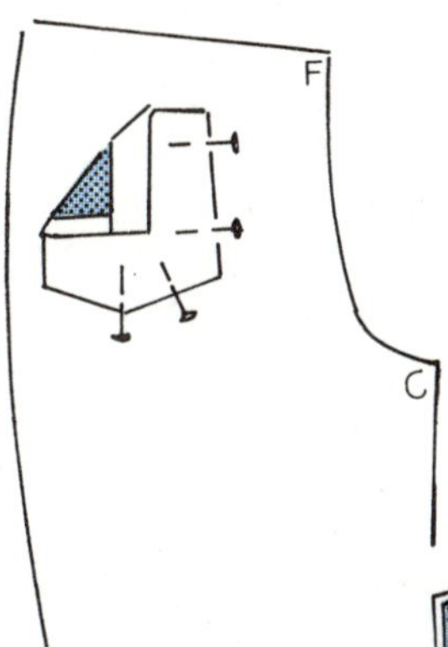

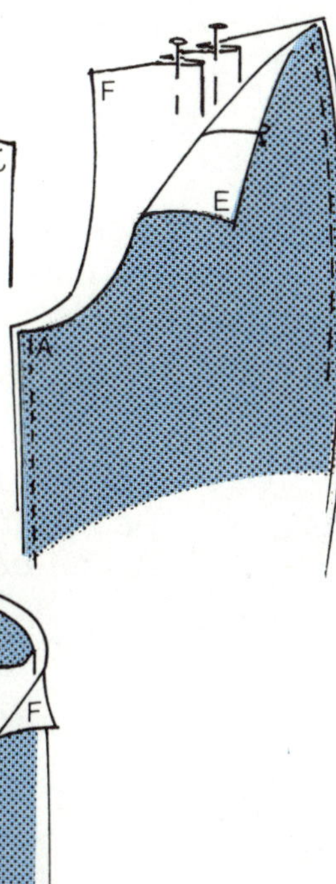

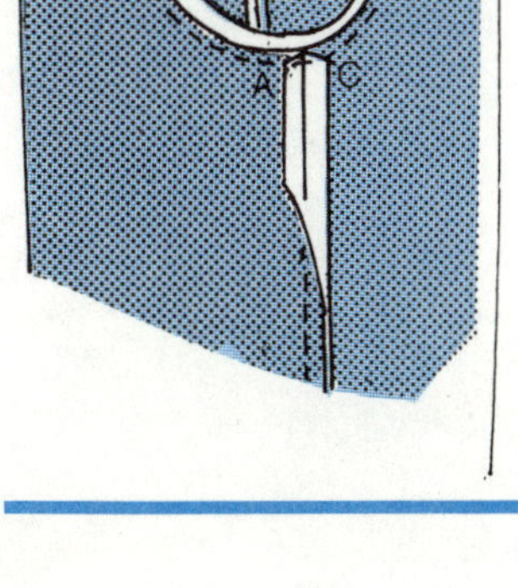

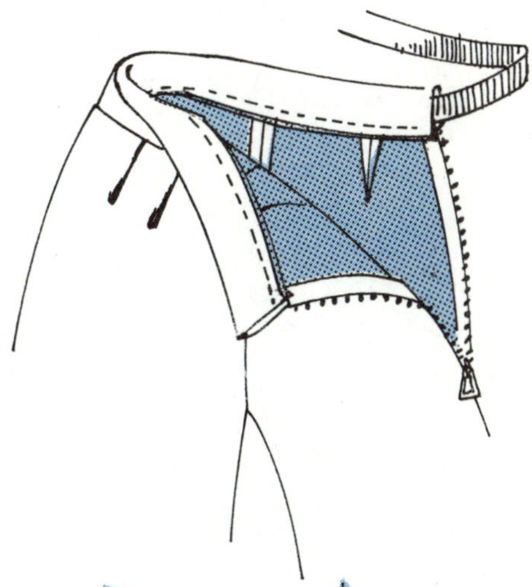

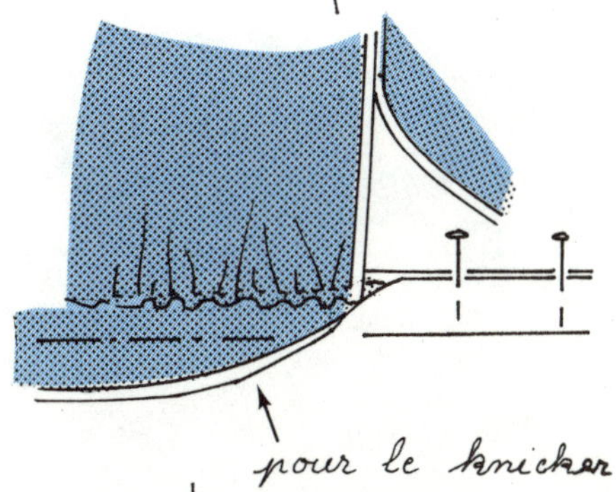

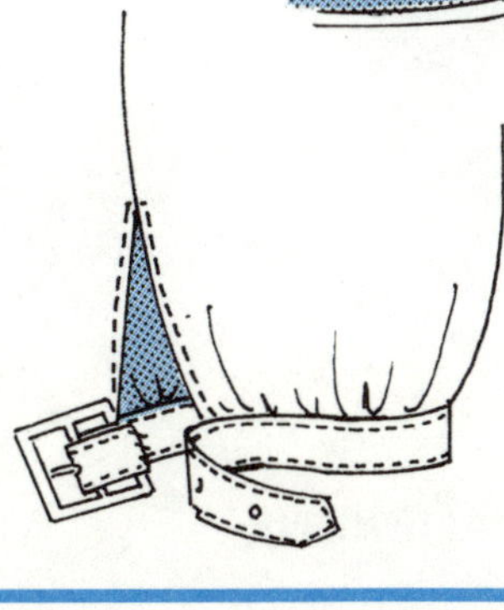

1 patron = 3 jupes

A partir d'un patron extrêmement simple, nous vous proposons trois jupes à réaliser dans des tissus correspondant à l'usage auquel vous les destinerez.

CAMPAGNE

TROIS JUPES POUR VILLE - CAMPAGNE - GOLF

L'aisance de ces trois jupes est donnée par ce qu'on appelle en terme de couture le « faux pli portefeuille », c'est-à-dire un portefeuille sans ouverture n'entravant pas la marche. L'astucieux montage de la ceinture à double boutonnage permet de déjouer les brusques « sautes d'humeur » de votre silhouette, taille ou hanches brusquement plus élargies. Dans pareil cas il suffit de déplacer les boutons.

GOLF

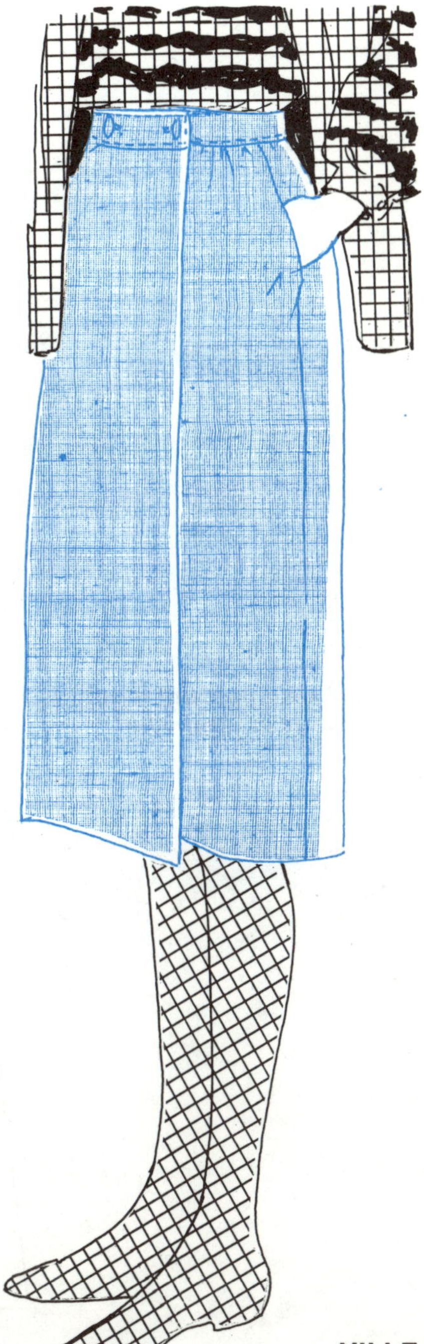

VILLE

1 patron = 3 jupes

SCHÉMA VALABLE POUR LES TROIS JUPES

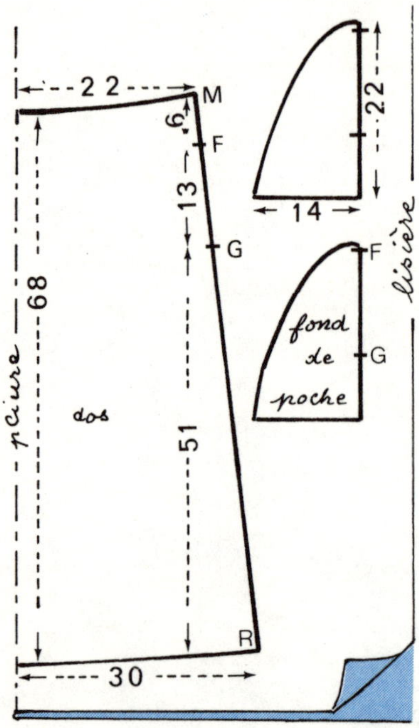

Devant uniquement valable pour la jupe ville

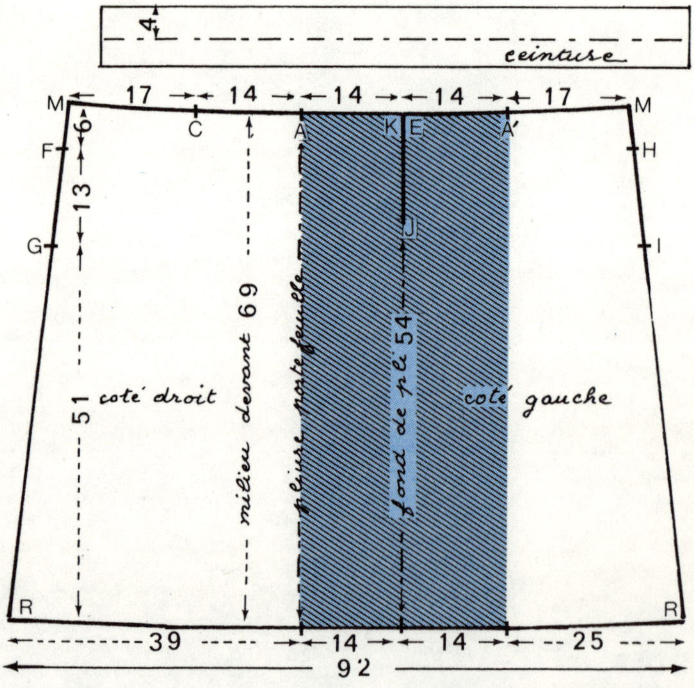

JUPE POUR LA VILLE

Jupe droite pour la ville à ampleur légèrement soutenue par des fronces et un faux pli portefeuille. Elle peut être réalisée dans une flanelle souple, un tweed fin.

FOURNITURES
Pour une taille 38 - 40 - 42 :
1 m 60 en 140 cm
1 morceau de toile thermocollante
2 boutons

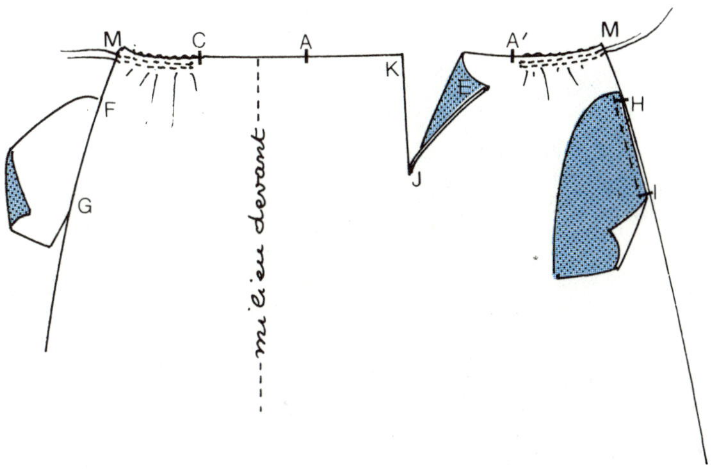

RÉALISATION :

Reportez à la craie tailleur les mesures sur le tissu placé comme indiqué sur le schéma. Tracez le contour des différentes pièces. Coupez à 2 cm du trait pour les coutures, 5 cm pour l'ourlet.

— Sur le morceau *dos* de la jupe, dans le haut, passez deux fils de fronces.

— Épinglez, piquez les fonds de poches à droite et à gauche en H I d'un côté et F G de l'autre.

— Prenez le morceau du *devant* de la jupe, fendez sur 15 cm de K à J, puis faites un petit ourlet ou un rouleauté de K à E en passant par J.

Dans le haut passez deux fils de fronces de A' à M à droite et de C à M à gauche.

— Piquez vos fonds de poches, en F G et en H I.

— Épinglez K sur C pour former votre pli et bâtissez jusqu'à 15 cm du bas de la jupe.

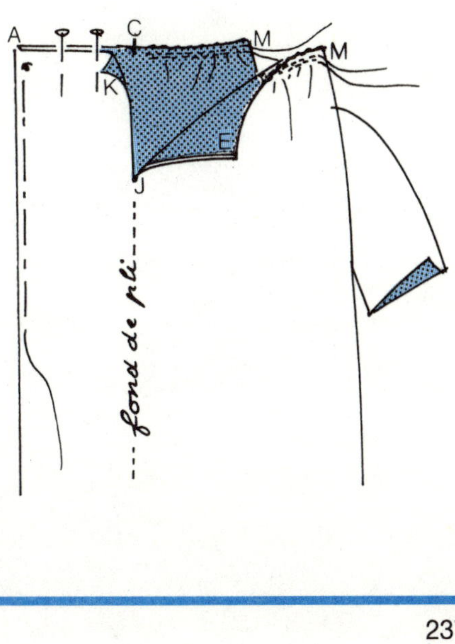

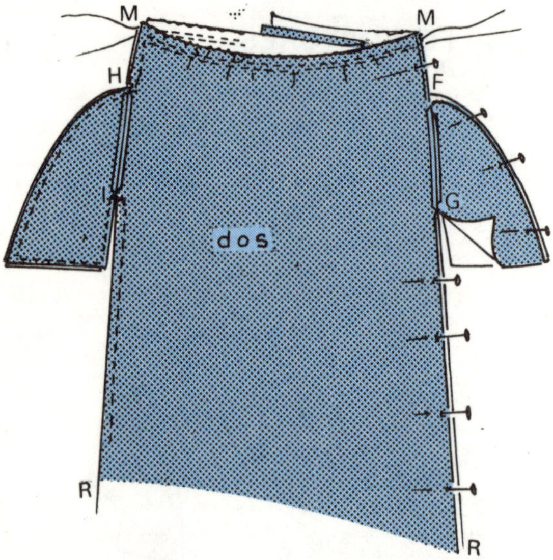

— Assemblez dos et devant. Épinglez M à F, laissez de F à G' pour l'ouverture des poches, épinglez ensuite de G à R. Piquez de G' à M en fermant les fonds de poches. Recommencez de l'autre côté de M à H et de I à R'. Repassez les coutures.

— Tirez sur les fils de fronces dos et devant pour ramener le tour de jupe à celui de votre tour de taille en laissant sur le devant une partie plate de C à A.

Préparez la bande de ceinture:
Thermocollez l'envers de la ceinture en appliquant la toile thermocollante sur la moitié de la hauteur de la ceinture.

— Repliez endroit contre endroit la bande de ceinture. Piquez sur trois côtés. Ouvrez les coutures au fer. Retournez sur l'endroit. Repassez les coutures.

— Présentez la ceinture à la jupe. Épinglez l'une des parties libres de E à A endroit contre endroit. Piquez. Rabattez sur l'envers, maintenez sur la couture de montage à points glissés.

— Faites deux boutonnières espacées de 8 cm, la première à 2 cm du point A.

— Essayez — Cousez votre ourlet de jupe et les boutons.

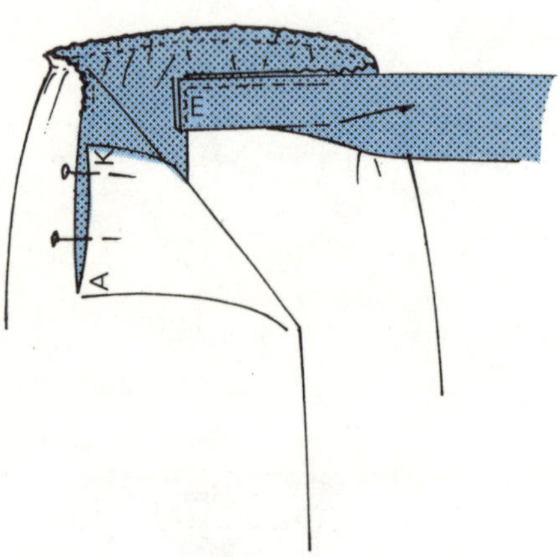

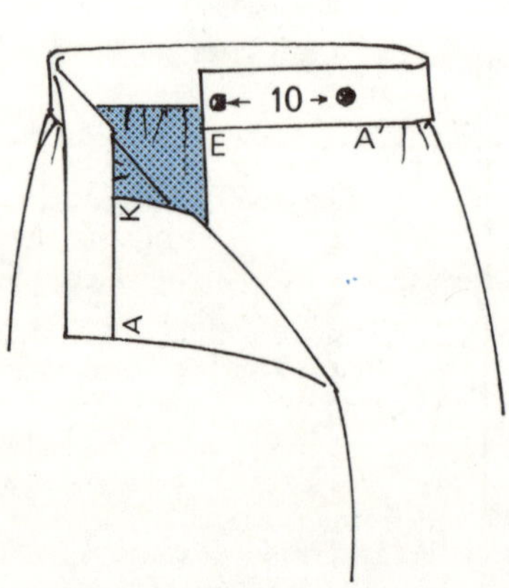

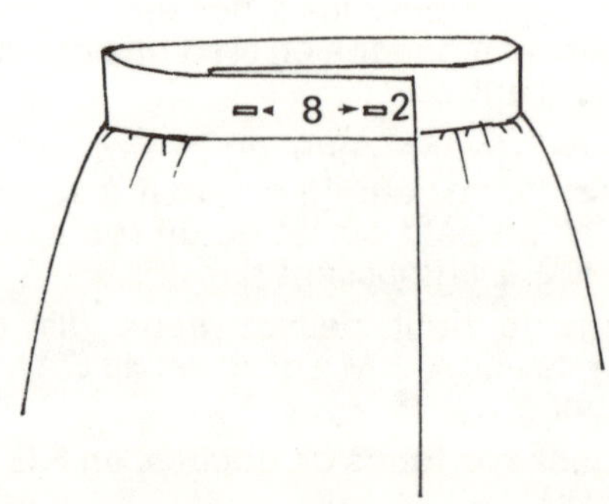

JUPE POUR LE GOLF

Réalisée dans un fin lainage écossais aux tons sourds, cette jupe sera parfaite pour le sport. Certaines étapes de montage sont les mêmes que pour la jupe de ville.

> **FOURNITURES**
>
> Pour une taille 38-40-42
> 1 m 60 en 140 cm
> 1 bande de toile thermocollante
> 2 boutons

RÉALISATION :

— Coupez une bande de tissu de 1 m 28 sur 80 pour le devant de la jupe.
— Dans le tissu restant vous couperez le dos de la jupe, les quatre fonds de poches, la bande de ceinture, d'après les indications du schéma, de la page 236.

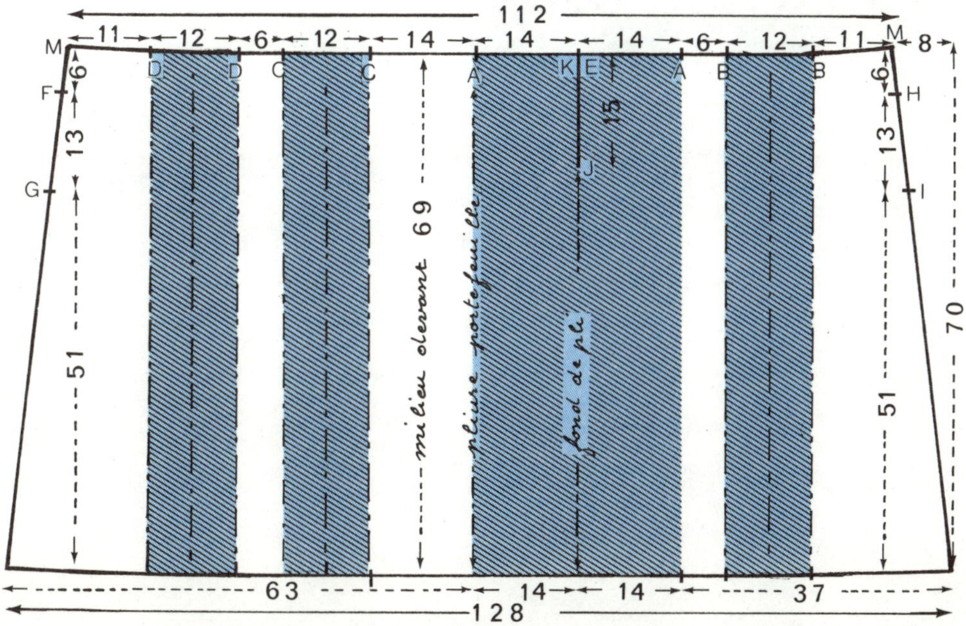

1 patron = 3 jupes

— Prenez la bande du devant de la jupe, marquez vos plis par des épingles. Les fonds ou creux de plis sont indiqués en hachuré sur le schéma. Vous laisserez une partie plate sur le milieu devant. Notez bien les lettres et repères.
— Fendez dans le haut en K J sur 15 cm. Faites un petit ourlet ou un rouleauté de K à E en passant par J.
— Piquez un fond de poche en F G et un autre en H I.
— Bâtissez vos plis jusqu'à 15 cm du bas de la jupe. Ramenez les points B' sur B, A' sur A, C' sur C, D' sur D. Repassez à la pattemouille.
— Dans le haut du dos de la jupe, passez deux fils de fronces espacés de un demi centimètre.
— Piquez un fond de poche en H I et un autre en F G.
— Assemblez dos et devant par les piqûres de côté en fermant également les fonds de poches.
— Préparez et montez votre ceinture à la jupe comme nous vous l'avons indiqué plus haut pour la jupe ville. N'oubliez pas auparavant de tirer sur les fils de fronces du dos de la jupe pour ramener votre tour de jupe à celui de votre tour de taille.
— Faites les boutonnières. Cousez vos boutons.
— Réglez la longueur de la jupe. Maintenez l'ourlet à points glissés.

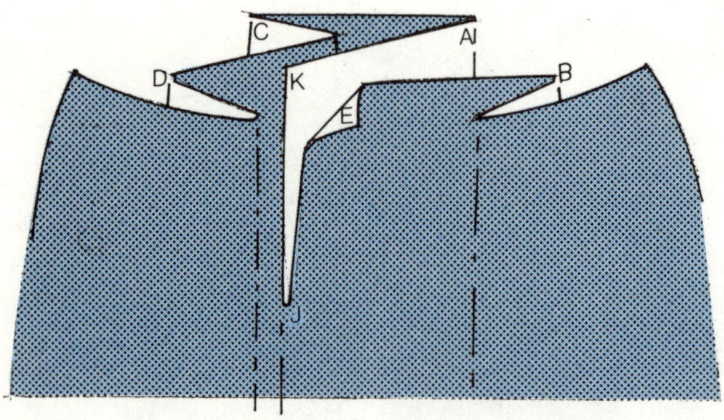

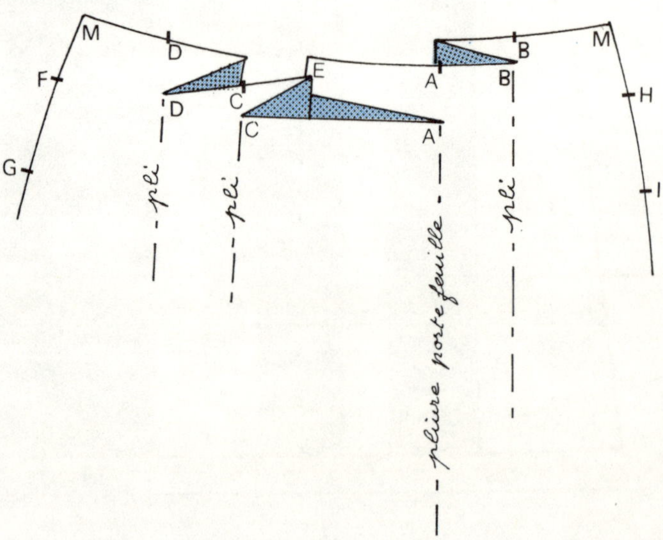

JUPE CAMPAGNARDE

Coupée sur le même patron que pour la jupe golf, elle sera également montée de la même façon, les plis seront remplacés par des fronces. Un croquet géant sera piqué à 15 cm du bas de la jupe. Une cotonnade sera parfaite pour ce genre de jupe.

FOURNITURES
pour une taille 38-40-42
1 m 60 en 140 cm
1 m 80 de croquet géant
1 bande de toile thermocollante
2 boutons.

RÉALISATION :

— Coupez votre jupe exactement comme la jupe de golf.
— Les étapes de montage et d'assemblage seront aussi les mêmes.
— Prenez le panneau du devant, fendez sur 15 cm de K à J, faites un rouleauté tout autour de cette fente K J E.
— Passez deux fils de fronces, d'abord de E à M d'un côté puis de A à M de l'autre côté.
— Piquez vos fonds de poches en F G et H I.
— Prenez le dos de la jupe, passez deux fils de fronces dans le haut espacés d'un demi-centimètre.
— Piquez vos fonds de poches en H I et F G.
— Assemblez dos au devant par les piqûres de côté.
— Préparez et montez votre ceinture comme pour la jupe de golf après avoir tiré sur vos fils de fronces pour ramener votre tour de jupe à celui de votre tour de taille.
— Réglez votre ourlet de jupe. Maintenez-le à points invisibles.
— En partant de l'intérieur du pli portefeuille et non des coutures de côté, épinglez et piquez la bande de croquet à 15 cm de l'ourlet.

1 patron = 3 vêtements en maille

GRACE A LA MAILLE
IGNOREZ LES RIGUEURS DE L'HIVER

La maille, matériau moderne, souple, douillet par excellence, se plie à tous les caprices du style dit décontracté : pulls, robes, manteaux, vestes...

Mais ne vous y trompez pas, la maille aime aussi se sophistiquer par des bracelets, des chaînes pour briller le soir.

En quelques heures, réalisez l'un ou l'autre de ces trois modèles douillets, confortables et taillés sur le même patron. Choisissez un tissu maille au tricotage en relief uni ou un moucheté dans les coloris feuille morte ou encore cannelle, ou bleu vitrail.

FOURNITURES

— Pull-over : 1 m 70 en 140 cm
— Robe : 2 m 20 en 140 cm
— Pull : 1 m 90 en 140 cm

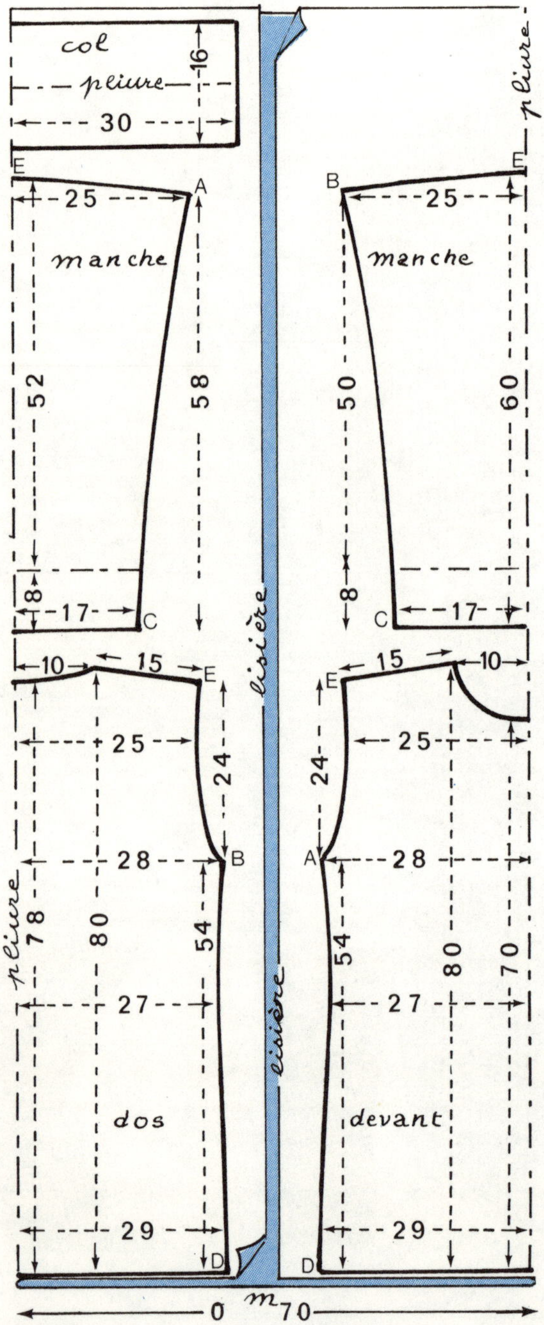

RÉALISATION DU PULL-OVER

Posez votre tissu à plat l'envers contre la table de travail. Repliez le tissu de chaque côté de manière à ramener les deux lisières face à face au milieu. Épinglez soigneusement pour maintenir les épaisseurs. Relevez les mesures du schéma coté au dixième et reportez-les à la craie sur le tissu. Taillez au ras du trait.

Surfilez toutes les pièces au point zigzag.

— Épinglez et piquez les coutures d'épaules. Fermez la bande de col par une piqûre sur la hauteur soit sur 16 cm. Épinglez-la ensuite endroit contre envers tout autour de l'encolure. Piquez. Dans le haut faites un petit rentré que vous maintiendrez au point de chausson ou au point zigzag spécial jersey.

Montage des manches ouvertes :

— Épinglez la manche ouverte la tête de manche E sur E de la couture d'épaule, A sur A à droite et B sur B à gauche de cette couture. Piquez.

— Épinglez et piquez en une seule fois de D bas du pull à C extrémité de manches, fermant ainsi la couture de côté et le dessous des manches.

Recommencez la même opération pour l'autre manche.

— Dans le bas de chaque manche faites un grand ourlet de 8 cm de largeur, maintenez sur l'envers à point de chausson. Repliez sur l'endroit une partie de cet ourlet qui vous servira de revers.

— Cousez l'ourlet du pull au point de chausson.

VERSION ROBES :

Robe et robe-pull sont taillées exactement sur le même patron, se réalisent de la même manière, seuls les métrages varient.

Il vous suffira de prolonger les lignes du schéma de 20 cm pour la robe-pull et de 40 cm pour la robe. Cependant, si pour cette dernière vous envisagez de la ceinturer largement, il convient de rajouter quelques centimètres en plus pour maintenir toute la souplesse du vêtement sans en diminuer la longueur.

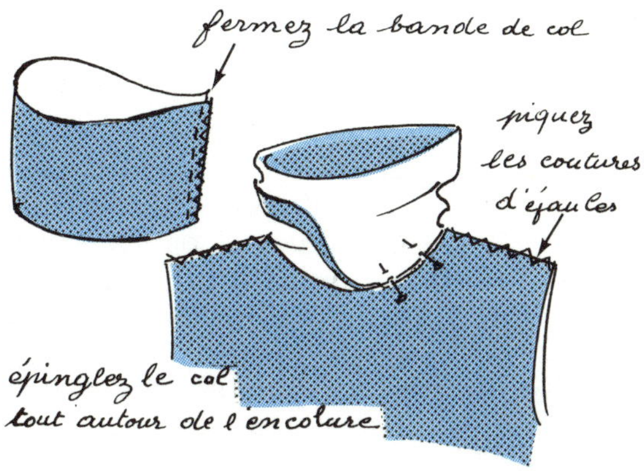

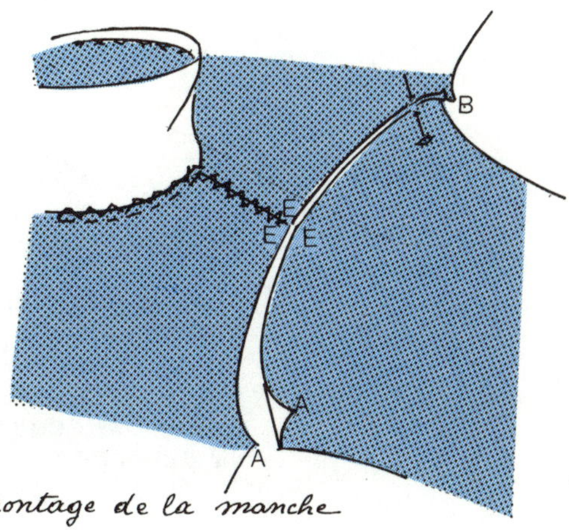

NOTRE CONSEIL :

Réglez votre machine sur point moyen, utilisez une aiguille neuve et fine spécial jersey ainsi qu'un fil retors ou mercerisé N° 50 pour piqûres extensibles.
Utilisez un pied presseur universel ou un pied double entraînement :

- *si vous avez une machine automatique faites vos piqûres au triple point extensible ;*
- *si vous avez une machine superautomatique, employez les points spéciaux pour tissu maille - point stretch - overlock ou nid d'abeilles. Ces points ont l'avantage de coudre et de surjeter en même temps.*

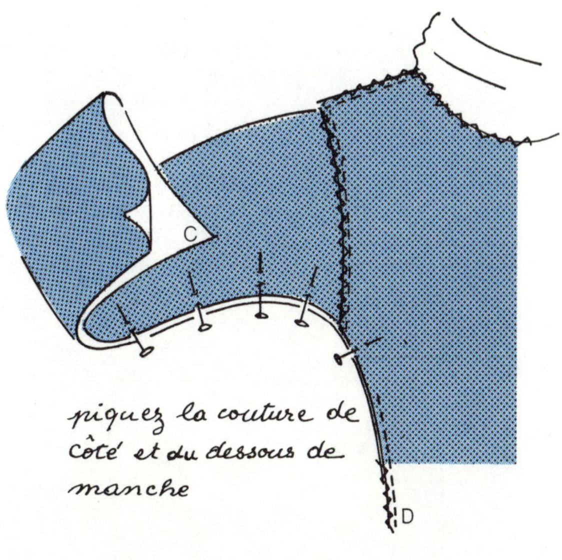

1 patron = 2 modèles

ROBE ET ENSEMBLE DE VILLE

Ces deux vêtements à boutonnage asymétrique,
aussi élégants l'un que l'autre,
seront réalisés dans un tissu souple et soyeux,
ou mieux encore dans une soie naturelle.
L'ensemble est la réplique exacte de la robe,
la seule différence est qu'il est traité version veste
c'est-à-dire coupé aux hanches.
Quant à la jupe de cet ensemble,
elle a été taillée sur le patron de la jupe version campagne
et réalisée de la même façon
(voir chapitre jupes pages 234 à 241).
La robe possède un col officier, l'ensemble n'en a pas.

FOURNITURES

Pour la robe (taille 38-40)
métrage 2 m en 140 cm de soie naturelle ou de tissu soyeux
10 cm de doublure de la même couleur que le tissu de la robe
12 petits boutons
1 bouton-pression.

Pour l'ensemble (taille 38-40)

3 m 05 en 140 cm de tissu de soie (dont 1 m 45 pour le haut-veste et 1 m 60 pour la jupe)
10 cm de doublure de la même couleur que le tissu
soutache 1 m 80
2 boutons pour la jupe
1 bouton-pression pour le haut
8 petits boutons.

Robe et ensemble de ville

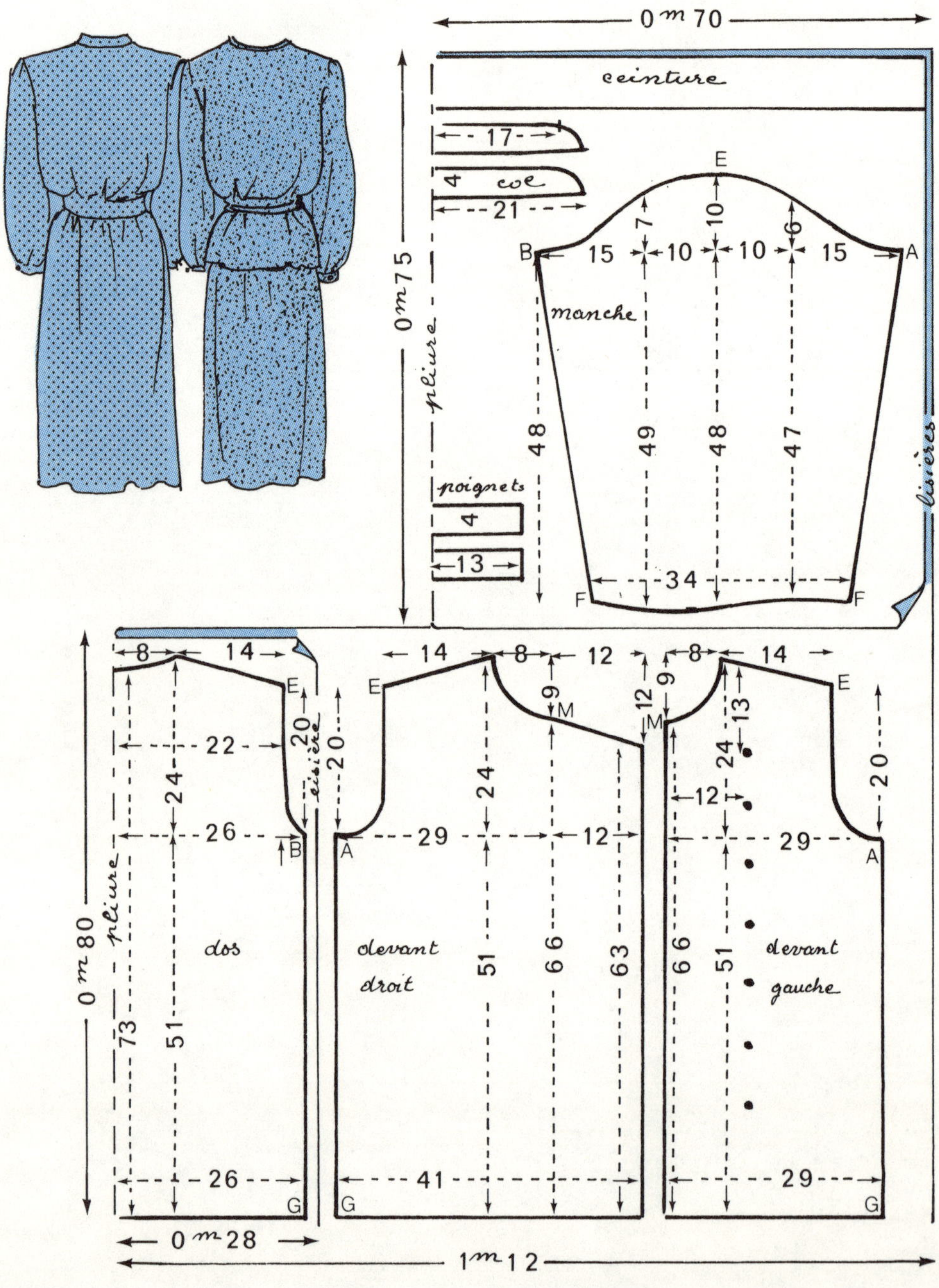

RÉALISATION DE L'ENSEMBLE

Le haut-veste asymétrique

Posez le tissu sur la table de travail, l'endroit vers vous. Repliez le tissu sur 28 cm. Épinglez, afin d'éviter le glissement des épaisseurs, soigneusement sur les bords opposés à la pliure. Reportez les mesures du schéma. Coupez votre dos. Sur l'envers du tissu restant vous couperez les deux devants qui, comme vous le constaterez, ne sont pas symétriques. Repliez en deux le métrage inutilisé et tracez le contour de vos manches.

1. Épinglez et piquez les coutures d'épaules.
2. Sur la tête de chaque manche passez deux fils de fronces espacés de un demi-centimètre. Tirez sur les fils de fronces. Piquez endroit contre endroit les manches à la veste en répartissant harmonieusement les fronces sur la tête de manche.
3. Épinglez les piqûres de côtés et de dessous de manches. Fermez le tout en une seule piqûre en laissant cependant une ouverture de 10 cm dans le bas de chacune des manches.
4. Tout autour de cette ouverture maintenez la ressource de couture soit par une piqûre soit par un rouleauté.
5. Épinglez, endroit contre endroit, la bande de poignet tout autour du bas des manches. Piquez. Rabattez sur l'envers. Maintenez à points glissés.

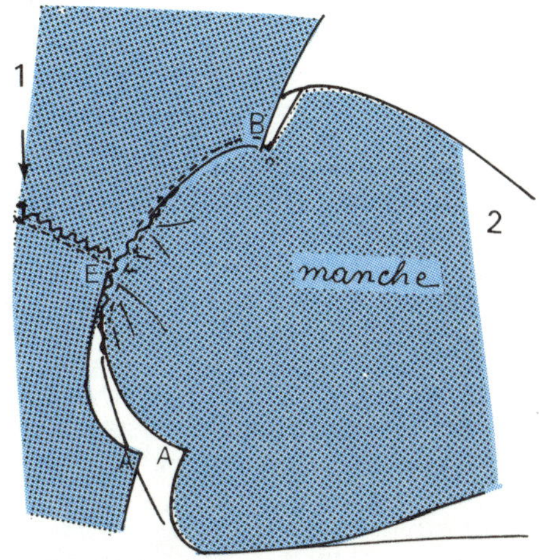

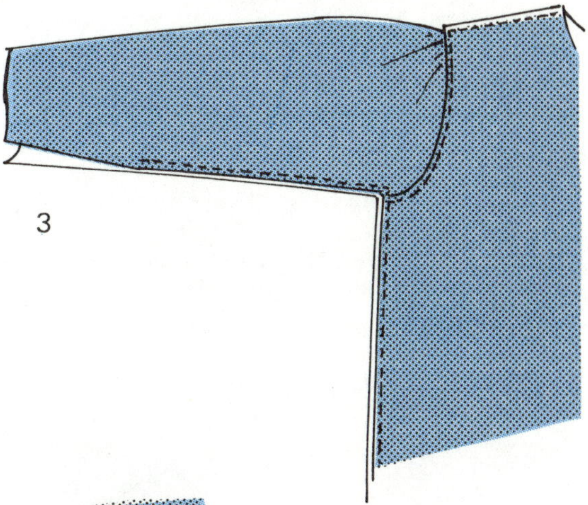

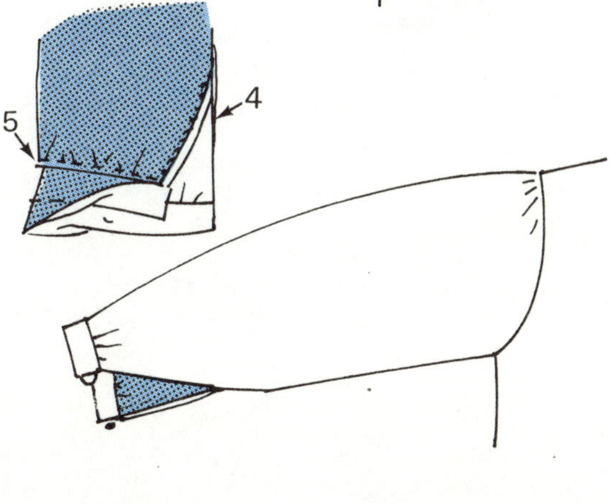

6. Repliez sur quelques millimètres et sur l'endroit le tour de l'encolure et le bord des ouvertures. Épinglez et piquez la soutache sur toute cette partie-là. Attention : comme la soutache servira également de bride de boutonnage, à 1 cm de la pointe du haut du devant droit faites une première boucle, la deuxième espacée de 8 cm de la première et ainsi de suite pour les six autres. La soutache sera maintenue par une piqûre. Cousez les boutons sur l'endroit du vêtement gauche en face de chacune des boucles.
Sur chacun des poignets cousez une bride à l'aide d'un morceau de soutache. Cousez vos boutons.
Sur l'envers du haut côté droit de la veste au point M cousez la partie mâle du bouton-pression, la partie femelle étant cousue en M, mais sur l'endroit côté gauche.
Épinglez et cousez votre ourlet.

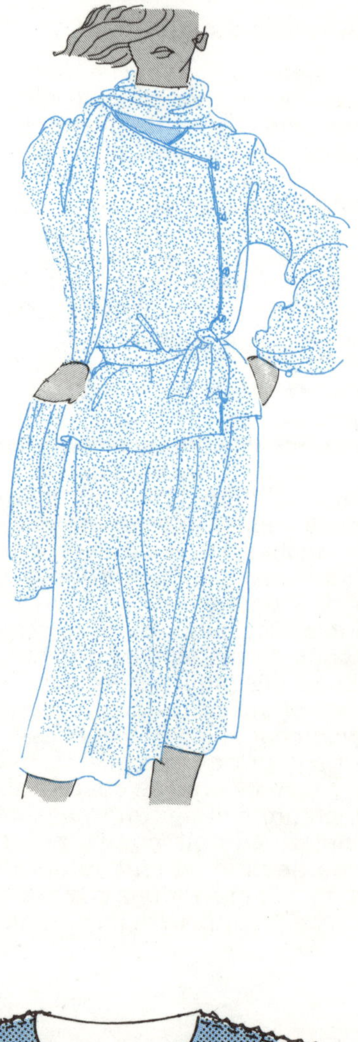

La jupe

La jupe de l'ensemble sera coupée et montée comme celle de la jupe campagnarde (voir page 241). Évidemment elle ne comporte pas de croquet en garniture.

Vous pouvez couper une bande de 20 cm sur 1 m 60 dans les chutes pour l'écharpe dont les bords seront ourlés à la machine ou à la main selon le tissu utilisé.

6

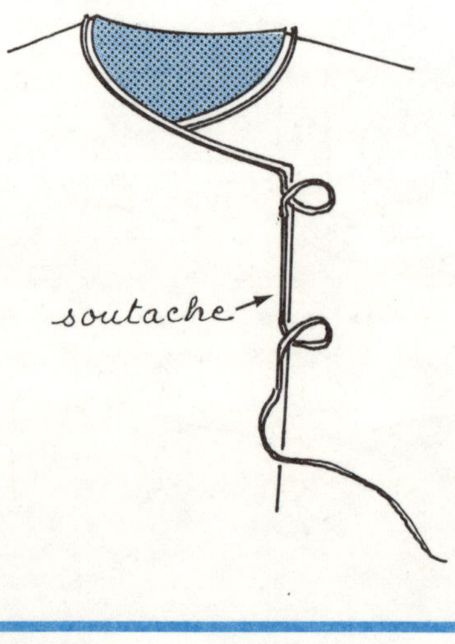

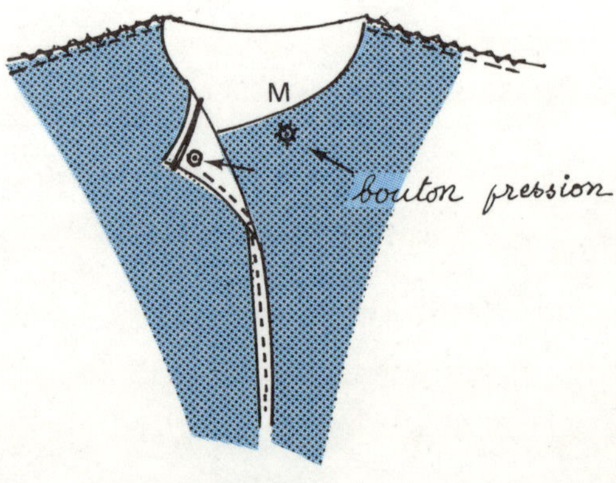

LA ROBE A COL OFFICIER

Même schéma, même plan de coupe, cependant vous prolongerez la ligne du haut de l'ensemble sur 50 cm.

Commencez la réalisation exactement comme celle de l'ensemble à savoir :

— Coutures d'épaules - montage des manches - coutures de côtés et de dessous de manches - montage des poignets.
— Préparez votre col officer et montez-le à la robe (voir explications, page 108).
— Préparez un rentré de 1 cm sur l'envers de l'ouverture du devant de la robe. Épinglez les brides réalisées dans les chutes (voir brides page 133) tous les 8 cm.
— Épinglez par-dessus, envers contre envers de la robe un morceau de doublure du point M au point R du bas de la robe. Maintenez par une piqûre. Cousez vos pressions. Sur le devant côté gauche piquez un rentré. Cousez vos boutons.
— Réglez la longueur de la robe, cousez votre ourlet.
— Réalisez une ceinture dans les chutes (voir ceintures pages 158 à 163).

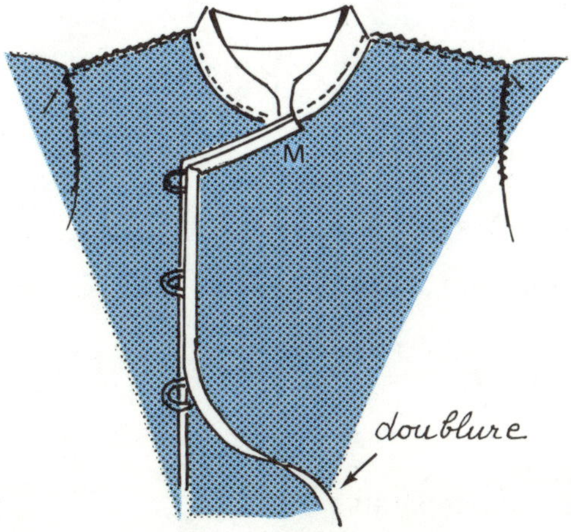

Blouson laqué ou veste classique

Un seul patron de base pour l'un comme pour l'autre.
Ils auront une allure différente
selon que le bas des manches et du vêtement
seront resserrés ou non.

Par ailleurs, les tissus jouent également un rôle important
dans le résultat final.
Soyez donc prudente dans votre choix
car un blouson doit être souple, confortable,
et une veste sobre, pratique,
pour accompagner jupes et pantalons.

LE BLOUSON LAQUÉ

Réalisé dans un tissu laqué de deux couleurs rose cyclamen pour l'empiècement et jaune soleil pour le corps du blouson, ce vêtement gai, jeune, confortable, laisse toute liberté aux mouvements. Son ampleur est resserrée dans le bas par une coulisse et celle de ses manches par un élastique.

LA VESTE

Réalisée quant à elle dans une toile de bâche ou une toile jean, elle a une allure moins sportive mais conserve un style décontracté.

FOURNITURES
pour une taille 38-40

Pour le blouson
1 m 50 de coton laqué en 140 cm s'il est réalisé d'une seule couleur, sinon :
0 m 35 en 140 pour l'empiècement
1 m 30 en 140 pour le corps du blouson
1 fermeture à glissière séparable de 65 cm
0 m 20 d'élastique plat pour le bas des manches.
Pour le travail du tissu laqué reportez-vous aux conseils page 84.

Pour la veste
1 m 50 de toile de bâche
1 fermeture à glissière séparable de 65 cm.

RÉALISATION :

Pour l'un comme l'autre, il convient de plier en deux votre tissu, lisière contre lisière, endroit contre endroit. Reportez soigneusement les mesures du schéma. Tracez le contour des pièces du patron. Taillez à 2 cm du trait.

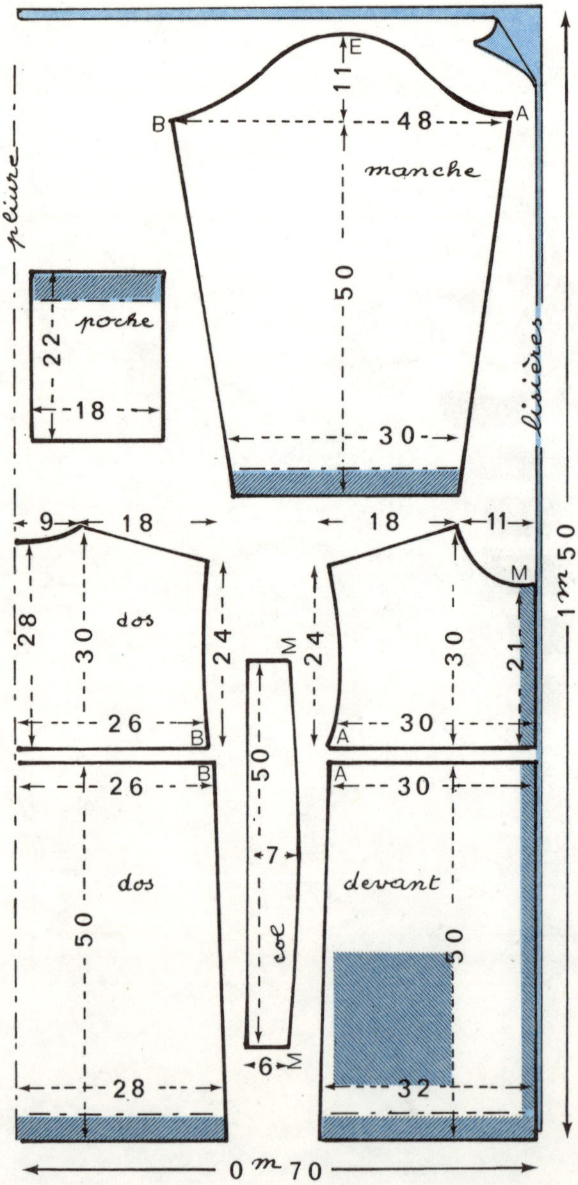

VERSION DU BLOUSON

— Épinglez, piquez endroit contre endroit les coutures d'épaules, des empiècements, des deux devants au dos.

— Assemblez endroit contre endroit le dos du blouson à l'empiècement du dos. Piquez de B à B.

— Assemblez les deux devants du blouson aux deux empiècements correspondants. Piquez de A à A.

— Préparez vos poches. Marquez un rentré tout autour, celui du haut plus important. Épinglez-les sur les devants du blouson. Maintenez par une surpiqûre.

1

2

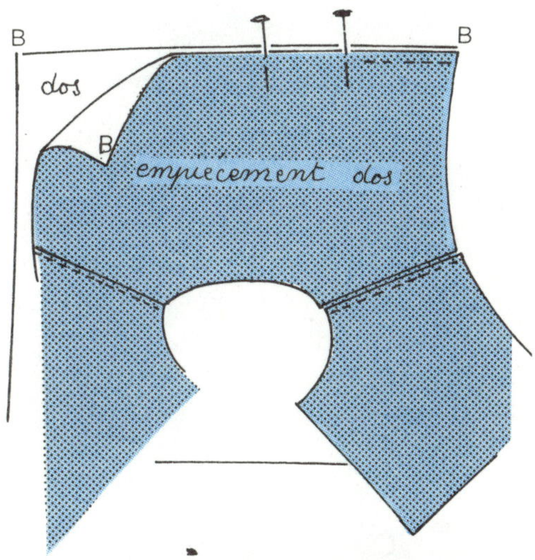

3

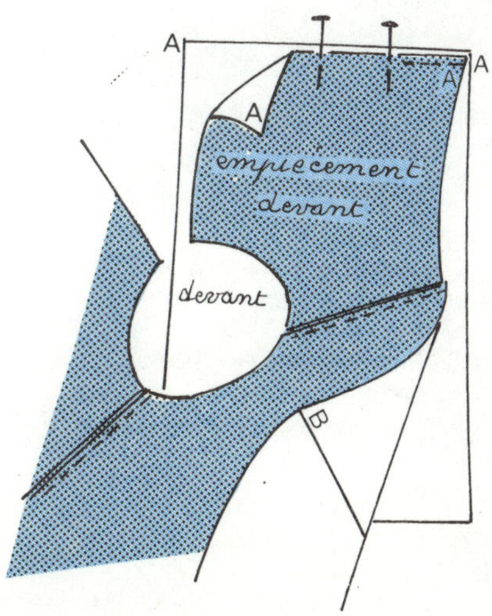

Blouson laqué ou veste classique

4

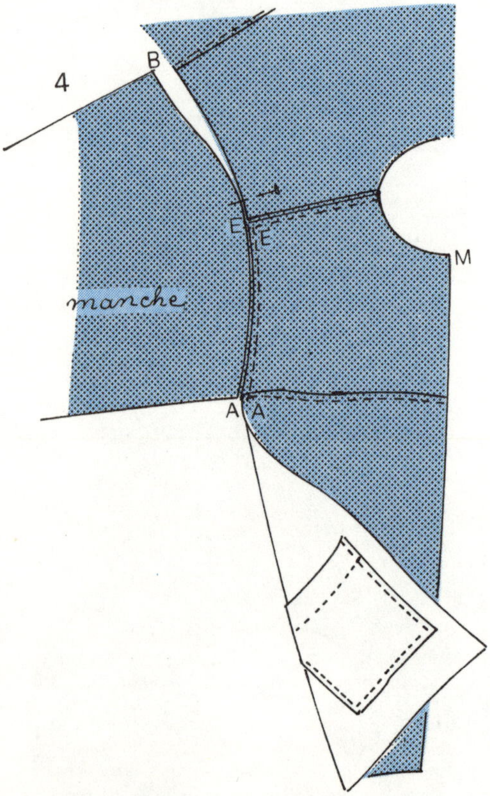

6

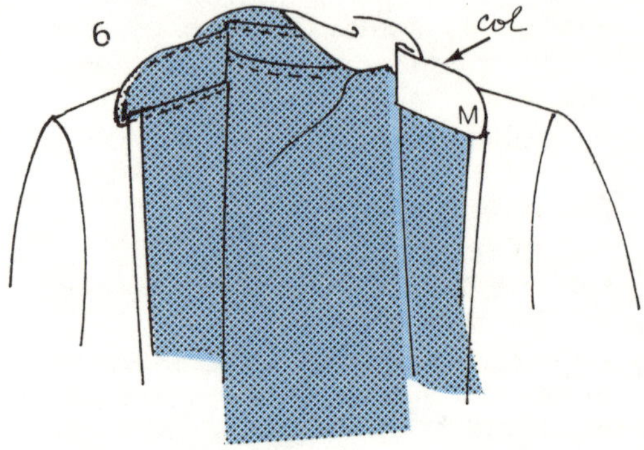

7

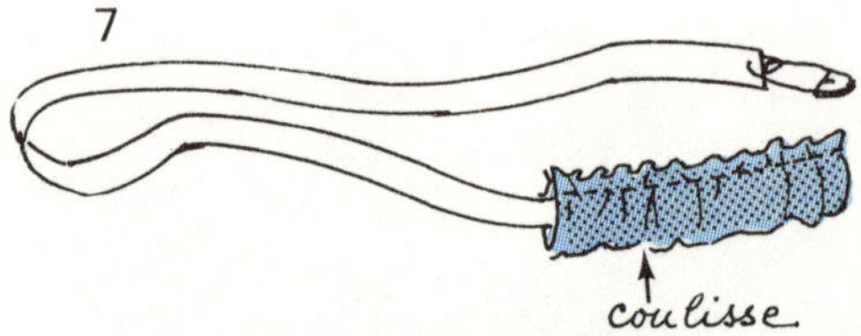

8

5

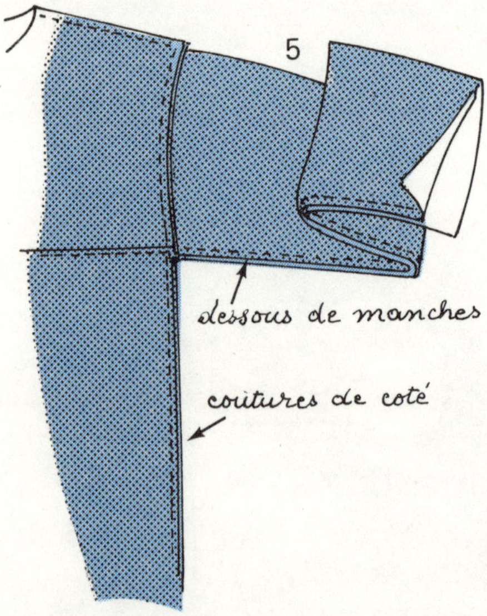

— Présentez vos manches au blouson E sur E de la couture d'épaule. A sur A devant et B sur B dans le dos. Épinglez, endroit contre endroit. Piquez.
— En une seule piqûre fermez les coutures de côté et celles des dessous de manches.
— Dans le bas des manches piquez un rentré de 2 cm en laissant une petite ouverture côté couture pour le passage de l'élastique. Passez ce dernier dans cet ourlet en vous aidant d'une épingle de sûreté. Cousez solidement les deux extrémités de l'élastique après avoir fait un essayage car il ne faut pas que vous soyez trop serrée.
— Recommencez pour l'autre manche. Fermez les ouvertures à points glissés.
— Assemblez les deux bandes de col endroit contre endroit. Piquez sur trois côtés. Retournez sur l'endroit. Épinglez l'une des parties libres du col M sur M milieu devant de l'encolure du blouson. Piquez. Maintenez la partie libre du dessus de col sur la piqûre de montage à points glissés.
— Pliez la bande de coulisse endroit contre endroit. Piquez. Retournez sur l'endroit. Fermez l'ouverture à points glissés.
— Rabattez le long des deux devants un rentré de 1 cm et épinglez les 2 morceaux de votre fermeture à glissière en commençant à 2 cm du bas de l'ourlet. Piquez un ourlet de 3 cm ainsi que la fermeture à glissière en surpiqûre garniture. Faites aussi une surpiqûre sur les bords du col. Passez la coulisse dans l'ouverture de l'ourlet, sous la fermeture à glissière, en vous aidant d'une épingle de sûreté.

VERSION VESTE

La coupe et le montage de ce vêtement sont exactement les mêmes. Cependant, vous piquerez l'ourlet dans le bas des manches sans laisser d'ouverture. Vous préparerez votre ourlet, puis épinglerez votre fermeture sur les rentrés des devants et vous maintiendrez le tout en surpiqûre garniture.

NOTRE CONSEIL

Pour l'assemblage des coutures à la machine de tissus laqués ou enduits, afin d'éviter le glissement l'une sur l'autre des deux épaisseurs de tissus, utilisez un pied presseur double entraînement dont les griffes corrigent ce défaut.

Comment travailler...
LES TISSUS LAQUÉS

Les tissus laqués, bien qu'ils soient très glissants et brillants, se travaillent exactement comme les tissus normaux.

Nous conseillons, toutefois, de ne pas employer un point machine trop petit qui risquerait de « hacher » le tissu.

Au niveau du repassage ne pas utiliser le fer sur le côté brillant du tissu.

Généralement, travaillez sur l'envers, l'entraînement ne pose pas de problème puisque l'envers est sur une toile chaîne de trame; par contre pour les surpiqûres sur l'endroit de ces matières qui collent au pied presseur ordinaire, travaillez obligatoirement au pied double entraînement. A défaut, un petit truc qui facilite le travail: glissez l'ouvrage entre deux épaisseurs de papier de soie.

Pour ces matières ne pas repasser. Évitez aussi l'épinglage qui marque.

Maintenez en place certains éléments à l'aide d'un papier collant.

Duffle-coat ou Trois-quarts

DUFFLE-COAT OU TROIS-QUARTS
MANTEAU A CAPUCHE AMOVIBLE

*Réalisé en tissu réversible,
ce genre de vêtement apporte une nouvelle tenue
à votre garde-robe d'hiver.
Sage, confortable sur une jupe ou un pantalon,
il vous rendra de multiples services.*

*Vous pourrez le traiter en vêtement entièrement réversible,
mais alors, armez-vous de patience,
car le tissu doit être ébarbé côté uni et côté écossais,
après en avoir séparé sur 2 cm les deux épaisseurs,
et ce afin de traiter toutes les coutures,
en coutures rabattues (voir page 43) surpiquées ou non.
Si vous utilisez un drap marin
vous découperez aux ciseaux cranteurs les pièces du patron,
sauf les bordures d'ouverture du vêtement.*

*Mais vous pouvez aussi simplifier le travail en posant à cheval
une tresse unie dans le bas des manches,
tout le long de l'ourlet, des bords du devant et à l'encolure.
Pour le bord de la capuche et de l'écharpe, vous ferez de même.
Cette astuce vous fera gagner du temps,
surtout si vous êtes pressée de le porter.*

*La réalisation de l'un ou l'autre des vêtements présentés ci-après
sera la même, seuls les métrages de tissus seront différents.*

FOURNITURES

Manteau à capuche

Pour une taille 38-40

2 m 15 de drap réversible
5 m de tresse de laine
4 brandebourgs
4 boutons olives.

Duffle-coat

Pour une taille 38-40

1 m 95 de drap réversible
5 m de tresse de laine
4 brandebourgs
4 boutons olives.

Dufflle-coat ou Trois-quarts

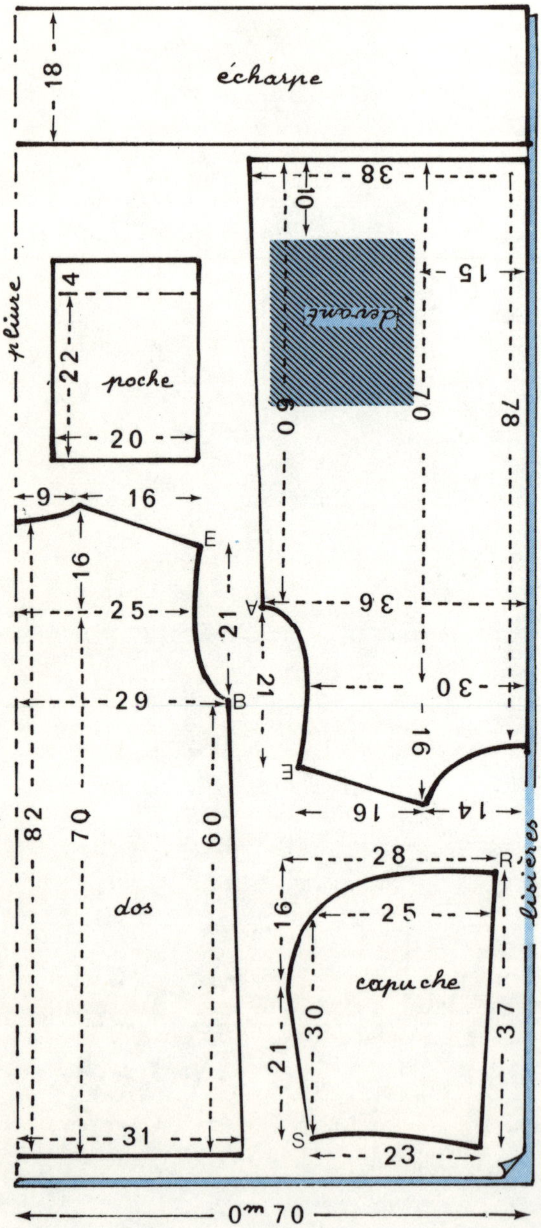

RÉALISATION :

Pliez votre tissu en deux lisière contre lisière. Épinglez aux quatre coins pour éviter le glissement des épaisseurs. Reportez toutes les mesures du schéma de coupe coté au dixième. Tracez au crayon craie les contours des pièces. Taillez à 2 cm du patron, pour les coutures rabattues.

Désirant respecter le schéma coté au dixième, nous n'avons pas pu placer le patron de la manche au-dessus de l'écharpe. Ne vous paniquez pas, il vous suffit simplement, après avoir replié votre tissu, de reporter les mesures destinées à la manche à la suite du tracé des pièces, dos, devant poches, etc.

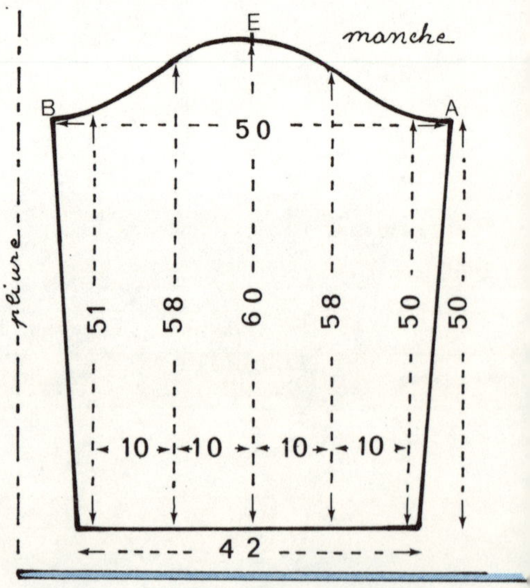

Commencez, si vous traitez en coutures rabattues, par bien étudier les opérations de préparation de ce travail illustrées par les croquis A B C.

A. Ébarbez soigneusement la bourre des deux épaisseurs. Égalisez aux ciseaux. Maintenez par une piqûre l'assemblage des épaisseurs décalées l'une par rapport à l'autre.

A

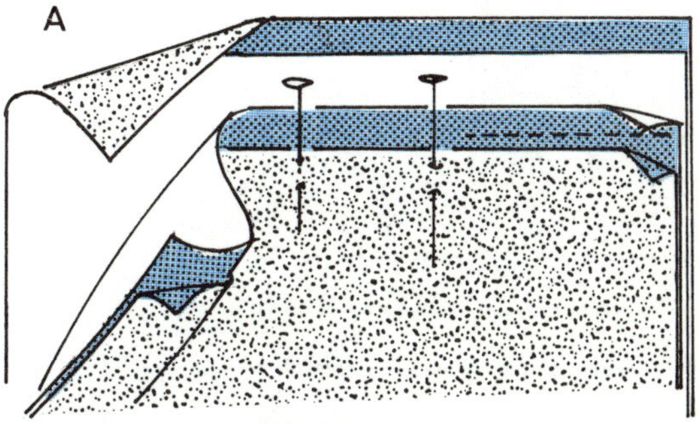

B. Rabattez donc sur un 1 cm. Maintenez à points glissés invisibles ou par une piqûre garniture. Une tresse sera piquée à cheval sur toutes les bordures d'encolure, bas de manches, bas de vêtement, haut de poches.

B

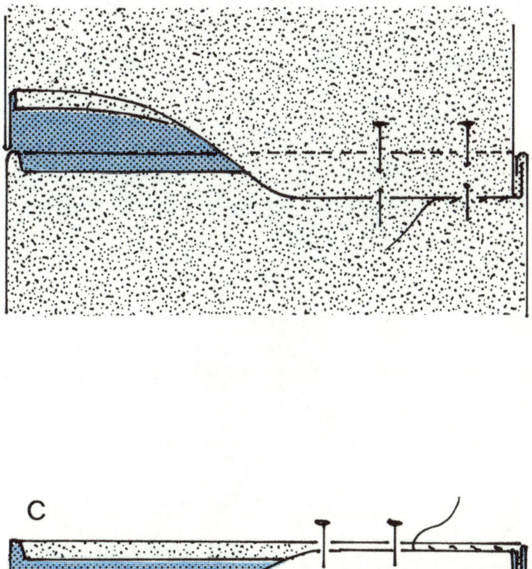

C. Autre solution : rapprochez les deux tissus ébarbés. Maintenez-les l'un contre l'autre à points coulés invisibles après avoir fait un rentré. Maintenez à 1 cm du bord par une surpiqûre.

C

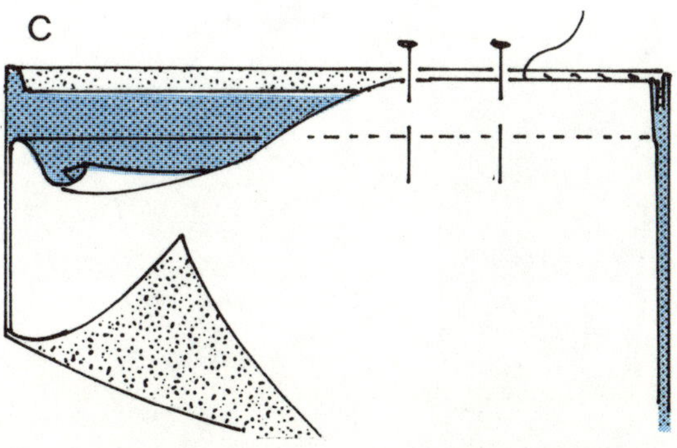

Duffle-coat ou Trois-quarts

FILM DU TRAVAIL :

1. Placez vos poches, soit déjà crantées, soit après avoir préparé les rentrés tout autour et posé votre tresse. Faites une surpiqûre garniture.
2. Épinglez. Piquez les coutures de côté.
3. Après avoir cousu vos coutures d'épaules et fermé vos manches : présentez ces dernières au vêtement, le point E de la manche sur le E de la couture d'épaule, B sur B dos et A sur A devant.

Piquez en couture normale ou en couture rabattue, selon la méthode utilisée aussi bien pour les manches que pour toutes les coutures du duffle-coat.

Pour le tour de l'encolure, le long du devant et le bas des manches faites soit en couture bordure (croquis C) soit en piquant une tresse à cheval en bordure.

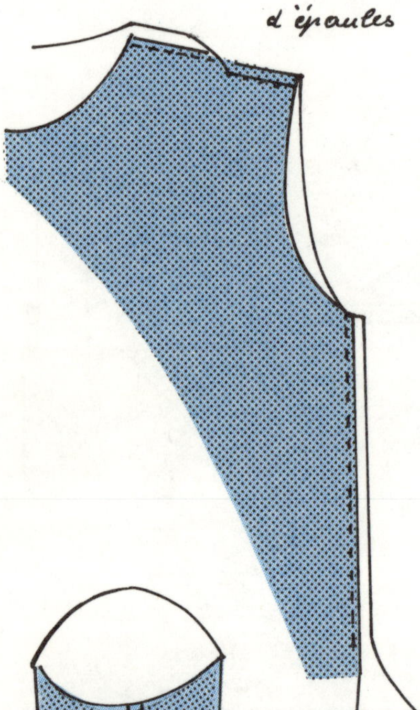

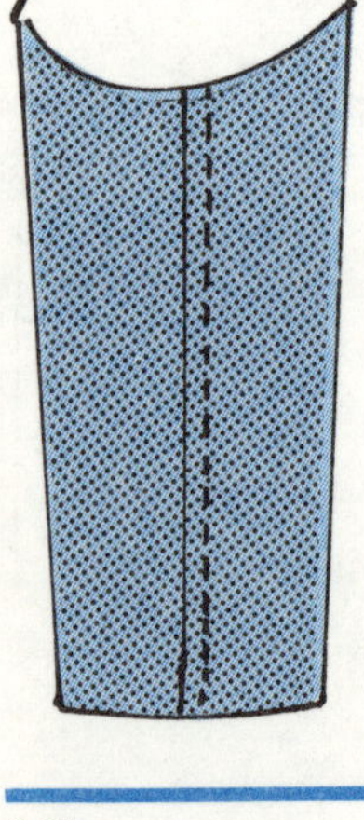

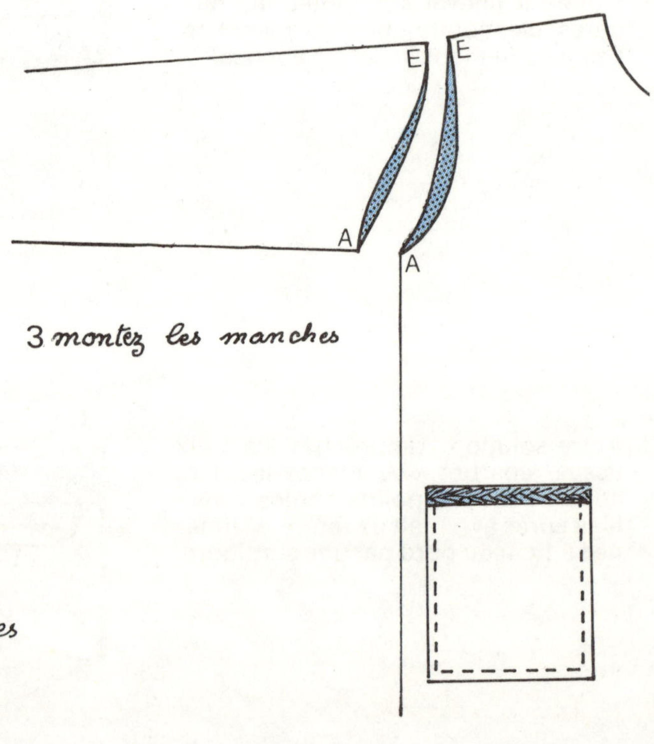

4. La capuche

Assemblez les deux morceaux de R en S par une piqûre normale ou rabattue.

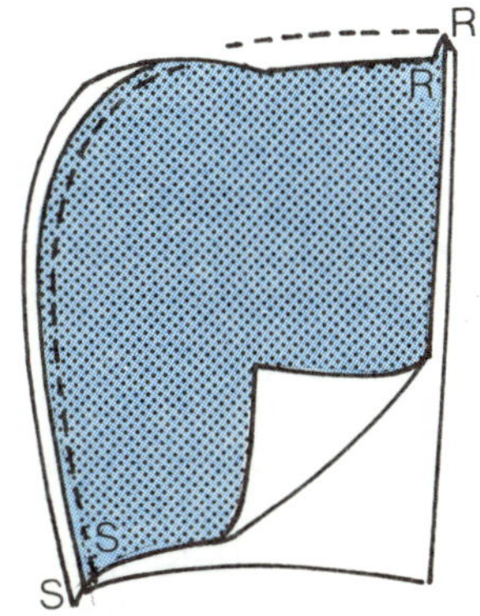

4 piquez la capuche

5. La bande d'écharpe

Le milieu de la bande d'écharpe sera appliqué sur le point S de la capuche. Bâtissez ou épinglez.

Maintenez par une piqûre.

Bordez l'écharpe par la tresse à cheval, ou terminez-la en couture rabattue au choix.

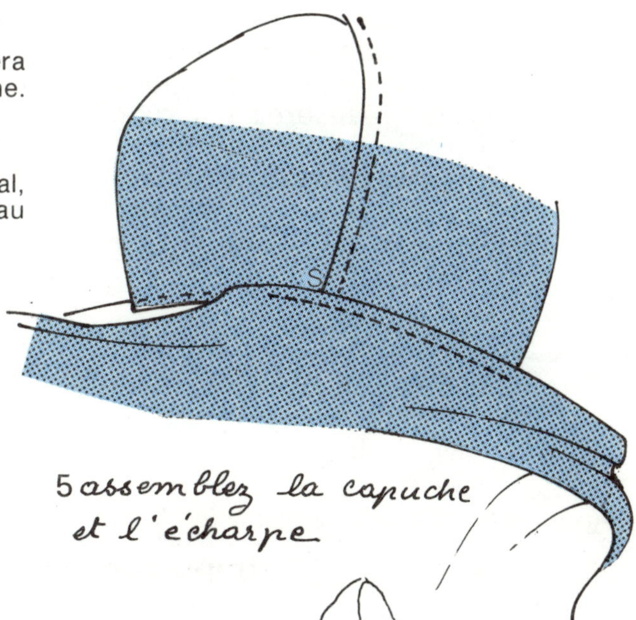

5 assemblez la capuche et l'écharpe

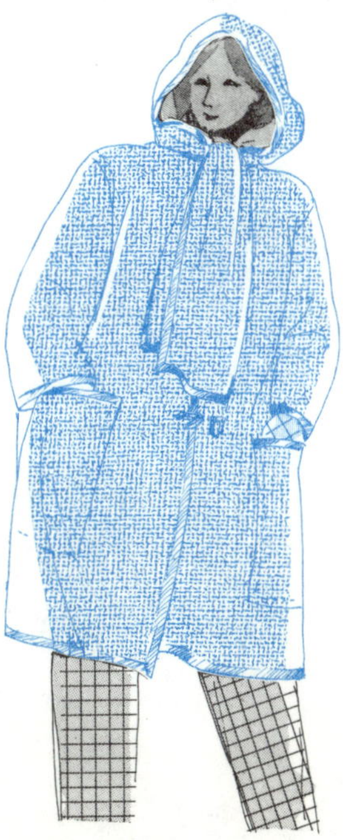

Une cape-poncho

ÉTERNELLEMENT A LA MODE

*Élégante elle le sera
si vous la réalisez dans un drap amazone,
un drap satin, un tissu satiné prématelassé ou réversible
et pratique si vous la traitez façon imperméable
en coton laqué ou en tissu enduit imperméabilisé.
Si vous choisissez un velours ou un tissu à reflet
vous devrez couper toutes les pièces du patron dans le même sens
et donc en tenir compte au moment de l'achat de votre tissu
car le métrage nécessaire sera supérieur
à celui que nous vous donnons ci-après.*

*Notre cape-poncho est entièrement gansée ce qui supprime les ourlets.
Le boutonnage lui-même est simplifié puisque les boutonnières
sont remplacées par des brandebourgs à acheter tout prêts.
Si vous désirez qu'ils soient assortis à l'ensemble,
vous les réaliserez à l'aide de la ganse tresse ou galon satin
qui vous servira à border la cape.
Vous pouvez éventuellement arrondir les angles
du bas de la cape.*

FOURNITURES
Pour des tailles allant du 40 au 44.
2 m 30 en 140 cm
12 m de tresse ou de galon satin
10 boutons boules.

Une cape-poncho

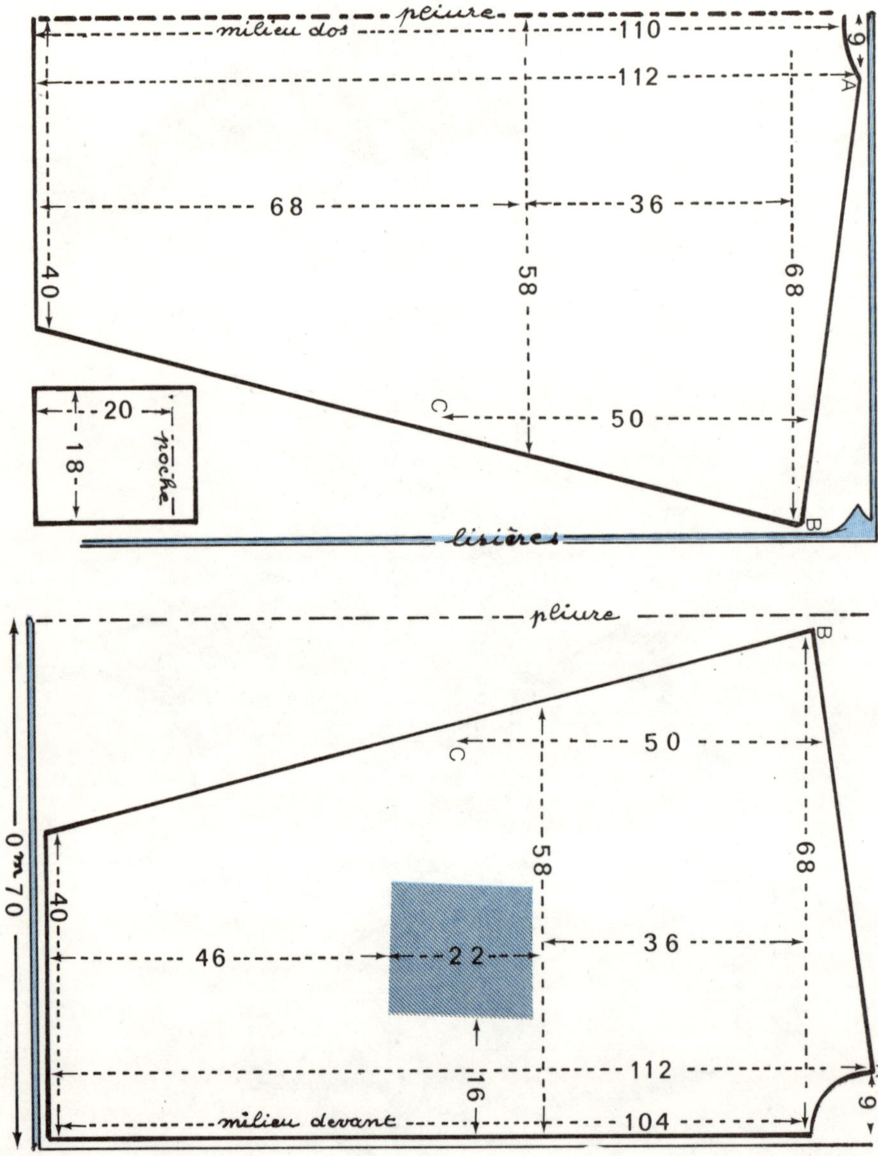

RÉALISATION :

Pliez votre tissu, lisière contre lisière, l'endroit à l'intérieur. Épinglez tout le long des lisières pour éviter le glissement des épaisseurs. Relevez les mesures du schéma coté au dixième et reportez-les sur le tissu. Tracez le contour des pièces. Coupez votre tissu. Surfilez les lignes de A à B des épaules.

Préparez vos poches

— Marquez un rentré tout autour. Épinglez ou bâtissez votre galon à cheval dans le haut de la poche. Piquez.

— Épinglez les poches sur les deux devants comme indiqué sur le plan de coupe. Piquez sur 3 côtés seulement.

— Assemblez le dos aux deux devants en épinglant A sur A et B sur B. Piquez de A à B.

— Bâtissez votre tresse à cheval sur les bords tout autour de la cape. Piquez.

— Cousez vos boutons sur les devants le premier à 2 cm de l'encolure, les autres espacés de 15 cm.

— Ceux des côtés seront cousus en C à environ 50 cm de la couture d'épaule.

— Préparez vos 5 brandebourgs, (voir brandebourgs, page 178). Si vous le désirez cousez l'un des côtés de chaque brandebourg à la cape côté droit afin de ne pas les perdre.

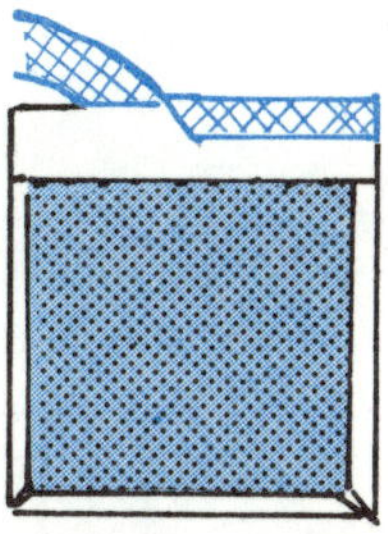

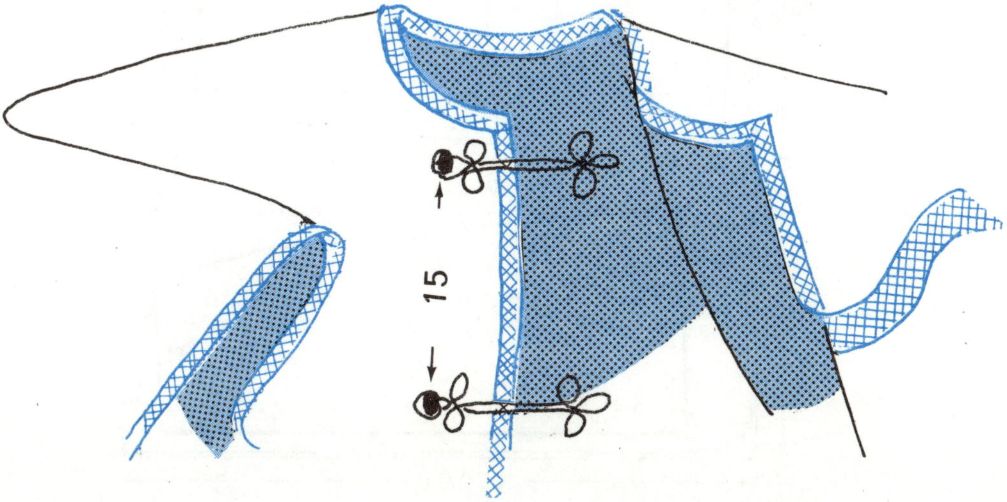

L'indispensable jupe droite

INDISPENSABLE : LA JUPE DROITE

*Sobre, classique, élégante, parfaite pour la ville,
portée sous un blazer, accompagnée d'un chemisier
cette jupe peut être de toutes les saisons
en fonction du tissu dans lequel vous la réaliserez :
cotonnade, toile jean, flanelle, lainage.
En velours,
accompagnée d'un chemisier de soie,
elle sera parfaite
pour un petit dîner en ville.*

FOURNITURES
Pour une taille 40
0 m 90 en 140 cm
0 m 10 de toile thermocollante
1 fermeture à glissière de 18 cm
2 agrafes et leurs portes.

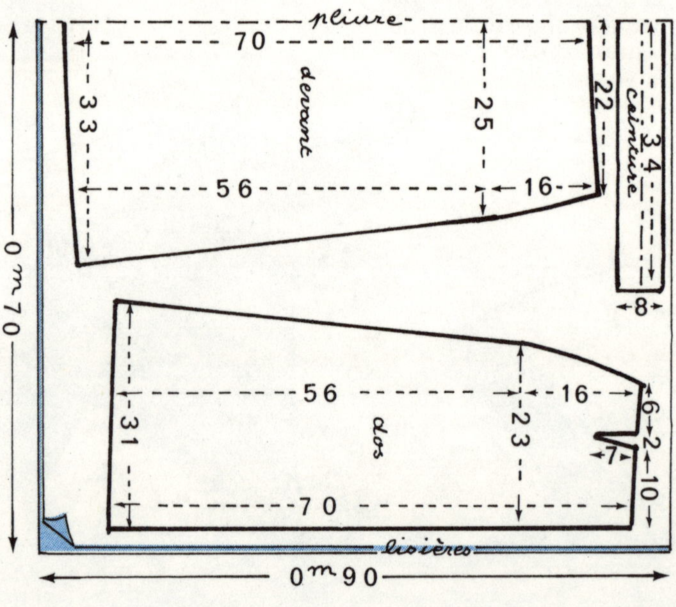

RÉALISATION :

Pliez et épinglez en deux votre tissu, lisière contre lisière, l'endroit à l'intérieur. Examinez attentivement le plan de coupe. Reportez les mesures du plan sur le tissu. Tracez les contours du patron de la jupe. Coupez à 2 cm du trait et 5 cm pour l'ourlet.

— Piquez les pinces dans le dos de la jupe.
— Épinglez les coutures de côté. Piquez, ouvrez les coutures au fer.
— Fermez par une piqûre la jupe par la couture milieu dos, en laissant une ouverture de 18 cm dans le haut de la jupe pour le logement de la fermeture à glissière que vous allez bâtir soigneusement dans cette ouverture. Sur le devant et dans le haut de la jupe, passez un fil de fronces pour soutenir légèrement l'ampleur.
— Posez sur l'envers de la bande de ceinture la bande de toile thermocollante, que vous allez thermocoller au fer tiède.
— Épinglez et piquez endroit contre endroit la bande de ceinture ainsi préparée à la jupe. Auparavant, tirez légèrement sur le fil de fronces, afin de ramener le tour de jupe au tour de la bande de ceinture.
— Rabattez 5 cm de la bande de ceinture sur l'envers et maintenez sur la piqûre de montage. Piquez la fermeture à glissière, cousez vos agrafes et leurs portes.
— Réglez la longueur de la jupe. Cousez votre ourlet.

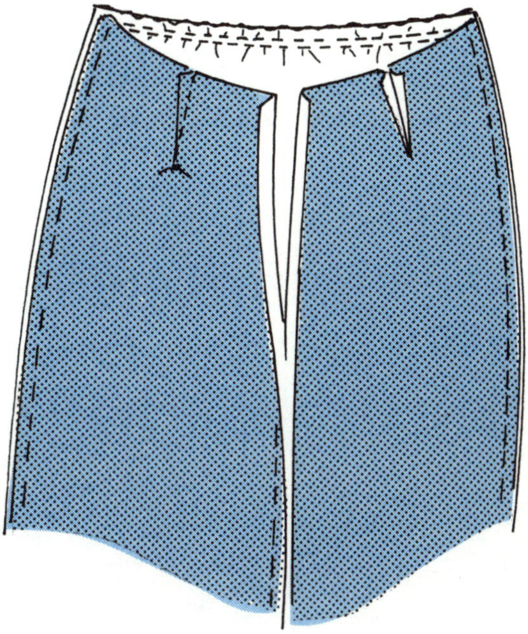

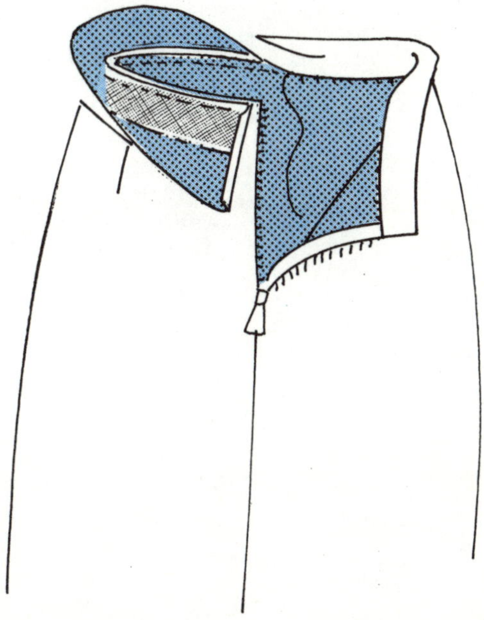

Petite robe de printemps

RAVISSANTE ET SAGE, UNE PETITE ROBE DE PRINTEMPS

Parfaite pour toutes,
cette robe, entièrement boutonnée par des grippers,
très allurée, jeune, gaie, pratique, allie le confort et le style.
Col et bordures de mancherons sont en tricot ou bords côtes
vendus au mètre ou en kit.
Nous vous le proposons en blanc
pour faire ressortir le ton dominant de la robe réalisée
soit en popeline grise, soit en coton laqué
dans des coloris acidulés, rose, vert menthe, bleu céladon.

FOURNITURES

Pour une taille 40
2 m 65 de tissu en 90 cm de largeur
1 m 10 de bords côtes de 8 cm de large
14 boutons-pressions « grippers » (voir pose page 139). Ces boutons sont vendus avec une pince spéciale pour les fixer.

Petite robe de printemps

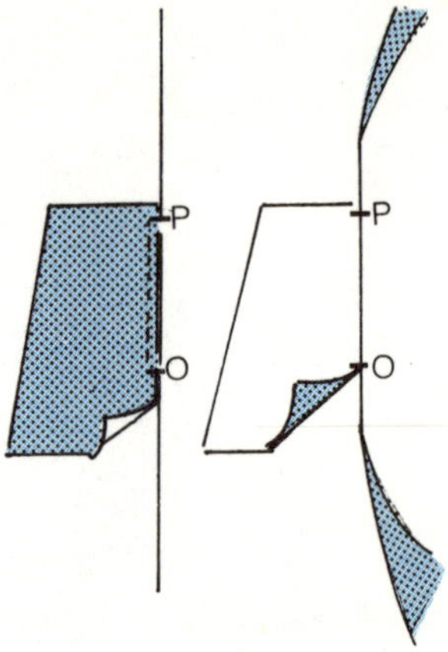

1

RÉALISATION :

Faute de place, nous vous présentons le schéma coté au dixième en deux parties, mais pour vous le résultat sera identique en pliant votre tissu en deux, lisière contre lisière, endroit à l'intérieur. Épinglez pour maintenir les épaisseurs de tissu en place. Relevez les mesures et reportez-les sur le tissu à l'aide de la craie tailleur. Tracez les contours des pièces du patron. Coupez à 2 cm du trait pour les coutures et à 5 cm pour l'ourlet.

1. Épinglez et piquez sur le dos et le devant, de P à O, chacun des fonds de poches.
1. Épinglez et piquez les coutures d'épaules de E à C.
3. Épinglez le bord côte plié en deux sur l'endroit tout autour de l'encolure en tirant sur le bord côte afin qu'une fois piqué vous obteniez un petit fronçage du tissu autour de l'encolure. Piquez de M à M' en passant par C les trois épaisseurs, votre machine étant réglée sur point zigzag extensible.

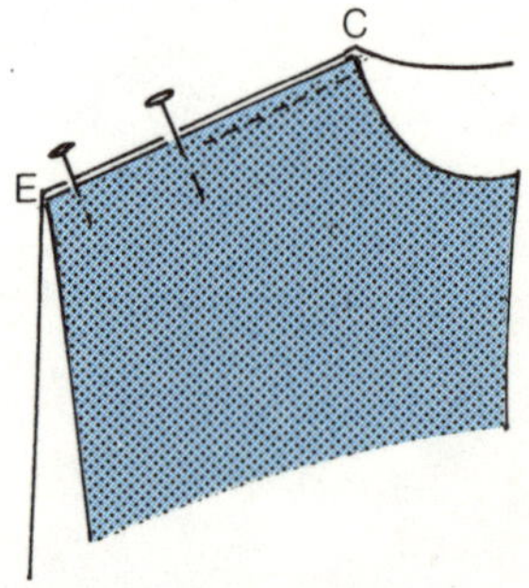

2

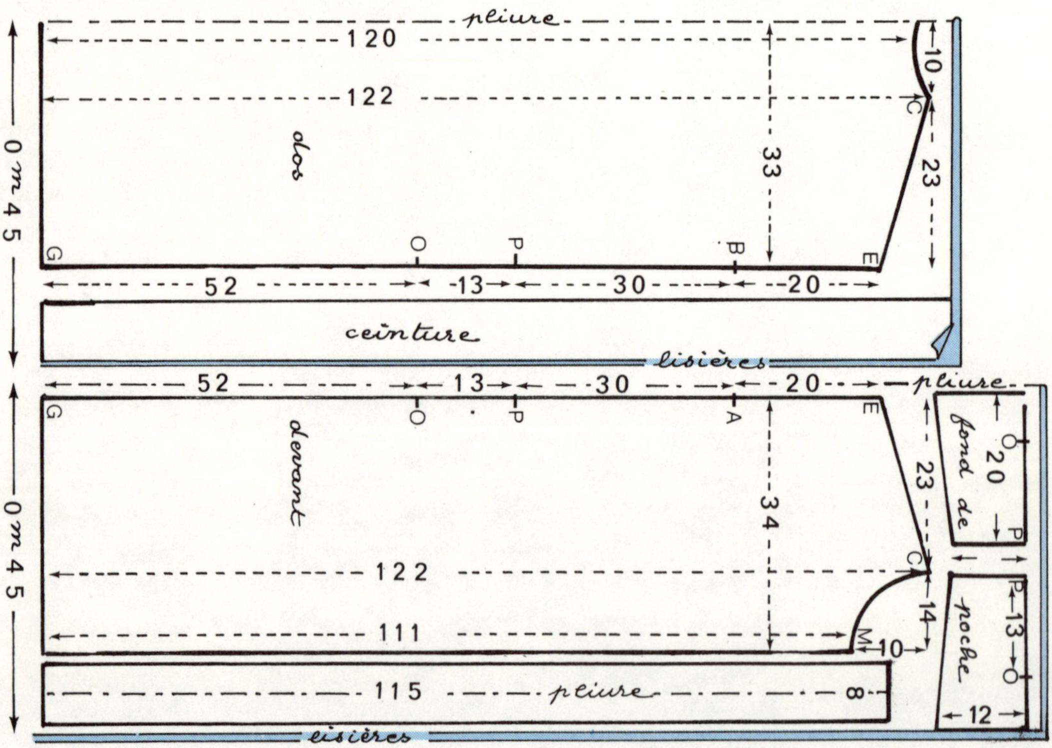

3

4. Pour les emmanchures procédez de la même manière mais à plat de A à B en passant par E. Tirez toujours sur le bord côte en l'épinglant sur le tissu. Piquez.
5. Piquez les coutures de côtés en fermant les fonds de poches.
6. Épinglez les bandes de parmenture endroit contre endroit le long des bords des deux devants de la robe. Rabattez la parmenture sur l'envers et ce en suivant la ligne de pliure et en enfermant dans le haut le bord côte de l'encolure. Maintenez par une surpiqûre.
7. Posez vos boutons à l'aide de la pince spéciale grippers. Le premier à 2 cm du haut, les suivants espacés de 8 cm. Cousez votre ourlet.

4

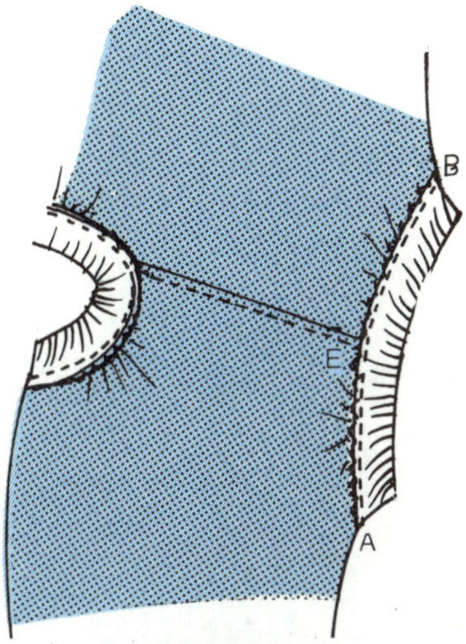

5

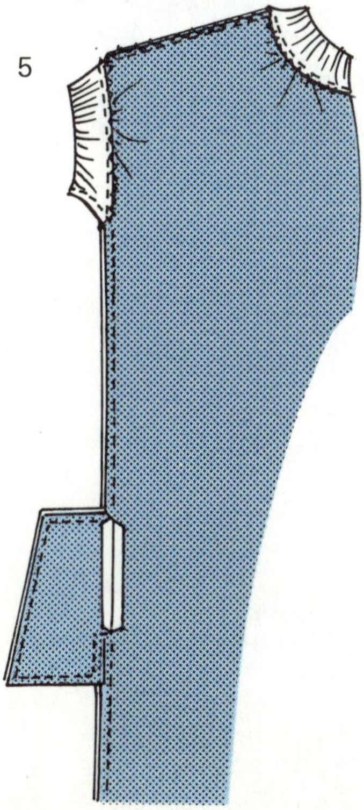

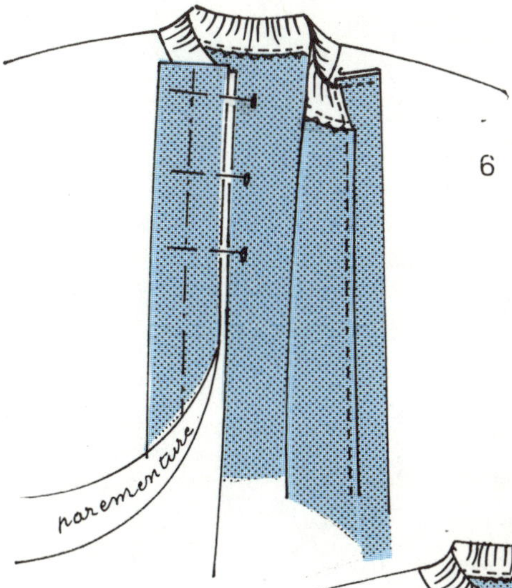

6

7

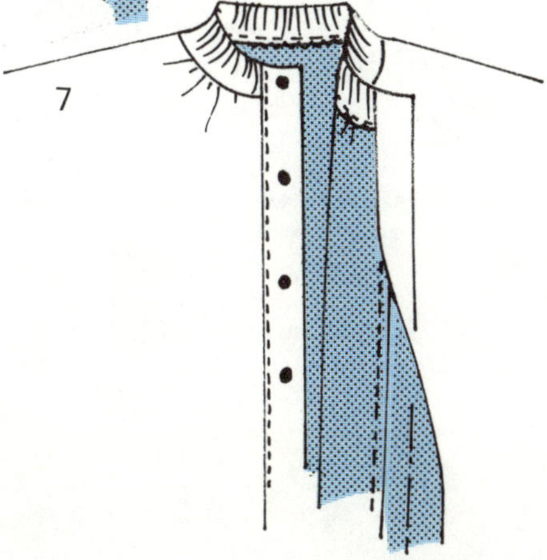

Les fillettes et les robes chasubles

Ces robes chasubles sont si pratiques qu'elles constituent pour la maman une excellente tenue de base pour des fillettes de 6 à 8 ans. Portée avec un pantalon, sur un gros pull, pendant les grands froids, c'est une tenue idéale aussi pour accompagner des chaussettes à rayures, un petit chemisier en coton gratté, pour les goûters entre amies de classe. Version été elle se parera de volants. Dans l'une et l'autre version elle sera entièrement bordée d'une tresse piquée à cheval. Tresse de laine pour la version hiver, tresse de coton pour la version été.

FOURNITURES

Pour fillettes de 6 à 8 ans.

Version hiver :

70 cm en 140 cm de flanelle marine, ou petit lainage écossais
3 m de tresse de laine rouge cerise pour la flanelle et du ton dominant des carreaux pour l'écossais.

Version été :

80 cm en 140 cm de large d'un coton vichy ou d'un liberty
6 cm de tresse de coton dans l'un des tons dominants du tissu
la hauteur du volant sera de 6 cm.

RÉALISATION :

Pliez votre tissu en deux, l'endroit à l'intérieur. Épinglez pour éviter le glissement des épaisseurs de tissus. Reportez les mesures du schéma coté au dixième sur le tissu à l'aide de la craie tailleur. Coupez au ras du patron pour les coutures mais réservez 5 cm pour l'ourlet.

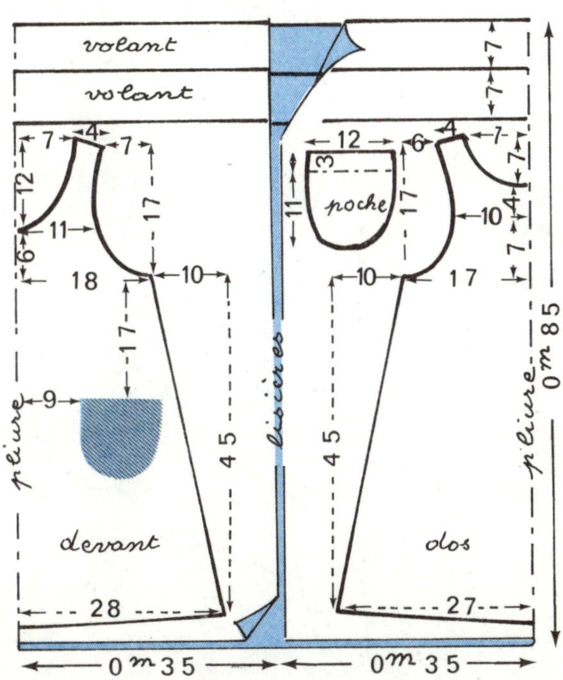

Préparez vos poches

— Dans le haut, piquez à cheval une bande de tresse. Marquez un rentré de 1 cm sur les trois autres côtés.
— Épinglez les poches sur le devant comme indiqué sur le plan (partie hachurée). Piquez sur trois côtés.
— Épinglez. Piquez les coutures de côté et les coutures d'épaules.
— Épinglez la bande de tresse à cheval tout autour de l'encolure en commençant sur l'une des coutures d'épaules. Piquez. Cousez soigneusement à points glissés les deux extrémités de la tresse.
— Épinglez et piquez à cheval un morceau de tresse autour des emmanchures et dans le bas de la robe, en commençant sur l'une des coutures de côté, les finitions d'assemblage des morceaux entre eux sont ainsi moins visibles.

VERSION ÉTÉ

Les étapes de réalisation sont pratiquement semblables. En effet même façon de procéder pour les coutures d'épaules et de côté, même pose de tresse à cheval autour de l'encolure et des emmanchures.

Dans le bas de la robe vous piquerez, après l'avoir préparé, votre volant (voir réalisation et différentes poses des volants pages 151-152) endroit contre endroit dans le bas de la robe. Le bas du volant peut être aussi bordé de la même tresse que celle des emmanchures et du décolleté.

Des sacs, toujours des sacs...

**POUR LE CONFORT
ET POUR LE PLAISIR**

*Ils sont trois,
pour rendre trois services
en trois occasions
pour trois femmes,
le sac porte-revues
pour celle qui travaille,
le sac aumônière ou de plage
pour celle qui est en vacances
et le sac cabas
pour la femme à la maison.
Faciles à coudre ils ne demandent
que deux carrés de tissus,
des sangles ou de la cordelière.*

FOURNITURES

Le sac porte-revues :

2 carrés 35 x 35 de toile de bâche ou de grosse toile qui ait de la tenue
3 m 20 de sangles ou de grosse tresse de 3 à 4 cm de largeur.

Le sac de plage :

2 carrés de 35 cm sur 35 cm soit d'éponge ou de tissu enduit contrecollé d'éponge (dans ce cas-là le côté enduit sera à l'intérieur)
2 m 20 de cordelière de coton largement tressée.

Le sac cabas :

2 carrés de 35 cm sur 35 cm de grosse toile d'ameublement ou de tapisserie
1 m de tresse plate de couleur pour les anses de 4 cm de largeur.

Réalisation :

LE SAC PORTE-REVUES

Sur chaque carré, épinglez un morceau de sangle de 1 m 20 formant la première anse en respectant l'écartement de 15 cm. Piquez en A au carré et en croix (voir croquis) puis encore une deuxième fois en A' de la même manière en laissant une hauteur libre de 12 cm. Recommencez de la même manière de l'autre côté en B et B'.
Prenez le deuxième carré et cousez votre deuxième sangle.

Dans le haut de chaque carré, c'est-à-dire côté anses, rabattez un ourlet de 1 cm. Piquez par-dessus une bande de sangles en 2 piqûres parallèles.

Assemblez endroit contre endroit les deux carrés par une piqûre en arrondissant légèrement les coins dans le bas du sac. Crantez les coins. Retournez sur l'endroit.

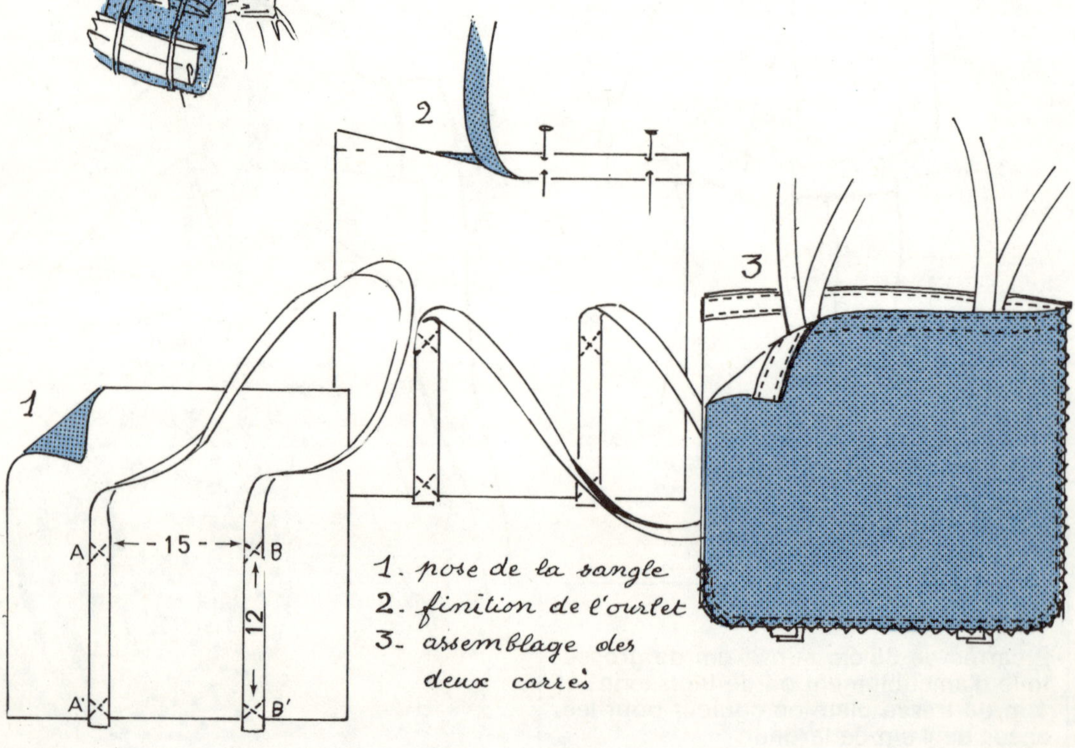

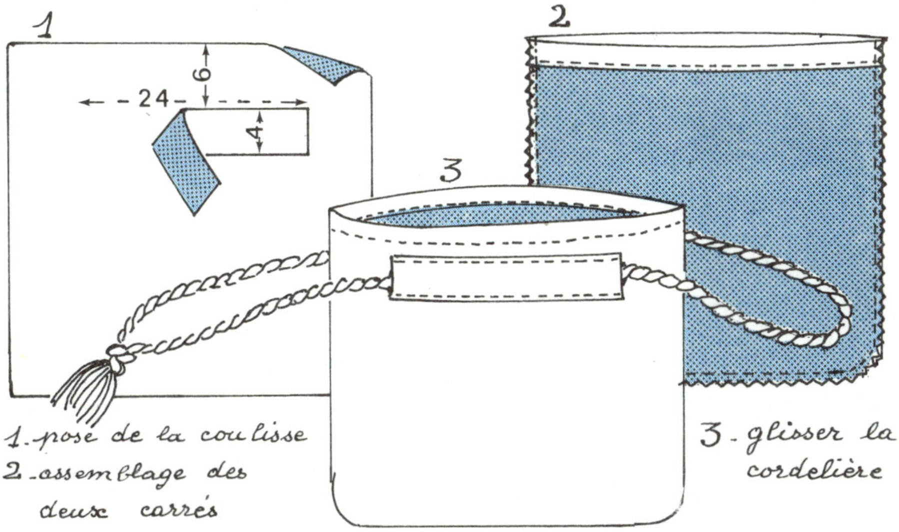

LE SAC DE PLAGE OU SAC BOURSE

Dans un métrage d'éponge coupez deux carrés de 35 cm sur 35 cm. Dans les chutes coupez deux coulisses de 24 cm sur 4 cm. Sur chacun des morceaux faites tout autour une piqûre surfil zigzag à la machine.

— Préparez vos bandes de coulisses (voir coulisses page 152). Épinglez chaque coulisse sur chacun des carrés à 6 cm de haut et à 6 cm à droite et à gauche des bords. Piquez la coulisse sur toute sa longueur en haut et en bas. Les petits côtés ne seront pas piqués pour permettre le passage de la coulisse.

— Dans le haut de chaque carré faites un ourlet de 2 cm. Piquez.

— Assemblez endroit contre endroit les deux carrés, par une piqûre. Arrondissez légèrement dans le bas du sac. Coupez le tissu excédent. Crantez. Retournez. Glissez la cordelière dans la coulisse. Tirez les deux extrémités et nouez-les.

LE SAC CABAS

Sur chaque carré marquez dans le haut et sur l'endroit un ourlet de 3 cm. Piquez. Sur ce côté ainsi ourlé et sur chaque carré, piquez en croix la moitié de votre tresse à 4 cm du bord à droite et à gauche en respectant un écartement de 15 cm. Assemblez, endroit contre endroit, chaque carré. Piquez en arrondissant les coins du bas du sac. Retirez l'excédent de tissu. Crantez. Retournez sur l'endroit.

Un sac pour se faire plaisir

UN SAC POUR FAIRE PLAISIR...
UN SAC POUR SE FAIRE PLAISIR...

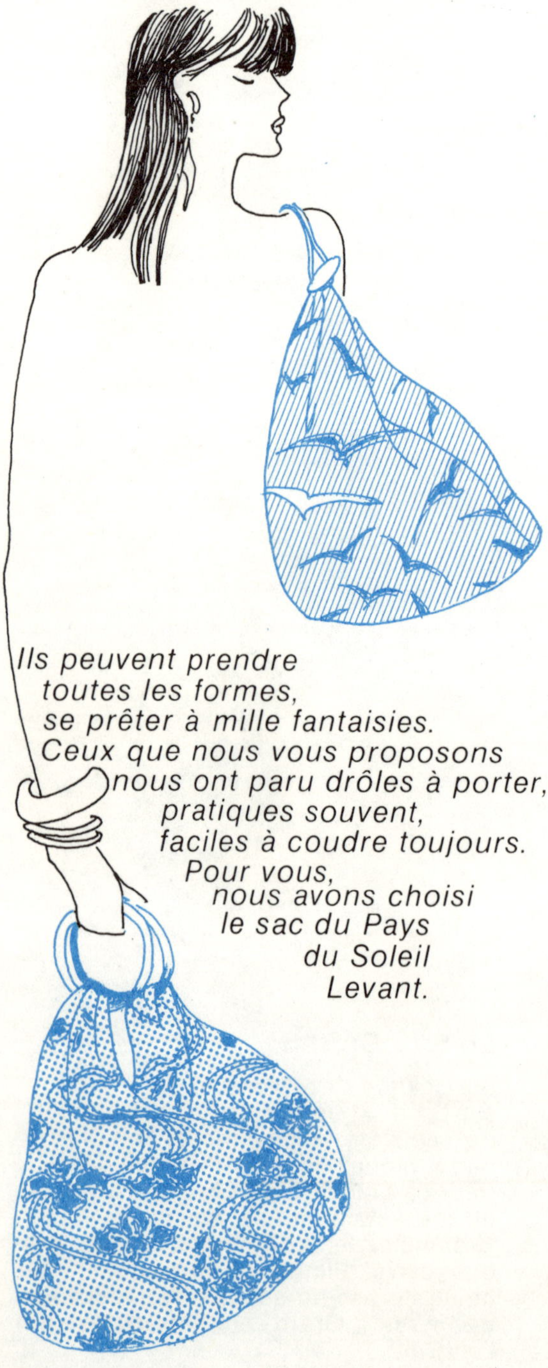

Ils peuvent prendre
toutes les formes,
se prêter à mille fantaisies.
Ceux que nous vous proposons
nous ont paru drôles à porter,
pratiques souvent,
faciles à coudre toujours.
Pour vous,
nous avons choisi
le sac du Pays
du Soleil
Levant.

LE SAC JAPONAIS

Il reflète tout le raffinement des Japonais puisqu'il est offert avec le présent qu'il renferme. Bien jolie coutume, et bien joli sac à coudre en moins d'une heure. Vous pourrez même pousser la recherche jusqu'à broder des idéogrammes sur chacun des côtés.

Fournitures :

0 m 35 en 1 m 05 de largeur de tissu cotonnade unie ou imprimée.

Réalisation :

Posez le rectangle de tissu sur votre table de travail, l'envers vers vous. Sur toute la longueur, reportez les mesures indiquées sur le plan, notez soigneusement les lettres. Tracez à la craie ou au crayon des lignes allant de E à C, puis de C à D et enfin de D à E.

— Ramenez le point A sur le point A'. Maintenez par une piqûre jusqu'en C.
— Ramenez le point B sur le point B'. Maintenez par une piqûre jusqu'en D.
— Piquez un petit rentré sur les bords libres du bonnet d'âne que vous venez d'obtenir. En AA' et BB' piquez un petit rectangle de tissu pour renforcer les angles, sur l'envers.

BALUCHON A BOUT DE BRAS

Pour varier, vous pouvez fixer de gros anneaux de bois que vous passerez dans les pointes. Repliez chacune des pointes par-dessus l'anneau vers l'intérieur, maintenez solidement par un point de piqûre main.

Une autre manière intéressante de fermer ce sac consiste à le boutonner en utilisant une tresse de 4 cm de largeur et de 25 cm de longueur. Pliez la tresse en deux pour former un cercle. Piquez sur la largeur. Rapprocher les deux bords de la tresse, maintenez au centre par une piqûre sur 5 cm de longueur. Vous obtenez une bande ayant deux ouvertures à droite et à gauche de la ligne de piqûre. Ces ouvertures serviront de boutonnières. Repliez sur l'envers les pointes du baluchon, maintenez le tissu ainsi plié en cousant par-dessus vos boutons qui doivent être assez gros.

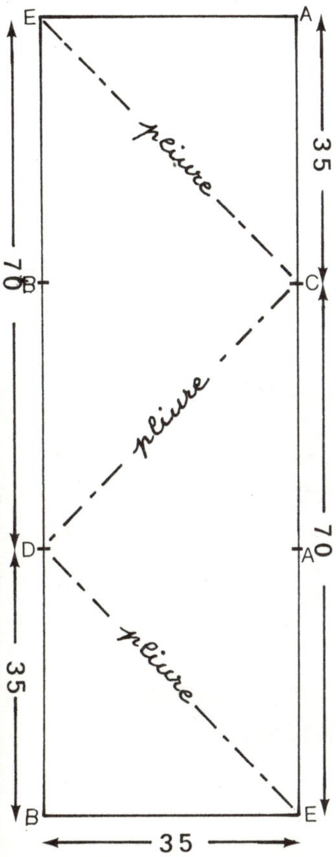

E
A
35
pliure
70
B
C
pliure
D
A
70
pliure
35
B
E
35

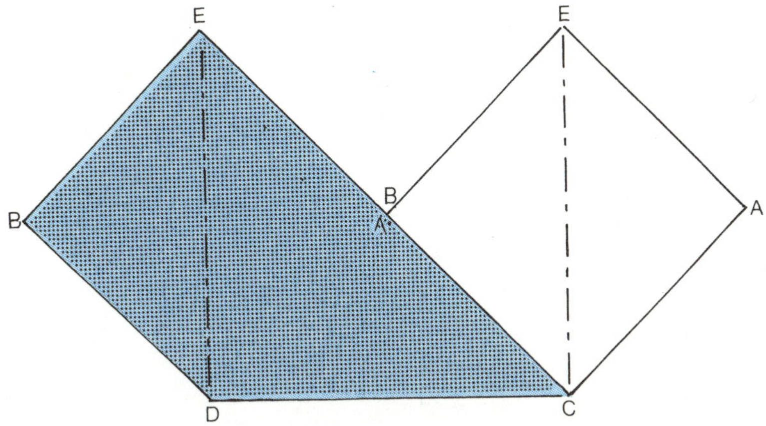

E
B
D
E
B
A
A
C

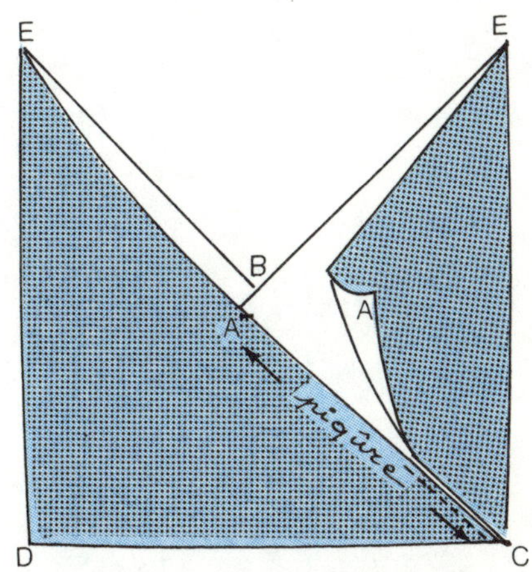

E
E
B
A
A
piqûre
D
C

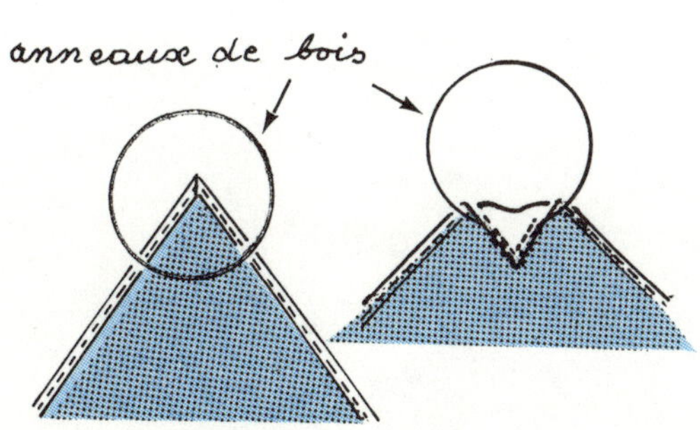

anneaux de bois

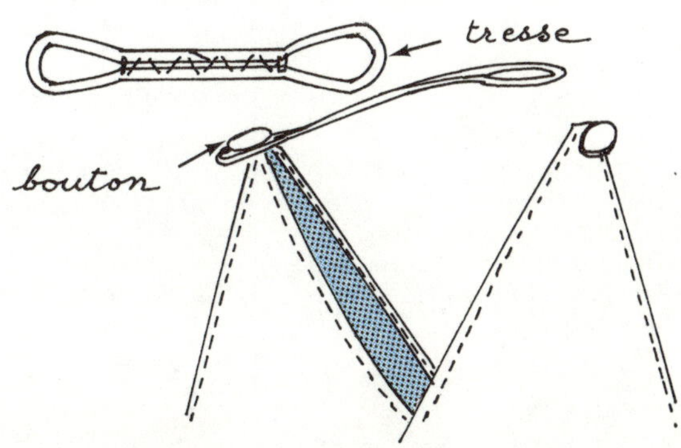

tresse
bouton

Index

Table des matières

Nous remercions pour leurs apports techniques :
— Les fabricants de machines à coudre : BERNINA, BROTHER, COSSON, ELNA, HUSQVARNA, THIMONNIER, PFAFF et SINGER.

— Pour le **Repassage ;** La Société CALOR

— Pour l'entretien des textiles :
Société SOLITAIRE INFORMATION

— Pour les non-tissés, thermocollants :
Société SOPRIN et Société NIGAL.

Achevé d'imprimer
sur les presses de l'Imprimerie du Marval
94400 Vitry-sur-Seine

Dépôt légal : Avril 1984
Numéro d'éditeur : 9130

Maquette : Michel Bai